이 사람을 아십니까? 5

| 이승하 지음 |

쿰란출판사

서문

선교사들의 헌신

올해는 6·25 전쟁 후 3년 만에 정전 회담이 체결된 지 71년이 되는 해이다. 11월 11일은 유엔 참전 용사 국제 추모의 날이다. 캐나다 출신 6·25 참전 용사의 제안으로 2007년부터 해마다 이날 오전 11시에 1분 동안 세계에서 부산을 바라보며 묵념을 한다. 지구에 하나뿐인 유엔 기념공원이 이 항구도시에 있기 때문이다. 그 행사는 '부산을 향하여'(Turn Toward Busan)로 불린다. 자유와 민주주의를 위해 먼 한국 땅에 와서 싸우다 전사한 여러 나라 젊은 군인들을 위한 장소요 행사를 위함이었다.

그런데 전혀 알지도 못하고 중요하게 여겨지지도 않던 조선에 정치적 목적이 아니라 순수 복음으로 파송된 선교사들이 와서 평생 헌신하며 복음을 전했다. 그러다 죽은 선교사들도 있고, 그 자녀 중에 죽어서 묻힌 이들도 있다. 전염병에 걸려 죽은 의료 선교사 헤론을 묻을 땅이 없어서 고민할 때 고종 황제가 양화진의 넓은 땅을 하사했다. 이곳이 선교자들의 첫 장지였다. 그 후 여러 선교사와 그 가족들이 그곳에 묻혔다. 그들뿐 아니라 다른 일로 외국에서 조선에 와서 헌신하던 이들이 죽었을 때도 양화진에 묻었다.

그 역사가 무려 100년이 넘는다. 그런데 지금은 그곳이 한 교회의 소유가 되고 말았다. 어쩌다 이런 일이 일어났을까? 도무지 알 수 없다. 유엔군 묘지는 그렇게 훌륭하게 조성되었는데, 선교사들의 묘역은 지금 그 유족들이 와서 예배를 드리려고 해도 그럴만한 자리가 없다.

이 모든 일이 한국교회의 책임이다. 이제라도 제 모습을 찾아야 한다. 그리하여 선교사들의 그 헌신을 기리는 행사를 마련하고, 온 한국교회가 그 선교사들과 가족을 위해 날을 정해 추모 예배를 드려야 한다. 그리고 그 유족들이 한국에 와서 마음의 위로를 받으며 한국교회에 감사하는 마음으로 예배드리게 해야 한다.

선교사들은 여러 나라에서 왔다. 그중에서 한국으로 선교사를 가장 많이 파송하고 공헌도 많이 한 나라는 미국이다. 당시 미국은 일본과의 정치적인 협약으로 한국을 일본의 식민지로 용납하는 조약을 비밀리에 맺었다. 그래도 미국의 장로교와 감리교에서는 순수 복음을 전하기 위해 이 땅에 복음적인 선교사들을 파송했다. 고국의 정치적인 약속을 무시하고 선교사들을 파송해 복음을 전해주었을 뿐 아니라, 세계적인 기류에 따라 새로운 문화와 소식을 전해주었을 한국을 새로운 기독교 국가와 민주주의 국가로 세계에 부상하게 했다.

그들은 오늘도 명예 회복을 기다린다. 한국교회가 그들의 명예 회복을 위해 일해야 한다. 이것은 한국교회의 의무이다. 이제라도 그 선교사들을 위해 노력해야 한다. 오늘날 한국교회는 사회로부터 지지를 받지 못하고 있다. 이는 우리의 책임을 다하지 못하고 있기 때문이다.

이제는 순수 복음을 전파하기 위해 모든 목회자가 회개하고 성경을 따라 말씀을 전하고 교회를 교회답게 만들기 위해 노력해야 한다.

2024년 12월
해방교회 이승하 원로목사

목차

서문_ 선교사들의 헌신 … 2

1. 로버트 토마스(Robert J. Thomas, 1839~1866)	7
2. 존 로스(John Ross, 1842~1915)	28
3. 존 헤론(John W. Heron, 1856~1890)	52
4. 호러스 알렌(Horace N. Allen, 1858~1932)	74
5. 호러스 언더우드(Horace G. Underwood, 1859~1916)	96
6. 윌리엄 스왈른(William L. Swallen, 1865~1954)	117
7. 올리버 에이비슨(Oliver R. Avison, 1860~1956)	138
8. 사무엘 무어(Samuel F. Moore, 1860~1906)	149
9. 루이스 테이트(Lewis B. Tate, 1862~1929)	165
10. 제임스 게일(James Gale, 1863~1937)	188
11. 사무엘 마펫(Samuel A. Moffett, 1864~1939)	208

- 12. 윌리엄 레이놀즈(William D. Reynolds, 1867~1951)   229
- 13. 유진 벨(Eugene Bell, 1868~1925)   238
- 14. 조지 매큔(George S. McCune, 1873~1941)   247
- 15. 와일리 포사이드(Wiley H. Forsythe, 1873~1918)   266
- 16. 찰스 번하이셀(Charles F. Bernheisel, 1874~1942)   279
- 17. 윌리엄 베어드(William M. Baird, 1862~1931)   300
- 18. 찰스 클라크(Charles A. Clark, 1878~1961)   326
- 19. 엘리자베스 셰핑(Elisabeth Johanna Shepping, 1880~1934)   348
- 20. 스테이시 로버츠(Stacy L. Roberts, 1881~1946)   362
- 21. 윌리엄 린턴(William A. Linton, 1891~1960)   373
- 22. 프랜시스 킨슬러(Francis Kinsler, 1904~1992)   383

1
로버트 토마스
(Robert J. Thomas, 1839~1866)

2016년은 로버트 토마스 목사의 순교 150주년 되는 해였다. 그래서 몇 곳에서 토마스 목사 순교 심포지엄을 열었다. 대한예수교장로회(통합) 총회에서는 토마스 목사의 순교 신앙을 이어가자고 결의하였다. 그런가 하면 몇몇 역사학자들은 토마스 목사는 결코 순교자

1 로버트 토마스(Robert J. Thomas, 1839~1866)

가 아니라고 반박하기도 한다. 그럼에도 토마스 목사는 진정한 순교자이다. 역사적으로 증명할 수 있으며, 토마스 목사의 순교에는 확실히 성령의 역사가 있었다.

로버트 저메인 토마스(Robert Jermain Thomas)는 1839년 9월 7일 웨일스의 라드노셔(Radnoshire)주 라야더(Rhayader)에서 아버지 로버트 토마스 목사와 어머니 미레 로이드 사이의 2남 3녀 중 둘째로 태어났다. 그의 아버지는 1839년에 라야더 교회의 목회자로 부임했다가 토마스가 8세 때 하노버 회중교회로 자리를 옮겼다.

토마스는 공부를 잘했기 때문에 14세에 옥스퍼드 대학교 지저스 칼리지의 장학생이 되었으나 연령 미달이라는 이유로 입학이 보류되었다. 그래서 슬란도버리 칼리지를 졸업한 후 주변 사람들의 권유를 받아 런던대학교 의과대학에 입학했다. 그곳에서 의술의 아버지로 존경받는 워터만(Waterman) 박사 밑에서 2년간 의학을 공부했다. 그는 열심히 공부했으나, 한편으론 진지하기 이를 데 없던 그 영혼은 언제부터인가 육신을 고치는 일보다 영혼을 고치는 일이 자신에게 주어진 사명임을 깨닫고 학업을 중단했다.

옥스퍼드 대학교의 교수회의는 여전히 그의 나이가 어리기 때문에 1년간 입학을 연기하기로 했다. 그래서 토마스는 온들(Oundle)의 초등학교에서 1년 정도 교편 생활을 했다. 학교장 알프레드 뉴스는 중국 선교사가 되기 위해 소년 시절부터 준비해 왔었다. 중국 선교 역사에서 중요한 인물인 로버트 모리슨에게 직접 중국어를 배우며 오랫동안 중국 선교를 꿈꾸었다. 그러나 23세에 호머튼 대학교에 들어가면서 선교사의 꿈을 접고 목회자가 되었다. 토마스는 그를 통해 중국에 관해 많이 들었다. 중국 선교에 대한 이야기를 듣고 간단한 중국어도 배우면서 중국 선교에 대한 비전을 갖게 되었다.

그래서 1856년 런던대학교 뉴 칼리지(New College) 신학과에 지원했다. 그러나 17세라는 나이는 여전히 대학에 들어가기에 모자란 나이였기에 결국 그는 가입학을 하고 정식 입학생이 되기까지 몇 달을 기다려야 했다. 기다리는 동안 토마스는 설교 공부를 하고 실습도 했다. 그리고 노방 전도를 열심히 했다. 지역교회의 초청을 받아 설교할 때도 있었지만 노방 전도를 더 많이 했다. 토마스는 윌리엄 윌리엄스(William Williams), 조지 휫필드(George Whitefield), 브리스톨(Bristol)의 영향을 받았다. 토마스는 선진들의 발자취를 따라 열심히 전도하였다. 매우 열악한 환경에 돌아오는 것은 배타적 반응뿐이었지만 그는 천성과 의지대로 자기의 힘을 다하였다. 이는 훗날 중국 북경에서 매일같이 했던 노방 전도의 밑거름이 되었다.

토마스는 4년에 걸쳐 마쳐야 하는 신학 과정을 2년 반 동안 수료하겠다고 요청했다. 하루빨리 중국 선교사로 가려는 조급함 때문이었다. 토마스는 중국어를 열심히 공부해서 다른 사람들보다 실력이 뛰어났다.

런던대학교 뉴 칼리지 재학 시절 그는 회중교회 웨스트민스터 채플에서 사무엘 마틴(Samuel Martin) 목사의 지도를 받았다. 마틴 목사는 선교사를 지원했다가 합격하지 못해 목회자가 되었다. 그러나 항상 선교사의 꿈은 버리지 않고 있었다. 그의 영향으로 토마스는 선교사가 될 것을 결심했다. 그리고 주변의 선배들을 만나 여러 가지 선교 방법과 고려해야 할 것을 배우며 선교사의 꿈을 키웠다.

토마스는 1859년 10월 런던선교회가 인도하는 예배에서 록하트의 설교를 듣고 형언할 수 없는 감동과 은혜를 받았다. 그날 토마스와 몇몇 젊은이들은 무릎을 꿇고 함께 기도하며 선교를 위해 헌신하기로 결단하였다. 그가 훗날 고백한 대로라면, 그 기도회 때 중국 선교

---

1 로버트 토마스(Robert J. Thomas, 1839~1866)

에 대한 소망을 다시 불태우게 된 것이다.

중국이 오랜 전통문화를 가지고 있음에도 토마스는 중국문화가 이교 문화에 지나지 않으며 이교도들을 개심시켜야 한다고 생각했다. 이것은 전형적인 당시 기독교인의 모습이었다. 기독교는 처음부터 세상을 기독교 문화와 이방 문화로 나누고 이방 지역을 선교하는 것을 사명으로 여겼다. 여기에 18세기 산업화의 성공으로 문명적인 우월의식까지 더해져 19세기를 선교의 세기로 이끌었다. 사실 서구 문명의 전파와 기독교의 전파는 상당히 밀접한 관계를 가지고 있다.

그러나 토마스의 자료를 자세히 검토해 보면, 그가 비록 기독교와 서구 문명의 우월성을 믿긴 했으나 강제적인 힘으로 서구 기독교를 전해야 한다고 생각하지는 않았음을 알 수 있다. 그는 선교는 강제적인 힘이 아니라 지적인 설득으로 이루어져야 한다고 믿었다. 그리고 지적인 설득은 토착인처럼 말할 때 가능하다고 보았다. 그러기 위해서는 어학 능력이 필요한데, 토마스는 다행스럽게도 그런 능력을 소유하고 있었다. 토마스는 자신이 영국에서 목회할 것이라면 기존의 신학 교육을 받아야 하겠지만 중국에 가서 선교사로 일할 것이라면 중국 선교를 위해서 합당한 교육을 받아야 한다고 생각했다. 그래서 영국 목회를 위해서 만들어진 학교 교육을 단축하고 어학에 집중하여 중국 선교사가 되려고 했다.

이 같은 토마스의 선교 자세는 자연스럽게 조심스러운 선교 이해를 갖게 했다. 그는 선교사의 자질 가운데 어학 능력 못지않게 중요한 것이 바로 자기희생의 정신이라고 믿었고, 이것을 다음과 같이 좀 더 구체적으로 이해하였다. "일반적인 자격 이외에 선교사는 사려 깊고 자기희생적이며 무한한 인내력을 갖춰야 한다. 그리고 이교에 대해 어리석고 배움이 없는 질문을 하면 안 되고, 매우 소박한 복음만 전하며 매사에 조심하고 시련을 끝까지 참으면서 전도자의 본분을 다해야 한다."

토마스는 1863년 5월 신학대학을 졸업한 뒤 중국 선교사 지원자로서 런던선교회 이사들 앞에서 면접을 보았다. 그때 선교사가 될 생각을 오래 간직해 왔느냐는 질문에, "저는 훌륭한 교육을 받았습니다. 강인한 성품을 구비하려고 노력했습니다. 외국어를 습득하기 위하여 노력을 아끼지 않았습니다. 자기희생의 정신으로 봉사하고자 결심했습니다"라며 네 가지를 말했다. 그는 하나님께서 자기를 선교사로 부르셨다고 확신했다. 1863년 6월 4일 목사 안수를 받은 그는 얼마 후 그가 교편 생활을 할 때 만난 온들의 처녀 캐롤라인 고드페리(Caroline Godfery)와 결혼했다. 그리고 1863년 7월 21일 토마스는 아내와 함께 폴메이스(Polmaise)호를 타고 임지인 중국 상하이로 떠났다.

사명감에 불타던 토마스 부부는 12월 초 상하이에 도착하여 선교부 책임자인 윌리엄 무어헤드(William Muirhead)의 영접을 받았다. 무어헤드는 인력 보강이 힘든 상황에서 런던선교회의 추천을 받고 온 토마스에게 왕성한 선교 활동을 기대했다. 그런데 다음 해 3월 24일에 캐롤라인이 유산으로 세상을 떠나고 말았다. 그때 토마스는 캐롤라인이 상하이에 온 후 기후 때문에 병에 시달리는 것으로 여겨 온화한 한커우(漢口)에 잠시 체재할 생각으로 집을 구하러 가고 없었다. 이 불행이 그의 심중에 격동과 불안을 가져왔다.

그가 처음 런던에 보낸 편지는 침통한 비보였다. 상하이에서 떠나고 싶다는 것이었다. 토마스는 선교사들의 사업과 회의에는 참석하지 않고 중국인 교회에만 나갔다. 무어헤드는 런던선교회에서 보낸 선교사의 어학 실력에는 경탄하면서도 신앙적·선교적 능력과 의

1 로버트 토마스(Robert J. Thomas, 1839~1866)

지력은 부정적으로 판단했다. 무어헤드에게 토마스는 좋은 인상이 아니었다. 무어헤드와 토마스 사이에는 봉급 문제와 학원에 가서 가르치는 데 기독교 교육을 해서는 안 된다는 조건 그리고 주택 문제가 껄끄럽게 걸려 있었다. 토마스는 아내가 세상을 떠날 때 무어헤드 부부가 무성의했다고 여겼다. 이러한 사건들 때문에 토마스는 1864년 12월 7일 런던선교회에 사임서를 냈다.

그리고 나서 1865년 1월 15일경 지푸 소재 중국 왕립 해상 세관의 통역 연수관으로 부임하여 약 8개월간 일했다. 그는 중국어, 러시아어 및 몽골어에 탁월한 실력자였다. 그러면서 선교사의 일도 계속해 나갔다. 중국인들을 전도하였고, 그를 선교사로서 돕는 이들도 있었다. 1807년 중국에 온 선교사 로버트 모리슨(Robert Morrison)의 아들 주중 영사 모리슨은 토마스의 직장에서의 선교사 직능을 칭찬했다. 그에게 가장 동정적이었던 사람은 스코틀랜드 성공회 지푸 주재원인 알렉산더 윌리엄슨(A. Williamson)이었다. 같은 후원자로 텐진(天津)과 북경의 조셉 에드킨스(Joseph Edkins)도 있었다.

토마스는 지푸에서 일할 때 동역자 윌리엄슨의 집에서 조선의 두 천주교인 김자평(金子平)과 최선일(崔善一)에게서 조선의 소식을 듣게 되었다. 그 후 조선 해안을 다녀간 독일 선교사 귀츨라프(Karl Friedrich August Gutzlaff)의 책에서 조선에 관한 부분을 밑줄 치며 읽었다. 토마스는 조선인의 간절하고 순박한 신앙심에 감동했다. 천주교 신자가 5만 명이며, 천주교 선교사 11명이 사역하고 있다는 것, 건축된 교회당은 없으나 가정에서 미사를 드리며 복음에 관한 책을 돌아가면서 읽고 있다고 했다. 토마스는 비록 세관에서 일하고 있었으나 실제적으로는 선교사로서 큰 사역을 하고 있었다.

어느 날 토마스는 기도하던 중 문득 조선에 복음을 전해야겠다는 강한 충동을 받았다. 그것은 하나님의 계시였다. 토마스는 기도를 마치고 굳게 다짐했다. "중국은 이미 전도의 문이 열렸다. 이제 저 조선 땅에 복음의 씨를 뿌려야겠다. 내가 어둠이 짙은 조선 땅에 하나님의 밀알이 되리라. 그곳에 가서 죽어도 여한이 없다." 이것은 우연이 아니라 하나님의 손길이 닿은 일이었다.

윌리엄슨은 토마스의 비전에 공감했고, 런던선교회에 편지할 때도 토마스가 선교사로 종신할 수 있을 것이라고 말했다. 윌리엄슨은 토마스를 스코틀랜드 성서공회의 대리인이 되게 했다. 그래서 그는 많은 성경책과 기독교 서적을 갖고 조선으로 떠날 수 있었다. 김자평과 최선일, 두 조선인이 안내했다. 김자평은 70이 넘은 노인이었으나 황해를 건너다닐 만큼 건강했고, 또한 소래 해안 근처의 육도(陸島) 출신이므로 서해안 지리에 밝았다. 배는 중국인 우웬타이(千文泰)의 어선이었다. 토마스는 이들의 협조로 조선 선교를 준비했다.

1865년 9월 4일 우웬타이의 배에 두 조선인과 함께 탑승한 토마스는 기도하면서 지푸를 출발했다. 그리고 9월 8일경에 중국에서 가장 가까운 조선의 섬 백령도에 도착하여 두문진 포구에 정박했다. 토마스는 그동안 익힌 조선말을 사용하면서 복음을 전했다.

군영(軍營)을 지키던 진군(鎭軍)들이 토마스 목사의 일행을 너그럽게 대해 준 것은, 그들이 타고 온 배가 청나라의 배였고 우웬타이나 김자평이 그곳의 지리와 사람들을 잘 알고 있는 덕분이었다. 토마스의 첫 조선 선교는 백령도에서 시작되었다. 9월 13일에는 조선 본토에 상륙했다. 《조선왕조실록》에 따르면, 그가 첫발을 디딘 땅은 황해도 자라리(紫羅里)였다. 기록된 바에 의하면 그에게는 종이 복음이요 종교 서적이자 금서인 성경이 있었다. 전도는 순조롭게 진행되었다.

토마스 목사는 성경책을 나눠 주었다. 조선인들은 위험한 책인

1 로버트 토마스(Robert J. Thomas, 1839~1866)

줄 알면서도 성경을 받았다. 토마스 목사는 바다를 거슬러 올라가 왕이 사는 한양으로 가서 왕에게 선교 윤허를 얻을 계획이었다. 우웬타이와의 계약 만료 기간이 다가오자 토마스 목사는 다른 조선인의 배를 구하려 했다. 그런데 거듭되는 강풍으로 배가 파선되면서 결국 한양행을 포기했다. 토마스는 첫 조선 선교에서 배를 세 번이나 갈아탔다.

토마스는 아쉬운 마음으로 조선을 떠나 만주의 피쯔워 항구에 도착했고, 거기서 걷거나 말을 타고 베이징으로 갔다. 조선에서는 외국인에 대한 적대감, 20년 만에 불어온 태풍, 배의 난파로 위험에 처했는데, 만주에서는 마적들 때문에 죽음의 고비를 넘겼다. 그러나 첫 번째 조선 선교에서 선교사로서의 사명을 성실히 감당했다. 토마스 목사는 첫 선교를 통해 몇 가지 결과를 얻었다.

첫째, 조선인들에게 성경을 나누어 주었다. 조선인들은 성경을 좋아했고 성경 읽기를 원했다. 둘째, 조선말을 배웠다. 처음엔 냉담해도 조선말로 다가가 인사하고 성경을 주면 대부분 잘 받았다. 셋째, 많은 사람을 알게 되었다. 그는 재방문을 염두에 두고 장사하러 조선을 오가는 중국인들, 조선인들, 각계각층의 사람들과 개인적인 친분을 맺었다. 그리고 거의 4개월 동안 3,200km 가까이 바다와 육지를 다니며 많은 조선어 단어와 대화를 기록해 두었다.

토마스 목사는 훌륭한 설교자였다. 그는 베이징으로 돌아온 후 런던선교회에 복귀했으며 런던선교회 소속 교회에서 매일 설교했다. 50명에서 100명 정도가 그의 설교를 듣고 회심했다. 그의 설교는 복음적이고 은혜로웠다. 토마스는 끊임없이 노방 전도를 하며 교회를 설립하기 위하여 준비했다. 그는 중국인을 좋아했고, 그들과 잘 어울렸다.

당시 조선에서 중국에 오는 사신은 1년에 세 차례 있었고, 동지사(冬至使)까지 합하면 모두 네 차례였다. 규모는 300명 정도였는데 천주교 선교사들은 이들과 적극적으로 접촉했으며, 사실상 그들을 통해 서학(西學)인 천주교가 조선에 전래했다. 토마스는 런던선교회에 일본, 조선, 몽골에 대한 선교 계획을 세워야 한다고 전했다. 윌리엄슨 선교사가 베이징을 떠나는 조선 동지사들을 랴오허(遼河)강 옆 텐창타이(田壓台)에서 만나 그들에게 성경과 기독교 서적을 전했다.

베이징 선교 책임자 에드킨스는 토마스에게 그의 희망에 따라 중서학원(Angro-Chinese College) 원장직을 맡게 했고, 토마스는 다시 서구인들을 방문하고 중국인들에게 선교했다. 그러나 그가 조선 선교에서 얻은 지식, 곧 조선인들이 기독교 복음을 수용하는 자세, 그의 조선어 숙달, 만주에서의 반란, 세력화한 마적들의 실태, 영국 영사관의 진출, 러시아 남진 경향의 노정(露程)으로 그의 극동 선교론이 확립되었다. 그러므로 그는 베이징에 영구 정착할 수 없었다.

1865년 조선 동지사 일행이 베이징에 와서 체재하다 1866년 4월 4일에 떠났다. 토마스는 이 조선 동지사들과 자주 만나 친숙하게 지내며 조선의 여러 상황과 조선에 대한 많은 사실을 알게 됐으며 조선어도 많이 터득했다. 김양선 목사의 자료에는 "베이징에 있을 때 평양감사(平壤監司) 박규수(朴珪壽)가 동지사로 와 있었다. 토마스 목사는 일행을 초청하여 성경과 서구 과학 서적을 주면서 조선 선교 계획을 전했다. 박규수는 실학파 학자 박지원(朴趾源)의 손자로 서학에 관심도 깊고 일찍부터 개화사상이 투철했으므로 토마스 목사의 계획에 찬성했고, 평양에 오면 반갑게 맞아줄 것을 약속하였다"라고 기록되어 있다.

토마스 목사는 다시 조선 선교를 구체적으로 계획했다. 그에게는

1 로버트 토마스(Robert J. Thomas, 1839~1866)

이제 좋은 후원자들이 있었다. 먼저 그는 조선에 더 순수한 복음을 전파해야겠다는 사명감을 가졌다. 둘째로, 정치적으로 러시아나 일본의 조선 진출 기도가 현저하여 개신교의 선교를 늦출 수 없다고 생각했다. 특히 지난해 조선에 뿌렸던 성경이 평양까지 전달됐다는 사실을 알고 성경이 잘 읽히고 있다고 보았다. 사실 천주교에서는 성경을 읽지 않았으므로 성경을 읽을 수 있게 해야겠다는 사명감을 가졌다. 마침 수행원 하나가 한문 쪽지를 몰래 토마스 목사의 상의 주머니에 넣었는데, 지난해 조선 서해안에서 뿌린 것과 같은 '마태복음' 책자를 하나 구해 달라는 내용이었다. 셋째로, 그는 조선에서 여자들과 서민들까지 한글을 읽을 수 있다는 것을 알고, 선교가 더 빨리 진행될 수 있다고 믿었다. 넷째로, 그는 조선에서의 불교 침체를 선교의 호기로 판단했다. 사찰의 도읍 내 부재 등 중국보다 열세함을 알고 있었기 때문이다.

조선에서 프랑스 신부들을 처형한 데 격분한 베이징 주재 프랑스 대리 공사 앙리 벨로네(H. Bellonnet)는 이를 문책하기 위해 프랑스 인도차이나 함대 사령관 로즈(P. G. Roze, 魯勢)에게 명하여 원정대를 조선에 파견했다. 이때 로즈 제독은 리델 신부가 동승하면 정치적 음모의 연장이라는 인상을 줄 것을 염려해 개신교 목사인 토마스를 통역사로 택했다. 《조선왕조실록》에는 토마스 목사가 통역한 것과 그와 대화한 내용이 기록되어 있다.

영국인으로서 토마스를 격려했던 선교사 조셉 에드킨스는 토마스가 군함을 타고 가 조선에서 선교하는 것에 찬성했다. "조선 선교는 본국의 선교 후원자들의 관심사였기 때문에 토마스에게 가지 말라고 하지 않았다." 그러나 원정대가 톈진에 이르렀을 때 로즈가 월남 방면에서 일어난 반란 진압을 위해 홍콩에 급파되었다는 소식을 듣게 되었다. 그 후 토마스 목사는 미국인 프레스턴(Preston, 普來頓)의 소유인 제너럴셔먼(The General Sherman)호가 조선으로 간다는 소문을 들었다. 조선 입국의 기회를 찾고 있던 토마스 목사는 제너럴셔먼호에 통역사의 자격으로 편승하였다.

토마스 목사가 제너럴셔먼호에 타게 된 몇 가지 이유가 있다. 먼저 백령도에서 선교할 때 중국인의 고깃배를 탔다가 풍랑을 만났을 때 죽을 뻔했던 경험이 있었다. 그래서 작은 배를 타고는 결코 조선에 갈 수 없다는 것을 알았기에 큰 배를 타고자 한 것이다. 토마스 목사는 조선에서 선교해야 한다는 사명감이 있었고, 제너럴셔먼호가 영국인이 타고 있으며 미국인의 배라는 사실을 알고 있었다. 토마스 목사는 그 배에 스코틀랜드 성서공회의 후원으로 받은 성경책 500여 권, 기독교 서적 500여 권을 갖고 탔다. 이것은 큰 짐이었다. 이 짐은 기독교 복음 선교가 토마스 목사의 최종 목적이었다는 사실을 알려 준다. 제너럴셔먼호에 이렇게 많은 책을 실을 수 있도록 허락한 것은 토마스 목사의 선교 사역을 인정했기 때문이다. 이는 그가 조선에 온 목적이 통역이라는 수단을 통한 선교였다는 사실을 분명히 보여 준다.

제너럴셔먼호는 조선에 무역을 위해서 갔으며, 토마스 목사는 선교를 위해서 갔다. 이 배에는 호가트(Hogarth, 何葛特, 영국인), 페이지(Page, 파사[巴使], 덴마크인), 윌슨(Wilson), 프레스턴(Preston), 토마스 등 5인의 백인이 있었고, 19명의 말레이시아인과 중국인이 함께 있었다. 토마스 목사는 중국 섭정공(攝政公)의 특별 외국인 여권을 소지하고 있었다. 그리고 에드킨스의 추천으로 총명한 중국 기독 청년 조능봉(趙凌奉)이 함께했다. 토마스의 신앙은 순수했고, 그에게는 복음을 듣고자 하는 조선인들의 행렬이 눈에 선했다. 1866년 8월 9일 목요

1 로버트 토마스(Robert J. Thomas, 1839~1866)

일 제너럴셔먼호는 지푸를 떠나 조선으로 향했다.

케이블(E. M. Cable)의 자료에 의하면 제너럴셔먼호는 길이 55m, 너비 5m, 높이 9m의 상선으로 두 개의 닻이 있는데 하나는 5m, 다른 하나는 1.7m였다. 각각 두 개씩의 큰 닻과 작은 닻이 있었는데 모두 흰색이었다. 구명보트는 푸른색이었으며 돛대는 없었고 길이 5m, 너비 3.5m였다.

그러나 당시 조선은 천주교 박해가 심하던 때였다. 그런 상황에서 제너럴셔먼호가 평양으로 들어왔으니 무사히 교역이 이루어질 리가 없었다. 제너럴셔먼호는 미국 소속의 무역선이었으나 쇄국정책으로 서양에 관해 아는 것이 없는 조선인으로서는 프랑스와 미국을 구분하기 힘들었다. 더구나 프랑스에 대한 반감이 강하던 때라서 프랑스 배로 오인했다.

제너럴셔먼호에는 선주 미국인 프레스턴이 영국의 메도스(Meadows) 상사와 함께 조선과의 통상을 위해 면포, 유리그릇, 철판, 자명종 등 많은 상품과 함께 한문 성경과 기독교 서적을 실었다. 토마스 목사가 제너럴셔먼호를 탄 것은 선교적 열정 때문이었다. 제너럴셔먼호 승선은 토마스의 두 번째 조선행이었다.

여기까지가 토마스 목사에게서 나온 자료이다. 그다음 사료는 조선 측에서 나왔다. 조선 측의 자료만으로는 토마스 목사의 평양 선교에 대해 의문을 갖기 마련이다. 이 사료는 토마스에게 매우 불리한데, 앞서 말했듯 쇄국정책을 펴고 있던 조선 측의 해석이기 때문이다.

토마스 목사는 무역을 위한 배라고 했으나 제너럴셔먼호는 무역선에 어울리지 않게 무장하고 있었다. 이에 처음부터 여행 목적에 의심을 받았다. 그래서 그리피스(W. E. Griffis)는 평양에 있는 왕릉 도

굴과 모종의 상관이 있었을 것이라는 소문을 중시하였다. 에드킨스 역시 제너럴셔먼호가 무장했다는 소문을 듣고 불안해하였다. 어쨌든 메도스 상사는 베이징 주재 미국 공사 벌린게임(Anson Burlingame)에게 보낸 공문에서 '단순한 무역'이 목적이라고 밝혔다. 사실 제너럴셔먼호가 당시는 무역선이었지만, 전에는 미국 해군이 사용한 배로서 2문의 대포가 있었고 선원들은 중무장하고 있었다. 토마스도 그것이 마음에 걸렸다. 그러나 빨리 평양에 가서 복음을 전하는 것만이 그의 바람이었다.

제너럴셔먼호가 처음으로 닻을 내린 곳은 백령도 두문진이었다. 이곳은 토마스 목사가 처음 조선에 선교하러 왔을 때 정박했던 곳이기도 하다. 그 후 제너럴셔먼호는 평양까지 들어왔다. 무역을 위해 왔다고 했지만 조선의 거절을 무시한 입항이었다.

당시 1866년은 병인해였다. 그해는 유달리 서양 열강들이 조선을 귀찮게 했다. 다사다난했던 대원군 집권 3년째인 병인년에는 병인박해와 병인양요가 일어났다. 이는 종교적으로 혹세무민(惑世誣民)하고 정치적으로 모반의 우려가 있다며 새해 벽두부터 프랑스 신부 9명과 수천 명의 조선인 천주교도들을 고문하고 학살한 사건이다. 이것을 계기로 복수의 칼을 품은 프랑스 함대가 9월에 강화도에 상륙, 병인양요가 일어나고 말았다. 이때부터 외세에 대한 대원군의 쇄국정책은 극으로 치달았다. 이런 역사적 배경 아래 제너럴셔먼호가 평양에서는 침략자로 여겨질 수밖에 없었다.

그러므로 제너럴셔먼호가 평양을 향해 올라오고 있을 때 평양감사 박규수는 부하 이현익을 보내 평양으로 올라오는 이유를 물었다. 제너럴셔먼호는 온전히 무역을 위함이라고 했다. 조선 측에서는 현재 조선은 외국의 배나 사람의 입국을 허락할 수 없다고 거절했다.

1 로버트 토마스(Robert J. Thomas, 1839~1866)

그래도 제너럴셔먼호는 밀고 올라왔다. 몇 차례 충돌하며 제너럴셔먼호는 평양 쑥섬까지 왔다.

《조선왕조실록》은 제너럴셔먼호에 대해 "평양에 정박하고 있던 이상한 서양 선박이 점점 더 미친 듯이 날뛰며 닥치는 대로 포를 발사하며 민간인들을 죽였다. 그 배를 무찌르기 위한 유일한 군사 작전은 불을 이용하는 것이었다. 군사들은 불이 타오르는 작은 거룻배들을 떠내려 보내 그 선박을 공격하여 완전히 불태웠다"라고 기록했다.

토마스 목사는 자신의 생일을 이틀 앞둔 1866년 9월 5일 평양 한 사정이 보이는 대동강 쑥섬 모래사장에서 순교했다. 그러나 그가 꿈꾸었던 비전은 아직 사그라진 것이 아니었다. 여러 난관과 자기 약점을 부수고 뛰어넘으며 오로지 복음을 위해 젊음을 헌신한 그는, 조선 땅에 복음을 전하러 왔다가 순교한 첫 선교사가 되었다. 개신교 선교사로서는 조선에서 처음으로 예수 그리스도의 복음을 위해 피를 뿌린 순교자였다.

토마스 선교사의 아버지 토마스 목사가 받은 편지에는 그가 조선이라는 미전도 종족에 대한 이야기를 듣고 그 나라에 다녀왔다는 이야기가 쓰여 있었다. 그리고 지금은 다시 조선으로 가기 위해 조선말을 배우는 중이라고 했다. "아주 잔인하고 사악한 대학살이 최근 조선에서 일어났습니다. 그래도 누군가 조선에 들어가 선교의 문을 여는 것의 중요함을 깨달아 제가 조선에 가기로 했습니다." 1866년 8월 1일 자 편지로 그 내용은 여기까지였다.

아버지 토마스 목사와 하노버교회의 교인들은 토마스가 어찌 됐는지 몹시 궁금했다. 하지만 편지는 더 오지 않았고 연락이 끊겼다. 그러던 중에 토마스 선교사가 제너럴셔먼호를 타고 조선에 도착하긴 했는데 그곳에서 목 베임을 당했다는 청천벽력과 같은 소식을 들었다. 목이 잘려 나간 아들의 소식을 듣고 그 부모와 성도들은 조선을 위해 간절히 기도했다. "하나님, 내 아들을 목 베어 죽인 민족이지만 아들의 죽음이 헛되지 않도록 조선이 주님 앞에 돌아오기를 바랍니다."

토마스 목사가 순교했다는 소식이 베이징에 알려진 것은 1866년 10월 중순경이었다. 하지만 이 소식은 오래 가지 못하고 사라졌다. 1905년 이전에 한국이나 중국에서 토마스 목사의 죽음을 순교로 본 선교사는 없었다. 옥성득이 쓴 《다시 쓰는 초대 한국교회사》에 따르면, 한국에서 선교사로 교회사를 가르친 존스(G. H. Jones) 목사가 1915~1916년 보스턴 대학교 신학대학원에서 강의하며 "토마스 선교사는 순교자였다"라고 정의하였다. 1910년대에 한국에서 선교사로 사역하던 이들이 토마스 목사를 순교자로 이해하기 시작한 상황을 반영하고 있다.

1893년 평양에서 선교를 시작한 마펫 선교사와 한석진 조사가 얻은 내용 또한 토마스 목사가 순교자임을 증명하고 있다. 마펫 선교사와 한석진 조사가 평양의 대동문 안에 있는 물산 객주 주인 최치량의 집에 숙소를 정하고 평양에서 전도하던 중 그의 집에서 예배를 드리기 시작했다. 그런데 그 여관 벽에 붙인 벽지가 한문 성경임을 알고 두 사람은 깜짝 놀랐다. 그 연유를 최치량에게 물었다. 최치량은 그 집의 전 주인 박영식은 영문주사(營門主事)였는데, 그가 27년 전 대동강 연안 만경대(萬景臺)에서 토마스 목사에게 성경을 받은 사람들이 위험하다고 버린 것을 가져와 얼마 동안 감추어 두었다가 뜯어서 벽지로 썼다는 것이었다.

최치량은 마펫 선교사와 한석진 조사를 자기 집에 유하게 한 일로 친분을 쌓게 되었고, 최치량의 집인 여관은 나중에 널다리교회

1 로버트 토마스(Robert J. Thomas, 1839~1866)

가 되었다. 마펫은 평양 대동문 안에 교회를 설립했을 때 토마스 목사에게서 얻은 성경을 가지고 온 사람이 여럿 있었다고 했다.

그 후 한국 선교사회에서 토마스 목사 기념교회를 설립할 것을 결의하고 그의 전기를 쓰기로 했다. 토마스 목사 기념교회 설립위원회 총무 오문환 장로에게 맡겨 《토마스 목사전》(1928)이 출간되었다. 오문환 장로는 현지인 대담과 구전 연구 및 전기 출판으로 토마스 목사의 순교를 해석하여 그의 생애에 대해 새롭게 조명했다. 그는 토마스 목사가 웨일스에서 태어나고 성장하여 공부하고 선교사로 파송된 후 중국에서의 활동을 파악한 다음 조선에 선교하러 왔던 것에 관한 역사적인 자료들을 구했다. 그러나 토마스 목사가 순교한 사실을 조선 역사에서는 찾을 수 없었다. 이에 그 순교 증거를 얻기 위하여 그가 평양으로 들어온 과정을 역추적하였다. 선교지 현장을 답사하고 당시 토마스 목사에게 전도를 받은 이들을 비롯해 성경책과 기독교 서적을 받은 200여 명을 만나 증언을 들었다.

오문환 장로는 《토마스 목사전》 마지막에 "토마스 목사의 백골이 묻혀 있는 봉래도(쑥섬)에는 주일이 되면 사방에서 울려 퍼지는 교회 종소리가 여울물 소리와 함께 어울려 대기를 흔들고 있으니, 그 백골일망정 감각이 있다면 기뻐 날뛰지 않을 수 없을 것이며 쌍수를 들어 여호와의 위대하신 능력을 찬양해 마지않을 것이다"라고 했다.

《토마스 목사전》에 기록된 증언을 살펴보자. 제너럴셔먼호가 불길에 휩싸였을 때, 선원들은 물에 몸을 던지기도 하고 불쏘시개 역할을 했던 거룻배 위로 뛰어내리기도 하였다. 그러나 필사적으로 헤엄쳐 나온 선원들은 결국 강변에 정렬해 있던 군인들의 곤봉에 맞아 죽거나 창에 찔려 죽었다. 그때 토마스 목사는 죽기 전에 뱃머리에서 용감하게도 홀로 '야소! 야소!'를 외쳤고 남은 성경을 던졌다고 한다.

마지막으로 남은 성경 한 권을 가슴에 품고 토마스 목사도 배에서 뛰어내렸다. 거칠게 물가로 끌려 나온 그는 대동강 백사장에 무릎을 꿇고 머리를 숙여 기도드리기 시작했다. 모래투성이에 흠뻑 젖은 머리를 든 청년 토마스 목사는 희미하게 미소를 짓고 있었다. 그는 가슴을 더듬어 품 안에 있던 성경을 꺼내 바로 앞에 선 관군에게 건네주었다. 그 병사의 처지를 이해하는 마음으로 마지막 호의를 다하는, 담담히 가라앉아 있는 말 없는 미소가 그 역시 절박한 순간이었을 병사에게 어떻게 이해되었을까? 시간의 흐름이 멈춘 것 같은 순간 잠시 주춤했으나 이내 그의 칼은 무릎을 꿇고 있어도 껑충한 젊은 선교사 토마스의 가슴을 꿰뚫었다. 토마스는 그 자리에서 꺼꾸러져 죽었다. 이것이 토마스 목사의 순교 장면이며, 목격자에 의해 증명된 역사적 사건이다.

그때 병사는 세상의 눈으로 보았을 때는 가련하기 이를 데 없는 청년의 주검 옆에 떨어져 있는 책을 주워 들었다. 그것이 성경인 줄도 모르고 품에 갈무리한 채 집으로 돌아간 그는 가족들에게 "내가 오늘 서양 사람을 죽였는데 아무리 생각해도 이상한 점이 있다. 내가 그를 찌르려고 할 때 그는 두 손을 마주 잡고 무슨 말을 한 후에 웃으면서 책 한 권을 내밀며 받으라고 권하였다. 그를 죽이기는 했으나 그가 내민 책을 거절하지 못하고 가지고 왔다"고 했다.

당시 20대 청년이었던 황명대는 친히 목격한 이 광경을 오문환 장로에게 증언하여 그가 토마스 전기를 쓰는 데 구전 사료가 되었다. 증언할 때 80세의 고령이었던 그는 평양 부근 장로교회의 신자였다. 대동군 대동강면 조왕리교회는 1932년에 '토마스 목사 기념교회'로 선정되었다. 평남, 강서 군수였던 김상필의 증언에 의하면, 고향인 정주의 백몽운도 그때 군인으로 제너럴셔먼호 사건에 참전했는데 몇

1 로버트 토마스(Robert J. Thomas, 1839~1866)

해 후에 "그들이 전한 책자를 보니 그들은 선교하러 온 것이었다"고 말했다고 한다.

'순교자'란 헬라어 'μαρτυρία'는 '증언'이란 뜻을 가지고 있다. 이것이 기독교 역사에서 '순교자'로 그 의미가 바뀌었다. '순교자'를 뜻하는 영어 단어 'martyr'가 여기에서 나왔다. 토마스 선교사는 순교자이다. 그는 성경을 주며 외치다가 죽었다. 그러므로 순교자이다. 순교자는 천국에서 가장 영광스러운 상을 받는다. 순교자는 인간의 노력이 아니라 성령의 역사로 되는 것이다. 성령의 역사 없이 순교자가 될 수 있는 사람은 아무도 없다. 그러므로 역사적 사료만으로 순교자냐 아니냐 판단하는 것은 잘못이다. 결국 순교자라는 판단은 하나님께서 하실 일이다. 거기서 인간이 판단할 수 있는 것은 성령의 역사가 있었느냐 하는 것이다.

초대교회에서 스데반은 순교자였다. 그는 설교하다가 돌에 맞아 순교했다. 그 장면이 성령에 의해 이루어졌다는 것을 성경이 증언하고 있다. 토마스 선교사의 선교사 의식과 희생적 결단은 순교적 자세가 분명했다. 그러나 그것만으로는 순교자라고 정의하기에 부족하다. 따라서 그가 평양 쑥섬에서 죽임을 당할 때의 장면이 매우 중요하다. 목격자들의 증언에 의하면, 그는 칼로 자기를 죽이려는 병사에게 성경을 주면서 미소를 지었다고 했다. 성경을 내주면서 받으라고 말하면서 죽었다. 이 장면이 사실로 증명된다면 모두가 토마스를 순교자로 인정할 것이다. 그것을 오문환 장로가 증인들을 통해 증명했다. 그것을 진실로 믿는 사람과 미담으로 만들었다고 믿는 사람은 차이가 있다.

김은국이 쓴 소설 《순교자》를 보면, 평생 목사로 살다가 6·25 전쟁 때 북한에서 공산군에게 굴속으로 끌려간 14명이 나온다. 그중

12명이 공산군에게 죽임을 당했다. 정신이상자가 된 20대 후반의 젊은 목사와 살아남은 이유를 알 수 없는 신 목사만 생명을 건졌다. 죽은 이와 살아남은 이, 이들 중 누가 순교자인가? 사실 인민군의 총에 맞아 죽은 12명은 배교했다. 젊은 목사는 마지막 순간 가장 존경하고 따르던 노인 목사가 배교하는 것을 보고 미치광이가 되어 죽임당하지 않았다. 또 한 명의 살아난 목사가 어떻게 목숨을 건졌는지는 분명하게 나타나 있지 않다. 그렇다면 목사로 죽었다고 다 순교자인가? 그렇지 않다. 마지막 순간이 진정한 신앙 고백적 죽음이어야 한다. 그런데 이것은 성령의 역사 없이는 불가능하다. 순교자가 되겠다는 각오만으로는 결코 순교자가 될 수 없다. 예수 그리스도의 영이 그 속에 있으며 성령께서 역사하실 때만 순교자가 될 수 있다.

이런 면에서 토마스 목사는 분명히 순교자였다. 그 증거가 여러 곳에서 드러났다. 홍신길은 12세 때 포리에서 토마스 목사에게 전도지를 받고 그리스도인이 되어 칠동교회를 설립했다. 그는 그때 그곳에서 토마스 목사에게 성경을 받은 사람이 많았다고 했다. 대동문 안 남천면 원암리에 살던 김영섭은 토마스 목사가 건네준 성경책과 전도지를 받고 교훈과 가르침에 감복하여 주위 사람들은 물론 가족들에게 새로운 진리를 믿도록 권유했다고 한다.

마펫 선교사의 보고서에 의하면 "1899년 9월 성찬식 예배 때 59명의 남녀가 세례를 받았는데 이들 중 10명이 70세 이상이었다. 그중 한 명이 77세의 노인으로 박춘권이었다. 그는 30년 전 평양에서 미국 상선 제너럴셔먼호가 불타고 모든 선원이 죽임을 당했을 때 그 배에 올라가 포로로 잡혀 있던 도시의 관리 중군 이현익을 구출했으며 그 범선을 불태우는 데 참여했고, 평양에 처음 성경을 전한 토마스 목사를 포함한 선원들이 처형되는 것을 목격했다"고 했다.

1 로버트 토마스(Robert J. Thomas, 1839~1866)

사실이 이러한데 누가 토마스 목사를 순교자가 아니라고 할 수 있는가? 그럼에도 그를 순교자라고 하기에는 사료가 부족하다고 한다. 토마스 목사의 마지막 죽음을 《조선왕조실록》에 있는 사료로 평가하기 때문이다. 그리고 오문환 장로가 역추적한 사료는 객관성이 없다고 한다. 그러나 역사가들의 연구에 의하면, 기록이 없어도 역사적 현장을 답사하고 당시 혹은 후대 인물들을 만나 증언을 들어 모은 자료도 중요한 사료가 된다. 그것을 믿는 것이 중요하다. 역사가들의 의견에 의하면 그것들은 모두 기록된 역사 사료와 다름없는 신빙성 있는 사료이다.

그런 면에서 토마스 목사의 순교는 확실하며, 그 역사적 사건 때문에 한국교회에 큰 부흥이 일어났다. 그 증거로 평양이 부흥되어 '한국의 예루살렘'이라는 이름을 얻었고, 1907년 평양에서 성령 운동이 일어났다. 이 모든 일을 토마스 목사의 순교라는 씨앗의 열매라고 평가할 수 있다.

순교자 테르툴리아누스는 이렇게 말했다. "교회라는 나무는 세 가지 액체를 먹고 자란다. 수고의 땀, 기도의 눈물, 순교의 피이다." "교회는 언제나 순교자들의 헌신과 희생 위에 세워져 왔다." 주의 몸 된 교회를 위해 자신의 땀과 눈물 그리고 피를 아끼지 않았던 순교자의 영성이 있었기에 오늘까지 교회가 존재할 수 있었던 것이다. 한국교회는 토마스 목사의 순교라는 토대 위에 세워졌고 발전하고 부흥했으며 많은 열매를 맺었다. 이제 우리는 이 순교의 영성을 이어가기 위하여 날마다 자아를 죽이고 우리 안에 사시는 그리스도와 함께 무엇에든지 참되게, 누구에게든지 겸손하게, 어떤 상황에서든지 기도하며 십자가 사랑을 실천해야 한다.

"내가 진실로 진실로 너희에게 이르노니 한 알의 밀이 땅에 떨어져 죽지 아니하면 한 알 그대로 있고 죽으면 많은 열매를 맺느니라"(요 12:24).

1 로버트 토마스(Robert J. Thomas, 1839~1866)

2
존 로스
(John Ross, 1842~1915)

 1784년 북경에서 영세 받은 이승훈이 조선에 들어온 것이 천주교의 원년이요, 개신교의 원년은 알렌이 상해에서 제물포로 들어온 1884년이다. 그 이듬해 언더우드, 아펜젤러가 들어오고, 그 후 스크랜턴과 헤론이 들어왔다. 그러나 조선에서 공식적으로 시작된 개신교 선교 이전에 하나님께서는 이미 중국, 만주, 일본, 미국에서 조선 선교를 위해 준비하셨다.

1879년 서양의 글로 한국의 역사를 처음 소개한 영국인 선교사 존 로스의 《History of Corea》가 처음 한국말로 번역되었다. 번역서 제목은 《한국사》였다. 1872년 중국에 입국한 로스는 만주에서 선교하며 북송(北宋)의 사마광(司馬光)이 쓴 《자치통감(資治通鑑)》 등 중국 사료와 현지의 조선인 상인에 대한 풍부한 인터뷰를 바탕으로 이 책을 썼다.

그는 책에서 고조선부터 1876년 강화도 조약까지의 조선의 역사를 개괄하고 조선의 관습, 종교, 지리, 정부 등 조선에 대해 전반적으로 상세히 설명했다. 로스의 책은 서양인이 한국의 문화와 역사에 관해 쓴 다른 책에 비해 객관적이었다. 위 알드의 《청제국에 관한 기록》(1735), 달레의 《조선 교회의 역사》(1874) 등 이전의 한국 관련 책은 프랑스 신부가 썼다. 이 책들은 해외 선교단체인 파리외방선교회의 중국 베이징 지부에서 온 보고서를 바탕으로 프랑스에서 작성한 반면, 로스는 기자조선설(箕子朝鮮說)을 인정하는 한국사를 기술했다.

로스는 한글을 높이 평가했다. 그는 한글의 구조와 특징을 설명하는 데 한 장(chapter)을 할애하며 "조선인들의 알파벳은 너무나 아름답고 단순하여 30분 안에 충분히 통달할 수 있다"고 했다. 로스는 최초로 성경을 한국어로 번역했다.

그는 조선의 역사와 문화, 조선인의 외모에도 후한 점수를 주어 "조선은 문명 수준이 높으며, 그 역사가 세계의 다른 주도적인 국가들보다 더욱 오랜 옛날로 거슬러 올라간다"고 했다. 또 "조선인 중 흰머리에 수염을 기른 신사는 미남이라고는 할 수 없어도 훌륭한 서양인처럼 보이기에 충분하며, 중국인들과 달리 싸구려 무명은 옷감

ㄹ 존 로스(John Ross, 1842~1915)

으로 사용하지 않았다"고도 했다.

　미국 컬럼비아 대학교에서 서양 고대사 분야 석사학위를 받은 이 책의 번역자 홍경숙은 역자 서문에서 "로스가 한국을 오랜 역사와 고급 수준의 문화를 지닌 독립 국가로 보았음을 책을 통해 알 수 있다"고 말했다.

　이 책은 한국문학번역원이 LG 연암문고가 소장하고 있는 1만 권의 한국사 관련 서양 고서 중 100권을 선정해 번역하는 프로젝트 가운데 14번째로 번역되었다. LG 연암문고 김장춘 연구위원은 "원제에서도 알 수 있듯이 이 책은 서양인이 최초로 한국의 역사를 독립된 한 권의 책으로 썼다는 데 의미가 있다"고 평가했다. 기독교의 동양 선교는 1862년부터 중국 선교가 시작되었고, 1871년부터 산둥반도(山東半島)를 선교지로 택했다.

　존 로스[John Ross, 나요한(羅約翰), 1842~1915]는 1842년 8남매의 장남으로 태어나 자라면서 글래스고 대학교와 에든버러 신학교에서 공부했다. 로스는 신학을 마친 후 주님의 뜻을 따라 바다를 건너 중국으로 갔다. 그의 나이 30세였던 1872년에 스코틀랜드 연합장로회 해외선교부로부터 파송되어 스코틀랜드 장로교 연합 선교회(Scottish United Presbyterian Mission) 선교사로서 만주에서 활동했다.

　처음 파송을 받고 중국에 도착한 그는 만주로 가서 선교 활동을 했다. 선교 초기에 황무지를 개간할 때 여러 가지 어려움이 있었으나 마침내 기반을 세웠다. 이듬해인 1873년 로스는 알렉산더 윌리엄슨 선교사에게서 6년 전 토마스 목사가 평양 대동강에서 순교한 소식을 들었다. 그리고 이때부터 조선 선교에 대한 마음을 갖게 되었다. 토마스 선배 선교사의 한국 선교 열의에 감화받은 로스는 조선에 복음을 전하겠다고 결심했다.

1793년 윌리엄 캐리의 인도 선교가 시작되었고, 1807년 로버트 모리슨의 중국 선교가 시작되었다. 서양이 중국 선교에 나서면서 한국 선교도 시작되었다. 잠깐이나마 한국에 최초로 온 개신교 선교사는 귀츨라프였고, 토마스 선교사는 처음에는 중국 선교사로 시작했으나 조선 선교의 소망을 품고 조선에 왔다가 대동강에서 개신교 최초의 순교자가 되었다.

로스는 1873년 말 영구(營口) 지방을 순회 전도하다가 자신의 선교 방법을 두 가지로 정립했다. 첫째로 그 나라의 가치관이나 신앙을 빌리기보다 그 문화를 바탕으로 그리스도 안에서 신앙이나 가치관을 설립하도록 보여 주는 것이 필요하다고 판단했다. 둘째로 비기독교 지역의 교회는 외국인 선교사가 아니라 자국 기독교인의 생활과 전도 활동을 통해 성장한다고 믿었다. 그래서 많은 선교사가 필요하지 않고 몇 군데에 몇 명만 있을 때 그 지방 신자들을 더 효과적으로 도울 수 있다고 생각했다.

로스 목사는 사서삼경(四書三經)을 열심히 익혔고 전도할 때 그것을 많이 이용했다. 그는 유교를 한 번도 비판하지 않았고 오히려 사회의 훌륭한 가치관으로 칭찬했으며, 설교 시에 중국인에게 그리스도를 믿게 하는 방법으로 이 윤리적 가치관을 사용했다. 또 그는 한 번도 길가에서 설교하지 않았고 직접 사들인 교회당에서 강연했다. 그는 먼저 모월(某月) 모일(某日)에 어떤 교회당에서 기독교에 대해 토의한다고 공표하곤 했는데, 그 고지를 듣고 사람들이 오면 먼저 간단한 강연을 하고 난 다음 사람들이 질문하거나 주를 달게 했다.

이 방법은 순회 전도라기보다 중국 토착문화와 더 밀접했다. 3세기부터 중국에는 청담(淸談)사상이라는 철학 방법이 있었는데, 그것은 광범위한 철학적 문제들을 논하는 것이었다. 이 청담사상식 전도

방법을 중국인에게 적용했고, 결과적으로 기독교 사상은 더 잘 전파되었다. 그래서 많은 선교사가 필요 없고 몇 명만 몇 군데에 있으면 그 지방 신자들을 효율적으로 도울 수 있다고 믿은 것이다.

1874년 10월 9일부터 로스는 당시 청국과 조선의 국경이자 양국 사이의 합법적인 교역이 이루어지던 고려문(高麗門, Corean Gate)을 여행했다. 그 내용을 그해 11월에 나온 격월지 〈중국 기록과 선교 보고〉에 썼고, 1875년 5월 '연합장로 선교 보고'에 간추려서 기록했다. 왕복 여행은 약 3주일 걸렸는데, 로스 목사가 고려문으로 간 길은 조선의 사신이 북경으로 가는 길과는 방향이 달랐다.

10월 9일 영구로 떠나 첫날은 대석교에서 보냈는데, 거기 있는 여관은 북중국에 있는 여관 중 가장 좋은 곳이었다. 대석교를 떠나 동쪽으로 여행하면서 천산(千山)의 산맥을 지났는데 무수한 산맥들이 마치 북스코틀랜드의 산맥들 같았다. 로스 목사와 그의 동행인은 양하를 열두 번이나 건넜다. 그는 그 지방의 식물과 동물 및 지리를 살폈고, 또한 그 지방의 풍속도 살펴서 기록했다. 이 내용은 보고서에도 담아 보냈다. 대석교를 떠나 그들이 처음 도착한 큰 도시는 수암주였고, 거기서 북동쪽으로 가면서 봉황성으로 곧장 가는 길은 아니었으나 그 길로 로스 목사와 그의 동행인은 그 도시에 갔다.

고려문 마을은 청과 조선 사이에 있는 세관이 위치한 작은 마을이었다. 봉황성에서 떨어진 봉황산이라는 산맥 옆에 있었는데, 그 언덕에는 도가의 수사들이 기거했다. 세관은 1년에 네 번 열렸다. 음력 3월에 시작해서 3~4개월간 열렸고, 음력 8월에 3주간, 음력 9월에 약 6주간, 마지막으로 섣달에 한 달간 열렸다. 로스 목사가 처음 방문한 때는 음력 9월이었는데 아직까지는 그 문이 잠겨 있었고, 조선 상인들을 만나려고 했으나 상인이 많지 않아 실망했다. 오래 지체할 수가 없어 섭섭한 마음으로 영구로 돌아왔다. 그러나 고려문에 처음 갔을 때 그는 거기에 왔던 조선 상인들과 접촉해서 대화할 수 있었다.

로스 목사는 영구로 돌아오자마자 〈중국 기록과 선교 보고〉에 '고려문 심방'이란 제목의 글을 썼다. 그것을 쓰고 난 직후 영구 서쪽 650km에 있는 북경으로 떠났다. 이 여행에 관한 기록은 현재 남아 있지 않아 더는 알 수 없고 단지 추정할 뿐이다. 이 여행을 통해 로스가 두 가지를 깨닫고 진행했을 가능성이 있다. 첫째로 북경에 유명한 마틴(W. A. P. Martin) 박사가 있었는데 그와 로스 목사의 선교 방법과 중국인을 이해하는 방법에서 비슷한 점이 있었다. 로스 목사가 거기로 가서 만주에서의 자신의 활동에 대해 얘기했을 가능성이 있다. 둘째로 로스 목사가 조선어를 배울 계획을 세우고, 신약성경을 번역해서 출판하는 데 도움을 청했을 가능성이 있다. 그는 북경에 갔다가 새해가 되기 전에 영구로 돌아온 것 같다.

로스는 봉천, 요양, 흥경과 조선에까지 교회를 건설해 신자의 수가 많아졌다. 또한 고아를 위한 학교를 세워 많은 인물을 키웠다. 아울러 성경 주석을 번역, 출판했으며, 신학교를 세우고 신학을 가르쳐 직접 세운 중국인 목사가 열 명이 넘었다. 만주 선교의 혁혁한 공로자로 전해지는 로스는 한국 주재 선교사는 아니었으나 사실상 한국 선교에서도 대표적인 개척자였다.

로스 목사의 기록이 많지 않으나 그의 글에 따르면, 1875년 그는 만주의 수도원 봉천에 몇 개의 전도관을 설립하려고 무척 노력했다. 그것을 위해 다섯 번이나 봉천에 갔으나 일이 잘 되지 않았다. 1875년 말 그는 에든버러에 있는 선교회에 그 장소에 전도관을 설립하고 왕징밍, 탕운환 두 전도사를 세웠다고 보고했다. 그는 또한 영국 주위에서 한 것같이 대석교에서는 전도관을 설립했으나, 해성과 요양에서는 설립하지 않았다고 했다. 같은 해 언제 주부로 배를 타고 갔고 왜 갔는지 그 이유는 모르지만 존 매킨타이어를 만주에 오도록 부탁한 것 같다. 1875년 말 만주에 온 지 3년 만에 로스 목사는 첫 선교 통역자를 만났다.

존 매킨타이어는 만주로 갈 때 로스 목사보다 네 살 위였으나 미혼이었다. 그는 1837년 7월 18일에 스코틀랜드 로크 로먼드(Loch Lomond)의 러스(Luss)에서 출생하여 페이즐리(Paisley)에서 교육을 받았고, 독일의 하이델베르크에서 학사학위를 받았다. 그 후 에든버러에 있는 연합장로교신학교에서 신학을 공부했고, 1865년 안수 받고 베일리스톤(Baillieston)교회에서 목사로 취임했다. 1871년 중국에 갈 때까지 그곳에서 1년간 목회했다.

그리고 로스 목사가 부르기 전까지 지부 서쪽 200km에 있는 유현에서 목회했다. 매킨타이어가 영구로 옮길 때 로스 목사는 만주에서의 선교 활동 계획을 가지고 있는 듯했다. 1876년 초에 매킨타이어는 로스 목사의 여동생 캐서린과 결혼했다. 그녀는 로스 목사의 아들 드러몬드를 양육하며 중국 여학교를 운영하고 있었다. 로스 목사와 매킨타이어는 선교 활동을 빨리 계획해 한 사람이 6주간 영구에 있으면 다른 사람은 6주간 순회 전도를 했다.

1876년 4월 말부터 5월 초까지 로스 목사는 두 번째로 고려문을 여행했다. 지난 여행에서 배우고 깨달은 바를 통해 이번에는 준비를 미리 잘 했던 것 같다. 여행 비용은 영국 리스시에 있는 어싱턴(Robert Arthington, 1823~1900)이 지원해 주었다. 그는 유명한 자선 사업가였다. 로스 목사는 세관까지는 2년 전과 같은 길로 간 다음 세관을 지나 압록강과 북쪽 국경 사이에 있는 무인지경까지 갔고, 계속해서 애하와 압록강의 합류점까지 갔다. 거기에 있는 모래밭과 더

비옥한 곳을 잇는 농장에서 중국인과 조선인들이 농사를 짓고 있었다. 로스 목사는 한 권으로 된 전도지와 성경을 출판하려고 결심했고, 나중에 반도로 들어갈 수 있는 방법을 모색했다. 두 강이 만나는 곳에서 로스 목사는 의주시를 보고는 압록강변을 따라 구경하려고 뱃사공을 부르려 했으나 조선의 변방 군인들이 두려워 뜻을 이루지 못했다.

로스 목사가 조선 국경으로 간 두 번째 이유는 조선어 선생과 신약성경을 조선어로 번역하도록 그를 도울 사람을 찾기 위해서였다. 로스 목사는 통역자에 성경을 번역할 수 있을 만한 지식인을 만났는데, 그는 이응찬이라는 한약 장수였고 압록강을 건널 때 모든 물건을 잃은 상태였다. 이응찬은 통역자로 일하는 것에 관심을 나타냈으나 일주일 후 로스 목사의 교사가 될 것을 결심했다.

봉황성을 떠날 때 그는 로스 목사에게 자신의 뜻을 은밀히 얘기했다. 외국인과의 접촉을 두려워하던 때라 이응찬은 동생에게조차 자신이 로스 목사의 교사가 된다는 사실을 알리지 않았다. 로스 목사가 떠나기 전 이응찬이 하루 먼저 떠났고, 둘은 봉천으로 가서 만났다. 봉황성에서 돌아올 때는 천산(千山)을 거쳐 다른 길로 갔다. 관전과 환인을 지나 청나라 황제 조상의 능이 있는 홍경으로 갔다. 거기서 그들은 봉천으로 가기 전 며칠 머물렀다.

고려문을 방문한 세 번째 이유는 압록강으로 가는 봉천의 동쪽에 있는 지방을 탐색하려는 것이었다. 1876년 9월 로스 목사와 매킨타이어 목사는 매달 해성으로 순회 전도를 나갔는데, 해성은 봉천으로 가는 도중에 정류장이 되었다. 봉천에 거류하는 전도사가 있었는데 이것은 만주 선교 전략의 중심이 되었다. 이런 과정을 거쳐 복음이 북중국에 전파될 수 있었다.

2 존 로스(John Ross, 1842~1915)

1876년 말 로스 목사는 그의 첫 저서를 냈는데 《만다린 프라이머》(Mandarin Primer)라는 선교사들을 위한 중국어 교본이었다. 그해 11월 중순 로스 목사는 북경으로 두 번째 여행을 떠났는데 가는 도중 며칠간 금주에서 머물렀다. 로스 목사가 무슨 목적으로 그렇게 했는지는 알 수 없으나, 아마 신약성경을 조선어로 번역하고 인쇄하기 위해 사람들의 주의를 환기하려 한 듯하다.

1876년에 기록하고 1877년 3월 연합장로교회 선교 보고 시 보낸 글에서 그는 자기의 선교 방법에 대해 말하길 "내가 중국으로 간 것은 그들의 가치관을 알기 위해서였고, 복음으로 그들을 깨우치기 위함이었다"라고 했다.

적극적으로 중국인에게 접근한 그는 그리스도를 전하기 전에 공자에 관해 얘기한 듯하다. 중국인들은 불교나 도교는 비판해도 유교는 비판하지 않을 것이라고 생각했다. 로스 목사는 기독교를 설명하기 위해 사서삼경을 공부하고 많은 문장을 암기했다. 그해 그는 많은 사람에게 세례를 베풀지는 않았으나 기독교에 대해 가르쳤다. 이 사상은 절대적으로 필요하다고 말했고 사람들은 잘 받아들였다. 이로써 그전 해에 비해 불신자가 현저히 줄어들었다.

1877년 선교 보고에서 발견되는 특히 재미있는 것은 로스 목사의 활동 방법이다. 로스 목사는 두 가지 특징을 보였는데, 하나는 자신을 비판하는 사람에 대해 관용을 베풀었다는 것이고, 다른 하나는 기독교가 중국문화와 충돌하는 부분에 대한 지식이 있었다는 것이다. 1876~1877년 젊은 학자들이 그를 추방하려고 했다. 원망도 많이 들었으나 로스 목사는 잘 참았고, 결국 나중에는 여러 학자들이 오히려 그의 설교에 수긍했다. 또한 처음 봉천에서 전도할 때 그가 머문 곳은 용왕사였다. 그곳 외에는 머무를 데가 없었기 때문이다. 그의 관용과 수용성이 이 정도인지는 영국 본부에서도 몰랐을 것이다.

동시에 로스 목사는 이응찬에게 조선말을 배웠다. 그의 두 번째 저서인 《조선어 교재》는 1877년에 발행되었다. 이 책의 서론에 따르면, 이 책은 《만다린 프라이머》에 기초해 있는 조선어 문법 공부 책이었다. 프랑스인 드 로조니(de Rosony)가 《조선어에 관하여》를 쓰긴 했으나, 로스 목사의 《Corean Primer》는 첫째 영어로 썼고 조선어 문법을 설명했으며 조선어 예문 문장을 모두 서양어로 썼다. 이 책의 특징은 두 가지로, 하나는 띄어쓰기를 사용했다는 것과 그 사용 언어는 표준어가 아니라 북쪽 사투리였다는 것이다. 이것은 의주 출신 이응찬의 영향이었다.

1878년 로스 목사는 봉천을 중심으로 활동했고, 매킨타이어 목사는 영구의 교회를 담임했다. 로스 목사의 집은 봉천 북쪽의 교외였는데 여름엔 쉬기 위해 영구로 갔다. 이때도 조선어 성경 번역을 계속했다. 그러면서 로스 목사는 안식년에 대해 생각했고, 선교회 본부로 편지를 써서 중국 교인이 영국을 시찰토록 교통비를 신청했다. 이 교인은 아마 로스 목사가 신임한 왕징밍이었던 것 같다. 그러나 경제적인 부담 때문에 선교회 본부에서 허락하지 않았다.

로스 목사는 1878년 보고서에 봉천에 있는 천주교 신부와 다툼이 있었다고 썼다. 그들이 치외법권을 이용해 돈을 갈취했기 때문이었다. 이런 이유로 중국인들이 기독교인을 비판했으므로 그는 이런 일이 없도록 막으려 했다. 로스 목사는 천주교를 비판했으나 천주교 신부들이 일부러 중국법을 파기하려는 의도는 없었다고 생각했다. 또한 그의 비세례 신자가 경제적인 획득을 꾀했으므로 내쫓았다는 내용도 넣었다. 1879년 2월에 1878년도 보고서를 보냈고, 1879년 5월 9일에는 7년 만에 처음으로 본국으로 돌아갔다.

2 존 로스(John Ross, 1842~1915)

본국으로 돌아간 그는 50대의 한 남자 상인을 만났다. 그에게서 한국 정세와 한국인의 발음법을 배웠다. 그는 이 상인에게 한문 신약성경을 건네주었는데, 그가 바로 한국 최초의 개신교인이며 순교자인 백홍준의 부친이었다. 그는 두 번째 고려문 방문을 통해 만난 어학 교사 이응찬의 도움으로 상해에서 《Corean Primer》를 발간할 무렵 한글 성경 번역도 시작했다.

로스의 한글 선생이었던 이응찬은 로스를 돕는 중에 기독교에 대해 긍정적인 마음을 갖게 되었고, 그를 좀더 적극적으로 도와주고 싶다고 생각했다. 그래서 이응찬은 1875년 고려문에 가서 백홍준, 이성하, 김진기 등 의주 청년 세 사람을 포섭했다. 이응찬을 비롯하여 네 사람의 한국 젊은이를 확보한 존 로스는 한국 선교를 위해 선행되어야 할 것이 성경 번역임을 알고 그때부터 성경 번역에 본격적으로 착수했다.

그가 한글 성경 번역에 뜻을 둔 데는 여러 가지 이유가 있었는데, 국경에서 조선 사람들을 만난 것도 그 이유 중 하나였다. 한국 선교를 오래도록 염원해 온 그는 고려문 여정 가운데 국경에서 조선인을 만났으나 복음을 전한다거나 성경을 줄 수가 없었다. 몇 년 전 조선에 있는 천주교인들이 심한 박해를 당했기 때문에 조선인들은 외국 책을 가져가면 박해를 받을까 겁을 냈으며, 서양인과 접촉하기를 두려워했다.

로스는 국경에서의 조선인 청년들과의 접촉을 계기로 그들에게 전도하는 한편, 한글 성경 번역 사업에 뜻을 두었다. 그리고 마침내 '로스 역 성경'의 간행이 시작된 것이다. 존 로스는 조선의 홍삼 장수였던 이응찬, 김진기, 서상륜, 백홍준과 함께 신약성경을 번역하기로 하였다. 1882년 〈누가복음〉과 〈요한복음〉을 번역했고, 1887년 신약

성경 전체를 북쪽의 한글로 번역했다.

이것은 최초의 한글 성경으로 한국 선교의 구체적인 실현 이전에 이룩한 쾌거였다. 로스 역 쪽 복음 〈누가복음〉이 간행된 1882년에 로스는 서상륜, 이성하, 백홍준 등을 매서인으로 세워 조국 전도 길에 오르도록 했다.

그들 중 한문에 능하고 훗날 소래교회, 새문안교회, 연동교회, 승동교회 설립에 공을 세운 서상륜과 로스의 만남은 한국 개신교사의 서막을 여는 중요한 의미를 지닌다.

> "서상륜은 5년 전에 나에게 왔는데 그때 그는 자살하려다 나한테 왔다. 나에게는 그보다 앞서 성경의 번역을 위하여 몇 사람이 한국인을 데려온 일이 있었다. 서 씨는 내가 한국인에 관심이 깊다는 말을 듣고 나를 찾아온 것이었다. 그의 희망은 오직 나에게 달려 있었다. 나는 그의 재능을 발견하고 그에게 일거리를 주었다. 자살의 검은 구름에 싸여 있던 무신론자가 세례를 받고 누가복음을 번역하는 사람으로 변했다. 그는 어떠한 권력의 위압에도 떨지 않는 강력한 사람이 되었다."[1]

로스는 말씀만이 기독교의 핵심이요 전도의 중심이라고 보았다. 즉, 그는 성경 번역, 한글 성경 간행에 전력해야 한다고 믿었던 복음주의자로, 선교사로서는 가장 적절하고 고귀한 생각을 했던 것이다. 이들 네 명의 의주 청년들은 선교사, 세관 관리, 병원장 등 그곳 외국인들의 어학 선생으로 일하면서 로스의 성경 번역 사업을 지원했다. 이들은 성경을 한국말로 번역하기 위해 한문 성경을 수차례 정

---

1) 〈The Missionary Review of the World〉 1883년 11월호 중.

독하였다. 이 과정을 되풀이하는 동안 말씀을 통해 역사하시는 성령께서 이들의 마음을 움직이셔서 이들 역시 예수를 믿기에 이르렀다. 그로부터 4년 후인 1879년 서상륜을 제외한 네 사람 모두가 매킨타이어에게 세례를 받았다.

1880년 10월 존 로스는 연합장로교에 이렇게 보고했다.

"또한 매킨타이어는 조선인 학자 4명에게 세례를 베풀었다. 내가 분명 확신하는 것은 이들이야말로 장차 거두어들일 풍성한 수확의 첫 열매들이다. 아직은 조선이 서방 세계와는 완전히 단절된 나라이지만 머지않아 고립된 상태가 풀릴 것이다. 천성적으로 조선인들은 중국인들보다 덜 사악하고 종교적인 경향이 농후한 민족이므로, 이들이 기독교에 일단 접촉하면 놀라운 속도로 기독교가 퍼져 나갈 것으로 기대한다."

"나는 6년 전 국경에 가서 조선인을 만나기 전까지는 그들이 중국과 다른 언어와 문화를 가지고 있다는 사실도 몰랐다. 그때는 자금의 여유도 없어서 내게 조선어를 가르칠 선생조차 바랄 수 없었다. 그러나 그 후 상황이 많이 변해 작년에는 4명의 조선인에게 세례를 줄 정도까지 되었다. 이들은 모든 학식 있는 자들이며, 그 외에도 11명이 기독교의 본질과 교리를 알려고 노력하고 있다. 또한 7, 8일 걸리는 여행길을 마다하지 않고 우리 선교본부까지 와서 조선인을 위한 성경과 기독교 서적 출판을 돕겠다고 기꺼이 나설 인물들이 우리가 원하는 만큼 상당수 확보되었다."

선교본부를 흥분시킬 만큼 복음 전파는 예상보다 빠르게 진행되었다. 서상륜이 1879년 만주 우장에서 로스에게, 4년 후 1883년에는 김청송이 그 뒤를 이어 세례를 받아 이제 세례를 받은 젊은이는 모두 6명으로 늘어났다. 이미 이들을 중심으로 조선인들의 신앙 공동체가 형성되어 정기적으로 예배를 드리고 있었다. 1880년 존 로스의 동료 매킨타이어는 조선인들의 신앙 공동체 형성에 대해 이렇게 보고했다.

> "최근에 조선인들을 위한 저녁 집회를 조직했다. 그 모임은 우리 번역인들 가운데 한 사람이 주관하며 자기네들 방에서 최소한 8명이 모이고 있다. 나도 늘 참석하지만 나는 듣기만 한다. 나는 한글을 단지 번역 수단으로만 이용해서 문자로만 알았기에 번역인들과 대화할 땐 중국어를 썼다. 그러나 이처럼 소외되고 있으니 시간이 얼마가 걸리든지 어떤 어려움이 있든지 적어도 한글을 가르치고 설교할 수 있도록 노력할 결심이다. [지금은] 이 일에서 제외되어 있으나 가능한 한 빠른 시일에 이런 집회를 내가 인도하게 되기를 바란다. 지난 10일까지 열두 달 동안 교육받은 조선인은 30명이 넘는다."

이러한 조선인 신앙 공동체는 적어도 1879년 이전부터 정기적인 모임을 했던 것으로 보인다. 주목할 만한 사실은 이 조선인 신앙 공동체를 이끈 지도자가 조선인이었다는 것이다. 이것은 조선인에 의한 조선교회가 이미 복음 전래 때부터 실행에 옮겨졌음을 보여 주며, 조선인들은 로스와 존 매킨타이어의 선교를 실질적으로 지원하여 그들로 조선 선교의 비전을 불태우게 했다.

이들의 가장 큰 공헌은 역시 성경 번역에 있다. 로스는 이들과 함께 성경 번역에 착수했다. 이들의 협력이 없었다면 '로스 역 성경'은 세상의 빛을 보지 못했을 것이다. 초창기 성경 번역 과정은 조선인 번역자들이 선교사들과 함께 한문 성경을 읽고 나서 그것을 한글로 번역하고, 선교사는 그것을 다시 헬라어 원문과 대조하여 될 수 있는 대로 헬라어 원문에 가깝게 다듬는 방식으로 진행되었다. 1878년

2 존 로스(John Ross, 1842~1915)

에 존 로스와 이응찬, 김진기, 백홍준 공역으로 누가복음 초역이 완료되었고, 매킨타이어가 이들 한인 번역자들과 함께 이것을 다시 원문에 가깝게 재수정했다. 성경 번역은 순조롭게 진행되어 1879년 5월 로스가 안식년을 떠날 때 복음서와 사도행전, 그리고 로마서 원고를 가지고 갈 수 있었다.

1879년 존 로스 선교사는 안식년으로 본국에 머무는 동안 서방 세계에 한국의 문화, 종교, 지리, 풍습을 소개한 《한국의 역사》,《고대와 근대》라는 책을 출판했다. 또 기회가 있는 대로 한국인 선교와 한글 성경 번역에 관한 보고서를 발표하면서 한국 선교의 중요성을 환기하며 중요한 비용 보조 약속을 받아 내는 데 성공했다. 즉, 1880년 스코틀랜드 성서공회로부터 〈누가복음〉과 〈요한복음〉 3천 권에 대한 인쇄비와 두 선교사의 번역 비용, 그리고 한국인 번역자들의 급료를 받기로 했다.

1881년 로스는 안식년을 마치고 만주 우장으로 가서 매킨타이어가 수정한 〈누가복음〉과 〈요한복음〉을 받아, 먼저 한글로 된 첫 개신교 문서인 《예수성교 문답》과 《예수성교 요령》을 그해 10월에 인쇄했고, 이어 성경 인쇄에 들어가 1882년 3월 《예수성교 누가복음젼셔》를 처음 인쇄하고, 5월에는 《예수성교 요한복음》을 발행했다.

한글을 모르는 중국인 식자공은 한글 성경전서를 조판할 수 없어 한국인 식자공을 구했는데, 그가 서간도 한인촌 출신 김청송이었다. 기록에 의하면, "그는 너무 둔하고 느려서 무슨 일이나 네 번 이상 가르쳐 주어야 깨달았고, 손이 너무 굼떠서 두 인쇄공이 3,000장을 인쇄하는 동안 겨우 4쪽밖에 조판하지 못할 만큼 천성적으로 느렸으나 매우 성실한 사람이었고 또한 치밀한 성격의 사람"이었다. 그 치밀성 때문에 그는 조판한 복음서의 내용을 자세히 알게 됐고, 그 결과 스스로 기독교로 개종하였다. 성경 번역 과정에 참여한 이들의 마음을 말씀으로 여신 하나님께서는 성경을 인쇄하는 과정에서도 예기치 않게 말씀을 통해 한 영혼을 구원으로 인도하셨다. 성경 번역과 인쇄에 얽힌 이야기는 이 외에도 많다.

누가복음 최종 원고가 완성되어 인쇄에 들어가려 할 때 동지사(冬至使) 일행 중 한 사람이 돌아가는 길에 봉천교회에 왔다. 이때 로스와 매킨타이어가 그 원고의 교정을 부탁해 원고를 서울로 가져가서 교정을 완료한 후 다른 동지사 편에 돌려보냈다. 1890년 로스가 이때를 회고하면서, 누가복음이 출판되기 전 번역 원고가 한국의 수도에서 교정됐다고 말하여 이 사실이 밝혀졌다. 이 이야기는 곧 동지사 일행에 알려졌고, 이 일로 동지사 일행이 봉천교회에 들러 한글 성경의 출판 상황을 견학했다. 존 로스에 의하면, 이름을 알 수 없으나 그중의 한 사람은 말과 행동이 매우 민첩하여 한글 성경 간행에 큰 도움을 주었다.

"심지어 누가복음이 출판되기 전 번역 원고가 서울에서 수정됐으며, 이는 너무 많은 흥미를 자아내 조선의 왕이 중국의 황제에게 바칠 조공을 나르는 동지사에 딸려 이따금씩 중국에 오는 한 수행원(an occasional underling)이 이곳의 성경 번역 사업을 보기 위해 들렀다. 이들의 방문은 점차 잦아졌고, 그 젊은이들 가운데 한 사람은 느리기 한이 없었던 그 식자공(김청송)과는 정반대의 사람이었다. 그는 손놀림이 민첩했고 눈치가 빠르며 말과 생각과 행동이 영특했다.

그는 식자공에 종사했으며 그리고 다른 한 사람은 그가 배운 지식을 가지고 더 잘 적용하리라고 여겨지는 한 사역을 시작하기 위해 자유를 얻었다. 몇백 권의 복음서와 더 많은 전도용지를 가지고 그는 봉천에서 동쪽으로 약

2 존 로스(John Ross, 1842~1915)

400마일 떨어진 자신의 마을로 갔다. 그는 그 여행에 2주일이 걸렸고 반년 만에 돌아와 보고하기를, 그 책들을 팔았으며 깊은 관심을 가진 사람들이 읽었고, 그중 몇 사람은 내가 자신들에게 세례를 주러 오기를 원한다고 했다."

처음에 로스는 와서 세례를 베풀어 달라는 말을 반신반의했으나, 그는 더 많은 책을 공급받고 다른 마을로 가서 반년 후 돌아와서는 정확히 같은 이야기를 반복했다. 이처럼 예기치 않은 사건과 사람들을 통해 성경 번역 사업은 가속화됐고, 출판 후에도 성경 보급은 놀랍게 확장됐다. 우리는 이를 통해 성경 저자로 오류 없이 기록하게 하신 성령께서 한글 성경의 번역과 보급에도 개입하시고 인도하셨음을 알 수 있다.

1882년의 《예수셩교 누가복음젼셔》와 《예수셩교 요한복음》의 출판은 한국 성경 번역사에서 중요한 의미가 있다. 최초의 한글 성경이라는 사실 때문만이 아니라, 뛰어난 번역자들과 수차례의 재교정을 통해 '모든 난관을 극복하고' 원문에 충실하면서 순 한글로 인쇄된 값진 결실이라는 점 때문이다. 로스는 끝까지 원고를 다듬는 일에 혼신의 노력을 기울였다.

최종 원고가 완성된 뒤 1881년 영어개역성경(English Revised Version)이 출판되자 로스는 여기에 맞춰 다시 한 구절 한 구절 대조하면서 원고를 손질한 다음 1882년 3월 24일 첫 성경인 《예수셩교젼》을 출판했다. 이어 1883년 재교정된 《예수셩교 사도행젼》 합본, 《예수셩교 셩셔 누가복음 대자젼》, 재교정된 《예수셩교 요한복음》이 출판됐고, 1884년에는 《예수셩교 말코 복음》(마가복음)과 《예수셩교 맛태복음》(마태복음), 1885년에는 《로마인서》, 《코린돗젼후서》, 《가라탸서》, 《이비소서》가 출판됐으며, 1887년에는 《예수셩교젼셔》 즉 신약 전권이 완간됐다. 언더우드와 아펜젤러가 성경 번역을 위해 공식적인 모임을 시작한 것이 1887년이었음을 감안할 때 이미 존 로스의 신약성경은 매우 앞서 완간된 것이었다.

존 로스와 매킨타이어가 저본(底本, 문서의 초벌 원고)으로 사용한 성경은 중국어 성경 문리, 헬라어 성경, KJV, ERV 등 네 종류의 성경이었다. 당시 번역이 진행된 곳이 만주 우장이었고, 오래전 한문 성경이 출판되어 사용되었으므로 한문 성경을 주된 저본으로 사용한 것은 자연스러운 일이었다. 따라서 로스와 매킨타이어 역은 독창적인 번역이라기보다는 중국어 성경을 한국말로 번역한 작업이라고 할 만큼 중국어 성경을 모체로 번역한 성경이었다는 것이 지금까지의 일반적인 평이었다. 그러나 존 로스가 1882년 본국에 보낸 보고서와 1881년 매킨타이어의 보고서를 종합해 볼 때, 번역의 정확성을 기하려고 중국어 성경 외에 헬라어 성경과 두 권의 영어 성경도 저본으로 사용했음을 알 수 있다. 1881년 4월 매킨타이어는 성경 번역과 관련하여 다음과 같이 보고했다.

"마태복음 번역이 방금 끝났다. 내 손에는 헬라어 성경이 있다. 내 아내는 의심스럽다고 하나 내 손으로 직접 원고를 수정했다. 우리가 전에 했던 성경 번역은 오로지 중국어 성경으로 한 것이나, 지금 한 것은 헬라어 성경으로 직접 한 것이다."

번역 과정에서 헬라어 성경은 중요한 역할을 했다. 한국인 조력자들이 한문 성경을 가지고 한글로 번역하면, 로스와 매킨타이어가 헬라어 성경 및 영어 성경과 대조하여 수정하고 헬라어 성경 사전과 주석을 참고하여 어휘의 통일을 기한 후, 수정된 원고를 헬라어

2 존 로스(John Ross, 1842~1915)

성경과 대조하여 읽어가면서 마지막 수정 작업을 했다. 한문 성경을 초본으로 사용한 것은 사실이나 그 번역의 정확성을 기하기 위해 헬라어 성경과 대조했다. 이와 같은 번역 과정은 1882년 7월 로스가 보낸 보고서에서도 발견되었다.

"이 문제(성경 번역)와 관련해서 내가 성경을 한글로 번역하는 방법을 소개하겠다. 과거 고향의 행정관서에서 서기로 있다가 아편 때문에 해고당한 조선인 학자 한 사람이 최신 중국어 문리성경(文理聖經)을 가지고 한글로 번역했다. 나는 그가 번역한 것을 헬라어 성경과 영어 개역 성경을 가지고 자자구구 대조했다.

이런 식으로 처음 번역 어휘의 통일을 기하려고 헬라어 성구 사전으로 헬라어를 번역함에 가장 적당한 조선어가 무엇인지를 찾았다. 그러나 축자적(逐字的) 번역보다는 의미와 조선식 관용어구를 채택하는 경향이었다. 즉, 조선어에서는 바늘에 귀는 있어도 눈은 없는 것과 같은 것이 그 예이다. 이 같은 작업이 끝나면 번역 원고를 또 한 번 수정하는데, 처음보다 신중하게 헬라어 성경과 대조하며 읽어 나갔다. 이 일에 영어 개역 성경은 큰 도움을 주었고 메이어(Meyer)의 주석도 많은 도움을 주었다."

로스와 매킨타이어 역 한글 성경은 첫 작업치고는 여러 가지 면에서 상당한 수작(秀作)이었다. 비록 로스 역이 평안도 사투리가 많아 서울 지역에서 사용하기에는 불편했으나, 고유명사를 헬라어 원문대로 표기한 것이나 순 한국말로 번역한 것은 놀라웠다. 당시 성경 번역을 돕던 이응찬과 백홍준이 모두 의주 출신으로 상업에 종사하던 몰락한 양반이어서 한학에 일가견이 있었기에 한학이 훨씬 더 쉽고 지배적인 상황에서도 존 로스와 매킨타이어는 한글과 한문을 혼용하지도 않았다. 한 가지 더 놀라운 사실은 성경 번역에 협력한 이들은 복음을 전하기 위해 권서인(勸書人)이 되었고, 고향에서 자신들이 만든 성경을 보급하는 일에 중요한 역할을 했다는 것이다. 이처럼 한국은 처음부터 한국인에 의한 복음 전파가 진행되었다.

당시 의주, 고려문, 만주의 개항장 쇄국정책으로 조선에 선교사들이 직접 들어갈 수 없는 상황에서, 로스는 언젠가 선교의 문이 열릴 것을 믿으면서 번역한 한글 성경을 스코틀랜드 성서공회의 지원으로 출판했다. 그는 이응찬의 도움으로 1877년부터 10년간 신약전서 《예수성교전서》를 간행했는데, 이는 식자층을 위한 성경이 아니라 누구나 읽을 수 있었고, 또 그 일에 헌신한 한국인들이 있어서 가능했다.

스코틀랜드 성서공회의 도움으로 성경의 출판 사업이 시작되어 1881년 6월 한국 개신교 최초의 성경인 《예수성교 누가복음젼셔》가 출판됐다. 1886년, 성경 번역 10년, 성경 출판 5년 만에 조선 땅에는 복음의 문이 열렸고 수만 권의 성경이 반포됐다. 출판된 성경은 주로 한국인 기독교인들을 통하여 뿌려졌다.

1882년 한글 성경이 간행되기 전까지는 한문 성경이 반포됐고, 한글 책자가 나온 이후에도 지식인들을 위하여 한문 성경 배포는 계속되었다. 주로 한인촌을 중심으로 이런 사역이 계속됐는데, 개종을 희망하는 자들이 많이 생기자 로스는 한국인 남자들의 세례 요청에 응했다. 1884년 말 수세자 100명, 남자 세례 요청자 600명에 매일 가정예배를 드리고 하나님의 말씀을 읽는 수천 가정이 있었다. 의주의 경우 소수의 신자가 비밀리에 모여 성경을 공부하고 가정예배를 드렸다. 이것이 140년 전 한국 개신교의 출발이었다. 로스는 이 모든 소식을 스코틀랜드에서 듣고 '하나님께서 하신 놀라운 일'이라며 감사했다.

의주 지방은 1879년부터 백홍준의 전도로 교인들이 생기면서 성경에 대한 요구가 늘어났고, 1882년 10월 서상륜이 대영성서공회 최초의 한국인 담당자로 파송됐다. 서상륜은 3개월간 다량의 복음서를 반포했다. 의주에서 백홍준은 요리문답반을 운영했고, 1885년 18명의 신자로 예배 처소가 마련되었다. 이렇게 해서 국내 최초의 자생 교회인 의주 신앙 공동체는 하나님의 말씀 위에 든든히 서게 되었다.

로스는 한국 사람을 만나면 한문 성경을 나누어 주려고 했으나 사람들의 반응이 너무 차가워 뜻대로 하지 못했다. 백홍준은 로스를 도와 이응찬과 함께 한글 성경 번역에 큰 도움을 주고, 서상륜과 함께 선교사가 들어오기 전에 조선에서 권서(勸書)를 하면서 복음을 전한 인물이었다. 1876년 3월 조선이 일본과 강화도 조약을 맺으면서 문호를 개방했다. 백홍준은 감옥에 투옥되면서도 굴하지 않고 전도인의 삶을 살며 의주 교회의 초석이 되고, 1887년에 언더우드가 세운 조선 최초의 장로교회인 새문안교회의 초대 장로가 되었다. 그 후 전국으로 순회 전도를 다니다 1892년 체포되어 심한 고문을 받던 중 옥중에서 순교했다. 이응찬 역시 그 후 아편쟁이 생활을 청산하고 성경 번역에 전심을 다하다가 1883년 9월 이국 땅에서 콜레라에 걸려 죽었다.

여기서 또 한 명 중요한 사람이 있다. 바로 서상륜과 서경조 형제이다. 서상륜은 백홍준의 친구였다. 성경을 읽고 예수를 믿은 백홍준이 서상륜에게 복음을 전했으나 처음에는 거절했다. 그는 어린 시절 부모를 여의고 사업에도 몇 번 실패한 상황에서 항구 도시인 영구로 장사하러 갔다가 사고를 당해 장사 물품을 모두 잃고 병까지 걸려 죽게 되었다. 그때 로스의 어학 선생인 이응찬이 서상륜을 발견하고 그를 매킨타이어 선교사에게 데리고 갔고, 매킨타이어는 그를 영국인 의사에게 소개해 치료를 받게 했다. 어릴 때부터 장사하면서 이득을 위해 사람을 속이고 속아 왔던 서상륜은 매킨타이어가 본인의 돈을 들여 무일푼인 자신의 병을 고쳐 주었다는 사실을 도저히 이해할 수 없었다.

당시 북장로회 선교사 롭스의 글에 이렇게 기록되어 있다. "전도인 서상륜은 백홍준을 통해 처음 복음을 들었다. 조선과 중국을 왕래하며 장사하던 그는 중국에 여행 왔다가 심한 병에 걸렸고 봉천에 있던 선교사들에게 의료적 도움을 요청했다. 봉천에서 치료받는 중에 매킨타이어 목사가 그를 방문하였고, 그의 한문 실력을 알고 복음서를 주며 읽어 보라고 했다. 처음에 그는 거절했다. 그러나 치료가 끝나고 치료비를 낼 수 없었던 그는 처지가 부끄러워 그 책을 가져갔을 뿐 아니라 읽기 시작했다."

서상륜은 선교사의 도움을 받아 생명을 구하기는 했으나 당시에는 예수 믿으라는 선교사의 말을 받아들이지 않았다. 당시 기독교는 나라에서 금하는 사교(邪敎)였고, 서상륜은 이 종교 때문에 많은 사람이 목숨을 잃은 천주교 박해 사건도 알고 있었다. 다만 치료비를 갚을 수 없었으므로 그 성경을 받아왔다. 다른 개종자들처럼 서상륜도 처음엔 종교를 탐색하는 정도였다. 그런데 성경을 읽기 시작하면서 기독교에 대한 선입견이 사라지고 복음에 대하여 새롭게 인식하게 되었다. 다음은 그의 기록이다.

"내가 생각하되, 내 나라 친구와 친척은 나를 좋지 않게 보는데 타국의 보지도 듣지도 못한 모양 다른 사람은 나를 친부형같이 사랑하니 이것이 어찌 된 연고인고. 일 년 전에 마근태 목사가 객점에서 죽을 인생을 그같이 구원

2 존 로스(John Ross, 1842~1915)

해 냈기로, 내가 아무리 몰인정하고 몰염치한 놈이라도 그때 애쓴 은공과 약식 값을 걱정한 즉 마근태 목사가 말하기를 '네 생각은 좋은 마음이나 재물이 없으니 할 수 없거니와, 네가 진실로 고마운 마음이 있으면 하나님께 감사하고 그 말대로 예수를 믿으면 더 기쁨이 없겠다'고 했다. 지금 로스 목사가 또 이같이 참사랑으로 권하니 예수를 믿는 사람은 참 하늘나라 백성이로다."

매킨타이어와 존 로스 선교사는 그를 인격적으로 대했고 진심으로 사랑했다. 결국 이런 선교사들의 사랑을 통해 서상륜은 그들을 '참 하늘나라의 백성'으로 느꼈다. 서상륜이 개종한 것은 1881년 5월, 그의 나이 32세 때였다.

이처럼 1884년 9월에 알렌이 조선에 선교사로 들어오기 전에 이미 서북 지방의 청년 중에 세례교인이 있었다. 로스가 이응찬의 도움으로 번역한 신약성경은 1887년에야 《예수성교젼셔》라는 이름으로 세상에 나왔다. 그 전부터 한글로 된 〈누가복음〉과 〈요한복음〉, 한문 성경이 김청송이라는 사람을 통해 만주 한인촌에 퍼지면서 1884년 말에는 압록강 연안 한인촌에서 세례교인 100명, 남자 세례 요청자 600명, 매일 예배하는 가정이 수천이었다. 또 이 성경은 백홍준과 서상륜 등을 통해 조선에 들어왔는데, 1883년 5월부터 평양에만 1천 권의 〈요한복음〉과 〈누가복음〉이 전해지고, 같은 해 서상륜은 서울에 400권의 복음서를 반포했다. 그 결과 여러 명의 개종자가 생겼고, 서상륜은 로스 선교사에게 서울에 와서 세례 베풀어 주기를 요청했다. 이때는 아직 알렌이 조선에 들어오기 전이었다.

한편 서상륜의 동생 서경조도 신약성경을 몇 번 읽고 예수를 믿게 되어 삼촌이 있는 황해도 소래로 가서 전도했고, 1885년 초까지 이 지역 최초로 20여 명의 세례 청원자를 냈다. 그러면서 1883년

5월 16일에 한국인이 스스로 세운 소래교회가 세워지고 소래 신앙 공동체가 시작됐다. 1887년에는 서상륜의 인도로 이들 교인 중 3명이 서울까지 가서 언더우드에게 세례를 받았다. 당시 세례는 불법이었고 위험한 일이었다.

존 로스는 1915년 75세로 소천하여 스코틀랜드 이스터 로스 묘지에 안장되었다. 봉천 동관교회(東觀敎會)에 있는 로스 목사 기념 비문에는 다음과 같은 글이 있다.

"부음이 서편으로부터 오매 교우들이 듣고 사무친 옛정에 울음이 쏟아지고 밤낮으로 잊을 길이 없어서 이에 찬하는 글을 써서 돌에 새겨 영원히 전하게 하노라."

3
존 헤론
(John W. Heron, 1856~1890)

　존 헤론[John W. Heron, 헤론(蕙論), 1856~1890]은 1856년 6월 15일 영국 더비셔(Derbyshire)에서 스코틀랜드 출신 회중교회 목사의 아들로 태어났다. 14세 때 미국으로 이주한 헤론은 메리빌 대학과 테네시 대학교 의과대학에서 공부한 후 의사가 되었다. 대학은 우수한 성적으로 졸업한 그에게 교수 요원으로 남아 달라고 부탁했으나 그는 그 요청을 거절하고 조선 선교를 지원했다. 언젠가 그는 일본의 매클레이 선교사의 선교 보고를 통해 조선이라는 나라에 대해 들은 적이 있었다. 그리고 그 순간 그 나라를 가슴에 품었다. 그는 자신을 통해 조선이라는 나라에 하나님의 나라가 이루어지기를 소망했다. 그래서 조선에 선교사로 가기로 작정했다.

그러나 많은 사람이 만류했다. 그가 조선의 선교사가 되려고 작정하자 오래전부터 의사의 길을 함께하자고 약속한 그의 친구는 실망과 배신감을 드러내며 헤론의 뜻을 돌이키려고 한동안 고심했다. 더 큰 걸림돌은 의과대학 교수의 딸인 약혼녀였다. 그녀는 화려한 삶을 꿈꾸며 결혼식만 고대하고 있었다. 그런데 헤론이 조선으로 가겠다고 하자 그의 마음을 돌이켜보려고 조선에 대해 알아 보았다. 약혼녀 해티가 알아 본 조선은 위험하고 미개하며 더럽기 짝이 없고 가난해서 굶어 죽는 일이 태반인 나라이자, 일본이 노리고 있고 중국도 계속 손을 뻗치고 있으며 러시아도 한몫 보겠다고 덤비는 나라 왕실의 권력 다툼이 치열한 나라였다. 그녀는 헤론을 설득했다. "코리아가 나라 이름이에요? 헤론 당신의 앞길은 열려 있어요. 당신의 놀라운 실력을 이 넓은 나라, 이 많은 인구를 위해 써야 해요. 당신은 큰 일을 위해 태어난 사람이에요."

약혼녀와의 갈등이 생기자 그럴수록 헤론은 더 조선을 마음에 품고 기도했다. 속히 약혼녀의 마음이 변화되어 함께 조선에 가서 선교할 수 있도록 간구했다. "주여! 이 여인을 나의 아내로 허락하셨다면 그 마음을 열어 주시옵소서. 그리고 코리아를 사랑하게 해주시고 함께 그곳으로 가게 해주옵소서." 결국 헤론은 약혼녀와 결혼한 뒤 그녀와 함께 세상의 모든 부귀영화를 내려놓고 1885년 6월에 조

3 존 헤론(John W. Heron, 1856~1890)

선 땅에 왔다.

헤론은 미국 장로교회에서 정식 임명된 최초의 한국 의료 선교사였다. 미국 장로교회는 7월에 목회 선교사로 언더우드를 임명했는데, 당시 중국에 파송되었던 알렌의 한국행을 허락하면서 9월에 내한한 알렌이 최초 선교사가 되었다.

알렌이 고종의 후원으로 설립된 제중원 의료책임을 맡아 나라의 굳건한 토대를 쌓고 있던 1885년 6월 21일 제중원 의사로 임명받은 헤론은 고종 임금의 시의(侍醫)로서 의료 선교를 시작했다. 동시에 동료 선교사들과 조선의 가난한 백성들의 의사로 헌신했다.

헤론은 성경 번역에도 지대한 영향을 끼쳤다. 1887년 언더우드, 아펜젤러, 알렌, 스크랜턴 등과 함께 본격적인 성경 번역 작업에 착수했다. 마펫 선교사는 이러한 헤론을 "신실하게 성경을 연구하는 사람", "이상적인 의료 선교사"로 평가했다. 그러나 성실히 책임을 다하던 이 신실한 선교사는 내한 후 5년 만에 악성 이질로 순직하고 말았다.

남북전쟁의 상처 후 미국은 무디의 부흥 운동으로 다시 선교의 불길이 타올랐다. 선교비 지원을 확보한 북장로교 선교부 총무 엘린우드 목사는 구체적으로 조선 선교 후보생을 물색하기 시작했다. 그리고 1884년 4월에 목사의 아들로 태어나 테네시 메리빌 대학을 마치고 테네시 대학 의대를 졸업한 훌륭하고 헌신적인 의사 헤론을 미국 북장로교 파견 조선 선교 후보생으로 임명하기에 이르렀다. 조선 선교에 대한 헤론의 열정은 뜨거웠다. "의약품 얼마를 준비할 수 있다면 나는 지금이라도 당장 떠나겠습니다."

처음에 그가 교수직을 사양하고 조선의 선교사로 간다고 하자 집안이 발칵 뒤집혔다. 더군다나 그의 장인은 존즈버러 의과대학 교수였으므로 사위에 대한 기대가 남달랐다. 지금도 마찬가지이지만 19세기 말 미국 사회에서 의사는 굉장한 전문직이었다. 하지만 헤론은 부인 해티 깁슨을 설득해 신혼의 삶을 조선에서 시작할 것을 결심했다.

1884년 4월 헤론 부부는 먼저 일본에 도착한 뒤, 이수정과 헵번의 안내를 받으며 헵번의 집에 얼마 동안 머물렀다. 그러는 동안 한국어와 선교사로서 필요한 자질을 배우며, 당시 조선의 정치 상황이 불안했음에도 조선의 문을 두드렸다. 그리고 1885년 6월 20일 헤론의 나이 27세 때 조선 땅에 들어섰다. 그는 비록 1885년 6월에 입국했으나, 1884년 9월에 입국한 알렌이나 그 이듬해 입국한 언더우드보다 먼저 조선 선교사로 내정된 첫 선교 후보생이었다. 헤론은 일본에 머물면서 한국어를 배우는 한편 조선의 입국을 준비하도록 조치되었기 때문에 갑자기 조선행을 결정한 알렌이나 언더우드보다 늦게 입국한 것이었다.

'땅끝으로 가라'는 명령에 순종하기 위하여 조선 땅을 밟고 안타까운 조선의 현실에 한없이 울던 헤론에게 환자들은 제각기 여러 가지 사연을 가지고 찾아와 여러 장면을 연출해 냈다. 특히 아직 삶이 자유롭지 못하던 여자들이 병원을 경우는 대부분 "에라! 기왕 죽을 수밖에 없는 병이라면 병원에나 한번 가보고 죽자" 하는 심정에서 마지막 길로 알고 오는 것이었다.

1890년 7월의 어느 날 아침, 선교사 가족들이 여름 휴가차 남한산성을 향해 떠났다. 스크랜턴 가족, 아펜젤러 가족, 언더우드 가족, 헤론 가족 등은 광나루에서 한강을 건너고 논밭 사이의 구부러진 길로 올라갔다. 부녀자들은 가마를 탔다. 산성 가까이에 오르니 한

3 존 헤론(John W. Heron, 1856~1890)

강이 멀리 내려다보였다.

남한산성은 우리 민족의 한 맺힌 역사의 현장이다. 1624년(인조 2년)부터 축성 공사가 시작되어 2년 만인 1626년에 완공되었다. 1636년 12월 청 태종이 삼만 대군을 이끌고 심양을 떠난 지 불과 10여 일 만에 서울을 위협했다. 임진왜란이 있은 지 40년, 그 상처가 채 아물기도 전에 불어닥친 침략자의 말발굽 소리에 인조는 왕족 일부를 강화도로 먼저 보내고 곧 뒤따르려 했으나 적군에게 길이 막혀 부득이 남한산성으로 피신했다.

인조 행렬을 따라 얼어붙은 한강을 건너온 청군이 남한산성을 포위했고, 인조는 불과 50일분의 식량밖에 없는 산성에 갇혀 45일을 버텼다. 그러다 결국 1637년 1월 30일 산성 아래 삼전도에서 오랑캐라 깔보던 청 태종 앞에 3배 9고두(三拜 九叩頭, 세 번 무릎 꿇어 절하고 아홉 번 머리를 조아림)의 예를 행하여 무조건 항복했고, 소현세자를 비롯해 척화항전을 주장한 충신들은 인질로 끌려갔다.

성벽 둘레는 20리가 넘고, 성안에는 지휘관이 군대를 지휘하던 수여 장대, 백제의 시조 온조 왕을 모시는 숭렬전, 남한산성을 지키는 순사들이 무술을 연마하던 연무관 등이 있었다. 헤론은 휴가 도중 환자 몇 사람과의 약속이 있고 치료 중인 환자의 용태를 지켜보아야 한다며 서둘러 하산했다.

당시 백성들의 건강 상태는 매우 비참했다. 한 병원 보고서에는 "조선 사람들의 절반은 우두로 죽습니다"라고 기록되어 있으며 매독, 피부병, 무좀, 학질, 디스토마 환자도 많았다. 백성들에게 약을 주면 잘 먹긴 하는데 술을 많이 마시고 음식을 조심하지 않아 수술을 아무리 해도 낫지 않았다. 또한 천연두는 어찌나 심했던지 왕실에까지 침입하여 궁궐에도 무당과 판수가 자주 출입했다. 이런 상황에서 병원을 시작한 헤론의 고충이 얼마나 심했을지 짐작할 수 있다. 그럼에도 헤론은 선교 보고서에 이렇게 썼다. "나는 나의 선교가 단순히 나 자신의 의학 기술을 시행하는 데 있지 않음을 잊을 수 없습니다. 나는 자신들을 위해 돌아가신 구세주를 이 사람들에게 알리기를 열망합니다." 이처럼 헤론은 의사임에도 많은 사람이 기독교인이 되도록 힘썼다.

헤론은 그 누구보다도 사명감이 강한 의사였기에 제중원 원장이라는 직책으로만 자신의 사명을 한정하지 않았다. 그는 한국인들이 영혼과 육신이 함께 구원받아야 한다고 생각했고, 늘 이를 주장했다. 그래서 그는 주일이면 사람들과 제중원에 모여 예배를 드렸다. 자신은 의사였기에 예배 인도는 언더우드, 아펜젤러, 스크랜턴에게 맡겼다. 스크랜턴은 목사이자 의사였으므로 이들과 함께 돌아가며 설교하고 주일예배를 인도했다. 이 예배는 제중원이 구리개로 이전하고도 계속되었다.

고종의 시의로서 '가선대부(嘉善大夫) 벼슬을 받고 '헤 참판'으로 통하던 헤론 선교사는 병원 이름이 광혜원에서 제중원으로 바뀌고 위치도 외국인 거주지에서 구리개(을지로 1-2가 사이 고개)로 옮겨지면서, 왕실과 특권층만이 아니라 가난한 자와 평민들의 의사로도 살았다. 당시 조선 땅은 천연두와 콜레라, 페스트, 장티푸스, 매독과 학질 등 전염병이 창궐했다.

한번은 이런 일도 있었다. 어느 날 헤론이 눈이 둥그레져서 알렌과 언더우드가 있는 방으로 들어왔다. "참으로 이상한 일입니다. 오늘만 두 번째 그런 부인 환자를 봤는데, 혹시 조선의 부녀자들에게만 있는 무슨 특별한 병인지도 모르겠습니다." 알렌이 헤론의 심각한 얼굴을 보고 물었다. "무슨 일입니까?" 헤론이 "혹시 두 분께선 그런 여

3 존 헤론(John W. Heron, 1856~1890)

자 환자를 못 보셨습니까? 배꼽 밑에 화상의 흉터가 있는 것 말입니다. 오늘 온 환자는 배꼽 둘레가 화농이 돼 있었습니다"라고 답하자 언더우드가 나섰다. "그 원인이 무엇일까요? 혹시 무슨 특별한 병은 아닐까요?" "조선 사람들에게 흔히 있는 피부병과는 달랐습니다. 화상 같기도 한 상처였습니다." 헤론이 신중한 표정으로 말했다. 언더우드가 중얼거렸다. "그렇다면 여인들의 풍습과 관련 있는 것이 아닐까요? 이것은 조선 사람들에게 물어 봐야 풀릴 수수께끼입니다."

언더우드의 추측이 맞았다. 여인들의 배꼽 화상의 흉터는 아들을 얻겠다는 집념에서 생긴 것이었다. 온제종자법(溫劑種字法)이라 부르는 것으로, 뜨겁게 볶은 소금을 배꼽에 얹고 그 위에 쑥 찜질을 했다. 이 소금 뜸질을 200번 내지 300번 하고 합방을 하면 아들을 낳는다는 것이었다. 헤론은 이 사실을 알고 머리를 설레설레 저었다.

1887년 9월 4일 자 헤론의 선교 편지를 보면 그가 얼마나 열심히 일했는지를 알 수 있다. "지난주 언더우드 목사와 함께 기독교인이거나 구도자인 12명을 한꺼번에 만났는데 몹시 가슴이 뛰었습니다." "벌써 여기서 11명에게 세례를 베풀었습니다. 지난 주일에는 언더우드 목사를 도와 3명에게 세례를 주었습니다." "우리만 아는 일로 아주 조용히 그 일을 치렀습니다. 하나님께서 행하신 일들이 얼마나 놀라운지요!"

그의 나이 서른넷이었다. 그는 병원과 남한산성을 오가면서 몹시 지쳐 있었다. 헤론은 스크랜턴을 따로 은밀하게 만났다. 스크랜턴은 헤론을 진찰하고 약을 지어 주면서 치료를 서둘렀다. 헤론은 대수롭지 않다는 듯이 말했다. "별로 심하지는 않습니다. 그저 이질 기운이 좀 있으니 조심해야겠지요." "더위를 무릅쓰고 먹은 것이 소화가 잘 안 된 것 같습니다." 다른 사람들은 헤론이 앓고 있다는 것조차 눈치채지 못했다. 휴가를 며칠 앞당겨 끝낸 스크랜턴은 헤론을 앞세우고 서울로 돌아왔다.

결국 헤론은 하던 일을 놓고 쓰러졌다. 동료 의사들이 정성을 다하여 돌보았으나 날이 갈수록 상태는 심각해졌다. 심상치 않은 분위기 때문에 서울로 돌아왔던 게일 목사는 덜컥 겁이 났다. 그리고 눈물을 흘리면서 남한산성으로 헤론의 가족을 데리러 떠났다. 헤론의 병상을 지키고 있던 알렌도 침통해졌다.

게일이 남한산성에 도착했을 때는 칠흑 같은 한밤중에 장대비가 쏟아지고 바람까지 몰아치고 있었다. 그럼에도 게일이 헤론의 부인을 데리러 온 것을 보고는 아무도 그 길을 만류하지 못했다. 가마 채비를 하랴, 초롱불을 밝히랴, 모두가 허둥댔으나 몰아치는 비바람에 초롱불은 풍전등화였다. 횃불도 몇 분조차 견디지 못했다. 가마채를 잡은 가마꾼들 앞에 비바람이 무섭게 휘몰아쳤다.

길은 진흙 수렁이었다. 후미진 곳이나 계곡에 이르면 가마꾼들은 가슴까지 차는 물살을 헤치며 나아갔다. 불길하고 초조하기 이를 데 없는 밤길이었다. 일행은 칠흑 같은 어둠 속에서 내려 때리는 장대비를 밤새 맞으며 눈물의 행군을 감행했다. 서울에 이르러 집에 도착한 일행은 모두 털썩 주저앉고 말았다.

"최선을 다했습니다, 부인." 스크랜턴이 해티 앞에서 고개를 떨어뜨렸다. 헤론이 아내와 친구들을 둘러보면서 희미하게 미소를 지었다. "조선과 조선 사람들을 더 뜨겁게 사랑하고 싶소." 해티는 남편의 손을 잡았다. "당신은 하실 수 있어요, 하시게 될 거예요." "병원에서 나와 일한 친구들, 나를 아는 한국의 친구들을 모두 불러 주시오." 병원의 조수들, 집안일을 돕던 사람들 모두가 헤론의 침상 가까이 몰려들었다. 헤론은 그들을 따뜻한 눈길로 둘러보았다. "나를 사

3 존 헤론(John W. Heron, 1856~1890)

랑해 주고 도와준 친구들, 감사합니다. 여러분, 예수를 잘 믿으십시오. 예수는 당신들을 사랑하십니다." 그것은 유언이라기보다 설교였다. 생명의 마지막 불꽃으로 외치는 복음이었다. 그리고는 잠자듯 눈을 감았다. 1890년 7월 26일이었다.

지금도 마찬가지이지만 당시도 여름이 되면 장마철이 되고 날씨가 더워 활동을 제대로 할 수가 없었다. 이 일이 있기 얼마 전 호주에서 온 헨리 데이비스라는 젊은 선교사도 건강을 돌보지 않고 부산까지 전도 여행을 떠났다가 병에 걸려 목숨을 잃었다. 그래서 뜨거운 여름이 되면 선교사들도 남한산성 휴양지에서 며칠씩 쉬곤 했다. 헤론도 아내와 두 딸을 데리고 남한산성에 갔다가 각종 질병으로 의사를 기다리고 있는 환자들을 놓고 그렇게 쉬고 있을 수가 없어 혼자서 다시 제중원으로 갔다. 그러다 이질에 감염되어 3주간을 앓으면서도 죽기 며칠 전까지 아픈 몸을 이끌고 600리나 되는 시골에 가서 병자를 치료했다. 그리고 결국 젊은 부인과 두 딸을 남겨두고 하나님 나라로 간 것이다.

그런데 갑작스러운 슬픔과 충격에 더해 묘지가 결정되지 않아 모든 사람이 당황하는 상황이 벌어졌다. 언더우드와 헤론이 성경 번역과 서책 편찬 작업을 하던 집 한 채가 있었다. 선비라 불리는 조선인 조수들이 합숙하면서 일을 돕던 곳이었다. 언더우드는 그 집 한쪽에 무덤을 써야겠다고 생각했다.

선교사들이 그렇게 결정을 내리자 그 집을 쓰고 있던 서생들이 약속이나 한 듯 모두 새파랗게 질린 얼굴로 펄쩍 뛰며 말했다. "아니, 사람이 사는 집 울타리 안에 무덤을 쓴다고요? 그게 무슨 소리입니까?" 선교사들은 또 숙의했다. 그리고 헤론이 살던 집 뒤뜰을 묘지로 정했다.

뜨거운 여름날 오후 3시에 장례식이 시작되었다. 그런데 갑자기 천지가 무너지는 듯한 소리가 마을을 뒤흔들었다. 서생들이 울며불며 몰려왔다. 그들은 벌벌 떨며 겁에 질려 있었다. "아니, 기어코 집 안에 묘지를 쓸 작정입니까? 이것이 알려지면 온 장안이 발칵 뒤집힙니다. 절대로 안 됩니다." 장례식은 중단될 수밖에 없었다. 남편의 시신을 묻을 땅 한 평 없다는 고통스러운 사실에 헤론의 아내 해티는 실신한 듯 한구석에 쓰러져 있었다.

7월의 폭염으로 시체가 사정없이 썩으며 악취를 풍겼다. 매장지가 결정될 때까지 시신을 밀봉하는 수밖에 없었다. 그러면서 조정의 처분을 기다리다가 안 될 눈치면 헤론의 집 뒤뜰에 매장할 각오를 굳히고 있었다.

이 땅에서 사망한 외국인은 제물포 근처 묘지에 매장하는 것이 당시의 관례였다. 서울 땅에 외국인의 시신을 묻는다는 것은 상상도 할 수 없는 일이었다. 제물포까지는 100여 리 길이었다. 교통수단이라고는 노새와 가마밖에 없는 형편에 시신을 메고 복더위에 100여 리 길을 걸어갈 일은 생각만 해도 끔찍했다. 그리하여 선교사들은 미국 공사의 양해를 얻어 정동 미국대사관 경내에 임시 묘지를 정했다. 그러자 이것 때문에 또 말썽이 생겼다. 선교사들은 외교 공세를 취했다.

알렌이 조정과 미국 공사관을 수없이 드나들더니 어느 날 얼굴에 희색을 띠며 나타났다. "새로운 자리를 허락받았습니다." 고종 황제가 허락해 준 장소는 양화진 나루터가 내려다보이는 언덕 위였다. 언덕 밑으로 푸른 한강이 흐르고 강 건너편에는 모래밭이 온통 은빛으로 반짝이고 있는 고요하고 아름다운 곳이었다.

그리스도의 복음을 안고 와서 젊음과 땀과 눈물을 뿌리고 고귀

3 존 헤론(John W. Heron, 1856~1890)

한 목숨까지 이 땅에 바친 의료 선교사 헤론…. 제물포로 못 가고 자기가 살던 집 뒤뜰에도 매장되지 못하여 갈팡질팡하다 동료 선교사들이 눈물을 흘리며 애원해서 주어진 곳, 그곳이 바로 양화진이다. 이것이 양화진 외국인 묘지 역사의 첫 장이었다. 조선을 사랑한 헤론은 이렇게 푸른 한강이 내려다보이는 양화진 언덕에 고이 잠들었다.

헤론의 죽음은 인간적으로 너무나 억울하고 안타까운 죽음이었다. 그는 미국에서 촉망받는 의사였고 얼마든지 성공할 수 있었다. 그러나 29세의 나이에 당시 아무도 관심 없던 미지의 조선에 의료선교사로 자원했다. 그리고 조선 땅에서 정말 감염의 위험을 무릅쓰고 열심히 환자들을 돌보았다. 그렇게 조선 땅에서 기독교인 의사로서 섬기기를 5년, 한창 꽃을 피울 나이 34세에 하나님이 그를 세상에 두지 않고 데려가신 것이다.

인간적으로 또 상식적으로는 주님의 섭리를 쉽게 이해하기 힘들다. 열심히 섬기고 헌신할수록 하나님이 더 오래 살게 해서 더 오래 일하게 하시는 사람이 있는가 하면, 반대로 열심히 섬기고 헌신할수록 더 일찍 천국으로 데려가시는 분들도 있다. 하나님의 깊은 뜻을 우리는 다 알 수 없다. 다만 우리가 확실히 믿는 것은 한 알의 밀이 땅에 떨어져 썩으면 많은 열매를 맺는다는 주님의 말씀이다(요 12:24).

그럼 헤론 선교사가 한 알의 밀로 조선 땅에 떨어져 맺힌 열매는 과연 무엇일까? 혹자는 그것을 세브란스병원과 한국 근대 의술의 발전이라고 말한다.

그가 헌신적으로 사역했던 제중원은 좋은 병원이긴 하나 미치는 범위가 한정되어 있었다. 그러나 그의 죽음과 그 열매로 세워진 세브란스병원은 그때부터 지금에 이르기까지 이 나라와 세계의 많은 환자에게 치료와 새 생명을 주는 '치료자 예수의 대리자'로서의 역할과 사명을 충실히 감당해 내고 있다.

기독교의 고상하고 숭고한 목표는 십자가에서 예수처럼 죽는 것이다. 그러면 그 열매는 자기 자신이 얻는 것이 아니라 고스란히 다른 사람들이 얻는다. 십자가를 지고 가는 사람들은 억울할지도 모른다. 자기가 직접 열매를 얻는 것은 아니니. 그러나 그에게는 주님의 위로와 평화가 넘칠 것이다.

오늘 우리는 헤론 선교사에게 빚을 지고 있다. 그분이 십자가를 졌고, 그 열매를 우리가 지금 누리고 있다. 오늘도 그 누군가가 십자가를 지지 않는다면, 하나님 나라의 미래는 없다. 씨앗이 뿌려지지 않는데, 씨앗이 죽지 않는데 어떻게 열매가 맺히겠는가! 그래서 복음서는 4분의 1 또는 3분의 1이 '십자가를 지고 죽는 이야기'에 할애되어 있다. 우리에게는 어쩌면 지루한 그 이야기가 사복음서에는 가장 하이라이트로, 동시에 가장 많은 분량으로 자세히 다루어지고 있다.

바울 서신도 십자가를 중심으로 다루고 있으며, 누구보다 사도 바울 자신이 이 길을 걸어갔다. 십자가 길의 상급과 열매는 여기가 아니라 저 천국에서 크게 주어질 것이다. 하나님은 공평하신 재판장이라서 결코 그 자녀들을 억울하게 하지 않으신다.

이 놀라운 십자가의 길은 내가 원한다고 갈 수 있는 것도 아니요, 내가 원치 않는다고 뿌리칠 수 있는 것도 아니다. 주님이 강권적으로 인도해 가실 때, 우리 각자는 그저 모두 믿고 맡기고 따라가는 것일 뿐이다.

헤론은 조선 도착 3일 후부터 알렌이 원장으로 있는 제중원에서

3 존 헤론(John W. Heron, 1856~1890)

사역했다. 제중원을 찾는 환자 수가 늘어나 진료 업무가 복잡해지자 1885년에 헤론 선교사가 입국했다. 헤론은 제중원에서 사역하기 전에 다음과 같은 말을 했는데 이를 통해 의료 선교사로서의 그의 생각을 알 수 있다.

"나는 위대한 의사이신 예수에 대해 말하는 것이 나의 사명이요 선교임을 잊을 수가 없다. 내 의술을 베푸는 것만이 나의 선교가 아니다. 나는 우리 구세주께서 이 많은 백성을 위하여 돌아가셨다는 말을 전하고 그 구원의 길을 선포하고 싶다."

헤론은 병자를 돌보는 일뿐 아니라 성경 번역 사업에서도 눈부시게 활동했다. 초대 선교사에게는 어떻게 하면 빨리 성경을 번역하느냐가 관건이었기 때문이다. 헤론이 이룬 또 하나의 공헌은 대한기독교서회의 전신 '한국성교회서회'(韓國聖敎會書會)를 창설한 일이다. 그는 낮에 병원 업무를 보고 돌아온 뒤 밤늦게까지 성경 번역에 골몰할 정도로 성경 번역에 힘썼고 문서 선교 출판에도 뛰어들었다. 교회 설립도 중요하나 성경과 기독교 문서를 출판하는 일도 매우 중요하다고 생각한 헤론은 기독교 문서 출판을 제일 먼저 제창한 선교사였다. 한국성교회서회는 1890년 6월 25일, 헤론이 세상을 떠나기 바로 한 달 전에 창설되었다.

한편 헤론이 이 땅에서 처음 사역을 시작한 제중원은 당시 궁정 사람들만 치료하는 서양 병원이었다. 제중원 설립은 헤론이 들어오기 1년 전에 입국한 알렌과 밀접한 관련이 있다.

알렌은 북장로교 의료 선교사로 1884년 9월 20일에 한국에 들어왔다. 당시 기독교 선교사로서의 신분을 숨긴 채 외교 공관의 의사로 입국했다. 알렌은 당장이라도 조선 민족에게 복음을 전파하고 싶었으나 그런 기회는 쉽게 오지 않았다.

알렌이 선교의 길을 위해 기도하고 있을 무렵 조선에서 큰 사건이 발생했다. 조선의 개혁을 부르짖은 과격 개혁파인 김옥균과 박영효 등이 우정국 개설 피로연 때 수구세력의 수장 격인 민영익을 암살하기로 계획했고, 1884년 12월 4일 민영익은 칼로 난자당한 채 피를 토하며 쓰러졌다. 목숨을 건지긴 했으나 위태함은 이루 말할 수 없었다. 실력 있는 한의사 14인이 민영익을 살리려 했으나 그들의 힘으로는 역부족이었다. 모두가 망연자실하고 있을 때 선교의 길을 위해 기도하고 있던 알렌의 마음에 성령의 감동이 밀려왔다.

그러나 이 일은 알렌과 그 가족에게는 큰 모험이었다. 죽어가는 민영익을 살리지 못하면 자신의 목숨을 보장받을 수 없었기 때문이다. 알렌은 생명을 주관하시는 하나님을 바라보며 민영익을 수술했다. 그리고 절명의 위기로부터 민영익을 살려냈다.

이 일은 한국 선교의 물꼬를 튼 큰 계기가 되었다. 자기 자신을 위한 부탁도 아니요, 그저 조선 민족을 위해 애쓴 알렌의 마음에 고종은 무척이나 고마워하며 병원 설립은 물론 '광혜원'(나중에 '제중원'으로 바뀜)이란 이름을 하사했다. 이 광혜원이 오늘의 연세대학교 세브란스병원의 전신이다.

이후 광혜원은 의료를 특정한 사람만이 아니라 모든 병든 사람에게 베풀어야 한다는 의미에서 그 이름이 '제중원'(濟衆院)으로 바뀌었고, 헤론은 병원을 정릉(貞陵) 외국인 지역에서 구리개 쪽으로 옮겼다.

헤론은 한국의 첫 근대병원인 제중원의 제2대 원장으로 구리개 제중원을 본 궤도에 올려놓았다. 백내장 수술, 4.5kg의 혹 제거 수술 등 외과 수술을 도입했고, 콜레라 예방 조치와 천연두 예방접종 등 위생 사업을 했다. 여자 간호사와 의사를 두어 부인과를 운영했고,

3 존 헤론(John W. Heron, 1856~1890)

한국인의 질병을 근대적 질병 체계에 따라 분류하고 명명했다. 또 의학교를 개설해 한국인 의생을 교육했다. 그의 이런 노력이 제3대 원장 빈턴에 의해 잠시 위기를 맞았으나, 에이비슨이 제4대 원장을 맡으면서 1904년 남대문 밖 제중원(세브란스병원)으로 발전되었다.

헤론은 병상에서 압록강 세례 문제와 관련해 불화가 있었던 언더우드와 화해하고 우정을 회복했다. 언더우드 부부는 20일간 정성을 다해 간호했고, 그의 임종을 지켜보았다. 그의 후임인 빈턴 의료 선교사는 구리개 제중원에 복음 전도 기능이 없는 것을 비판하였다. 그러면서 재정적 지원이 불규칙하고 타락한 정부 관리들이 많은 정부 병원인 제중원을 포기하고 남대문 밖에 순수 선교병원을 건립하려고 했다. 그러나 언더우드와 알렌, 뉴욕 선교부의 엘린우드 총무는 빈턴의 돌발적인 행동을 비판했다. 이들은 각국 공사관이 노리는 제중원 원장 자리가 가지고 있는 선교적 가치를 중시했다. 호주에서 에이비슨과 언더우드는 헤론의 '기독교 문명론'(장기적인 기독교 국가 설립을 위한 기독교 기관 운영)과 '네비어스 정책'(직접 전도와 토착교회 설립)이 함께하는 통합 노선을 발전시켜 1897년 기독교 종합 교양지 〈그리스도신문〉을 창간했고, 1904년 세브란스병원을 건립했다.

헤론의 부인은 1891년 여름 남한산성 수어장대에 오를 정도로 건강을 회복했다. 당시 총각이던 게일이 부인을 흠모했다. 1892년 4월 7일 부인(32세)은 문학적이고 다정다감한 게일(29세)과 결혼한 뒤 서울을 떠나 새 선교 지부인 원산으로 가서 두 딸(새라 앤 6세, 제시 4세)을 함께 키우며 《천로역정》을 한글로 번역했다. 게일은 앤과 제시의 성을 바꾸지 않고 헤론의 딸로 키웠다. 그러다 게일 부부는 1899년 9월 9일 서울 연동으로 돌아왔고, 부인은 다시 건강이 나빠져 스위스에서 휴양하기도 했다. 그러나 1908년 서울에서 결핵으로 사망하고 양화진의 첫 남편 곁에 묻혔다. 양화진에는 해티와 첫 남편 헤론, 외손자(James M. Gale) 이렇게 세 명의 헤론 가족이 안식하고 있다.

앞서 첫째 딸 새라 앤은 첫 2세 선교사로 서울에 파송됐으나 양화진에 어머니를 묻은 후 외교관과 결혼하고 중국으로 떠났다.

헤론 선교사의 묘비에는 "The Son of God Love me, and Gave Himself for me"(하나님의 아들이 나를 사랑하사 자신을 내게 주셨다)라는 구절이 기록되어 있으며, 뒷면에는 아내 해티 게일 선교사의 묘비명이 새겨져 있다.

헤론 선교사의 아내 해티 깁슨은 1860년 미국 테네시주 존즈버러에서 의사 아버지와 선교의 열정을 지닌 어머니 사이에서 태어났다. 해티는 1884년 미국 북장로교에서 한국 최초의 선교사로 임명된 헤론 선교사와 결혼하고 이듬해 함께 한국에 왔다. 헤론 선교사가 장모의 선교 열정에 큰 감명을 받아 선교사의 길을 선택했다고 고백할 정도로 해티의 가정은 선교의 열정이 넘쳤다. 한국에 온 해티는 헤론 선교사와의 사이에서 두 딸을 낳았고, 부산과 서울을 오가는 헤론 선교사의 사역을 내조했으나 내한 5년 만에 헤론 선교사가 사망하여 홀로 남게 되었다.

3 존 헤론(John W. Heron, 1856~1890)

헤론은 미국 북장로교의 선교 잡지 〈The Church at Home and Abroad〉(1888년 9월호)에 "Korea"라는 제목의 글을 실었다. 이 글은 그가 남긴 유일한 잡지 기사로, 내용을 요약하면 다음과 같다.

"한국 정부 제도는 가부장적으로 왕은 백성의 큰 아버지와 같다. 한국 사회는 계급사회로 양반 중에 관리와 부자는 첩을 얻어 살고, 빌붙어 사는 몰락 양반이나 친인척, 많은 하인을 먹여 살린다. 가난한 양반의 아내들은 허드렛일을 한다. 한때 과거로 관리를 선발했으나 지금은 연줄로 뽑는다. 보수적인 관리는 소수이다. 중국인이 보수적이고, 일본인이 과격하다면, 한국인은 논리적이고 독립적이라, 좋은 것은 쓸 만할 때까지 사용한 후 버리고, 새것도 좋다면 흔쾌히 수용한다. 벌써 한국에는 근대학교와 병원, 기선, 전기가 있다."

선교사 헤론의 5년 사역은 전반기 2년 6개월(1885년 6월~1887년 11월)과 알렌이 미국으로 떠난 후 제중원 단독 원장으로 일하던 후반기 2년 6개월(1887년 11월~1890년 7월)로 나뉜다.

헤론 부부는 스크랜턴 가족과 함께 서울에 도착했다. 그날 주일 저녁 알렌 집에서 장로교인들과 장로교 선교사들(알렌 부부, 헤론 부부, 스크랜턴의 어머니)이 함께 모여 첫 공식 연합 주일예배를 드렸다. 헤론 부부가 오기 전에도 알렌, 언더우드, 스크랜턴이 모여 주일예배를 드렸으나 그날 비로소 정규 예배가 시작되었다. 이 예배가 발전하여 외국인과 선교사를 위한 서울 유니언교회가 되었다.

10월 11일에는 일본 성서협회 총무 루미스 목사가 첫 성찬식을 집례했다. 주일 오후 예배에는 미국 외교관과 군인, 일본인도 참석했다. 1886년 4월 25일에는 스크랜턴의 딸 마리온과 아펜젤러의 딸 엘리스가 유아세례를 받았고, 일본인 하야카와가 세례를 받았다. 교회는 여름에 예배당을 건축한 후 11월에 첫 담임목사로 아펜젤러를 세웠다.

알렌은 1886년 3월 29일 자 일기에 알렌, 헤론, 언더우드를 교수로 하여 제중원 부속 의학교가 개교되었다고 썼다. 개교 당시 전국에서 선발된 학생 16명이 4개월간 예과를 마친 후 12명이 본과로 진학했다. 알렌은 화학, 헤론은 의학 실무, 언더우드는 영어와 물리를 가르쳤다. 모두 영어로 강의했으나 당시 독신이던 언더우드는 한국어를 빨리 배워 점차 한국어로 강의했다.

헤론은 제중원이 구리개로 옮겨간 다음 의과 학생들에게 의술을 가르쳤다. 정동 사택에서의 거리는 도보 30분으로 제중원이 재동에 있을 때보다 조금 가까웠다. 그러나 1887년 11월 알렌이 대미 조선사절단의 참사관으로 한국을 떠나고 제중원 진료와 외국인 진료를 겸하면서 강의를 중단했다. 의학당은 1887년 말 예과 수준의 영어학교로 전락했다.

1886년 1월 언더우드와 헤론은 순수 선교기관인 고아원을 계획했다. 그리고 정부의 허락을 받아 그해 5월 11일 정동에 소년 고아원을 개원했다. 이는 개신교 첫 사회선교기관으로서 예수교 학당으로 발전했다. 헤론은 1887년 3월 언더우드가 요양차 일본에 2주일간 머물고 있을 때 고아원을 맡아 운영했다. 1888년 영아 소동 때, 곧 수구세력들의 음모로 벌어진 일로, 서양인들이 아이들을 잡아 눈을 뽑아 사진기 렌즈로 만들고 간을 빼내 약으로 쓴다는 소문을 퍼뜨려 민중이 무고한 서양인들을 폭행한 사건이 일어났을 때는 고아원 아이들 때문에 헛소문이 났기도 했다.

1886년 여름 콜레라가 유행하자 헤론은 콜레라약을 제조해 주사기로 낫게 했다. 헤론의 '침'으로 콜레라가 나은 한 사람은 "살았소, 살았소" 하며 직접 찾아와 감사 인사를 했다. 7월 18일 헤론의 집에서는 첫 개신교 신자인 노춘경이 세례를 받았다. 헤론의 딸 새라가

3 존 헤론(John W. Heron, 1856~1890)

유아세례를 받았기 때문이었다. 아직 아펜젤러가 유니언교회에 취임하기 전이라 언더우드가 세례를 주었다. 헤론은 이 사실을 본국에 보고하지 않았다. 노춘경 개종에 자신이 관여하지 않았기 때문이다. 아직 전도할 만큼 그의 한국어가 능숙하지 않은 것도 마음에 걸렸다. 노춘경은 세례 후 시골로 내려갔으므로 1886년 말까지 서울에는 한국인 개종자가 없었다.

정부 기관인 제중원과 의학교에서 헤론은 의술이나 치료에 대한 것만 이야기했다. 그러나 1887년 1월 만주의 로스 목사가 사역한 열매인 3명의 한국인(서경조, 정공빈, 최명오)이 소래에서 서울로 와서 세례를 요청했다. "왕이 우리를 처형해도 하나님께서 우리를 구원해 주셨으니 괜찮습니다", "하나님께 복종한다는 이유로 왕이 내 목을 자른다고 해도 괜찮습니다"라는 고백 앞에 언더우드는 세례를 주지 않을 수 없었다. 이들의 목숨 건 신앙고백과 하나님의 구원 경륜에 대한 지식과 성경 말씀대로 실천한다는 진지한 태도에 놀란 헤론은 이렇게 기도했다. "첫 열매로 이런 사람들을 보게 되어 감사드립니다. 이들 각자가 자기 백성에게 선교사가 되고, 의의 교사가 되게 해 주시옵소서"(1887년 1월 24일 자 편지).

헤론 선교사는 항상 가방에 성경책, 진료기, 비상약품 등을 챙겨 다녔다. 그나마 서울에는 의료 선교사들이 있어 전염병 퇴치 운동에 큰 보탬이 되었으나 시골은 그렇지 못했다.

1887년 3월 초 언더우드가 요양차 일본에 갔을 때, 헤론은 고아원을 책임지는 동시에 제중원 의학교에서 언더우드가 맡았던 영어와 물리를 가르쳤고, 관리와 학생을 만나는 시간이 늘었다. 그리고 집으로 찾아오는 한국인 환자도 많아졌다. 이때 헤론의 한국어도 많이 늘어 알렌의 말을 통역하기도 했다. 그래서 헤론은 언더우드처럼

"기독교를 주제로 한국인들과 대화를 나누고 그들에게 한문 성경과 복음서를 나누어"(1887년 5월 1일자 편지) 주었다. 헤론의 직접 전도 활동의 시작이었다.

언더우드는 1887년 9월 27일 만주의 로스 목사를 초대한 가운데 한국인 세례교인 4명 곧 백홍준(의주), 서상륜(소래), 노춘경(서울), 서경조(소래)로 정동 사랑방에서 정동장로교회(새문안교회)를 조직했다. 이 중 2명을 장로로 선출해 일종의 전국구 당회를 구성했다. 그러나 두 장로는 곧 치리를 받아 안수를 받지 못했다(첫 안수 장로는 1900년 서경조였다).

그러다 1887년 11월 알렌이 미국으로 가게 되어 제중원과 외국인 진료를 단독으로 맡은 헤론은 점차 신중한 태도로 바뀌었다. 즉, 국립 병원에서 선교 사역을 하는 것은 불가능하며, 되도록 직접적인 사역을 시작해야 하나 종교의 자유가 허용될 때까지는 신중하기로 했다.

1888년 봄에 헤론 부인이 여성 성경공부를 자택에서 시작하고 여학교를 시작했으나 곧 질환으로 중단해야 했다. 헤론의 신중론을 비난하던 언더우드도 1888년 6월 영아 소동이 터지자 신중할 수밖에 없었다.

헤론 사망 이후 제중원은 빈턴이 운영했으나 정부와 사이가 안 좋았다. 나라가 망해 가는 관계로 운영비도 없어 고종은 제중원 운영권을 미국 북장로교에 이양했다. 이후 1894년 캐나다 장로교선교회에서 파견한 에이비슨(O. R. Avison) 의료 선교사가 운영권을 이어 받았다.

알렌과 헤론의 뒤를 이어 제중원을 맡은 에이비슨은 미국에 갈 때마다 조선 땅에 학교와 병원을 지어야 한다고 역설했다. 1899년

에이비슨은 뉴욕에서 열린 만국선교대회에 참석해 가난한 조선 땅에 현대식 병원을 건립해야 한다고 호소했고, 마침 석유 재벌 세브란스가 건립비 전액 45,000달러를 기부하여 1904년 서울역 앞에 우리나라 최초의 서양식 병원을 건립하였다. 그러면서 그 이름을 제중원에서 세브란스병원으로 개명했다.

이후 세브란스병원과 연희전문학교가 통합되어 연세의대 부속병원이 되고 지금의 연세대학교가 세워졌다. 오직 예수 그리스도의 피 묻은 십자가 복음을 위해 좁은 길로 걸어갔던 헤론, 자신의 부귀영화를 내려놓고 헌신한 그는 조선을 변화시키는 한 알의 밀이 되었다.

1987년 연세대는 광혜원을 복원했다. 광혜원이 복원된 이 일대는 옛날 수경원이 있던 자리이다. 수경원은 캠퍼스 안에 있던 영조의 후궁인 영빈 이 씨의 원 묘로 1969년 이를 서오릉으로 이전하고, 봉분이 있던 자리에 1974년 루스 채플(헨리 루스의 이름을 기려서 '루스'라는 명칭을 얻게 된 것)을 건립했다. 수경원은 사적 제198호이다. 수경원의 부속 건물인 정자각은 그대로 남았는데, 현재 정자각은 연세 기록보존소, 광혜원은 연세사료관으로 사용 중이다.

한편 연세대와 서울대 간에 논쟁이 벌어진 일이 있다. 대한의원의 전신인 내부병원이 설립된 것은 광혜원보다 4년 늦은 1899년이었다. 처음엔 우리 한의사들이 양의사들과 공동 진료했다. 그러나 1900년에 광제원으로 개명했고, 1907년 이토 히로부미의 지시로 당시 형편으로는 거금인 40만 원을 투입해 새롭게 대한의원을 건립한 후 한의사들을 모두 내쫓았다.

서울대병원은 광제원이 국립 의료기관이었으니 자기네가 그 맥을 잇고 있으며, 연세대 병원은 광혜원의 의술과 인력을 고스란히 물려

받았으니 적자라는 것이다. 대한의원을 계승한 서울대병원의 초대 원장은 을사오적 이지용이었다. 반면 연세대 병원, 곧 연세의료원은 헤론 선교사가 시작했고 에이비슨이 이어받아 오늘의 연세의료원으로 자리 잡았다. 이것은 선교사들의 정성으로 이어진 것이므로 연세대학교가 주관하는 것이 마땅하며, 인요한이 책임을 지고 감당하는 것을 보면 기독교 기관임이 분명하다.

3 존 헤론(John W. Heron, 1856~1890)

4
호러스 알렌
(Horace N. Allen, 1858~1932)

　호러스 알렌[Horace Newton Allen, 안련(安連), 1858~1932]은 1858년 4월 23일 미국 오하이오주 델라웨어에서 출생했으며, 오하이오 웨슬리안 대학교와 1883년 마이애미 의과대학을 졸업한 후 해외 선교사가 되기로 결심했다. 미국 전쟁 영웅인 이탄 알렌의 후손인 그는 미국 장

로교회의 의료 선교사로 한국에 왔다.

알렌은 미국 북장로교의 선교사로 중국에 파송을 받고 1883년 10월 11일 상해로 와서 임지를 정하려고 머뭇거리던 차에, 1884년 6월 22일 선교부의 조선 파송 허락을 받고 9월 14일 황해를 건너 9월 20일 제물포에 도착한 후 22일 서울에 들어왔다. 이로써 그는 우리나라에 공식적으로 입국해 상주하게 된 최초의 장로교 선교사가 되었다.

알렌의 선교 비전은 모교회에서 싹텄다. 그의 모교회 델라웨어 제일장로교회는 해외 선교 사역이 매우 활발했다. 독실한 장로교인이었던 아버지 호러스 알렌(Horace Allen)과 어머니 제인 알렌의 영향이 컸다. 알렌의 선교 비전은 1877~1881년 오하이오 웨슬리안 대학교에 다닐 때 구체화되었다. 이 대학은 3학기제인 미국 북감리교 소속의 학교로 교수진이 우수했다. 알렌은 대학 시절 교지 편집장을 역임하고 YMCA 활동에 참여했으며, 교수들에게 신임을 받았다. 알렌의 모교에는 알렌의 사진과 졸업식 과정, 그의 학적부를 비롯한 많은 자료가 있다.

의학을 전공하기 위해 자연과학을 공부한 알렌은 1881년 6월 30일 대학을 졸업하고 이학사(B.S.) 학위를 받았다. 그는 최우수 학생들로 구성된 파이 베타 카파(Phi Beta Kappa) 회원이 되었고, 모교에서 가장 존경받는 유명 인사로 1910년에는 모교로부터 명예박사 학위를 받았다.

대학을 졸업한 알렌은 바로 신시내티의 마이애미 의대에 진학했다. 이 학교는 1886년까지 오하이오 웨슬리안 대학교 출신으로는 10명만 진학했을 정도로 입학이 어려웠다. 1852년 르우벤 미시 박사가 8명의 동료 의사와 함께 설립한 마이애미 의대는 알렌이 입학할

4 호러스 알렌(Horace N. Allen, 1858~1932)

당시 교수진이 탁월했다. 월요일부터 금요일까지 매일 아침 8시부터 6시까지 공부했고, 토요일 오전에도 수업했다. 게다가 매일 1시간씩 임상 실습을 이수하게 해 실무에 강한 의사로 만들었다. 이 모든 과정을 성공적으로 마친 알렌은 1883년 당당하게 졸업생 명부에 이름을 올렸고, 졸업과 함께 의사 자격증도 받았다.

이수정이 쓴 조선 선교를 위한 호소문이 감리교 선교 잡지에 소개되면서 미국 감리교회도 이에 관심을 갖게 되었다. 미국 감리교회 가우처(John F. Goucher)와 조선인 견미 사절단 일행의 만남 및 감리교 해외선교부 파울러 감독의 조선 선교를 위한 2,000달러 희사는 미국 감리교회의 조선 선교의 동기가 되었다. 가우처는 일본에서 감리교를 개척한 매클레이에게 조선을 방문하도록 허락하고, 고종에게 교육과 의료 활동을 통한 선교 사업을 허락받았다. 매클레이는 "이런 윤허는 주님에게서 온 것"이라고 감격적으로 표현했다.

예상하지 못한 선교 진전에 부응하여 감리교 선교부는 의료 선교사 파송을 준비하였다. 1884년 10월 스크랜턴과 그의 어머니 메리를 조선에 파송할 것을 임명하고, 이어 아펜젤러도 한국 선교사 후보로 받았다.

알렌도 이 일에 지원했다. "조선의 여러 외국 공관과 세관에서 의사를 필요로 합니다. 허락하신다면 그곳으로 가고 싶습니다." 동료 의사들도 이러한 알렌의 조선행을 찬성했다. 그로부터 1개월 반이 지난 7월 22일에 알렌은 북장로교 해외선교부로부터 조선으로 가라는 회신을 받았다. 이렇게 해서 알렌은 그해 10월 북장로교 파송 의료 선교사로 온 교우들의 환송을 받으며 아내 앤과 함께 중국으로 향했다. 앤은 문학을 전공한 대학 동료였다. 모교회 델라웨어 제일장로교회가 재정을 후원했다.

당시 조선 정부가 문호는 개방했으나 기독교 선교에 대해 아직은 경색되어 있었으므로 알렌은 자신의 입국 신분을 미국 공사관의 공의(公醫)로 정했다. 또한 영국, 중국, 일본 각국 영사관에서 공의 업무를 위촉받아 의료 행위를 주무로 하는 의사로서 조선 정부의 묵인하에 조선에 머물게 되었다.

그가 조선에 오게 된 데는 미국의 부호 맥 윌리엄스(D. W. McWilliams)가 해외선교본부에 희사한 거금 6,000달러가 결정적이었다. 이에 북장로교 해외선교부는 해외 선교 예산 75만 7,625달러 중에서 한국 선교 예산으로 6,319달러를 배정했다.

키가 훤칠한 알렌이 한국 제물포에 도착한 것은 1884년 9월 20일이었고, 서울에는 22일에 들어왔다. 그는 가족을 상해에 남겨 놓은 상태로 혼자 입국했다. 서울에 도착한 그는 한국인이 외국인, 특히 서양 사람들에게 친절한 것을 알고 감격했다. "한국에서 받은 환영에 매우 기뻤다." 그가 조선에서 쓴 편지의 첫 문장이었다.

알렌은 미국 공사 푸트의 소개로 조선의 왕 고종을 만났는데, 선교사라는 신분을 감추고 외국 공사관 소속 의사로서 왕을 알현했다. 실제로 그는 당시 서울의 외교관들에게 그들의 건강을 돌보는 사람으로 환영받았다. 미국 공사관의 특별한 배려로 정동의 넓은 집터도 받았는데, 거처뿐 아니라 학교, 병원, 그리고 예배당도 지을 수 있을 정도로 널찍한 부지였다.

상해에 남아 있던 그의 가족도 10월 26일에 서울에 도착했다. 이어 하나님의 섭리로 놀라운 일이 벌어졌다. 한국 기독교의 시작이 이런 경로를 통해 활짝 열리리라고는 아무도 생각하지 못했다.

알렌이 한국에 왔을 때는 조선의 상황이 매우 복잡했다. 한창 개화를 향하여 나아가던 중에 다시금 민 씨 일가가 친청 정책으로 기

4 호러스 알렌(Horace N. Allen, 1858~1932)

울며 개화를 반대하고 있었다. 민비(閔妃) 집안은 친청 성향의 소극적인 개화에 반대하는 사람들의 표적이 되었고, 민영익(閔泳翊)을 미워하거나 경계하는 사람들이 있었다. 민승호의 집안이 1874년 폭탄 테러로 몰살되고, 그 동생 민경호가 1882년 임오군란(壬午軍亂) 때 대원군이 보는 앞에서 피살되면서 실세로 새롭게 떠오른 사람이 민영익이었다. 그는 1883년에 사절단을 이끌고 쟁쟁한 개화파 인사들과 함께 미국과 유럽을 방문하여 말로만 듣던 서구 문물을 직접 보고 왔다. 그런데 개화파 인사들도 민영익을 미워했다. 개혁 속도에 관해 의견이 달랐고, 중국과 일본에 대한 외교 노선이 달랐다. 어쩌면 그저 주도권 싸움이었는지도 모른다. 갑신정변의 날, 민영익을 배신한 사람은 함께 미국에 다녀온 개화파 친구들이었다. 민영익이 암살자의 칼에 난자당한 날은 1884년 12월 4일이었다.

알렌이 서울에 자리 잡은 지 두 달 남짓한 1884년 12월 4일, 조선 조야(朝野)에 갑신정변이 일어났다. 이는 김옥균, 박영효, 박영교, 홍영식, 서광범, 서재필 등 20~30대 젊은 급진 개화파가 벌인 일이었다. 서울 견지동 우정총국(郵政總局)에서 낙성식 연회가 열렸다. 총판 홍영식이 주관한 연회에는 푸트 미국 공사, 영국 공사, 묄렌도르프 외교 고문, 청국 영사, 일본 공사관 서기관을 비롯하여 민영익, 민병석, 김홍집 등이 참석했고, 김옥균과 박영효는 물론 윤치호도 통역 자격으로 참석했다.

김옥균 등은 우정총국 밖에서 불길이 오르면 그것을 신호로 사대 수구파들을 척살하고 곧바로 궁궐로 들어가기로 했다. 밤 10시경 바깥에서 불길이 치솟았다. 민영익이 무슨 일인지 알아 보려고 밖으로 나가자 자객이 달려들어 칼로 난자했다. 여러 군데 칼에 찔린 민영익은 안으로 도망쳐 들어와 연회장에서 쓰러졌다. 연회장은 아수라장이 됐고 묄렌도르프가 간신히 그를 구해 자기 집으로 옮겼다. 민영익은 동맥이 끊기고 머리와 몸을 일곱 군데나 찔려 사경을 헤매고 있었고, 달려온 어의들은 어찌할 줄을 몰랐다. 푸트 미국 공사는 급히 의사 알렌을 불렀다.

급진파는 일거에 보수파 수구 세력들을 제거하여 조정을 일신하며 이를 통해 급진적 개혁을 펴 나가겠다는 정치적 목표를 실행에 옮겼다. 거사의 날짜와 장소는 우정국 개국 연회, 즉 한국 최초의 근대적 우체국이 중앙에 설치되는 것을 기념하는 때로 잡았다. 보수와 혁신을 불문한 정부의 고관과 외교 사절들이 대거 참석하는 자리였다. 갑신정변은 무력이 사용되어 결국 일종의 유혈 사태가 되었다. 처음에는 일단 주도 세력인 개화파의 의도대로 정변이 성공을 거두는 듯했다. 보수 세력이 제거되어 왕실 주변에서 물러났으며, 김옥균 등의 혁신 주도 세력이 고종을 친위해서 여러 개혁 정책을 입안하여 발표하기에 이르렀다.

그러나 이 젊은 개화파의 무력 혁명은 그 수명이 길지 못했다. 가장 큰 실패의 원인은 외세, 특히 일본 세력의 힘을 빌려 일으킨 정변이었다는 점이었다. 이들은 곧바로 청나라를 의지하는 보수 세력의 반격에 직면했고, 강력한 역공을 구사한 보수 반동에 밀려 그 정권은 삼일 천하로 끝나고 말았다. 김옥균 등 주도자들은 목숨을 건져 일본의 호위 아래 망명길에 올랐다. 그런데 이 과정에서 보수 세력의 지휘자인 명성황후의 조카 민영익이 칼에 맞아 사경을 헤매게 된 것이다.

이때 어의 14명이 왔으나 너무나 심한 상처 앞에서 속수무책이었다. 본래 한의학이 내과적 치료에는 신비한 효험이 있으나 외상에 의한 출혈, 큰 상처 등을 치료하는 데는 서양 의학보다 미흡하다. 상

4 호러스 알렌(Horace N. Allen, 1858~1932)

처를 싸매 지혈하고 보호하며 상처가 잘 아물게 돕는 약초를 붙이는 정도였다. 반면 서양의 의술은 당시에도 갈라진 상처를 꿰매고, 끊어진 핏줄과 신경을 잇고, 망가진 조직을 도려내며, 효과적으로 지혈하고, 덧나지 않게 염증을 막는 약물을 바르거나 주사와 경구로 투여하는 수준의 치료를 할 수 있었다. 부상당한 지 꽤 시간이 흘렀으나 민영익의 상처가 워낙 깊어 한의사들이 별다른 처치를 할 수 없어 상태는 점점 악화되었다.

이때 측근들이 밑져야 본전이니 서양 의술을 시험해 보자고 생각했다. 죽어가는 사람을 살리기 위해 마지막 지푸라기 하나라도 잡으려는 심정이었다. 이런 배경하에서 선교사라는 신분을 감추고 미 공사관 공의 자격으로 활동하던 알렌이 밤중에 급히 호출되어 왕진을 가게 되었다. 왕비의 조카로 나는 새도 떨어뜨린다는 무소불위의 권력을 휘두르던, 이 나라의 제2인자로 불리는 민영익 대감 주위에 둘러선 수많은 고위 관리, 왕실 관계자, 그리고 서양 의술에 대해 의심의 눈초리로 지켜보고 있던 한의사들이 그를 기다리고 있었다. 특히 한의사들의 태도는 당시 민중의 정서를 대표한 것이라고도 볼 수 있었다.

민영익의 상태는 위급했다. 서양 의학 지식이 약간 있던 묄렌도르프가 응급 처치를 했다고 하지만 출혈이 많아 회생 여부는 불투명했다. 알렌은 민영익의 치료가 한국에서 기독교 선교를 지속할 수 있는지의 여부가 달린 중대한 시험이라는 느낌을 받았다. 이 난제를 잘 극복하면 조선에서 진정한 신뢰를 얻을 수 있을 것이고, 만약 실패한다면 조선에서 막 시작되려는 선교 사업에 심각한 장애물이 될 것임을 직감했다.

알렌은 최선을 다했다. 그는 어려운 의학 공부를 무난히 통과한 수재였다. 그런데 민영익은 소위 진상 환자였다. 알렌의 고무장화가 탐난다며 빼앗고, 산삼과 기름진 음식을 먹어 상처를 덧나게 한 일도 있었다. 알렌은 민영익이 퍽 얄미웠다. 그래도 그는 조선의 권력자였으니 그를 치료하는 일이 알렌도 싫지만은 않았다. 실제로 알렌은 이 일로 훗날 외교관이 되어 조선의 이권을 주무르게 되었다.

이때 알렌은 하나님께 간절히 기도했다. "신유의 은사를 내려 주셔서 민 대감을 살려 냄으로 선교의 길이 열리게 하옵소서." 하나님의 능력으로 꼭 완치시켜 주셔서 이것을 기회로 선교의 길이 열리게 해달라고 기도한 후 치료에 임했다. 그 당시 상황으로는 도저히 회복 불가능이었기에 그야말로 하나님께서 역사하셔야 한다고 믿었다.

그는 민영익의 통증을 가라앉히고 지혈했으며, 도려낼 곳은 도려내고 이을 것은 이으면서 최종적으로 상처가 심한 부분은 봉합 수술을 했다. 서양의 외과 의사가 할 수 있는 최선의 처치를 하고, 당시로는 초기 단계의 약물이었으나 소염제와 항생제, 그리고 해열제 등으로 환자의 고통을 덜고 상처로 인한 후유증을 최소화하는 치료를 계속했다.

그 후 3개월 동안 하루 세 번씩 왕진하며 극진히 치료했는데, 이러한 서양 의학에 의한 치료가 효험을 발휘하여 사경을 헤매던 민영익은 극적으로 살아났다. 이로써 서양 의학, 곧 기독교 의료 선교는 조선 왕실과 유력자들, 보수파의 신뢰를 얻었다.

의료 선교사 알렌은 의료 선교 사역을 통하여 조선 사람들의 '육신의 병'을 치료할 뿐 아니라 그들에게 복음을 전파하여 '영혼 구원'에도 전념했다. 이를 위해 알렌은 자신의 영성을 채우는 경건 생활에 힘썼고, 1885년 6월 21일에는 자신의 집에서 최초의 공식적인 주일예배를 거룩하게 드렸다.

4 호러스 알렌(Horace N. Allen, 1858~1932)

알렌의 의료 선교 사역이 주는 영적 교훈은, 첫째로 하나님은 실패하지 않으시는 분이라는 것이다. 하나님은 중국에서 실패한 알렌 선교사와 토마스 선교사를 조선 땅에 보내 하나님 나라 확장과 예수 그리스도의 복음 전파에 귀하게 사용하셨기 때문이다.

둘째, 알렌 선교사의 의료 선교 사역은 직접적인 복음 전파는 아니었으나, 이후에 언더우드 선교사와 아펜젤러 선교사가 조선 땅에 입국할 수 있도록 문을 열고 기초를 닦았다는 것이다. 그리고 이 일로 개신교는 조선 왕실과 친밀한 관계를 맺어 조선 왕조의 탄압으로 많은 순교자를 낸 천주교와 달리 선교 활동을 왕성하게 할 수 있었다.

셋째, 선교란 안수받은 목사만 하는 것이 아니라는 사실이다. 전문 의사요 외교관인 알렌을 통하여 이루어진 열매들은 평신도 선교 사역의 좋은 모범이라 할 수 있다. 참으로 알렌은 위대한 전문 의료 선교사였으며, 평신도 선교사였다.

조선의 의사들이 고치지 못한 민영익 대감을 서양 의사 알렌이 치료하여 살렸다. 이 일로 그는 고종 황제의 시의가 되었고, 왕의 신임이 두터워지며 병원을 개설하여 많은 환자를 치료하였다. 그러자 설 곳을 잃은 한의사들이 질투심과 시기심 내지는 적개심으로 온갖 중상모략과 유언비어를 퍼뜨리며 알렌의 의료 선교를 수단과 방법을 가리지 않고 방해했다. 그러면서 서양 의사들이 치료 중 놓는 주사에 대해, 지금은 당장 효과를 보는 것 같으나 주사약이 몸 안에 잠재해 있다가 언젠가는 다시 역리로 발효하여 극심한 후유증이 생길 것이라고 환자들에게 겁을 주었다. 이 말에 처음에는 환자들이 의심하고 겁을 먹었으나 시간이 지나도 후유증이 없자, 한의사는 백성들에게서 소외되고 서양 의사의 인기는 높아만 갔다.

기독교나 서양 세력이 밀려 들어오는 것을 가장 반대하고 경계하던 보수 세력의 거두를 살려 내는 '공교로운' 일을 통한 신뢰 구축이라는 사실만으로도 우리는 하나님의 섭리의 아이러니를 충분히 발견할 수 있다.

이러한 일은 모두 조선에서 그리스도의 복음이 전파될 수 있도록 기반을 마련해 주신 하나님의 역사적 섭리였다. 하나님은 조선을 사랑하셔서 이 땅에 복음이 전파되게 하셨다. 그것도 기독교를 어느 정도 지지하던 개혁파가 아니라 기독교를 도저히 용납할 수 없다고 했던 수구파를 굴복시킴으로 알렌이 조선 땅에 선교사들을 초청할 수 있도록 그 통로를 열어 주셨다.

민영익을 살린 알렌은 자신감을 얻었다. 그리고 자신의 의견을 당당하게 말했다.

"저는 환자들을 돌보는 데 최선을 다했습니다. 그러나 그들 대부분이 먼 거리에 살아서 가기가 힘들었고, 더구나 민영익 대감을 치료하느라 시간이 모자라 왕래하지 못한 일이 많았습니다. 또 많은 가난한 사람을 적절한 설비가 없어 그대로 되돌려 보내야만 했습니다. 만일 조정이 몇 가지 시설을 갖추게 해준다면 이 백성들을 서양 과학 의술로 치료하여 그 결과가 반드시 빛나게 되리라 믿습니다. 저는 거기에서 조선 청년들에게 서양 의학과 보건 위생의 학문도 가르칠 것입니다. 이 제안이 받아들여져 병원이 설립되면 다른 미국인 의사를 초빙할 예정입니다."

의료 활동의 조건이 나빠 가난하고 고통받는 조선의 백성을 도와줄 수가 없고, 민영익 대감을 치료하느라 시간이 모자란다는 변명을 붙였다. 선교사나 미국 측이 사업을 공개적으로 전개할 테니 허락만 해달라는 태도가 아니라, 더 적극적으로 조선 정부가 합작을 해달라고 했다. 시설과 장비, 운영비 일부만 대면 자신과 선교부가 내부 운

4 호러스 알렌(Horace N. Allen, 1858~1932)

영을 책임지는 반공영 병원을 운영하겠다는 요청이었다. 이렇게 일이 잘되면 조선 청년들에게 서양 의학을 교육하는 의과대학도 함께 설립하겠다는 제안을 처음부터 내놓았다. 이렇듯 갑신정변의 발발과 그 실패, 보수파의 수장 민영익의 부상과 그 치료 과정에서 조선의 기독교 선교는 예상치 못한 성과를 거두었다.

고종의 어의가 된 알렌은 고종에게 근대식 병원 설립안을 제안했다. 고종은 백성들의 치료 기관이었던 혜민서(惠民署)와 활인서(活人署)를 폐하고 그 대신 광혜원 설립을 허락했다. 이로써 우리나라 최초의 서양식 병원 광혜원이 1885년 2월 29일 개원했으며, 고종은 3월 12일에 그 이름을 제중원으로 바꾸어 친필을 하사했다.

제중원 건물은 고종이 하사한 서울시 중구 재동에 있는, 갑신정변의 주역 홍영식의 집이었다. 홍영식은 10월 19일 밤에 북묘까지 고종을 수행했다가 청나라 부대에 난자당해 죽었다. 홍영식의 아버지 전 영의정 홍순목도 손자며느리와 함께 약을 먹고 자살했다. 알렌이 이 집에 도착하니 피가 여전히 낭자했다. 이런 곳이 우리나라 최초의 서양식 병원이 되었고 지금은 헌법재판소라니, 역사란 참으로 아이러니하다.

"다른 나라들과 마찬가지로 조선에 병원을 설립한다는 것은 우리가 해야 할 일로 느끼는 터이며, 병원이 설립되어 잘 운영된다면 백성들과 우리의 자손들에게 유익이 되리라고 생각합니다. 이러한 큰 뜻을 품은 알렌 박사에게 우리는 고맙게 생각할 따름입니다. 마침 큰 집 한 채가 비어 있습니다. 고치면 병원으로 쓸 만한 큰 집입니다. 고치는 일과 설비 문제는 알렌 박사에게 알리겠고 상의도 할 것입니다"(병원 설립 건의안에 대한 정부의 회신 중).

왕실의 신임과 정부의 협력으로 세워진 광혜원은 한국 최초의 근대적 의료기관으로서 기틀을 다졌다. 서양 의술로 여러 질병을 치료하고 인명을 구한다는 본연의 사명 외에도, 시간이 흐르면서 육신의 질병과 함께 심령의 구원이라는 기독교 선교 역할도 충실히 수행했다. 마침내 미국 선교사들은 이 선구적 기관을 초기 선교의 센터로 삼았고, 알렌 후에 내한한 다른 서양 의사들뿐 아니라 감리교와 장로교 두 교파의 복음 선교사들마저 처음에는 이 병원에서 일하며 조선 선교를 준비하게 되었다.

그러나 광혜원이 지닌 역사적 의의는 이러한 선교 업적으로서의 성과에 더하여, 반상(班常)이 구별되고 신분 제도가 엄격하던 당시 봉건 사회에서 질병 앞에서 만민은 평등하다는 인권 사상을 구현했다는 데 있다. 설립자 알렌은 왕실 의사로서의 역할뿐 아니라 일반 백성들과 걸인들, 심지어 천대받던 나환자들에게까지 시혜의 범위를 넓혔다.

그러나 여기에는 한계가 있었다. 이 병원의 설립 계기가 보수파 실력자 민영익을 구해 낸 신뢰에서 출발했다가 민중들의 밀집지인 남대문통 상동으로 진료소를 옮겨갔고, 제중원(광혜원의 바뀐 이름)도 남대문 밖으로 옮겨 세브란스병원으로 확장되는 과정을 밟았다. 이는 한국 기독교 의료 선교가 민중 확산의 경로를 밟은 과정으로 풀이할 수 있다. 광혜원(제중원)의 설립은 한국 기독교 선교가 왕실과 보수층의 신임을 얻어내는 과정에서 이루어진 결실이었다.

제중원은 감리교의 스크랜턴, 장로교의 헤론이 동참하여 1년 동안 1만 명이 넘는 환자를 무료로 치료했다. 이후 제중원은 에이비슨 선교사의 노력으로 미국인 사업가 L. H. 세브란스로부터 1만여 달러를 기부받아 1904년 세브란스병원으로 개칭했다. 이처럼 왕실 병원

4 호러스 알렌(Horace N. Allen, 1858~1932)

인 제중원과 스크랜턴이 세운 민간 병원인 시병원(侍病院)의 의료 선교 사역을 통해 남대문교회, 상동교회가 설립되어 의료 선교가 조선의 선교 활동에서 가장 앞장서는 역할을 했다.

현재 연세대학교 교정에는 당시 실물 크기대로 복원된 광혜원이 있다. 연세대 100주년 기념관 뒤편에 아담하게 자리 잡은 광혜원은 연세대학교 창립 100주년 기념으로 복원 사업이 추진되어 1987년 봉헌했다.

설립 당시 862평 대규모의 건물이었던 광혜원은 외래 진찰실, 예방접종실, 전염 병동, 일반 병동, 부인 병동, 대기실, 하인 처소 등을 갖춘 종합 병원이었다. 또 1886년 의학 교육이 시작되면서 병동 뒤편에 강의실과 실험실, 그리고 학생들의 숙소를 마련했다. 그러나 당시 일반 병동과 안과 병동이었던 건물 한 채만 복원했다. 복원된 광혜원은 현재 연세사료관으로 꾸며졌다. 광혜원 전체 축소 모형과 함께 광혜원의 역사, 알렌과 언더우드 선교사를 비롯하여 세브란스병원을 꾸려간 에이비슨 선교사의 활약상, 그리고 한글 성경 번역의 약사와 선교 자료 등을 전시하고 있다.

우리나라 선교는 학원 선교와 의료 선교로 시작되었다. 서양 종교를 처음 접하는 사람들에게 실질적인 도움을 주는 분야로 접근한 것은 탁월한 선교 전략이며, 선교의 가장 기본적인 방법임을 광혜원의 사례를 통해 알 수 있다.

현재 우리나라 대학 교육을 대표하는 연세대학교와 함께 대표적 의료기관인 세브란스병원을 태동시킨 광혜원은 한국 복음화에서 획기적인 첫 테이프를 끊은 가장 중요한 기독교 유적임에 틀림없다. 넓은 터를 확보하고 실제 규모대로 복원되기를 바라는 반면, 정작 복원된 광혜원에 채워 넣을 역사 자료가 턱없이 부족하다. 862평의 대규모 병원 중 단 한 채만 복원됐으나 그나마 채울 자료가 없다고 한다. 이는 한국교회가 해야 할 기독교 유적 보존 작업이 얼마나 시급한지를 보여 준다.

한편 알렌은 1887년에 최초의 주미 공사 박정양과 함께 미국으로 건너가 워싱턴 주재 조선 공사관 참사관으로 일하면서 조선에 대한 청나라의 간섭을 견제하는 데 많은 힘을 썼다. 알렌은 1890년에 다시 조선으로 돌아와 미국 공사관 서기관으로 외교관 생활을 시작해 전권 공사로 마칠 때까지 15년간 서울에 있었으며, 1905년 을사늑약 체결 후 귀국해 의사로서 여생을 보냈다. 그는 1904년 고종으로부터 훈공일등 태극대수장을 받았는데, 1908년 그가 발간한 《조선견문록》(朝鮮見聞錄)에는 외교 비화가 실려 있다.

알렌과 함께 일하던 헤론이 1886년 4월 미국 북장로교 해외선교본부에 제출한 '의료 활동 보고서'에는 몇 가지 중요한 사실이 드러나 있다. 첫 번째는 서양 의술이 전부라고 여기고 동양 의술이나 전통적인 치료 방법을 무시하는 의료정책을 쓰지 않았다는 것이다. 이것은 알렌이 한국인에게 가졌던 자세가 담긴 그의 선교 방법에도 여실히 나타나는 것으로 매우 친한적(親韓的)인 모습을 보여 주고 있다.

두 번째는 환자 치료는 상하 계급을 불문하고 골고루 친절하게 했다는 것이다. 고종의 어의로서 금상을 치료하던 손길로 비천한 사람들이나 아녀자들까지 똑같은 인간으로 대했다는 것인데, 당시 우리 사회에 가져다준 복음의 밝은 빛이 어떠했는가를 그 이상 잘 보여 주는 것은 없을 것이다. 이런 선교가 조선인 계층 간의 간격을 허무는 혁신적 힘으로 작용했다는 것은 의심할 여지가 없다.

세 번째는 그가 민중층의 고루한 보수적 성향을 타파하는 데도 공헌했다는 것이다. 사실 사회의 하류층이 사회의식에서는 훨씬 더

4 호러스 알렌(Horace N. Allen, 1858~1932)

미신적이고 보수적이었다. 이에 알렌은 굿으로 병을 고친다는 등의 모든 미신적인 고정관념을 깨우쳐 이들을 한국 근대화의 역군으로 나서게 했다. 1892년의 보고서에 따르면 조선 민중이 한 해 동안 굿에 쓴 돈이 480만 달러였다. 당시 전국의 농토 평가액이 440만 달러였던 것을 생각할 때 매년 전국의 농토가 미신과 굿으로 사라졌다는 말이다. 그러니 나라가 발전할 수가 없었다. 이런 것을 혁파한 것이 기독교요 알렌의 의료 선교였다.

네 번째, 여자 환자의 문제였다. 여자 환자는 여러 가지 현실적·사회적 제약 때문에 치료가 쉽지 않았다. 그러나 알렌과 여러 선교사의 선교에서 남녀 차별 및 불평등 관습이 서서히 사라졌다.

다음으로는 당시 한국인이 어떤 병을 앓았는가 하는 통계도 볼 수 있다. 하나는 기독교 의료 선교사로서, 다른 하나는 외교관으로서 파악한 통계이다. 그는 한국에 21년간 머물렀는데 18년 동안을 외교관으로 보냈다. 그러나 외교관으로 일하면서도 선교사로서의 사명감을 한 번도 잊은 적이 없었다.

알렌은 곧은 성격의 칼뱅주의자로서 함께 일하던 헤론이나 언더우드, 감리교의 스크랜턴과 의견 충돌이 빈번했다. 그래서 선교사 일을 그만둘 생각을 하게 되었고, 결국 1887년에는 선교사직을 사임했다. 그리고 곧 미국에 공사로 부임하는 박정양을 수행하여 워싱턴 주재 조선 공사관의 외국인 서기관이자 참사관으로 갔다. 그해 11월에 공사관의 부총영사, 1891년 10월 이후 임시 대리 공사를 몇 번 거쳐 1896년 4월에 공사관 대리와 부총영사를 맡았다가, 1897년 7월에 미국 공사 겸 총영사직에 올랐다. 그리고 1901년에는 주한 미국 특명 전권 대사가 되었고, 1904년 4월에는 고종으로부터 태극대수장을 받았다. 그 후 조선이 일제의 보호령을 받으면서 1905년 3월 29일에 미국 대통령으로부터 공사직 해임 통고를 받았다. 알렌은 21년 동안 머물렀던 조선을 그해 6월 5일에 떠났다. 그해 11월 17일 을사조약이 체결되고 미국 공사관은 11월 23일에 폐쇄되었다.

외교관으로서의 알렌의 활동은 조선에 국가적 이익을 가져오고 실로 엄청난 공헌을 했다. 그가 공헌한 첫 번째 일은 1893년 4월 미국 시카고에서 개최된 세계박람회에서 조선의 출품 및 행사 관리를 위한 명예 사무대원 역할을 맡은 것이다. 세계적 행사에 조선이 나선 것은 이때가 처음이어서 그 의의가 자못 컸는데 알렌이 그것을 총괄했다.

다음으로 알렌이 그야말로 정성을 기울인 것은 미국 자본의 한국 진출과 알선이었다. 여기에는 두 가지 의미가 있다. 하나는 한국 근대화의 촉성이었다. 미국 자본이 서북 운산의 금광을 개발함으로 서북인들의 경제 생활과 일자리가 넉넉해져, 그것이 선교사들의 선교열과 함께 서북교회의 세기적이고 경이로운 발전을 이룩하는 바탕이 되었다.

또 다른 하나는 자본 유치를 통해 미국이 조선 시장을 확장해 일본의 조선 침략과 그 진출의 기선을 막고, 일단 일이 터졌을 때는 미국이 그 이권 보호를 위해 조선과 일본 사이에서 간섭하게 한다는 고도의 외교 전략이었다.

알렌은 조선의 가장 무서운 적대 세력이 일본제국이라는 것을 잘 알고 있었다. 더구나 그는 미국 선교사들의 헌신적인 선교와 봉사로 조선의 미국에 대한 이미지가 얼마나 순수하고 깊고 뜨거운지를 잘 알고 있었다. 그는 그 신뢰와 의존을 꼭 지켜 주어야 한다고 보았다. 그래서 1903년 9월에는 미국 워싱턴의 루즈벨트 대통령을 찾아가 그의 친일 정책을 면전에서 논박했다. 당시 미국은 러시아의 남진을

4 호러스 알렌(Horace N. Allen, 1858~1932)

막을 군사력이 아시아에서는 일본밖에 없다고 보고 일본이 하고자 하는 일, 곧 일본이 조선 보호라는 미명으로 행하는 침략을 묵인하는 정책을 쓰고 있었다. 조선을 위한 그의 격정이 결국 그를 공사 해임에까지 이르게 했다.

알렌은 공사직에서 떠난 후 미국에 돌아가 톨레도시에서 잠시 외과 의사로 개업했으나 곧 문을 닫았다. 그리고 만년을 병약한 몸으로 지내다 1932년 12월 11일 74세의 나이로 세상을 떠났다.

그가 죽기 8년 전, 곧 1924년에 한국에서는 선교사들과 조선교회가 알렌의 한국 입국 40주년을 기념하는 행사를 대대적으로 준비했다. 그리고 알렌에게 초청장을 보냈다. 알렌은 감격했으나 건강이 나빠져 그 영광스러운 자리에 참석하지 못했다. 그가 처음 갔던 한국에 비해 그날의 한국은 천양지차로 달라지고 발전했다. 그는 "하나님께 모든 것을 드리고 일하는 것보다 위대한 일은 세상에 없습니다"라고 답장을 보냈다. 그의 선교사 사역 기간이 비록 짧았으나 화려한 외교관 생활보다 훨씬 보람 있고 위대했다는 가슴 벅찬 회고였다.

알렌 선교사는 언더우드와 아펜젤러 선교사의 입국을 예비한 세례 요한과 같은 인물이라고 생각할 수 있다. 조선 시대 한성(서울)에는 국립 의료기관이 네 개 있었다. 가장 중요한 것은 국왕과 왕족 등을 진료하는 '내의원'(內醫院)으로 궁궐 안에 있었다. 이어서 양반 관료의 진료와 의과 학생 교육을 담당하는 '전의감'(典醫監)으로 현재 조계사 자리에 있었다. 그리고 일반 민중의 진료를 맡아보는 '혜민서'(惠民署)가 지금의 동소문동과 아현동 자리에 있었고, '활인서'(活人署)는 병자와 갈 곳 없는 사람을 수용하여 구활하는 곳이었다. 물론 이들 의료기관은 전통의술을 펼치는 곳이었다. 이 가운데 혜민서와 활인서는 1883년 2월에 문을 닫았다. 근대적 개혁에 필요한 비용을 확보하기 위해 희생된 것이다. 이유가 무엇이든 혜민서와 활인서를 없앤 일은 최소한의 대민 복지 기능마저도 포기한 것이었으며, 국왕의 인정이 허구적인 이데올로기였다는 사실을 보여 준다.

제중원의 설립 명분은 혜민서와 활인서를 대치한다는 것이었다. 하지만 제중원은 혜민서, 활인서와 두 가지 점에서 크게 달랐다. 제중원은 종래의 기관들과는 달리 근대 서양 의료를 시행했다. 고종과 정부가 근대 의료에 관심을 갖게 된 것은 빨라야 1876년 문호 개방 때부터이니, 10년도 안 된 시점에서 새 국립 병원을 전통 의료가 아닌 근대 서양 의료를 시행하는 기관으로 만든 것은 획기적이었다. 우두를 배타적으로 보급한 것과 일맥상통하는 조치였다.

또한 제중원의 위치에 주목해야 한다. 혜민서가 서민들이 주로 거주하는 곳에 있었던 반면, 제중원은 양반 관료들의 근거지인 북촌에 세워졌다. 혜민서를 대신하는 기관으로 세워졌으나 일반 민중보다 오히려 양반을 염두에 둔 것으로 해석되는 대목이다.

제중원은 갑신정변 때 쿠데타 세력의 세 거두 중 유일하게 망명하지 않고 남았다가 참살당한 홍영식의 집에 세워졌다. 그렇게 된 데는 몇 가지 이유가 있었다. 우선 몰수된 역적의 집이므로 따로 돈이 들지 않고 비교적 넓어서 병원으로 쓸 만하다는 점이 작용했다. 제중원을 관리할 외아문(外衙門) 바로 옆에 있어서 관리에 편리한 점도 중요하게 작용했다.

1885년 12월 27일 알렌이 조선 정부에 '병원 설립 건의안'을 제출함으로 제중원 설립 준비가 시작되었다. 알렌이 그런 제안을 하게 된 데는 민영익의 부상을 치료하면서 고종에게서 얻은 신임이 크게 작용했다. 구체적인 정황은 육영공원 교사를 지낸 길모어의 기록을 통해 살펴볼 수 있다.

4 호러스 알렌(Horace N. Allen, 1858~1932)

"갑신정변이 있은 지 얼마 뒤 알렌이 국왕과 면담하는 중 서양의 병원 업무가 국왕의 관심을 끌었다. 의사가 병원의 운영 방식 및 그 이점들을 설명하자 국왕은 매우 흥미로워했고 수도에 그러한 병원 하나를 세울 것을 제의했거나 의사 알렌의 그런 제안에 맞장구를 쳤다."

알렌이 몇 달 전 의료 사업에 대한 고종의 언질을 푸트 공사를 통해 전해 받기는 했으나 갑신정변으로 반동적인 분위기가 농후한 중에 병원 설립을 제안하기란 쉽지 않았다. 길모어의 말처럼 고종의 제의나 내락(內諾)이 있었기에 가능했을 것이다. 실제 병원 설립이 알렌이 예상했던 6개월보다 훨씬 짧은 두 달 남짓에 완료된 사실도 이러한 점을 뒷받침한다.

그런데 고종은 이때 자신이 직접 소관 부서에 지시해 근대식 병원을 세우면 될 텐데 왜 굳이 알렌에게 주도권을 주는 방식을 취했을까? 여기에는 외교적 고려와 계산이 작용했다. 임오군란(壬午軍亂)과 갑신정변을 겪으면서 고종은 일본과 청나라를 매우 경계했고 다른 서양 나라들도 신뢰하지 않았다. 오직 조선에 대해 영토적 야심이 없다고 여긴 미국만이 자신의 편이 되어 주리라고 기대했다. 청나라의 권고나 《조선책략》과 같은 책의 영향도 있었다. 요컨대 알렌을 끌어들임으로써 결국 미국과의 우호 협력을 도모한 셈이었다.

알렌의 건의가 있은 지 20일 후 2월 16일에 병원 설립 책임자로 임명된 외아문 독판(督辦) 김윤식(金允植)은 이틀 뒤 미국 공사관을 방문하여 홍영식의 집이 병원 건물로 결정되었음을 통보했다. 알렌의 기록에는 3월 초만 해도 폐허 같았던 홍영식의 집이 불과 한 달 사이에 근대식 병원으로 면모를 일신했다. 외아문은 이어서 '병원 규칙'을 마련했고, 4월 3일에는 새 병원에서 진료를 시작한다는 사실을 공포했다. 그리고 1885년 4월 14일 고종의 재가로 한국 최초의 근대 서양식 국립 병원인 제중원이 탄생했다.

호러스 알렌, 그는 미국의 북장로교 선교사로 조선에서 21년을 머물렀다. 하지만 그의 생애 중 황금기는 조선에서 보낸 그 21년이었다. 그 외 여생은 이렇다 할 기록이 없다. 그의 생애에서 가장 빛나는 업적 역시 조선에서의 선교 활동과 외교 사역으로 나타났다. 그것을 위해 그는 세상에 왔다.

알렌은 근대 한국사에서 결정적인 역할을 했다. 그는 실로 근대 한국의 역사를 연 인물이라 해도 과언이 아니다. 조선이 서양의 여러 나라와 수교를 맺기 시작한 것은 1882년 5월 조미 수호조약이 그 효시였다. 미국과 가장 먼저 수교할 수 있었던 데는 그 전의 여러 차례의 만남이 영향을 미쳤다. 미국과 수호조약이 있던 해에 조불조약, 조영조약, 조독조약 등을 잇달아 맺게 되면서 조선은 세계의 일원으로 첫발을 내디뎠다.

앞서 일본과는 6년 전인 1876년 2월에 굴욕적인 수교 조약을 맺었다. 그런데 미국은 조선에 꿈처럼 등장했다. 미국은 1883년 정월 조미 수호조약이 비준되자 첫 주한 공사로 푸트를 임명했다. 그런데 그 주한 공사관의 위격이 북경의 미국 공사관 위격과 같았다. 어떻게 이런 일이 일어날 수 있단 말인가? 하늘처럼 보이던 청나라 북경이 미국에서는 조선 한성과 동격으로 취급되었던 것이다. 이것은 천지개벽과 같은 변이었다. "청국과 조선이 같다." 이것을 1883년 정월에 미국이 해낸 것이다. 그렇게 인정해 준 것이 미국이었다.

그뿐 아니었다. 미국 정부는 한국에서 파견한 보빙사 민영익 일행이 귀국할 때 미국 해군의 거대 군함 트렌턴호로 인천까지 보내 주었다. 미국 정부가 극동의 작은 나라 한국에 대해 보인 이런 태도는

4 호러스 알렌(Horace N. Allen, 1858~1932)

역사적으로 묘하게 계속되면서 전통이 됐다. 우리는 그 수수께끼를 풀어 내야 한다.

알렌은 한국에서 근대식 병원과 학교를 처음 시작했다. 또 조정과 가까워지면서 선교사들이 대거 입국할 수 있도록 돕는 입국 통로 역할을 담당했다. 그는 한국에서 '안련'(安連)이라 불렸는데 이는 묘하게도 선교사들 입국의 길을 '안전하게 연결해 주었다'라는 뜻이 되기도 했다.

알렌은 한국의 근대화 과정 초창기부터 우리 곁을 지켰다. 우리 한국의 국익을 위해 더러는 동료 선교사들을 핀잔하기도 하고, 더러는 본국 정부와의 갈등과 불신에 시달리면서도 끝까지 한 발짝도 물러서지 않으며 일관된 헌신을 보여 주었다. 그는 실로 한국 근대화의 문을 열고, 파란만장한 격동기에 세계적 안목으로 우리 편에 서서 혼신의 힘을 쏟은 우리 근대 역사의 개척자라 해도 과언이 아니다.

그 후 한국 땅에는 전국적으로 복음이 전파되었다. 먼저는 평안남도 평양에서 시작해 전국적으로 복음이 퍼졌다. 가장 큰 하나님의 역사는 평양에서 일어났다. 그것이 1907년 성령 부흥 운동이자, 세계적으로 유례가 없다는 새로운 예루살렘 마가의 다락방 운동이었다. 이후 한국교회는 계속된 복음 전파로 일본의 식민지 침략을 극복하고 대한민국을 세우기 위해 극악무도한 일본의 황제 숭배를 부정하고 오직 여호와 하나님 그리고 그의 독생 성자 예수 그리스도를 믿는 신앙으로 뭉쳐 우상과 싸웠다. 한국 기독교의 신앙은 나라를 잊고는 존재하지 않았다. 나라를 다시 찾는 것이 기독교의 사명이었다.

그 가장 큰 역사가 3·1 독립운동으로 나타났다. 한국 기독교는 3·1 독립운동에 앞장섰다. 그래서 한국 기독교는 나라를 위한 종교라고 역사에 기록되었다. 외래 종교인 기독교가 나라를 위해 싸우는 종교가 되었을 때 많은 백성이 기독교로 개종했다. 오늘의 대한민국도 기독교인들이 세운 나라이다. 첫 국회에서 이승만 의장이 목사인 이원영에게 기도로 회기를 시작하게 했다. 그 시작은 대한민국은 자유민주국가이며 기독교 국가임을 천명하는 것이 되었다.

오늘의 대한민국은 하나님이 세워 주신 국가이다. 그러므로 대한민국은 하나님 공경으로 일관하는 정책을 세워야 한다. 대통령으로부터 국민에 이르기까지 모두 기독교 신앙으로 뭉칠 때 공산주의를 극복할 수 있을 뿐 아니라, 세계에 복음을 전하는 데 앞장설 수 있다. 이것이 "너희는 온 천하에 다니며 만민에게 복음을 전파하라 믿고 세례를 받는 사람은 구원을 얻을 것이요 믿지 않는 사람은 정죄를 받으리라"(막 16:15-16)라는 예수님의 말씀을 실천하는 일이다. 여기서 '너희'는 바로 대한민국 교회를 가리키신 것으로 믿는다.

우리는 복음의 빚을 진 나라이다. 그러므로 이 빚을 주님께 갚아 드려야 한다. 이 사명은 대한민국이 세계 선진국이 됨으로 감당할 수 있다. 한국교회는 이제 다시 성령 운동이 일어나야 한다. 알렌이 민영익을 치료하기 위해 먼저 기도했던 것처럼, 이제 우리는 회개의 기도를 하며 세계를 치유하기 위해 목숨을 걸고 일어서야 한다.

알렌이 한국 땅을 밟은 지 130여 년이 되었다. 그의 후손들이 한국에 왔다. 그들은 맨손으로 오지 않았다. 제럴딘 나자코브스키, 캐서린 하먼, 에이비슨의 후손 앤 에이비슨 블랙, 글로뎃 밀란손 등 미국에서 초청받은 선교사 후손들은 알렌이 기록한 문서, 약재를 빻던 그릇 등을 기증했고, 알렌의 증손녀는 고조부 알렌이 민영익 대감에게서 받은 칼과 고종이 알렌에게 하사한 비단옷 등을 기증했다. 이 유물들은 모두 연세대 의대 의학 박물관에 소장될 예정이다.

4 호러스 알렌(Horace N. Allen, 1858~1932)

5
호러스 언더우드
(Horace G. Underwood, 1859~1916)

한국의 복음 수용은 선교사가 들어오기 전부터 진행되었다. 그러나 한국에 첫 교회인 새문안교회가 설립된 것은 내한한 첫 선교사 언더우드에 의해서이다. 따라서 한국에 선교사로 파송된 언더우드에 의해 선교가 시작된 경위를 살펴보면 한국에 선교사를 파송할 계획을 갖게 된 미국 북장로회의 선교지 선택 동기를 알 수 있다.

미국 개신교, 특히 언더우드를 파송한 북장로교회가 한국 선교에 관심을 갖게 된 것은 1882년 후부터이다. 토마스 목사가 순교한 제너럴셔먼호 사건이 일어나자 이 사건의 책임을 물어 미국 정부가 함대를 강화도에 보내 양국 간의 군사적 충돌을 일으킨 것이 신미양요(辛未洋擾)이다. 이 일로 조선은 미국에 적대적인 감정이 있었다. 그러나 쇄국정책을 고수하던 대원군이 물러나고 고종의 친정이 시행되면서 대외적인 정책 변화가 있었다. 1876년 강화도 조약을 체결하고 일본에 문호를 개방하였고, 이어 서방 여러 나라와도 국교를 맺었는데 가장 먼저 1882년 미국과 통상수호조약을 체결하였다.

조미 통상수호조약 결과 1883년 초대 주한 미국 공사로 푸트가 내한했고, 조선은 같은 해 7월 민영환을 전권대사로 보빙사(報聘使)를 미국에 파견했다. 보빙사 일행은 9월 샌프란시스코에 도착해 기차로 미국 뉴욕을 거쳐 워싱턴으로 갔다. 이 여행 중 미국 북감리교 목사이자 교육가인 가우처를 만났다. 가우처는 낯선 동양인과의 대화를 통해 조선을 알게 되었고 선교적 가능성을 품었다. 이에 가우처는 1883년 북감리교 선교부에 2천 달러를 보내 조선을 선교할 수 있도록 했다.

또 그는 일본에서 활동하고 있는 매클레이 선교사에게 연락하여 조선 선교 가능성을 타진하도록 했다. 이에 매클레이는 1884년 6월 24일 내한하여 7월 3일까지 머물면서 외무아문에서 일하던 승지 김옥균의 알선으로 의료와 교육 사업을 할 수 있다는 고종의 허락을 받았다. 매클레이는 이 사실을 미국에 알렸고, 이에 미국 북감리교회 선교부는 한국에서 의료와 교육을 담당할 선교사를 물색하였다.

그러나 정작 선교사를 조선에 파송한 곳은 미국 북장로교 선교

5 호러스 언더우드(Horace G. Underwood, 1859~1916)

부였다. 이 같은 조선 선교의 윤허 소식은 곧 언론매체를 통해 미국 교회에 알려졌고, 미국 북장로교 선교부는 서둘러 조선 선교에 대한 대책을 연구했다. 그리고 중국에서 사역하고 있던 알렌 의료 선교사를 첫 한국 주재 선교사로 파송했다. 그러나 아직은 정식 선교사로 들어갈 수 없어서 그는 1884년 9월에 미국 공사관 공의로 한국에 들어왔다. 이로써 미국 북장로교의 조선 선교가 시작되었다.

알렌은 공사관 공의로 활동하면서 조심스럽게 조선 선교의 가능성을 탐색했다. 그러던 중 1884년 12월 4일 갑신정변이 일어났으나 3일 만에 실패했다. 정변을 일으켰던 김옥균, 서재필, 윤치호, 박영효 등은 평소 기독교에 호의를 보였던 개화파 세력이었다.

그런데 공교롭게도 기독교를 달갑게 생각하지 않던 수구파 거두 민영익이 크게 부상당했는데 이를 알렌이 치료함으로써 왕실의 신임을 얻었다. 이뿐 아니라 이듬해 고종 황제로부터 부지와 건물을 하사받아 '광혜원'이라는 근대식 병원을 세웠다. 광혜원은 조선 정부에게서 선교 활동을 보장받은 구역이었다. 이 같은 정황에서 첫 선교사인 언더우드가 입국했다. 언더우드가 한국에 파송된 데는 1882년 일본으로 건너간 이수정의 활동이 배경이 되었고, 언더우드의 신학교 10년 선배인 그리피스의 조선 연구도 그가 조선의 선교사로 지망했던 동기 중 하나였다.

언더우드[Horace G. Underwood, 원두우(元杜尤), 1859~1916]는 1885년 4월 5일 미국 북장로교 선교사로 한국에 온 최초의 미국 선교사이다. 그러나 한국에서 근대화 작업도 함께 진행해 한국 기독교 발전과 근대화의 실질적인 주도자로 알려져 있다. 언더우드는 1859년 7월 19일 영국에서 존 언더우드의 넷째 아들로 태어났다. 그의 아버지는 확고한 믿음을 지닌 신앙인이자, 이미 영국에서 잘 알려진 유명한 과학자요 발명가였다. 그는 총명한 넷째 아들에게 실용주의적인 생활 철학으로 큰 영향을 주었고, 굳건한 신앙으로 하나님을 두려워하며 살도록 신앙도 훈련시켰다.

언더우드는 고작 6세의 나이에 인생의 커다란 변화를 겪었다. 사랑하는 어머니가 소천한 것이다. 시련은 계속되어 아버지마저 사업에 실패했다. 결국 그의 가족은 그가 13세 되던 1872년에 미국으로 이민했다. 그러나 이것은 하나님의 섭리였다. 이들은 뉴욕에 정착했고, 언더우드는 1881년 뉴욕 대학교를 졸업하고 뉴저지주의 뉴브런즈윅의 화란(네덜란드) 개혁신학교, 오늘날의 뉴브런즈윅 신학교에 입학하여 신학을 공부하고 1884년에 졸업한 후 목사 안수를 받고 목회자의 길을 가게 되었다.

그는 신학교 재학 때부터 외국 선교, 특히 인도에 대한 선교 열정을 불태우고 있었다. 그는 선교 현장에서 꼭 필요하리라 생각해서 약 1년 동안 의학을 공부해서 수료했고 프랑스어, 독일어, 그리고 라틴어를 배웠다. 또한 선교지에서의 실질적인 봉사를 위하여 한 가지 기술이 있어야 한다고 판단해 수도관 수리 기술을 배웠다.

그러던 중 그는 인도에 가려던 생각을 바꾸게 되었다. 조선에 파송할 선교사가 필요하다는 북장로교 해외선교부의 소식을 들었는데 지망하는 선교사가 하나도 없다는 것이었다. 그는 이 소식을 듣고 여러 날 고민했으나 마침 한 교회에서 청빙을 받아 수락 편지를 보내려고 하는데 "너는 왜 조선에 가려고 하지 않느냐?"라는 소리가 들려왔다. 그래서 그는 교회 청빙 수락서를 우체통에 넣기 직전에 조선 선교를 결심하고 북장로교 선교부에 지원서를 제출했다.

26세의 이 젊은 선교사는 1884년 12월 샌프란시스코를 떠나 이듬해인 1885년 1월에 일본 요코하마에 도착하여 북장로회 선교사들

5 호러스 언더우드(Horace G. Underwood, 1859~1916)

의 환영을 받았다. 마침 조선으로 가는 배를 만나 언더우드는 이 배에 탑승했다. 그러나 갑신정변으로 국내 상황이 안정되지 않아 주한 미국 공사관에서 언더우드의 입국은 허락했으나 동행한 아펜젤러 부부의 입국은 만류했다. 할 수 없이 아펜젤러 부부는 일본으로 다시 돌아가고 언더우드만 제물포에서 이틀 후 서울에 들어왔다. 그리하여 한국에 개신교 목사가 상주하게 되었고, 개신교 선교 시대가 정식으로 시작되었다. 언더우드는 알렌의 영접을 받았고, 알렌이 갓 시작한 제중원에서 일하는 것으로 첫 사역을 시작하였다. 일본으로 돌아간 아펜젤러는 약 두 달 후에 조선으로 왔다.

언더우드는 처음부터 마지막까지 복음 선교사였다. 다양한 분야에서 다양한 일을 했으나 죽는 순간까지 복음 선교로 사역을 일관했다. 이 말은 그는 조선에 복음을 위해 왔고, 복음을 위해 살다가 복음을 위해 죽었다는 말이다.

한국에서 선교사에게 최초로 세례를 받은 사람은 노도사라 부르던 노춘경인데, 언더우드 목사가 그에게 세례를 주었다. 노춘경은 서울 근방에 살던 사람으로 기독교를 배척하는 문서를 통해 기독교에 대한 지식을 얻었고, 한문 성경을 통해 선교사들이 모여 예배드리는 데 참석했다. 그러다 결국 예수를 구주로 믿게 되었고, 1886년 7월 18일 주일 오후에 언더우드의 집례로 세례를 받음으로 국내에서 개신교인으로서 최초의 수세자가 되었다.

이 세례식으로 언더우드는 알렌과 갈등을 빚기도 했다. 알렌은 세례를 주는 것이 시기상조이고 국법을 어기는 것이라고 만류했으나 언더우드는 단호하게 그의 권고를 뿌리치고 세례를 강행했다. 언더우드의 편지에서 그가 세례를 강행한 이유를 볼 수 있다.

"나는 세례 받을 사람들이 박해를 받을 수 있으며 아마도 순교할지도 모른다고 생각했습니다. 그렇지만 자신들 앞에 있는 위험을 분명히 보면서도, 이러한 경우에 사람들이 늘 그러했듯이, 내게 와서 세례를 베풀어 달라고 부탁했을 때 저로서는 못 한다고 말할 수 없었습니다. 복음을 전하고 십자가를 알려야 하는 사명을 받은 목사로서, 그리고 그리스도를 따르는 한 사람으로서 그들의 부탁을 도저히 거절할 수 없었습니다. 나는 선교의 역사나 사도행전의 기록, 그리스도의 가르침에서 이러한 행위에 대한 정당한 근거를 찾을 수 있습니다."

이듬해 봄 황해도 소래에서 서상륜이 동생 서경조와 다른 두 청년을 데리고 상경해 세례를 받을 때도 그는 똑같은 심정으로 세례를 주었다.

수세자들이 늘어 가자 언더우드는 교회 설립을 서둘렀다. 그는 1887년 9월 27일 한국에서 최초의 조직 교회를 세웠는데, 곧 14명 교인을 데리고 2명의 장로를 선출한 후에 교회를 조직하였다. 이것을 '정동교회'라 불렀는데, 이 교회는 후에 새문안 쪽으로 장소를 옮겨 '새문안교회'가 되었다. 이때 교인들은 선교사들이 전도해서 세례를 받은 사람들이 아니라, 언더우드가 입국하기 전에 이미 권서인이나 매서인들을 통해 복음서를 읽고 예수를 믿은 사람들이었다.

따라서 이 교회는 한국 사람들 자신들에 의해 세워진 자생적 교회라는 의미가 있었을 뿐 아니라, 두 사람의 장로를 선출함으로써 한국 최초의 조직 교회가 세워졌다는 데 의의가 있다. 이때부터 한국교회는 서서히 성장의 속도를 높이면서 근대 선교 사상 기적이라는 교회 성장을 이루게 되었다.

언더우드는 서울을 중심으로 경기도, 황해도, 충청도까지 넓은 지

5 호러스 언더우드(Horace G. Underwood, 1859~1916)

역을 선교 구역으로 확장하고 이 지역을 순회하면서 전도, 예배 인도, 성경공부, 세례, 성찬식 등으로 다양하게 선교 활동을 계속했다.

언더우드가 조선에 와서 한 첫 번째 일은 1885년 4월 9일 알렌 선교사에 의해 시작된 광혜원에서 약제사로 일한 것이다. 이어 그는 1886년 3월부터 시작된 의학교에서 화학과 물리를 가르쳤다. 12명의 학생이 선발되어 교육을 받았고, 매년 12명이 선발되었다. 언더우드는 제중원 교사라는 공식 명칭을 얻었고, 이는 후에 그의 선교 여행 시 많은 도움이 되었다.

언더우드는 1885년 말부터 단독 사업을 시도했는데 바로 고아원 설립이다. 이 고아원은 알렌, 헤론과 같이 경영하며 조선 정부에 설립을 신청해 1886년 2월 허가를 받았다. 고아들을 위한 집을 장만하고 1886년 6월 개원하여 첫날 고아 셋이 와서 살기 시작했는데 이들에게 한문, 한국어, 영어를 가르쳤다. 이 고아원은 후에 '예수교학당', '구세학당'이라는 이름으로 운영되었고, 밀러(Miller) 선교사가 책임 맡아 경영할 때 미국 공사관 군인이 와서 제식 훈련을 시키기도 했다. 이 고아원은 학생들의 자립심을 키우기 위해 스스로 학비를 벌도록 빈턴(Vinton) 의사의 제약사, 하우스 보이, 조리사, 복사(글을 쓰는 사람) 등으로 일하게 했다. 토요일은 수업을 쉬고 주일에는 주일학교로 운영하였다.

구세학당은 김규식, 안창호가 교육을 받은 곳으로 유명하다. 김규식은 후에 새문안교회 장로로 장립되었고, 독립운동가로 활동했으며, 해방 후 입법원 의장으로 좌우 합작에 힘써 김구와 함께 남북 협상에 참석했다.

1902년에는 연못골(지금의 연동)에 대지를 사서 건물을 지어 '존 D. 웰즈 기독교 지도자 학교'(John. D. Wells Academy for Christian Workers)

를 시작했다. 존 D. 웰즈가 모금한 돈으로 본관을 짓고 그의 이름을 붙인 기념관을 건축했다. 1905년에 학교 이름을 '경신'(儆新)으로 고쳤는데 이것이 오늘의 경신중·고등학교이다. 1895년에는 새문안교회 경영으로 영신 학당을 세웠는데, 후에 감리교와 연합하여 수창동에 교사를 신축하고 협성 학교로 이름을 바꿨다.

언더우드는 자기가 관계하는 교구의 교회마다 초등 교육기관을 설립했는데, 소래에서 기독교 역사상 처음으로 예배당이 세워지기 전에 기독교 신자인 교사가 가르치는 부속 소학교를 세웠다. 1904년에는 조선교육협회가 창설되었는데 선교사들이 교회에서 설립한 기관을 통솔하고 서로 연결하기 위한 것이었다. 언더우드는 이 협회의 초대 회장이었다. 또 1911년 6월에는 교육조사국(Educational Information Bureau)이 설립되었다. 이곳은 전국 모든 학교에 다양한 정보를 제공하고 교육 공지 사항을 번역, 배포하는 일을 했는데 언더우드는 여기서도 국장으로 일했다.

언더우드는 고아원을 시작할 때부터 대학 설립의 꿈을 키우고 있었다. 특히 서울에 고등학교 졸업자를 위한 대학을 설립할 계획을 세웠고, 1906년 무렵 서울 선교부는 언더우드의 이 계획을 승인하였다. 그러나 평양 선교사들은 이미 1906년 평양에 숭실대학을 세우고 감리교 선교부와 협력하고 있었으므로 서울에 대학 세우는 것을 달가워하지 않았다. 따라서 자연히 서울에 대학을 하나 더 세우려 한 언더우드와 의견이 엇갈려 서울과 평양 사이에 갈등이 생겼다.

1909년 뉴욕 북장로교회 해외선교본부는 서울에 대학을 건립하는 일을 위해 1만 달러가 필요하다는 요청을 거절하였다. 한 나라에 대학은 하나만 세우는데 그것은 반드시 연합대학(Union College)이어야 한다는 것이 그 이유였고, 평양의 숭실대학을 정규 대학으로 해

5 호러스 언더우드(Horace G. Underwood, 1859~1916)

야 한다는 것이 선교사 다수의 지배적 의견이었다. 그러나 언더우드는 자기가 세우려는 대학은 종교 문제에 국한하지 않고 인문사회 계통의 넓은 학문을 가르치는 대학이며, 서울이 조선의 정치, 경제, 문화의 중심지이기 때문에 반드시 서울에 대학을 세워야 한다고 주장했다.

언더우드는 선교부가 끝까지 서울에서의 대학 설립을 반대하면 개인으로라도 대학을 세우려 했다. 이 문제는 결국 타협되어 1915년 3월 미국 북장로교, 캐나다 장로교, 북감리교 연합으로 서울 종로 기독교 청년회관에서 60명의 학생으로 '경신학교 대학부'라는 간판을 걸고 서울에서의 대학 교육이 시작되었고, 언더우드가 교장으로 취임했다. 이후 일제가 한국에 대학 설립을 허가하지 않고 전문학교까지만 세우게 했기에 대학부는 연희전문학교로 새롭게 출발했다. 해방 후 연희대학교로 이름을 바꾼 후 1957년 1월 세브란스의과대학과 연합하여 오늘의 연세대학교가 되었다.

언더우드가 세상을 떠난 후인 1917년 9월, 그가 모금한 자금으로 지금의 연세대 위치인 고양군 연희면, 송림(松林)이 울창한 대지 20만 평을 매입하여 대학 건축을 시작했다. 언더우드 사후 세브란스 의학전문학교 학교장이었던 에이비슨(O. Avison)이 교장을 맡았고, 그가 은퇴한 후에는 언더우드의 아들 원한경(Horace Horton Underwood)이 교장직을 계승하였다.

언더우드는 생래적으로 에큐메니컬주의의 기질을 갖고 있었다. 그가 어렸을 때 그의 부모는 영국 회중교회(Congregational Church) 교인이었다. 그래서 언더우드도 부모의 신앙을 따라 회중교회 교인이 되었다. 그러다 12세 때 가족들과 미국으로 이민하여 뉴저지주 뉴더햄에 정착하면서 네덜란드 개혁교회 교인이 되었다. 그래서 대학 졸업 후 뉴브런즈윅의 네덜란드 개혁교회 신학교를 졸업하고 개혁교회 목사로 안수를 받았다. 그러나 앞서 말했듯, 정작 조선에는 미국 북장로회에서 파송받아 장로교 선교사로 왔다. 그러므로 그는 회중교회에서 자랐고, 네덜란드 개혁교회 목사가 되었으며, 장로교회 선교사가 된, 그야말로 에큐메니컬 배경을 가진 사람으로서 한국 선교사상 청사(靑史)에 빛날 업적을 남겼다. 따라서 그는 처음부터 교파 개념 없이 사역을 해나갈 수 있었다.

언더우드는 거리에 버려진 병자와 고아들, 그리고 의지할 곳 없는 노약자들을 돌보고 치료할 장소를 마련했다. 곧 1893년 말 서울 교외, 수목이 울창한 언덕 하나를 사서 거기에 훌륭한 한국식 집을 지었다. 이곳은 교파에 상관없이 의사들이나 간호사들이 와서 돌보는 버려진 병자 구호소 또는 피난처가 되었다. 이것은 성교서회와 성서공회를 제외하면 한국에서는 첫 번째 초교파적인 기구였다. 언더우드는 이곳을 일찍 세상을 떠난 형을 기념하여 '프레드릭 언더우드 구호소'라고 이름했다. 이곳은 수년간 고통받는 사람들을 위한 피난처가 되었다. 언더우드는 처음부터 초교파적 정신으로 선교 사업을 시작하여 여러 교파가 힘을 합해 조선을 위해 봉사할 수 있도록 그 기틀을 마련했다.

장로교와 감리교 선교회가 조선의 교회가 함께 쓸 찬송가를 출판하면서 부딪힌 문제는 '하나님'이라는 용어 사용에 관한 것이었다. 한국인들이 고유하게 쓰는 신 이름은 '하나님'이었고 언더우드는 이것을 쓰고자 했다. 그러나 다른 선교지에서 그랬던 것처럼 한국에서도 선교사들 간에, 또 교파 간에 '신'이라는 용어를 무엇으로 쓸 것인가 하는 문제가 쉽게 결정되지 않았다. 언더우드는 이 문제가 해결되지 않은 상태에서 일방적으로 '하나님' 또는 '신'이라는 용어를 쓰

5 호러스 언더우드(Horace G. Underwood, 1859~1916)

는 것은 교파 간 갈등을 유발할 수 있다고 판단해 이를 유보하고, 대신 아무런 갈등을 유발하지 않는 '아버지' 또는 '여호와'만을 채택했다.

언더우드는 조선에서 선교하는 선교부 간의 협력과 일치를 추구해 나갔다. 특히 같은 신조를 고백하고 정치 체제를 갖는 장로교 선교부 간의 협력 문제를 중요하게 여겼다. 그러던 중 미국 북장로회 다음으로 호주의 빅토리아 장로교의 헨리 데이비스(J. Henry Davies)가 1889년 내한했을 때 '미국·빅토리아 교회 연합선교회'(The United Council of Missions of the American and Victorian Churches)를 제안하여 합의를 끌어냈다. 그러나 데이비스가 내한 6개월 만에 천연두에 걸려 세상을 떠나자 무위로 돌아가 버렸다.

1892년 미국 남장로교회 선교사들이 입국하면서 장로교협의회가 태동하여, 1893년 1월 서울에서 북장로회와 남장로회는 '장로회 정치를 쓰는 선교 공의회'(The Council of Missions Holding the Presbyterian Form of Government)를 조직했다. 이 협의회에는 조선에서 일하던 장로교 선교사 전원이 참가하였다.

1885년 4월 미국 북감리교 선교사 헨리 아펜젤러가 들어와 선교를 시작했다. 따라서 이 두 교회의 협력은 현실적인 문제였다. 그것은 두 선교회 간의 알력을 피하고 시간과 노동력과 경비를 절약하자는 것이었다. 조선에서 북장로교와 북감리교의 선교가 점차 활기를 띠면서 한 지역에서 두 선교회가 선교하는 일이 나타났다. 언더우드는 1888년 이런 선교 사역의 중복을 피하려고 선교지를 분할하자는 안을 북감리교 선교부에 제의하여 1896년 6월 결정이 내려졌다. 이 제안의 내용은 인구가 5,000명 또는 그 이상인 도시에서는 두 교회가 같이 선교하며, 5,000명 이하의 도시에서는 먼저 들어간 선교회가 선교한다는 것이었다. 그러나 이 협의는 감리교의 감독 포스터(R. S. Foster)의 반대로 성사되지 못했다.

언더우드는 조선에서 선교를 시작하면서 시급한 문제 중 하나가 문서 선교를 위해 성교서회를 설립하는 것이라고 생각했다. 그는 1888년 '조선성교서회'(Korean Religious Track Society) 설립을 제안하여 1889년 10월 자기 집에서 창설 준비 모임을 했고, 그 이듬해 6월 헌장을 채택하고 정식으로 조직했다. 제7일안식일교회만 제외하고 조선에서 일하는 모든 선교회가 이 사업에 동참하였다.

초기 선교에서는 성서 번역과 인쇄 및 출판이 중요했다. 1887년 언더우드가 성서 인쇄 문제로 일본에 갔을 때, 그곳의 미국성서공회 소속 헵번(J. S. Hepburn) 박사가 조선도 성서번역위원회를 조직하는 것이 좋을 것이라고 충고했다. 언더우드는 그의 충고에 따라 조선에 돌아와 즉시 '성서번역위원회'(The Committee for Translating the Bible into the Korean Language)를 구성하였다. 1887년 2월의 일이었다. 이 위원회는 여러 선교회의 대표들로 구성되었는데 번역자를 선출하고 원고를 검토하는 일, 편집하는 일 그리고 마지막으로 성경의 가격을 정하는 일을 했다.

번역위원회에는 처음부터 언더우드, 아펜젤러, 스크랜턴이 참가했으며, 그중 언더우드는 처음부터 그가 세상을 떠날 때까지 평생 위원장직을 맡았다. 휴가 기간을 제외하고 계속해서 근무한 사람은 언더우드뿐이었다.

언더우드는 선교 초기부터 조선에서 개신교는 하나의 교회, 즉 교파 없는 단일 교회가 되게 하겠다는 원대한 꿈을 꾸었다. 그리고 단순히 꿈만 꾼 것이 아니라 이 일을 성취하려고 무던히 노력했다. 그는 미국 북장로회 해외선교부 총무 아서 브라운(Arthur Brown)에게

5 호러스 언더우드(Horace G. Underwood, 1859~1916)

조선에서의 단일 교회 건설에 대해 다음과 같이 써 보냈다.

"조선에서 연합교회는 본질적 문제이며, 조선에서 활동하고 있는 모든 장로 교인은 하나의 교회 설립을 위해 모두 연합해야 한다."

언더우드가 문서 선교 사업으로 가장 먼저 실시한 일은 사전 편찬이었다. 일찍이 조선에는 가톨릭교회의 프랑스 선교사들이 만든 '한불 사전'이 있었다. 언더우드는 한국어를 습득하면서 가장 필요한 것이 한글 사전이라고 생각했다. 5년간의 각고 끝에 1890년 일본의 요코하마에서 《한글 자전》(A Concise Dictionary of the Korean Language)을 간행했는데, 이 책은 한영 부분과 영한 부분으로 나뉘어 있었다.

언더우드가 이 작업을 하면서 겪었던 큰 어려움은 한글이 통일된 철자법이 없다는 점이었다. 언더우드는 처음 조선에 오는 선교사들을 위해 한국어 교본이 필요하다고 생각하여 1889년에는 《한국어 회화 입문》을 일본 요코하마에서 출판했다. 이 책은 처음 만들어진 한국어 입문서로 후배 선교사들에게는 값진 선물이었다.

또 장로교와 감리교 선교회는 조선 교회가 쓸 찬송가를 출판하기로 하고 위원에 언더우드와 감리교회의 존스(George Herber Jones)를 임명하였다. 그러나 이 임무가 맡겨진 후 얼마 안 되어 존스가 미국으로 떠나 언더우드가 홀로 이 일을 맡았다. 그는 많은 찬송가를 번역했고 다른 선교사들이 번역해 놓은 것도 채택했다.

언더우드는 1893년 《찬양가》를 출판했는데, 미국 사람들이 부르는 찬송가 20~30곡에 한국인이 작사한 것도 7곡을 넣어 총 116장으로 구성했다. 이 《찬양가》에 조선에서 처음으로 4성부 악보가 실려 4성부 찬송가로 부르기 시작했다. 불행하게도 선교회에서 이 《찬양가》를 공식 찬송가로 채택하지 않았기에 언더우드는 형의 도움을 받아 개인적으로 출판하였고, 공식 찬송가가 나온 1908년까지 사제 찬송가로 사용했다. 그러나 찬송가가 없던 때여서 그의 《찬양가》는 교회 안에서 폭넓게 쓰였다.

언더우드는 감리교의 아펜젤러가 1897년 2월 〈조선 그리스도인 회보〉(Korean Christian Advocate)를 창간하자 이에 자극을 받고 같은 해 4월에 〈그리스도 신문〉을 발간했다. 이 사실이 한 해 전 서재필이 발간한 〈독립신문〉에 실렸다. "미국인 선교사 언더우드와 의원 빈턴이 새로 신문을 시작했는데 이 신문은 일주일에 한 번씩 내는 신문이라, 이름은 〈그리스도 신문〉인데 농업과 학문과 내외국 통신과 각색 흥미 있는 말이 많이 있더라."

〈그리스도 신문〉은 1897년 1년간 교회 소식 74개, 공업 진흥에 관한 논설 100개, 농사법 개량에 관한 글 99개, 세계 소식과 일반 교양 상식 105개 등 많은 내용을 보도하였다. 이 신문의 독자 1/4은 신자가 아닌 일반 사람으로 전도에도 많은 도움이 되었다. 조선 정부도 467부를 사서 정부 안의 10부처와 367군에 배포하여 계몽지로 활용했다. 신문 한 부를 약 50명이 돌아가면서 읽어 실제 신문 읽는 사람은 헤아릴 수 없이 많았다.

언더우드는 또한 교육국을 창설하여 직접 회장이 되었는데 그 목적은 각종 교과서의 편찬, 각기 다른 분야에서 사용되는 술어 조사 및 통일, 표준 교과서 편찬이었다. 언더우드는 자기 집에 사무실을 두고 각종 교회학교를 관리했고, 조선 정부와 연락하여 초기의 교육부 역할도 겸했다.

언더우드는 참으로 열정과 근면의 사람이었다. 이 열정과 근면이 그를 선교사로 만들었고, 이 열정과 근면으로 그는 선교 사역을 감당했다. 그는 일찍이 뉴욕대학교에 다닐 때 뉴더햄에서 대학교까지

5 호러스 언더우드(Horace G. Underwood, 1859~1916)

11km를 걸어서 통학했고, 아침 5시에 일어나 자정까지 공부하는 열정과 근면함을 나타냈다. 조선 선교사로 일할 때 그가 선교부에 보낸 편지에는 "지난주에는 거의 매일 아침 8시부터 밤 10시까지 식사할 겨를이 없을 정도로 일했습니다. 요즘 제 건강이 몹시 좋지 않습니다. 이 편지를 여기까지 쓰는 동안에도 세 번이나 펜을 놓고 구토가 나는 것을 막으려 집 밖으로 나가야 했습니다. 에이비슨 의사는 제가 잠시라도 요양해야 한다고 합니다. 한국에서는 쉴 수 있는 겨를이 없습니다"라는 내용이 있다.

그가 대체로 이른 나이에 세상을 떠난 것도, 연희전문학교를 세울 때 일제가 모든 학교에서 일본어만 사용해야 한다는 칙령을 공포해 일본어를 배우려고 일본에 가서 무리하게 공부한 것이 원인이 되어 치명적인 병을 얻었기 때문이다.

언더우드는 누구보다 한국인을 사랑했다. 그의 한국인 사랑이 어떠했는지는 그의 편지에서 쉽게 발견할 수 있다.

"저는 지난 연례회의에서 선교사들과 조선인들이 참여하는 개회 성찬 예식이 있으면 좋겠다는 의견을 강하게 피력했습니다. 그렇지만 조정위원회는 그 제안에 아무런 관심을 보이지 않았습니다. 제가 그 이듬해 중요한 사안으로 그 제안을 다시 내놓았으나 그 위원회의 한 사람이 제게 '선교부 사람 중에 혹시 병에 걸릴지 모르니 조선인들과는 성찬식을 같이 하지 않으려는 사람들이 있어서 그런 일은 계획하기 어렵다'라는 말을 했습니다.

제 형제들이 정말로 이렇게 약한 사람들이라면 저는 진정으로 개탄하지 않을 수 없습니다. 그런 사람들은 이곳을 떠나야 한다는 말은 하지 않겠습니다. 그렇지만 선교사라는 사람들이 선교지에 사는 사람들과 성찬식도 같이 할 수 없다고 한다면 도대체 할 수 있는 것이 무엇인지 의문을 갖지 않을 수 없습니다. 우리가 조선 사람과 같이 주님의 식탁에 앉을 수 없다면 그들에게 우리가 무슨 도움을 베풀어 줄 수 있겠습니까? 선교사로 선교지 주민들과 같이 성찬식에도 참석하기를 거절하는 선교사들이 과연 기독교 진리를 선교한다고 할 수 있는지 궁금할 뿐입니다."

언더우드는 조선인들과 같이 성찬식을 하는 데 전혀 개의치 않았고 함께 즐거운 마음으로 동참할 수 있는 마음을 가졌다. 그러나 그는 조선 선교에서 많은 어려움을 겪었다. 특히 선교사들 간의 갈등, 자신과 아내의 건강 문제로 한국을 떠날 생각을 여러 번 했다. 그럼에도 그는 선교사로서의 사명에 추호도 흔들림 없이 사역했다.

언더우드는 여기에 더하여 한국말을 열심히 배워 1886년부터는 한국말로 전도할 수 있었다. 당시로서는 대담한 시도였다. 알렌은 조심스러운 사람이었기 때문에 언더우드에게 이렇게 거리에서 전도하는 지나친 행동은 자제할 것을 부탁했다. 한국과 외국의 수교 조건에 외국인의 전도를 허락한다는 협정 항목이 없었기 때문이다. 그러나 그는 열정적으로 전도 사업을 해나갔다. 1887년 가을에 제1차로 전도 여행을 했는데, 송도와 개성을 거쳐 황해도의 소래 그리고 평양을 거쳐 의주까지 가는 광역 전도 여행이었다.

1889년에는 미국 북장로교 의료 선교사로 조선에 온 릴리어스 호튼과 결혼했다. 호튼은 알렌의 제중원에 여자 환자들을 돌볼 여의사가 필요해서 온 선교사인데 곧 명성황후 시의라는 중책을 맡았다. 언더우드는 결혼 기념으로 호튼과 북쪽으로 제2차 전도 여행을 떠났다. 평양, 강계 그리고 의주를 거치는 긴 전도 여행이었다. 압록강 건너까지 전도했는데 한국인 33인이 세례 받기를 원했다. 국내 세례식은 나라의 법을 어기는 것이었으므로 압록강 변에서 그들에게 세례를 베풀었다. '한국의 요단강 세례'라고 불리는 한국 최초의 세례식이었다.

이런 다양한 활동으로 피로한 탓이었는지 1890년 아내가 출산 후유증으로 미국에서 치료를 받고 요양할 필요가 있어 언더우드도 함께 미국으로 건너갔다. 그리고 2년 동안 미국 여러 곳에 다니면서 조선 선교 실정을 보고하고, 아울러 유능한 청년들의 선교사 지망을 재촉했다. 그 결과 1891년 12월 미국 남장로교 해외선교부에서 테이트 등 청년 선교사 3명을 조선에 파송하게 되었다. 그해 6월 그는 모교인 뉴욕 대학교에서 32세의 나이로 명예 신학박사 학위를 받았다.

1892년에 다시 조선으로 온 언더우드는 전도, 교육, 문서 선교에서 엄청난 수확을 올렸다. 1908년에는 양반 관료층 청년들의 선교, 친교, 덕, 체력 증진을 위해 서울에 YMCA를 조직했다.

언더우드는 1909년 제25차 북장로교 25주년 기념대회에서 연설을 했는데 그 기록이 남아있다. 당시 언더우드는 건강이 나빠져 미국에 장기간 체류하다가 1908년 돌아온 상태였으며, 서울에 대학 설립을 추진하였으나 같은 선교사들의 반대로 어려움을 겪고 있었다. 이 강연에서 당시 선교사 사회의 분위기를 알 수 있으며, 이와 함께 언더우드 개인이 조선을 개인의 선교지로 선택하기까지의 과정, 처음 조선에 들어왔을 때의 인천과 서울의 상황, 특히 소래 교인의 상황 등 귀중한 증언이 기록되어 있다. 초기 다른 선교부들의 전출 상황 및 성경 번역, 찬송가 출판 서회 창설을 통한 교파 연합 사업도 비교적 자세히 기록되어 있다.

언더우드는 과로로 언제나 병약했다. 그는 1901년 안식년에 미국으로 갔고, 1906년에도 건강 악화로 다시 미국에 요양하러 갔다가 1908년에 돌아왔다. 그의 잦은 신병은 그의 쉼 없는 선교 활동과 다

방면에 걸친 사역에 대한 부담 때문이었다. 초기 선교사들은 늘 선교 활동에 대한 부담에 시달렸다. 생활환경이 낯설었고 의식주에서 핍절하였다. 때로는 고독감도 견디기 힘들었다. 이는 순전히 조선인의 구원을 위한 것이었음에도 그들은 조선인의 냉대는 물론 일제 군경의 감시와 박해에도 시달렸다.

언더우드의 선교 활동의 범위는 매우 광범위했다. 먼저는 여러 교회를 설립했다. 새문안교회가 그중 처음이었다. 그리고 1912년 조선 장로교 총회가 조직될 때 초대 총회장의 중책을 맡아 한국교회의 터전을 굳게 하였다. 성서 번역에도 크게 공헌했고, 1894년 장로교 최초의 찬양가를 편찬하고 간행했다. 그는 신학자로서도 놀라운 업적을 남겼다. 1877년 《성교군서》라는 책을 편역했고, 1908년 한국 초기 선교 역사를 자세하게 기록하고 선교 자료들을 제공하는 《The Call of Korea》를 간행했으며, 1910년에는 《The Religions of East Asia》라는 학문적 저작을 발표했다. 바쁜 일정과 병고 속에서도 이런 업적을 이루어 낸 것이다. 또한 그는 초기 교회에서 하나님의 명칭을 '상제' '천주' '신' 등으로 혼용하던 것을 '하나님'으로 최종 결정하고 사용하게 한 공로자였다.

언더우드가 조선 선교의 꿈을 학교 설립으로 시작했다 해도 이는 과언이 아니다. 그는 1885년에 고아원과 고아 학교를 설립하였다. 이는 후에 언더우드 학당이 되었고 경신학교로 발전했다. 감리교의 배재학당이나 이화학당과 함께 이 학교는 한국 근대 초기의 정식 교육기관이었다.

1916년 10월 12일 오후 3시 30분 미국 뉴저지주 애틀랜타 시의 한 저택에서 향년 57세로 언더우드가 소천했다. 1885년 26세의 나이에 조선 선교사로 파송되어 31년의 세월 동안 조선의 복음화를 위해 수

5 호러스 언더우드(Horace G. Underwood, 1859~1916)

고를 아끼지 않다가 하나님의 부름을 받은 것이다.

언더우드의 31년간의 한국 생활은 복음 전파를 위한 과로의 연속이었다. 그는 본래 남달리 건강한 체질이었다. 젊은 나이에 한국 풍토에 적응하지 못하고 세상을 떠난 선교사들도 있었으나 그는 달랐다. 비록 다른 서양인들에 비해서는 크지 않은 체격이었으나 건강에는 문제가 없었다. 그런데 1913년 말부터 그의 건강에 이상이 생겼다. 몸이 허약해졌음을 자신이 느낄 정도였다. 의사인 에이비슨은 모든 일을 내려놓고 조용한 곳에서 전문적인 치료를 받아야 한다고 조언했다. 그러나 언더우드 목사는 머리를 저었다. 그의 숙원 사업인 서울의 전문대학 설립을 위한 사업이 아직 성사되지 않은 상태에서 서울을 떠나 쉴 수는 없었다.

언더우드는 1906년 대학 설립 계획을 세운 후 일의 성사를 위해 꾸준히 노력해 왔다. 조선에서의 마지막 사업이라고 생각했으므로 전력투구했다. 그런데 이 일은 동료 선교사들의 강한 반대에 부딪혔다. 이때 언더우드는 큰 충격을 받았다. 언더우드의 건강은 더욱 나빠질 수밖에 없었고, 결국 이 일은 그의 죽음을 재촉했다.

이러한 우여곡절 끝에 1915년 3월 15일 오늘의 연세대학교의 모체인 조선기독교대학, 곧 경신학교 대학부가 개교했다. 대학 설립의 뜻을 이룬 후에도 언더우드는 초대 교장 취임과 산적한 일에 파묻혀 쉬는 날이 없었다. 1915년 여름 한때 황해도 소래 별장에서 쉬었으나 구약성경 개역 작업을 시작했다. 결국 신병 치료를 위해 1916년 4월 미국으로 떠나야 했다.

신병 치료를 위해 미국으로 떠나는 언더우드에게 새문안교회 제직회는 '새문안 교우 기념'이라는 문구를 새긴 은잔 한 쌍을 선물했다. 그런데 이것이 언더우드와의 마지막 만남이 될 줄 누가 상상이나 했겠는가. 미국으로 떠나고 6개월 후인 10월 11일 운명을 하루 앞둔 밤 그는 "이 정도면 여행할 수 있어, 할 수 있어" 하면서 조선으로 가고 싶다는 유언을 남기고, 12일에 영원한 안식처로 떠났다.

유해는 브루클린에 있는 누이의 집으로 옮겨져 10월 15일 라파엘교회에서 장례식을 마친 후 그의 선친과 형제가 묻혀 있는 그로브교회 작은 묘지에 안장되었다. 장례식이 거행된 라파엘교회는 조선 선교에 큰 관심을 보여 준 교회였다.

후에 알려지기를, 그의 가족들은 그를 한국에 안장할 생각을 가졌다고 한다. 거의 전 생애를 한국에서 보냈고, 운명하기 직전까지 한국에 돌아가기를 원했던 고인의 유지를 받들기 위함이었다. 그러나 그 비용으로 3,000원을 들여 시신을 옮기기보다, 언더우드의 정신이 깃들어 있는 경신학교에 기부하는 것이 의미가 있다고 여긴 것은 유족들의 현명한 생각이었다. 이 사실을 알게 된 〈기독신보〉의 한 기자는 이러한 가족들의 판단을 가리켜 "오호라, 자기 육체는 자기 강산에 묻어 버리고 정신은 한국 청년의 정신에 심어 두니 그 싹이 나서 그 결과가 풍성하리로다"라고 칭송했다. 실제로 언더우드의 선교 정신은 오늘도 한국 교계에 면면히 흐르고 있으며, 그 열매 또한 풍성히 맺히고 있다.

장례식 후에 소식을 들은 새문안교회 제직회는 언더우드 소천에 조전을 전하는 일과 10월 19일로 정한 이 추도회에 드는 경비는 특별 연보를 하기로 했다. 그러나 추도예배를 거행한 것은 10월 23일로 추정되며, 이 외 추도예배의 규모와 절차에 대해서는 별로 알려진 것이 없다. 그러나 〈기독신보〉에 게재된 장문의 글이 있어 언더우드의 갑작스러운 죽음에 애달파하는 조선교회와 교인들의 조의의 단면을 엿볼 수 있다. 당시 서북 지방에서 일하고 있던 베어드 선교사는 언더우드의 죽음에 대한 조선인들의 반응을 전하면서 "어디를 가나 언더우드의 죽음을 슬퍼하고 있었습니다. 언더우드가 조선인의 가슴에 어떤 위치를 차지하고 있었는지를 알고 보니 놀랍습니다. 심지어 불신자들도 그에 대하여, 그의 조선 사랑에 대하여 알고 있었습니다"라고 했다.

그러나 그의 죽음을 가장 애석하게 여긴 사람들은 조선에서 동역했던 선교사들이었다. 서울에 대학을 설립하는 일을 놓고 첨예하게 격돌했던 것에 대한 자책 때문만은 아니었다. 그가 조선 선교의 첫 선교사로서 선교사들의 대부였다는 사실을 아는 이들은 그의 죽음을 슬퍼하지 않을 수 없었다. 언더우드는 참으로 한국의 훌륭한 스승이요, 복음을 전한 전도자요, 복음으로 학교를 설립하여 한국 문화를 세계에 알린 거룩한 선교사였다.

6
윌리엄 스왈른
(William L. Swallen, 1865~1954)

"하늘 가는 밝은 길이 내 앞에 있으니 슬픈 일을 많이 보고 늘 고생하여도 하늘 영광 밝음이 어둔 그늘 헤치니 예수 공로 의지하여 항상 빛을 보도다 / 내가 염려하는 일이 세상에 많은 중 속에 근심 밖에 걱정 늘 시험하여도 예수 보배로운 피 모든 것을 이기니 예수

5 윌리엄 스왈른(William L. Swallen, 1865~1954)

공로 의지하여 항상 이기리로다."

　유난히도 고생스러웠던 세월을 헤쳐 나온 우리 선조들이 눈물을 흘리면서 불렀던 찬송가 중 하나가 "하늘 가는 밝은 길이"이다.

　어려움 속에서도 하늘나라에 대한 소망을 갖고 살아갈 수 있도록 도왔던 이 찬송가에 한글 가사를 붙인 사람은 스왈른[William L. Swallen, 소안론(蘇安論), 1859~1954] 선교사이다. 지금도 많은 성도가 즐겨 부르는 이 찬송은 단순히 음악적으로 만들어 낸 것이 아니라 작사가의 마음 깊은 곳에서 우러나온 일종의 신앙고백이었다. 험난한 근현대사를 살아온 우리 민족에게는 특별한 의미가 있는 찬송가이다.

　스왈른의 문학적 재능은 기존의 곡조에 주옥같은 한글 가사를 붙여 한국인에게 널리 불리도록 했다. 스왈른의 이름이 찬송가집에 처음 나타난 것은 《찬셩시》 1898년 판으로, 이 책에는 그의 작품이 총 네 편 있다. 《찬셩시》 1905년 판에는 이 네 편 외에 일곱 편이 추가됐다. 중요한 것은 전체 열한 편 중 다섯 편("주 예수 피를 흘리고" "더 사랑하신 예수님" "내 죄를 회개하고" "하늘 가는 밝은 길이" "천사 찬미하는 뜻이")이 기존의 연구들에서 그의 창작 찬송시로 간주됐다는 것이다. 문제는 그것이 과연 맞는가 하는 것이다.

　"하늘 가는 밝은 길이'라는 찬송은 외국 사람이 한국 성도들을 위하여 한국에서 작사한 것이라고 합니다. 이것을 작사한 분은 한국에 와서 48년간 사역하신 윌리엄 스왈른이라는 미국 선교사입니다. 많이 알려진 분은 아니나 매우 신실한 한국인들의 친구였습니다. 한국을 사랑하고 한국 땅을 사랑했던 선교사였습니다. 그분은 일제 치하에서 버림받고 고통당하고 괴로워하는 한국 성도들의 모습을 지켜보았습니다. 그리고 일본 사람들에게 말할 수 없는 고통과 괴로움을 당하면서도 신앙을 포기하지 않고 열심히 하나님을 믿는 한국 성도들의 모습에 무척 감동했습니다. 그래서 붓을 들어 작사한 것이 바로 이 찬송입니다.

　작사는 했는데 작곡할 실력이 없어 스코틀랜드 민요에 이 가사를 붙였습니다. 스왈른 선교사는 결국 일본 사람들에게 추방당해 한국 땅을 떠났습니다. 그러나 이분이 남긴 이 아름다운 찬양은 우리 성도들이 고통의 세월을 살 때 많은 위로와 격려가 되었습니다."

스왈른 선교사는 미국 오하이오주에서 태어나 농과대학을 졸업하고 미국 북장로교 소속 매코믹 신학교를 졸업했다. 그 후 한국에 선교사로 파송되어 1892년에 부인과 함께 우리나라에 첫발을 디뎠다. 그는 서울, 원산, 평양 등지에서 전도했고, 1901년 9월에 독노회(獨老會)가 조직되기 전 조선예수교장로회 공의회 초대 회장으로 피선되어 내한한 선교사들의 활동을 통제하기도 하고, 선교지 활동 상황을 점검하는 책임을 지며 교회 행정에도 크게 공헌했다. 마펫, 베어드와 함께 평양신학교를 세우는 일에도 힘썼다.

스왈른 부부가 한국에 도착했을 때는 신혼이었다. 신부 샐리 스왈른(Sallie Wilson Swallen)이 오하이오 웨슬리안 대학을 졸업하던 날 총장 배쉬포드 공관에서 결혼한 이 부부는 그해 가을 조선으로 파송되었다. 스왈른 선교사는 결혼하던 1892년에 매코믹 신학교를 졸업하고 학생자원운동(Student Volunteer Movement, SVM)으로 선교사가 되었다. 매코믹 신학교 출신 중 20여 명이 한국으로 건너왔는데 함께 졸업한 그레이엄 리(Graham Lee), 사무엘 무어(Samuel F. Moore), 테이트(Lewis B. Tate) 등이 끼어 있었다. 1891년 9월 안식년을 맞아 미국에 머물던 언더우드 선교사가 이 학교를 방문해 조선 선교에 대한 강연을 했을 때 큰 감동을 받은 것도 이들이 조선행을 결정하는 데 큰 역할을 했다.

그들은 함께 조선에서 선교 활동을 하는 동안 어떤 고난에도 굴하지 않고 낙천적인 태도와 마음으로 주변 사람을 밝게 만들었던 '점잖은 목회자'였다. "모든 것이 합력하여 선을 이루느니라"(롬 8:28)라는 성경 말씀처럼 젊은 날의 고난이 평생 그들에게 무슨 일에든 감사하는 마음을 갖게 했다.

스왈른은 1년 반 정도 서울에서 한글 공부를 하다가 1893년 1월 사무엘 마펫, 그레이엄 리와 함께 평양과 서북 지방 개척 선교사가 되어 평양 선교부로 자리를 옮겼다. 당시 조선의 각 선교부는 개항장인 원산항을 복음화하는 데 관심이 높았다. 미국 북장로교 선교 본부는 스왈른 선교사 부부를 먼저 활동하고 있던 캐나다 선교사 게일과 동역하도록 결정했다.

스왈른은 1894년부터 1899년까지 원산에 선교기지를 두고, 함흥 지방 일대로 두 번 전도 여행을 갔다. 1896년 12월과 1897년 4월에 있었던 전도 여행 중 두 번째 전도 여행에서 많은 결실을 거두었다. 헌신적인 전도 활동으로 북청, 홍원, 함흥, 단천 외에도 함경도 내에 복음의 씨앗이 뿌려졌다. 스왈른은 원산에서 한국인과 같은 옷을 입고 수염을 기르면서 온 힘을 다해 전도 활동을 하였는데, 특히 축첩이나 제사 문제에 관한 내용을 선교 보고서에 남겨놓았다.

스왈른 선교사는 조선말을 매우 잘했는데, 특히 그의 영생에 대한 설교는 당시 천하의 망나니였던 김익두를 사로잡아 그로 하여금 후에 한국교회사에 길이 남을 능력 있는 부흥사로 쓰임 받게 할 만큼 대단했던 것으로 알려졌다. 황해도 안악교회에서 부흥회를 할 때 이 김익두를 전도해 목사가 되게 했다. 이것은 매우 큰 선교의 수

확이었다. 스왈른의 전도 방법은 매우 특이했다고 할 수 있다. 그 후 김익두는 전국을 누비며 부흥회를 인도하는 복음 전도자가 되었다.

이기풍은 평양의 악명 높은 난봉꾼으로 회심 이전의 사울처럼 복음의 훼방꾼이었다. 평양에서 개척 선교를 하던 마펫 선교사의 집 안으로 돌을 던져 난장판을 만들어 놓기는 기본이었고, 심지어 길거리에서 전도하던 마펫 선교사에게 돌을 던져 그의 턱에 상처를 내고 도망가기도 했다. 하지만 사울을 놓지 않았듯 하나님은 그런 이기풍의 뒤를 사랑의 시선으로 추적하셨다. 그리고 청일전쟁의 위험을 피해 도망갔던 원산에서 그의 전적인 항복을 끌어내셨다. 원산에서 사역하던 스왈른 선교사가 그 통로가 되었다.

이기풍이 하루는 밖에 나갔다가 스왈른 선교사가 "회개하고 예수를 믿으라" 하며 길거리에서 전도하는 모습을 보았다. 처음에는 무심코 지나쳤는데 점차 평양에서 저질렀던 사건이 떠올랐다. 특히 돌팔매질로 서양 선교사의 턱이 깨지게 했던 일은 너무도 생생했다. 집에 돌아온 그는 지난 일에 골몰하다가 잠이 들었다. 그런데 갑자기 방안이 환해지더니 머리에 가시관을 쓰신 분이 나타났다. 너무 눈이 부셔 쳐다볼 수도 없는데 "기풍아! 기풍아! 왜 나를 핍박하느냐? 너는 나의 복음의 증인이 될 사람이다!"라는 음성이 들려왔다. 다메섹에서 사울에게 자신을 계시하신 예수님이 꿈을 통해 '평양의 사울'이었던 그에게 나타나신 것이다. 이를 계기로 그는 지난날을 통회자복하고 하나님께 완전히 항복하게 되었다.

그 후 스왈른 선교사에게 세례를 받았다. 그리고 스왈른 선교사를 도와 열심히 전도하던 중 청일전쟁이 끝난 후 스왈른 선교사와 함께 평양으로 돌아왔다. 평양으로 돌아온 이기풍은 마펫 선교사를 찾아가 자기가 과거에 그의 집 안으로 돌을 던지고 그의 턱에 상처

6 윌리엄 스왈른(William L. Swallen, 1865~1954)

를 낸 장본인임을 고백하고, 지금은 회개하고 예수를 믿어 새사람이 되었노라며 자기 죄에 대한 용서를 구했다. 마펫 선교사는 이 감격스럽고 기이한 사실에 대하여 오직 하나님께 감사드리고 또 감사드렸다.

이기풍은 1901년까지 매서인으로, 나중에는 책을 팔면서 전도하는 사람인 권서로서 함경도에서 성경을 배포하면서 복음을 전했다. 그리고 1902년에서 1907년까지 스왈른 선교사를 따라 황해도의 안악, 문화, 신천, 장연, 해주 지역을 순회하며 복음을 전하고 선교사 업무를 돕는 자로서 활동했다. 그러다 1903년 마펫 선교사가 설립한 평양장로회신학교에 입학했다. 이기풍의 신학교 생활에는 스왈른 선교사와 마펫 선교사의 풍부한 지원이 있었다. 이기풍은 복음을 전하고 성경을 가르쳐야 했던 권서 경험을 통해 해박한 성경 지식을 갖고 있었을 뿐 아니라 한학에 대한 지식도 풍부해 목사 후보생으로 추천받았다.

신학교에 입학한 이기풍은 대부흥 운동이 절정에 달했던 1907년 9월 17일 평양 장대현교회에서 서경조, 한석진, 길선주, 양전백, 송린서, 방기창과 함께 우리나라 최초의 장로교 목사로 안수를 받았다. 이기풍 등의 목사 안수를 위해 우리나라 최초로 노회가 설립되었으며, 목사 안수 다음 날 속개된 독노회에서 마펫 선교사는 이기풍 목사에게 회중을 대표하여 참회 기도를 인도하게 했다. 그리고 회의 3일째 날인 9월 19일에 7인의 목사가 탄생한 기념으로 제주도에 선교사를 파송하기로 한 전도위원회의 결의를 만장일치로 통과시켰다. 그리고 이기풍 목사는 우리나라에서 최초로 제주도에 선교사로 파송을 받았다.

평양의 술주정꾼이 마펫과 스왈른의 인도로 한국교회 첫 선교사의 영예를 얻었다. 이것은 그야말로 선교사들의 전도의 열매였다. 하나님은 마펫과 스왈른 선교사가 이기풍을 만났을 때 벌써 주님이 허락하신 열매임을 알 수 있는 믿음의 지혜를 주셨다. 술주정꾼을 하나님의 일꾼으로 변화시키는 역사 역시 선교사들을 통하여 하나님이 하신 것이었다. 우리나라 최초의 외지 선교사이자 제주 선교의 아버지인 이기풍 목사는 마펫 선교사의 아량과 스왈른 선교사의 용서의 능력이 만들어 낸 한국교회 역사의 큰 열매였다. 이기풍 제주도 파송 선교사의 사역은 미국 장로교 도서관에 비치된 《한국교회사》 첫 페이지에 기록되어 있다고 한다.

스왈른 선교사는 원산이 캐나다 장로교 소속의 선교 지역으로 결정되자 1899년 평양 선교부로 자리를 옮겼다. 그곳에서 숭실학당 관리 책임을 맡았다. 1901년 그는 숭실학당 교육관 건축을 위해 부친에게서 물려받은 유산 1,800달러를 기부했다. 스왈른 선교사의 둘째 딸 거트루드 엘리자 베스도가 숭실학당 교사로 일했다. 그와 숭실대학의 인연은 1950년대 반공 포로 석방과 숭실대학 재건에 힘을 다했던 둘째 사위 옥호열(玉鎬烈, Harold Voelkel)에게로 이어졌다.

1901년에 스왈른은 조선예수교장로회 공의회 초대 회장에 피선되었고, 1903년 1월에는 마펫, 베어드, 리 등과 함께 평양신학교를 발족해 학생 6명을 대상으로 신학 교육을 시작했다. 또한 평양 남문교회를 설립하고 그 교회 첫 목회자로 사역했다.

오지석 교수는 《평양 숭실과 소안론 선교사》(한국 기독 문화 연구 8집)에서 그의 공적 중 하나를 강조했는데, 이는 선교 25주년이 되던 1917년 재령 지부의 현황을 보면 알 수 있다. 그곳에는 평양 지부의 3분의 1에 달하는 교인과 60개 이상의 교회, 교인이 6,000명 이상인 교회가 있었고, 담임목사 12명과 조사 10명이 있었다. 스왈른 선교사는 이곳에서 선교 활동 초기부터 자립하는 교회를 표방하고 전도해 성과를 거두었다. 또한 순회하는 지역을 중심으로 성경 공부와 성경 통신 과정을 개설하는 등 창의적인 면모를 유감없이 발휘했다. 스왈른은 성경 중심으로 신앙을 세우고 교회를 세워야 한다는 전도 철학을 가지고 있었다.

1907년 연합공의회 의장 스왈른 선교사는 "한국에서 감리교와 장로교 교리를 조화시키는 데는 아무런 어려움이 없다"라며 단일 민족교회 설립에 대해 낙관론을 폈다. 박용규 교수는 "보수적인 구학파의 북장로교에 속한 매코믹 신학교 출신 소안론 선교사가 교파를 넘어 교리적 일치를 이룰 수 있다는 견해를 피력한 것은 주목할 만하다"라고 평가하고, "전체 선교사의 95%가 찬성했다는 사실은 더욱 놀랍다"라고 덧붙였다.

그러나 이 연합운동은 실패로 돌아갔다. 본국 선교부의 반대라는 장벽을 넘지 못했다. 훗날 교회 역사학자들은 "교단 이익을 앞세웠던 본국 선교부는 교단의 신학적 입장을 떠나 하나의 민족교회를 설립하고자 한 선교사들과 한국 교인들의 계획을 이해하지 못했다"라고 입을 모았다. 장로교회와 감리교회의 해묵은 칼뱅주의-알미니안주의 논쟁도 본국 선교회가 한반도에서의 실험을 허락하기 곤란한 이유로 작용했다. 게다가 당시 세계교회는 현대 신학의 다양한 조류와 대화할 것인지, 근본주의자로 수구적 태도를 보일 것인지를 놓고 교파 간에 치열한 논쟁이 벌어지던 시기였기에 한국에서의 민족교회 운동은 본국 선교회의 허락을 받기가 더욱 어려웠다.

1907년 평양에서 대부흥 운동이 대대적으로 일어났다. 특히 평양 장대현교회 집회에서 사람들이 통회자복하는 일이 일어났다. 이 기간에는 집회 때마다 이전에 이미 신앙을 고백한 사람들이 과거의 자신의 죄로 인한 탄식으로 울부짖으면서 더 비통한 죄책감에 사로잡혔다. 토요일 밤 그 집회는 자정까지 계속되었다. 성령께서 놀라운 권능으로 사람들에게 임재하셔서 그들이 과거 삶 속에 은밀히 숨겨 놓았던 것들을 깨닫도록 강권하셨다. 사기, 교만, 세속에 취했던 일, 음욕, 탐심, 미움, 질투 등 모든 죄악이 적나라하게 드러났다. 월요일에도 낮과 저녁 시간 내내 기도와 죄의 고백이 이어졌다. 많은 사람이 회심 이전에 저질렀던 고백하지 않은 죄가 하나님과의 관계를 막고 있음을 강하게 느꼈다.

화요일도 월요일과 마찬가지로 기도와 자기 점검의 시간으로 보냈다. 그곳에는 평범한 기도에 대한 몸부림과 산발적인 탄식의 울부짖음이 있었다. 아직 죄를 고백하지 않은 이들은 자신들의 죄에 짓눌렸고, 죄를 고백하고 평강을 얻은 이들은 다른 사람들의 죄로 짓눌렸다. 이들은 비참함 가운데 하나님께 부르짖었다. 이로써 성령께서 그들의 심령에 그분의 목적을 완성하셨다.

성령의 능력으로 진리의 빛이 인간의 영혼을 비출 때 죄가 참모습을 드러냈다. 성령의 조명을 통해 이들은 자신이 매우 부정하고 행함이 없고 무가치한 죄인이라는 사실을 스스로 깨달았고, 그런 후에야 자비에 대한 간구가 말로는 설명할 수 없으나 하나님께 상달되는 듯했다. 직접 경험한 자만이 이 모든 것이 의미하는 것을 충분히 깨달을 수 있었다. 이 세상의 어떤 힘도 이 집회가 이들에게 가져다 준 것처럼 사악한 심령에 숨겨진 죄악들을 드러내게 할 수는 없었을 것이다.

거의 모든 사람이 한 차례 혹은 그 이상 죄를 고백하면서 그날 저녁 찬양과 감사를 하나님께 돌렸다. 이 저녁 집회 또한 매우 놀라운 집회였다. 하나둘씩, 때로는 많은 사람이 함께 일어나 간증하여

6 윌리엄 스왈른(William L. Swallen, 1865~1954)

75명의 신학생 거의 모두가 자신들이 받은 평안에 대해 기쁨에 찬 간증을 했다. 이들의 음성은 너무도 확신에 찼다.

사람들이 제각기 고백했다. "나는 이 무거운 죄의 짐이 제거된 것으로 인해 주님께 감사드립니다." "나는 내 죄를 용서받았고 내가 구원받은 사람이라는 사실을 알게 되어 하나님께 감사드립니다." "내가 이제 기도할 수 있게 되어 하나님께 감사드립니다." "나는 내가 나의 원수를 사랑할 수 있는 권능을 소유하게 되어 감사하고 있습니다."

> "깊도다 하나님의 지혜와 지식의 풍성함이여, 그의 판단은 헤아리지 못할 것이며 그의 길은 찾지 못할 것이로다"(롬 11:33).

이런 회개의 행렬에는 외국인 선교사, 조선인 성도 모두가 함께했다. 그해 4월 1일부터 시작된 평양 연합사경회도 마찬가지였다. 스왈른 선교사의 증언이다.

> "집회 시작부터 죄의 자백이 쏟아져 나왔는데 전에 들어볼 수 없었던 가증스러운 죄들이었다. 자복하는 사람들이 얼마나 깊은 죄의식을 갖고 하는지는 분명치 않았으나 자복 행위만큼은 진지했다. 그러나 한 주간 집회가 계속되는 동안 저들의 죄의식이 점차 깊어진 것은 분명했다. 그들의 마음속에 성령께서 역사하신 것이 분명했다. 전에 형식적으로 자복했던 사람들이 이제는 자기 죄 때문에 진심으로 괴로워하면서 울부짖었다. 토요일 저녁 집회는 자정까지 연장되었다. 성령이 역사하셔서 전에 지었던 죄, 감추었던 죄들이 드러났다. 속임수, 교만, 물욕, 음욕, 탐욕, 미움, 질투 등 말 그대로 악의 범주에 드는 모든 죄목이 쏟아져 나왔다."

죄의 자백보다 더 중요한 것은, 죄를 자복한 교인들이 이전과는 전혀 다른 삶을 살기 시작했다는 것이다. 깊은 죄의식은 회개를 불러일으켰고, 진실한 회개는 변화된 행동으로 입증되었다. 교인들은 이제까지와는 다른 새로운 삶의 기준과 원리를 세우고 행동하기 시작했다. 평양에 있던 무어 선교사는 부흥 운동의 중요한 열매의 하나로 새로운 윤리의식 형성을 꼽았다.

한편 스왈른 선교사에 의해 우리나라에 서양 사과가 처음 전해졌다.

예로부터 한반도에서 사과 산지로 유명했던 곳은 경북 대구와 북한 황해도의 황주군이었다. 사과는 상대적으로 추운 기후와 일조량이 많은 곳에서 재배되는 과일이기 때문에 대구 사과가 황주 사과의 인기를 따라가지 못했다. 특히 황주 사과는 당도가 높기로 유명했다. 스왈른 선교사는 우스터 대학에서 농학을 공부했기에 한국을 도울 방법을 다각도로 연구했다. 1900년대 초 안식년에 미국에 갔다가 돌아오면서 미주리 캔자스 종으로 불리는 세 종류의 사과나무 묘목 300개를 가지고 왔다. 그리고 대구에 있는 선교본부에 묘목 15개를 전달하고, 대구 근방 기독교인에게 나누어 주어 심게 했다. 나머지 150개는 평양에 있는 선교본부에 전달하여 평양 근처와 황해도 황주에 있는 신도들에게 나누어 주어 심게 했다. 이것이 오늘날 우리나라 대구와 황주 사과의 시작이 되었다. 그 후 사과나무는 우리 기후와 토양에 맞게 접목되고 개량되어 전국적으로 퍼져 나갔다.

시간이 흐른 후 어느 날 스왈른 선교사가 황주의 사과 과수원을 방문했다. 잘 가꾸어진 과수원에서 사과가 탐스럽게 익어가고 있었다. 이곳 사과의 유래를 잘 모르는 과수원 농부는 자신이 가꾼 사과를 자랑이라도 하려는 듯 선교사에게 사과를 따 주면서 의기양양

6 윌리엄 스왈른(William L. Swallen, 1865~1954)

하게 말했다. "스왈른 선교사님, 미국에도 이런 맛있는 사과가 있습니까?" 스왈른 선교사가 대답했다. "아닙니다. 미국에는 이렇게 맛있는 사과가 없습니다."

1896년 함흥 읍내에서 신창리교회가 시작되었고, 이 교회는 1897년의 핍박을 견뎌냈다. 1927년에 간행된 《조선 예수교 장로회 사기》를 보면, 함경도 첫 교회인 함흥 읍내의 교회가 1896년에 설립된 역사를 다음과 같이 서술하고 있다.

"1896년 8월에 함흥 읍내에 교회가 설립되었다. 일찍이 선교사 소안론과 조사 전군보, 이기풍이 본 군에 순행하여 읍, 촌에서 전도했다. 이때는 군인 외에 단발한 자가 별로 없고 군인은 선달(先達)이라 통칭했는데, 소 목사는 단발을 했으므로 이름을 알지 못하고 다만 소 선달이라 호칭하더라. 하루는 만세교 근처에서 전도하는데 한 부인을 만나니, 이는 성신의 감화를 받은 자라. 도를 듣고 즉시 믿어 〈성경 문답〉이란 소책자를 사서, 그 집에 즉시 돌아가서 그 남편 신창희에게 전도하고, 신창희는 그 친구 진종, 장흥술에게 전도하여 믿고 따르므로 점차 교회가 설립되었으니 함흥 신 부인은 전일 빌립보성 루디아에 비길 수 있는 사람이라."

유럽에서 첫 기독교인이 된 마게도냐 빌립보성의 루디아(행 16:9-15)처럼, 함경도 함흥의 첫 신자는 신창희(申昌熙) 씨의 부인이었다. 그녀는 성령의 감화를 받아 복음을 즉시 받아들일 준비된 마음을 가지고 있었다. 19세기 말에 선교사나 조사들이 전도하고 작은 책자를 팔고 성경을 반포해서 많은 사람이 교회로 온 배후에는 바로 사람들의 마음에 먼저 역사하신 성령이 계셨다. 굶주린 아이가 먹을 것을 구하듯, 가뭄에 비를 기다리듯, 정의와 진리를 구하는 심령이 옥토처럼 준비되어 있었다.

　1897년 3월 스왈른이 함흥을 두 번째 방문하니 교인이 12명으로 늘어나 있었다. 그들은 진지했고, 하나님과 죄와 죄를 대속하신 분 예수 그리스도의 진리에 대한 놀라운 체험적 지식을 가지고 있었다. 또한 그들은 겸손했고, 문자 그대로 복음 외에는 말하지 않는 자들이었다. 6월에는 더 많은 이들이 교회에 찾아왔다.

　그러자 교회에 조직적인 핍박이 강하게 닥쳐왔다. 함흥감사가 '외국 종교의 탈을 쓴 불법의 무리'인 예수교인들을 체포하여 처벌하라는 명령을 내렸다. 모든 기독교인을 체포하고, 집 안의 모든 기독교 서적을 몰수하고, 교인들에게는 배교하라고 명령했다. 그러나 교인들은 감사의 명을 거부하고 무시했다. 명령이 두 번 연기되면서 협박의 수위가 높아졌다. 교인들은 굳게 서서 믿음을 지켰으나, 어떤 일이 일어날지 불안했다. 곧 함흥에서 예수 믿는 사람들을 추방한다는 소문이 나돌았다.

　이때 사람들은 점점 대담하게 '예수쟁이'들에 대해 험담하기 시작했다. 교인들은 다른 욕은 싫어했으나, 안디옥에서 초대 교인들을 '그리스도인'이라고 부르며 조롱했던 것처럼(행 11:26) 자신들을 '예수쟁이'로 조롱하는 말은 기쁘게 여겼다.

　"사람들이 길에서 예수교인을 보면 '예수 온다', '예수 지나간다'라고 말했다. 아, 우리가 길을 걸어갈 때 우리에게서 예수가 보인다면 얼마나 아름답고 의미 있을까!"

　1898년 봄 스왈른 선교사가 세 번째 함흥을 방문했을 때 기록한 말이다. 그때는 예수교인 추방령이 시행되기 직전이었고, 일부 교인은 옥에 갇혀 있었다. 스왈른은 선교사회의 정교 분리와 소극적 개입 정책에 따라 천주교 신부들처럼 교인의 소송을 돕기 위해 관아

6 윌리엄 스왈른(William L. Swallen, 1865~1954)

법정에 가는 방식에는 찬성하지 않았으나, 함흥 교인들의 경우는 종교적 자유의 문제요 교인들을 도와줄 자가 없었으므로 감사를 직접 찾아가 항의하는 것이 자신의 의무라고 판단했다. 감사는 스왈른 목사를 정중히 대접했고, 핍박은 즉시 중지되었다. 감사는 포도대장을 불러 예수교인을 석방하고 도시를 떠나지 않도록 조치하라고 일렀다. 양반 유지들에게는 예수교인의 예배에 간섭하지 말라고 지시했다. 감사의 명령은 바로 퍼졌다. 진실로 사람의 분노는 주님의 영광을 더할 뿐이다(시 76:10).

"그들은 귀신 숭배를 버렸고 주일을 거룩하게 지켰다. 그리고 기쁘게 전도하고 있었다. 많은 신자가 물론 연약하나 하나님을 아는 것이 영생임을 알기에 하나님을 바라고 있었다. 하나님은 우리의 기도에 응답하고 계시며, 함흥에서 하나님의 이름을 위한 증인을 부르고 계신다."

'더 많은 것을 바칠 수 없어 울고 있는 한국인들'이라는 제목을 보면 어떤 생각이 나는가? 현재 자신의 상황에서 나는 무엇을 헌신할 수 있는지 결심해 보아야 한다. 그들은 말씀을 사모하고 있었다. 그들은 '하나님께서 나의 현재 삶 가운데 하나님의 역사를 가장 기대하는 부분은 어떤 것일까?' 하고 생각하면서 성실하게 살았다."

이상은 1898년 10월 스왈른이 쓴 개인 연례 보고서의 함흥에 관한 앞부분을 요약, 번역한 것이다.

종교개혁의 한 원리가 '오직 성경만으로'이긴 하지만, 지난 2천여 년간 하나님께서 이루신 이야기는 교회사를 공부해야 알 수 있고, 240년간 한반도에서 행하신 놀라운 일은 한국교회사의 자료를 읽고 정리해야 알 수 있다.

스왈른은 15년의 선교 경험을 바탕으로 1908년의 선교 보고서에 한국 그리스도인의 특성에 관하여 서술했다. 그는 '주일성수' 곧 주일을 거룩하게 지키는 것이 한국적 신앙 형태로 자리를 잡았다고 보았다. 교인들이 주일에는 모든 노동을 중단하고, 유대인들이 안식일을 지키는 것처럼 하나님께 예배드리고 성경 공부에 참석하고 기도드리며 거룩하게 지켰다. 노인이든 젊은이든 주일이면 두세 번 교회에 나가는데, 아침에는 예배드리기에 앞서 모든 교인이 여러 반으로 나누어 성경 공부를 했다. 스왈른에 따르면 또 다른 특징은 주일에 전도하러 나가는 것이었다. 주일 오후에 둘씩 짝을 지어 믿지 않는 사람들에게 복음을 전하러 나갔다. 이처럼 주일은 구별된 거룩한 날이자 하나님께 드리는 날로 정착되었다.

새벽기도회는 사경회에서 '자발적'으로 시작되었는데, 1904년 평양 사경회에서 새벽기도회가 사경회의 정식 순서에 포함되어 있었다. 자발적으로 시작된 만큼, 이것은 선교사들이 가르쳐 준 것이 아니라 우리의 토양에서 자생적으로 시작된 경건 훈련임이 분명했다. 본격적인 새벽기도회는 길선주 목사가 평양 장대현교회 담임 목회자로 일하던 1909년에 장로 박치록에게 둘이서 매일 새벽 4시 30분에 기도하자고 제안하면서 시작되었다.

스왈른 선교사는 1932년 필생의 노력을 다해 매진했던 조선 선교사역을 마감하고 귀국했다. 그는 조선 선교 사역 초기에 큰 발자취 사역을 남겼고, 그의 가족도 한국 선교에서 중요한 역할을 감당했다. 스왈른 선교사의 두 딸과 아들이 노스필드 마운트 헤르몬(Northfield Mt. Hermon) 학교를 졸업하고 한국에 다시 2세 SVM 선교사로 와서 헌신했다. 둘째 딸 거트루드는 2세대 SVM 선교사 해롤드 보켈(Harold Voelkel, 옥호열)과 결혼했다. 보켈은 숭실대 교수이자

6 윌리엄 스왈른(William L. Swallen, 1865~1954)

6·25 전쟁 당시 종군목사로 흥남 철수 시 수천 명의 피난민의 목숨을 구했고, 거제도 포로수용소에서 수백 명의 포로에게 주님을 영접하게 하였는데 이들 중 수십 명이 목사가 되었으며, 빌리 그레이엄, 밥 피어스 등을 한국에 초대하기도 했다.

스왈른 선교사 가족은 도합 200년이라는 시간을 한국의 복음화에 헌신했다. 평양에서 태어난 스왈른 선교사의 아들 잭(Jack)은 휘튼(Wheaton)과 프린스턴 대학, 풀러(Fuller) 신학교를 나와 남미 콜롬비아에서 30여 년간 선교사로 헌신하고 지금은 Urbana Inter Varsity의 본부 선교사로 섬기고 있으며, 그의 딸도 선교사로 사역하고 있으니 3대째 선교사로 헌신한 선교사 가문이요 혈통이라 할 수 있다.

새벽기도회가 한국교회의 특징이 된 것처럼 추도 예배도 세계 어느 교회에서도 찾아볼 수 없는 한국교회만의 예배이다. 제사를 중심으로 가족 공동체를 이루었던 한국 문화의 특성이 강하게 반영된 전통이기 때문이다. 추도 예배는 한국교회가 세워지면서 자연스럽게 생겨났다. 한국 종교와 문화를 50년 넘게 연구한 영국 세필드 대학교의 제임스 그레이슨(James Huntley Grayson) 교수에 따르면, 첫 추도 예배 기록은 아펜젤러 등 선교사들이 발행한 〈조선 그리스도인 회보〉 1897년 9월호에 등장한다. 첫 추도 예배를 진행한 이는 정동감리교회 교인 이무영이었다. 기록을 요약하면 다음과 같다.

효자였던 이무영은 어머니의 첫 기일을 그냥 넘길 수 없었다. 그래서 기독교인이던 어머니를 기억하며 대청마루에 등촉을 달고 통곡했다. 어머니의 영혼을 위해 기도하고 하나님을 찬미했다. 교인들이 찾아와 그를 위로했다. 이후 교인들도 가족의 기일이면 이무영과 같이 행동했다.

하나님을 믿게 된 한 기독교인이 제사를 지내야 하는 날 자정에 선교사를 찾아왔다. 선교사의 권면을 들은 그는 신주와 제기 등 제사와 관련된 모든 도구를 태웠다. 스왈른 선교사는 1896년 북장로교 선교부 엘린우드 목사에게 보낸 서한에 이렇게 썼다. "이교의 우상을 이렇게 빨리 불태우는 것을 볼 줄은 몰랐다. 이교 예식 대신 하나님을 예배할 마음이 준비되어 있음을 볼 수 있었다. 우리는 노래하고 성경을 읽고 기도했다." 선교사들은 조선인들이 제사를 지내지 않는 모습에 기뻐했다. "초기 한국교회와 제사 문제"라는 논문은 당시 선교사들이 제사를 금지한 이유를 설명하고 있다. 선교사들이 보기에 제사는 죽은 이에게 종교적 제물을 바치는 우상숭배로, 십계명 중 1계명과 2계명을 어기는 행위였다. 죽은 사람의 영혼을 신주에 모시고 복을 비는 기복신앙이자, 산 사람과 죽은 사람의 교류가 가능하다는 천주교 연옥설의 변형으로 판단해 제사가 비성경적이라고 했다. 마지막으로 제사가 한국의 악한 풍습, 곧 처첩제, 여성 차별 등을 낳는 윤리적 악습의 원인이라고 판단했다.

1890년 조선 선교사들과 선교 전략을 논의한 네비우스 선교사도 조상 숭배를 엄격하게 금지해야 한다고 강조했다. 마펫 선교사가 펴낸 〈위원입교인 규됴〉에도 제1조에 귀신과 우상숭배, 제사를 금지한다고 명시했다. 〈위원입교인 규됴〉는 네비우스 선교사의 저서를 조선 실정에 맞게 마펫 선교사가 번역한 교리서이다. 마펫 선교사는 제사를 지내는 일보다 조상이 살아 있을 때 효를 행해야 한다고 가르쳤다.

초기 한국교회는 추도 예배도 긍정적으로 평가하지 않았다. 조선 기독교인들이 추도 예배를 제사 대신으로 여긴다고 생각했기 때문이다. '1915년 조선예수교장로회 제4회 총회 회의록'에는 교회가 추도 예배를 다룬 첫 기록이 나온다. 당시 헌의안으로 부모 기일에 기독교인이 음식을 장만하고 이웃을 불러 함께 예배하는 것을 어떻게 조치해야 하는지 질문이 올라왔다. 총회는 형식은 예배와 같으나 제사와 다르지 않기에 금지해야 한다고 결의했다.

그러나 추도 예배는 결국 토착화했다. 한국교회는 1920년대까지 추도 예배를 조례로 규정해야 한다고 했으나 결국 교단 차원에서 추도 예배를 인정하고 수용했다. '1942 조선예수교장로회 제31회 총회 회의록'에는 이기풍 목사 추도회를 총회 차원에서 진행했다는 기록이 나온다. 추도 예배가 교단 차원에서 진행되기 시작한 것이다. 감리회도 1934년 추도 예배를 정식으로 인정했다. 교리와 장정에 '부모님 기일 추도 예배 규정'을 만들었고 기념 예문도 삽입했다.

물론 우려의 시각도 여전히 있었다. 많은 기독교인이 제사와 추도 예배를 혼동할 여지가 있었기 때문이다. 실제 제사와 추도 예배는 몇 가지 공통점이 있다. 날짜가 기일 제사와 같고 주로 장남이 주관한다. 의식 후 음식을 나누어 먹으며 가족 간의 우의를 다진다. 고인을 추모하는 동기가 가족의 공동체 의식을 다지는 목적에서 이뤄진다.

스왈른은 평양 선교사로서 은퇴할 때(1932)까지 관서지방 평양 장로교 교회 63개소와 한국 목사 25명을 세웠고 기독교인 1만 3천여 명을 그리스도의 길로 인도했다. 1934년부터 시작된 신사 참배와 교회 탄압 속에서도 마지막까지 남은 극소수의 선교사 가운데 스왈른이 있었다. 그러다 태평양전쟁을 일으킨 일본이 미국과 적대 국가가 되자 1940년 11월 48년간의 한국 생활을 접고 미국으로 돌아갔고, 5년 뒤 부인과 사별했다. 그리고 그토록 사랑하고 온 생애를 바쳤던 한국 땅이 전쟁의 참화에 들어가자 하나님께 간절히 기도했다.

1954년 5월 8일 북장로교 선교사 스왈른은 89년의 삶을 마감했다. 미국 오하이오주에서 태어난 스왈른은 1892년에 부인과 함께 한국에 왔다. 그는 서울, 원산, 평양 등지에서 전도했고, 1901년 9월에 선교사와 한국인 대표가 참여하는 조선예수교장로회 공의회의 회장으로 섬겼다. 그 후 폴로리다주 세인트 피터즈버그에서 소천했으며, 메모리얼파크 묘지에 묻혔다.

스왈른에게 한국은 전부였다. 그의 묘지석 상단에는 이름, 생몰연도와 함께 '한국에서의 선교 사역-48년'이라는 문구가 새겨져 있고, 하단에는 '점잖은 목회자'라고 쓰여 있다. 그의 아내의 묘지 상단에도 '한국에서의 선교 사역-48년'이라고 새겨져 있다.

스왈른은 1남 4녀를 두었다. 맏딸 올리베트 스왈른[Olivette R. Swallen, 소안엽(蘇安燁), 1863~1975]은 북장로교 선교사로 내한해(1915) 숭의여학교 3대 교장(1931)을 지냈으며 38년 동안 한국에서 봉사했다. 신사 참배 반대로 숭의여학교가 폐교되자(1938) 귀국했다가, 1954년에 돌아와 숭의여학교 생활 영어를 담당한 뒤 1959년에 귀국했다. 올리베트의 묘지석에도 '한국에서의 선교 사역-38년'이라는 문구가 새겨져 있다.

둘째 딸 거트루드 엘리자베스 스왈른 보켈(Gertrude Elizabeth Swallen Voelkel, 1897~1981)의 묘지석에도 '한국에서의 선교 사역 1897~1981'이 새겨져 있다. 거트루드의 남편 옥호열은 북장로교 선교사로 부인과 내한했다가(1929) 일제로 인해 강제 철수를 당했다(1941). 그 후 1945년 9월 다시 내한해 교회 복구 사업에 참여했으며, 1950년 9월에는 미군 군목 신분으로 인천에 상륙해 전쟁 포로 전도를 도왔다. 이에 '한국전쟁 반공 포로의 아버지', '거제도 포로수용소의 성자'로 불렸고, 후에 숭실대학 재건에 힘썼다. 그의 묘지석에도 '한국에서의 선교 사역 1898~1984'가 새겨져 있다. 그 밖에 장남 제임스 윌버 스왈른(James Wilbur Swallen, 1902~2002)이 있다.

곤장 치기

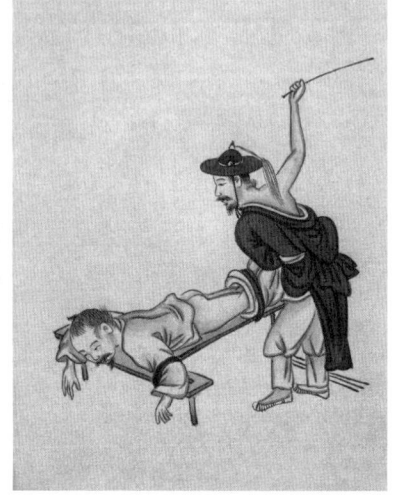
태장

주리 틀기

오줌싸개 돌리기

    스왈른이 수집한 풍속화 140여 점을 보관하던 막내딸은 다음과 같은 당부와 함께 숭실대학 기독교박물관에 이를 기증했다.

"보내 드리는 그림은 부모님이 수집한 것으로 100년 이상 되었습니다. 이 그림이 연세대학이나 숭실대학에 있는 미술관에 소장되었으면 합니다. 많은 한국인이 보고 감사할 수 있는 곳에 있기를 바랍니다. 주 예수의 복음을 전파하는 선교 사역으로 48년을 한국에서 지낸 부모님에 대한 기억으로 이 그림을 건넵니다."

기증한 그림 중 100년 전 조선 형벌 제도를 생생하게 보여 주는 작품이 있어 눈길을 끈다. 이 그림을 그린 구한말 풍속 화가 기산 김준근(箕山 金俊根)은 100년 전 외국인에게 주로 조선의 일상을 그려 주던 화가로 알려진 인물이다. 당시 한국의 형벌을 잘 표현하고 있는 그림으로 역사적 사실을 보여 준다.

6 윌리엄 스왈른(William L. Swallen, 1865~1954)

7
올리버 에이비슨
(Oliver R. Avison, 1860~1956)

올리버 에이비슨[Oliver R. Avison, 어비신(魚丕信), 1860~1956]은 1860년 6월 30일 영국 요크셔주 웨스트 라이딩의 작은 마을 재거그린에서 태어났다. 독실한 감리교인으로 모직 공장 직공이었던 그의 아버지는 더 좋은 삶을 위해 가족들과 함께 신대륙으로 이민하기로 결심

했다. 에이비슨의 가족은 그가 여섯 살 되던 해에 영국을 떠나 미국을 거쳐 캐나다 온타리오의 웨스턴에 정착했다. 그러나 여전한 경제적 어려움으로 여러 차례 이사했으며, 공립학교에 다니던 에이비슨은 열한 살 때 아버지가 다니던 공장의 노동자로 취직했으나 아버지의 결단으로 다시 학업에 전념할 수 있었다. 그는 특히 수학에서 뛰어난 재능을 보였다.

1876년부터 알몬드 고등학교에서 공부한 에이비슨은 졸업 후 1878년 1월부터 3년간 시골 초등학교 교사로 근무했다. 교사로 일하면서도 그의 학구열은 멈추지 않았다. 오타와의 고등사범학교에 진학하여 학업을 계속하던 에이비슨은 의학교에 입학하여 교수가 되겠다는 마음을 품고 1880년 후반부터 스미스 폴스의 한 약국에서 도제 생활을 시작했다. 그는 화학, 식물학, 약물학, 제조 공정 자격뿐 아니라 의사 처방 약 제조 자격까지 얻었다.

1881년 토론토 온타리오 약학대학교에 입학하여 1884년 6월 수석으로 졸업한 에이비슨은 한 약학대학교의 식물학 교수로 초청받았다. 그러나 계속해서 학업의 길을 선택한 그는 1884년 가을 토론토 의과대학에 편입했다. 에이비슨은 성적이 뛰어나 학생 신분으로 본교의 약리학 강의를 맡았다. 의과대학에 재학 중이던 1885년 7월 25일, 초등학교 교사로 있을 때 만난 제니 반스(Jennie Barnes)와 결혼하여 가정을 이루었다.

에이비슨은 학업뿐 아니라 학교 내에서의 신앙 활동에도 힘썼다. 몇몇 학우들과 금주회를 조직했으며, 훗날 선교사로 활동하게 되는 로버트 하디와 함께 의과대학을 중심으로 초교파적인 기독교 청년회 결성에 앞장섰다.

1887년 의대 졸업과 동시에 약리학 교수로 임용된 에이비슨은 토

? 올리버 에이비슨(Oliver R. Avison, 1860~1956)

론토에서 개인 병원을 개업하여 의사와 교수로 분주하게 일했다. 그런 와중에도 의과대학 YMCA에서 계속 활동했으며, 토론토 YMCA 중앙회의 의학 임원이자 이사로 있으면서 의사회에서도 평신도 전도사로 성경 공부를 인도했고, 매 주일 작은 개척 교회를 방문하여 예배를 도왔다. 그리고 도시 빈민 구제에도 힘쓰는 등 사회적으로도 다양한 활동을 했다. 그의 병원은 점차 명성을 얻어 토론토 최상류층 사람들이 고객이 됐으며, 그는 토론토 시장의 주치의를 맡기도 했다. 그리고 대학 교수로 첫해가 지났을 때, 대학시험위원회의 시험관으로 선정되는 등 남부럽지 않은 명예와 인정을 얻었다.

그러던 중 에이비슨은 토론토 의과대학 시절 함께 YMCA를 섬겼으며 한국 선교사로 사역 중이던 하디를 위한 후원과 선교 잡지 활동에 참여했다. 이를 계기로 에이비슨 부부는 선교사로의 부르심을 확인하고 선교사로 나갈 것을 결심했다.

1892년 9월 하순, 한국 선교사로 활동하다가 잠시 안식년 휴가차 미국으로 돌아온 언더우드가 토론토에서 열린 학생 지원을 위한 집회에 연사로 초청을 받았을 때 큰 역할을 하기도 했다. 언더우드와의 만남은 그가 조선 선교사로 결단하는 중요한 계기가 되었다. 의료 선교의 중요함을 알고 있었던 언더우드는 에이비슨에게 조선 선교사로 올 것을 권면했을 뿐 아니라, 그와 한마디 상의도 없이 뉴욕 북장로교 선교부에 에이비슨의 이름을 올렸다. 북장로교 선교부의 조선 선교사 파송 요청을 수락한 에이비슨은 어렸을 때부터 몸담았던 감리교에서 장로교회로 교적을 옮겼다. 개업의와 의대 교수라는 명예와 경제적인 안락함을 뒤로 한 채 에이비슨 부부는 세 자녀와 곧 태어날 아이와 함께 조선으로 항해하여 부산에 도착함으로 조선 땅에 첫발을 내디뎠다.

약 한 달간 부산에 머물면서 한국어를 배운 에이비슨은 그해 8월 말 제물포를 거쳐 서울에 도착했다. 이때 제중원 설립자인 알렌 선교사를 처음 만나게 되었다. 당시 알렌은 고종의 명을 받아 미국 시카고에서 개최된 세계무역박람회에 조선 대표들과 함께 안내자로 갔다가 귀국하는 길이었다.

서울에 도착한 에이비슨은 알렌의 요청으로 1893년 11월 1일부터 제중원 원장으로 의료 사역을 시작했다. 당시 제중원은 인력 부족에 조선인 주사들이 운영비를 착복하는 등 여러 가지 문제에 직면해 있었다. 에이비슨은 먼저 꾸준히 한국을 바로 세워가는 일에 힘썼으며, 환자들을 위한 병원 서비스 개선에 노력을 기울였다. 그리고 뉴욕 선교본부와 미국 공사관에 조선인 인력 감축과 간호사 충원, 건물 수리 등을 요청하여 제중원의 대대적인 변화에 최선을 다했다.

1893년에 부임한 에이비슨이 가장 먼저 한 일은 제중원의 운영에 관한 것이었다. 조선 정부와의 6개월에 걸친 협상 끝에 1894년 9월 왕립 병원이었던 제중원 운영권이 미국 선교부로 이관되었다. 이로써 제중원은 온전한 사립 선교 기관으로 재편됐다. 이처럼 제중원의 출발은 알렌이 했으나, 기울어져 가던 제중원을 다시 살리고 제중원에서 국내 첫 의학 교육과 고등 교육을 하면서 한국인이 직접 한국인을 치료함으로 자립할 수 있게 한 이는 에이비슨이었다.

에이비슨은 한국식 건물에 병원 시설도 미비했던 제중원을 개조해야겠다고 생각했다. 1899년 3월 안식년을 얻어 미국으로 간 에이비슨은 건축가인 친구에게 병원 설계도면을 기증받았다. 그리고 약 1만 달러로 예상되는 병원 건립 기금을 위해 고심하던 중 1900년 4월 뉴욕에서 개최된 해외선교회의에서, 조선에서 활동 중인 의사

7 올리버 에이비슨(Oliver R. Avison, 1860~1956)

들이 모여 함께 일할 수 있는 병원을 만든다면 훨씬 효율적인 의료 선교 사업이 이뤄질 것이라는 내용의 강연을 했다.

당시 이 자리에 클리블랜드 출신의 부호 세브란스가 있었다. 세브란스는 스탠더드 석유회사의 회계 담당자로 근무하면서 많은 돈을 벌었으며, 이 회사의 대주주로 자신의 재산을 사회에 환원하며 하나님의 사랑을 실천하는 사람이었다. 세브란스는 연설이 끝나자 에이비슨을 찾아가 병원 설립 계획에 대해 자세히 물었다. 믿음으로 이미 설계도까지 완성했다는 말에 다시 한번 감명을 받은 세브란스는 건축 비용으로 1만 달러의 거금을 내놓았고, 이후 건축 과정의 추가 증축 비용도 부담했다.

그리하여 마침내 1904년 한국 최초의 현대식 종합병원이 남대문 밖 남산 기슭의 복숭아골 대지에 세워졌고, 1913년에는 한국 최초의 의과대학 건물을 완공했다. 그리고 기부자의 이름을 따 각각 '세브란스병원', '세브란스의과대학'으로 이름했다. 이처럼 한국 최고 수준의 병원인 세브란스병원은 한 의료 선교사의 비전과 헌신적인 기독인 사업가의 헌금으로 세워졌다. 현재 원래의 건물들은 도시계획에 따라 모두 사라졌으나, 서울역 앞에 신축된 세브란스빌딩과 연세대학 의과대학 부속병원 그리고 1910년 정신여학교에 기증한 정신여고 구 본관 건물인 세브란스관 등 '세브란스'는 여전히 고유명사로 남아 있다.

에이비슨 선교사는 우리나라 현대 의학과 병원 설립의 기틀을 마련하며 단순히 병원 건립을 넘어 기독교에 대한 편견을 없애고 선교의 문을 넓히는 선교적 효과를 얻었다. 그리고 세브란스는 주는 기쁨이 받는 기쁨보다 훨씬 더 크다며 한 번도 가본 적 없는 미지의 나라 조선에 파견된 자국 선교사 에이비슨의 지원 요청을 기꺼이 받아

들여 실행에 옮겼다. 세브란스가 했던 이 말은 세브란스의 정신으로 자리 잡았으며, 하나님 나라 확장에 아낌없이 헌신한 세브란스의 정신은 그의 후손들에게도 이어져 아름다운 기부로 많은 사람을 일깨웠다. 세브란스 가문의 자선사업은 그 후손들을 통해 서울 세브란스병원에 지금도 이어지고 있다. 병원 측은 "지난 50년 동안 미국 북장로교 명의로 매년 후원금이 입금됐다. 그것을 단순히 미국교회에서 보내오는 것으로만 생각했는데, 개원 120주년을 맞아 병원 측이 알아 본 결과 세브란스의 아들인 존 세브란스가 만든 기금에서 보내온 것이었다"고 했다.

이 일로 우리나라 의료사(醫療史)에 새로운 역사가 시작되었다. 오랜 기간 한방의학과 민간요법, 미신에 의존하던 관습을 깨고 처음으로 세워진 서양식 의료기관 광혜원이 오늘날 세브란스로 이어졌다.

에이비슨은 1894년 조선 정부로부터 제중원 운영권을 넘겨받아 본격적으로 의료 선교와 의학교육에 매진했으며, 세브란스병원 설립, 한국 최초의 면허 의사 배출 등 한국 의학사에 큰 족적을 남겼다.

에이비슨은 고종의 피부병을 치료한 것을 계기로 왕실 주치의가 되었고, 1893년 11월 제중원에서 근무를 시작했다. 그러나 앞서 말한 것처럼 당시 제중원 운영은 원활하지 않았다. 헤론의 사망 이후 북장로교 선교부에서 제중원 원장으로 파견한 빈턴(Chrles C. Vinton)은 독자적인 선교 사업을 계획하면서 조선 정부와의 갈등을 예고했고, 조선 정부의 재정 악화로 제중원은 파행적으로 운영되고 있었다. 고심 끝에 제중원 제4대 원장을 맡은 에이비슨은 조선 정부에 협조하며 제중원의 정상화 방안을 강구했다.

그러던 어느 날 에이비슨이 왕진을 다녀온 사이, 제중원 주사들이 돈을 받고 수술실로 사용하던 방을 일본인 의사에게 내주는 일

7 올리버 에이비슨(Oliver R. Avison, 1860~1956)

이 발생했다. 병원장의 허락도 없이 조선 정부에서 파견한 주사들이 제멋대로 일을 처리하는 것에 분노한 에이비슨은 제중원의 재정과 인사 문제는 선교부가 독자적으로 처리하겠다는 내용의 공문을 미국 공사관을 통해 조선 정부에 보내면서 제중원 운영에 관해 조선 정부의 간섭을 받지 않겠다는 태도를 분명하게 했다. 그의 결단으로 제중원의 운영권 이관이 시작되었고, 당시 내우외환(內憂外患)에 시달리던 조선 정부가 이를 승낙하면서 1894년 9월 제중원 운영권은 순조롭게 선교부로 이관되었다.

이로써 한동안 거의 기능을 상실했던 제중원 운영은 정상 궤도에 올라섰고, 제중원에서 자유롭게 선교 활동도 할 수 있게 되었다. 에이비슨은 여기서 머물지 않고 한국의 의료 선교를 위해 교파를 초월한 병원 건설을 꾀했다. 그리고 이에 호응한 미국인 실업가 세브란스의 지원으로 병원 건설이 본격 추진되었고, 그 결실이 바로 세브란스병원이었다.

그런데 이때 궁내부 유길준(俞吉濬)이 고종의 시의를 맡았던 에이비슨에게 콜레라를 막아 달라는 요청을 해왔다.

조선에선 콜레라를 호열자(虎熱刺)라 불렀다. 콜레라균에 감염되면 심한 설사와 중증 탈수가 빠르게 진행된다. 제대로 치료받지 못하면 치사율이 50%를 넘으나 적절한 치료를 받으면 이 비율은 크게 낮아진다. 콜레라를 퍼뜨린 건 외국 군대였다. 1894년 6월부터 이듬해 4월까지 이어진 청일전쟁으로 한반도는 쑥대밭이 됐다. 백성들은 강제 징발돼 노역, 전투에 동원됐고 목숨을 잃은 이들도 많았다. 군인들에게 식량과 귀중품을 빼앗기고 여성들은 성폭행도 당했다. 전쟁이 끝나고 남은 건 콜레라였다.

에이비슨은 감염 예방을 위한 위생교육과 치료에 사활을 걸었다.

백성들의 생활 습관을 바꾸기 위해 전국에 위생 공고문을 붙였다. 콜레라가 '쥐 귀신' 때문이라며 대문에 고양이 그림을 걸던 백성들이 비로소 예방법을 알게 되었다. 즉, 청결한 생활 습관이 콜레라를 막는 지름길임을 인식했다. 손을 씻으라는 당부는 125년이 지나 신종 코로나 바이러스 감염 확산을 막기 위해 권한 오늘날 방역 당국의 지침과 맞닿아 있다.

수천 명의 확진자가 제중원 등 신설된 수용 시설과 각 가정에서 격리된 채 치료를 받았다. 에이비슨은 획기적인 치료법도 개발했다. 소금물을 주사기로 투입해 환자들의 탈수를 효과적으로 막은 것이다. 생리식염수를 사용한 것은 아니나 에이비슨의 소금물 요법은 많은 생명을 살렸다. 한여름에도 격리시설에는 불을 땠다. 환자의 체온을 유지해 신진대사를 원활하게 하려는 조치였다. 그 결과 콜레라의 기세는 7주 만에 꺾였다. 의약품이나 위생 관념이 지금과 비교할 수 없을 정도로 빈약했던 시절, 두 달도 채 되기 전에 방역의 결실을 본 것이다.

조선에서는 이전에도 콜레라가 창궐했었다. 1821년 9월 《조선왕조실록》에는 "이 병에 걸린 사람은 열의 하나둘도 살아남지 못했다"라고 기록되어 있다. 그런데 1895년에는 콜레라 환자 10명 중 6명이 목숨을 건졌다. 에이비슨의 방역은 대성공이었다.

콜레라 확산을 막기 위해 고군분투한 의료 선교사들의 헌신은 전염병으로 막다른 길에 몰린 조선에는 구원의 손길과 같았다. 에이비슨을 비롯한 의료 선교사들의 헌신의 바탕에는 복음이 있었다. 그의 글이다.

"그들 안에 하나님의 사랑이 있음이니, 첫째로 그들에게 이 사랑이 있기에

7 올리버 에이비슨(Oliver R. Avison, 1860~1956)

자기 생명을 돌아보지 않고 이곳까지 왔으며, 만일 필요하다고 생각되는 일이면 하나님의 자녀들을 도와주는 일을 위해 생명까지 바칠 각오가 돼 있었다. 이를 본 신도들도 선교사들을 찾아 병실에서 환자를 간호하겠다고 자원했고 많은 조선인이 복음에 관심을 가졌다."

1893년 조선 선교사로 부임한 에이비슨은 1935년까지 43년간 활동하면서 제중원 원장, 세브란스 의학전문학교와 연희전문학교 교장을 역임했다. 그는 조선의 신분제 타파에도 공헌했다. 콜레라 방역에 성공하면서 관리들과 쌓은 신뢰 덕분이었다. 에이비슨은 1895년 10월 내무대신 유길준에게 편지를 썼다.

"내무대신 각하, 한국의 백정들이 극히 하잘것없는 생활을 하고 있음을 환기할 필요는 없을 것 같습니다. 유능하며 지능이 다른 사람보다 떨어지지 않음에도 이들에게는 한국에서 남자의 상징인 상투를 틀고 갓을 쓰는 영예로운 관습이 허락되지 않습니다. 조정 내에 도량이 넓고 진보적인 인사가 많은 차제에 감히 이런 상황이 개선되기를 바랍니다. 이것은 한국에 있는 모든 외국인의 생각이며, 오랫동안 고난받아 온 백정들에게 정의로운 조처가 취해진다면 우리 모두 크게 기뻐할 것임을 밝히는 바입니다. 선처를 바랍니다. 귀하의 충실한 종이 씁니다."

유길준은 당장 이런 내용의 포고문을 썼다.
"지금부터 백정을 사람으로 간주한다. 이에 따라 백정은 남자들의 일반적인 관습에 따라 상투를 틀고 갓을 쓸 수 있다."
에이비슨은 제중원 원장을 역임하면서 교파를 초월하여 연합하여 의료 선교를 해야 할 것을 역설했다. "현재 서울에 있는 각 교파에서 파견된 7명의 의료 선교사가 합동해 한 병원에서 일할 수 있다면 7개의 작은 병원에서 하는 일의 몇 배를 더 할 수 있으며, 그중 일부는 다른 지방에 가서 의료 전도 사업을 할 수 있을 것입니다." 이런 주장이 루이스 세브란스의 선한 기부와 맞닿아 세브란스병원이라는 결실을 맺었다.

에이비슨은 40여 년을 한국의 의학과 교육 발전에 공헌했는데, 특히 그는 해외에서 파견된 의료 선교사의 역할에 기대지 않고 한국인 스스로 교육할 수 있는 의학 교육을 강조했다. 이를 위해 제중원에서 시작된 의학 교육을 1900년 재개하여 1908년 한국 최초의 면허 의사 7인을 배출했고, 이렇게 배출된 졸업생들은 세브란스에 남아 일제강점기 한국인들의 의학 교육에 앞장섰다.

에이비슨은 많은 세브란스 졸업생을 키워 냈으며, 이 외에도 언더우드와 함께 기독교 종합대학 설립에 앞장섰다. 1914년 4월 초 내한 선교사들 간의 오랜 논쟁 끝에 미국 북장로회 선교본부와 서울 주재 장로교 선교사들, 남·북감리교와 캐나다 장로교 선교부가 중심이 되어 '조선기독교대학'이 개교했다. 부교장으로 취임한 에이비슨은 이듬해 교장 언더우드의 소천 이후 교장으로서 총독부의 인가를 받아 '연희전문학교'로 명칭을 바꾸었다.

1934년 은퇴할 때까지 18년간 교장으로 재직하는 동안 그는 연희전문학교 발전에 지대한 영향을 미쳤다. 에이비슨은 자기가 설립한 세브란스의학전문학교와 연희전문학교 간의 통합을 추진했으나 일제의 방해로 뜻을 이루지 못했고, 그의 사후 1957년 1월에 양교가 통합해 연세대학교로 재탄생했다.

1934년 2월 세브란스의학전문학교와 연희전문학교 교장을 사임한 에이비슨은 양교에서 명예교장으로 추대되었다. 한국인에게 지

7 올리버 에이비슨(Oliver R. Avison, 1860~1956)

도권을 인계한 그는 이듬해 12월 2일 75세의 나이로 지난 42년간 자신의 젊음을 바친 한국 땅을 떠났다. 이후 1956년 플로리다주에서 96세의 나이로 별세했다. 서울을 떠날 때 최소 800여 명의 사람이 에이비슨 부부를 환송했다.

1893년에 부산에서 태어난 에이비슨 선교사의 넷째 아들 더글러스 에이비슨(Douglas B. Avison)도 아버지처럼 의사였다. 부산에서 태어났으나 캐나다 토론토대학 의학부를 졸업하고 1920년 북장로교 의료 선교사로 내한했다. 그는 선천 선교부와 서울 선교부에 몸담고 세브란스의전 소아과 교수와 병원장으로 봉직하다가 태평양전쟁 직전에 캐나다로 돌아갔다. 1952년 캐나다 밴쿠버에서 별세하여 유언에 따라 양화진에 이장되었고, 그의 아내 캐서린도 1985년 87세로 별세한 후 양화진에 있는 남편 묘에 합장되었다. 후에 양화진 외국인 선교사 묘원에 이장되었다.

8
사무엘 무어
(Samuel F. Moore, 1860~1906)

사무엘 무어[Samuel Foreman Moore, 모삼열(牟三悅, 毛三栗), 1860~1906] 선교사는 1860년 9월 15일 미국 일리노이주 그랜드리지(Grand Ridge)에서 태어났다. 1889년에 몬태나 대학(Montana College)을 졸업하고 매코믹 신학교에 입학하여 1892년에 졸업한 뒤 그해 4월 시카고 노

회에서 목사 안수를 받았다.

당시 미국은 무디의 부흥 운동으로 젊은 신학도들이 선교의 열정에 불타고 있었다. 무어는 미국 북장로교에서 조선 선교사로 임명받고 1892년 8월 16일 아내 로즈와 샌프란시스코를 떠나 1892년 9월 18일 조선에 입국했다. 그의 한국어 공부에 대한 열정과 습득 속도는 동료 선교사들을 놀라게 했다. 말을 빨리 배우기 위해 그는 자기 집에서 수킬로미터 떨어진 조선인 집까지 찾아가 한국말을 공부했다. 그래서 조선에 도착한 지 불과 몇 주 만에 자기 집 가정부를 전도하고, 6개월 만에 조선 사람들과 대화했으며, 교회에서는 한국말로 기도할 수 있었다. 그만큼 한국어 실력이 뛰어났다.

무어는 조선에 도착한 그해 겨울 곤당골에서 백정의 아들 6명으로 남자 학교를 시작했다. 그중 한 명이 박성춘(朴成春)의 아들 박서양(朴瑞陽)인데 원래 이름은 봉출(혹은 봉줄)이며 1862년경에 서울에서 백정의 아들로 태어났다. 백정 박 씨는 아들 봉출만이라도 교육을 시키고 싶어 천주교 학당에 아들을 보내려 했으나 학교에서 돈을 받는다는 소문을 듣고 망설이던 중, 곤당골에 개신교 선교사가 학당을 세웠다는 것을 알고 그곳으로 아들을 보냈다. 이 학교가 바로 무어 목사가 세운 곤당골교회의 예수학당이다.

박봉출은 학당에 다니면서 학당에서 책을 사서 아버지에게 보여 주었다. 아버지 박 씨도 여러 가지 기독교 서적을 읽으면서 기독교 신앙에 대해 어렴풋이나마 눈을 뜨게 되었다. 그러다가 1894년 어느 날 박 씨가 열병(발진 티푸스)에 걸려 사경을 헤매게 되었다. 열은 열로 고친다고 더운 방에서 몸을 지지고 무당을 불러 굿을 하면서 야단법석을 떨 때 아들이 서양 사람 하나를 데리고 왔다. 그가 의료 선교사 에비슨이었다.

무어와 에이비슨은 박 씨가 완쾌할 때까지 왕진을 계속하며 보살펴 주었고, 사경을 헤매던 박 씨는 에이비슨의 정성 어린 치료로 곧 병상에서 일어났다. 박 씨는 왕의 시의인 에이비슨이 자기 같은 천민을 치료하러 누추한 집에 온 것에 깊은 감명을 받았다. 그 후 무어 선교사의 전도로 기독교인이 되었다.

지금의 승동교회의 출발은 무어 선교사가 곤당골교회를 설립한 1893년으로 거슬러 올라간다. 고운 담으로 연결된 곳이라 해서 '곤담골' 혹은 '곤당골'로 불리던 동네에 무어 선교사의 사택이 있었다. 조그마한 개천이 흐르던 이 동네에는 일단의 백정들도 모여 살았다. 박 씨는 1894년 무어 선교사에게 세례를 받았다. 곤당골교회에서는 그에게 '성춘'이란 이름을 지어 주었다. 당시 천민이던 백정은 이름이 없는 경우가 허다했다.

《승동교회 100년사》에는 1894년 박성춘이 첫 세례를 받았는데 백정 박 씨의 입교는 우리 교회사에서 큰 의미를 갖는다고 기록되어 있다. 예수는 결코 인간을 차별하지 않는다는 신념을 굳게 믿은 무어 선교사 덕분이었음은 두말할 나위가 없다. 무어 선교사는 당시 조선의 남녀 차별, 아내 학대 문화를 교정하고자 애썼다.

그 후 백정 출신 박성춘은 무어 선교사의 지도로 조선 백정들의 신분 해방을 위해 조정에 수차례 탄원서를 올렸다. 그리고 마침내 이 땅의 모든 백정은 신분 해방의 감격을 맛보게 되었다. 백정 역시 국민의 한 사람으로서의 자격을 얻어 민적(民籍)에 자신의 이름을 올릴 수 있었고, 양반처럼 망건과 갓도 쓸 수 있게 되었다. 적어도 법률적으로 다른 모든 국민과 동등한 대우를 받게 된 것이다.

이것은 110년 전 조선 땅에서는 상상도 할 수 없었던 가히 혁명적인 일이었다. 마르다 허틀리 여사는 자신의 저서 《한국 개신교 선교

8 사무엘 무어(Samuel F. Moore, 1860~1906)

역사》에서 무어 선교사에 의한 조선의 백정 해방을 "세계를 뒤집어 놓은 사건"이라고 명명하면서 "링컨 대통령의 노예 해방 선언을 얻은 미국 흑인들의 기쁨이 한국 백정들의 기쁨보다 결코 더 크지 않았다"고 말했다.

무어 선교사는 조선 땅에서 태어난 조선인이 아니었다. 미국에서 태어난 미국 사람이었다. 조선은 그에게 이방 땅, 이방 민족이었다. 그러나 한 이방인이 자기 생각과 마음을 고쳐먹었을 때, 그 이방인 한 사람으로 인하여 수백 년 동안 이 땅에서 인간 취급을 받지 못하던 백정들이 해방되는 출애굽의 대역사가 일어났다.

이러한 일들로 무어 선교사는 '백정 전도의 개척자'라 불렸다. 그는 1895년 갑오개혁을 통해 조선 유교 사회의 신분 차별이 법으로 철폐되었을 때, "나는 이것이 복음을 전할 절호의 기회라고 생각합니다. 하나님께서 이 천대받아 온 계층에서 조선인 성도들을 많이 세우실 것이라고 믿습니다"라고 하면서 조선의 가장 낮은 자들을 향한 그리스도의 마음을 내비쳤다. 그는 매일 아침 20~30명의 조선인을 만나 성경 말씀을 가르치고, 오후에는 서울 거리와 한강 유역에 있는 천민들의 마을들로 찾아가 전도했다.

백정 출신인 박성춘은 경기도 일대의 백정들을 대상으로 전도에 힘썼다. 그 결과 일부 성도들은 신주를 불사르고 제사를 그만두며 가정예배를 드리거나 성경 공부 모임을 조직하는 등 적극적으로 복음에 반응했다. 1898년 한 해 동안만 무어 선교사는 33명의 백정에게 세례를 주었고, 그해 경기도에서만 백정 132명이 교회에 출석했다.

백정 출신 박성춘의 아들 봉출도 박서양이라는 어엿한 자기 이름을 갖게 되었고, 후에 제중원 의학원(세브란스의대 전신) 1회 졸업생이 되어 그 뒤 10년 동안 에이비슨 선교사와 함께 의대 교수로 재직했다. 박서양의 여동생 박양빈은 독립운동가인 신채호 가문의 신필호와 결혼했다. 의사였던 그의 집은 개화된 집안이었기에 그녀의 집안이 백정 가문인 것에 개의치 않았다고 한다. 백정 가문이 명문 가문을 이루는 놀라운 역사가 이처럼 실제로 일어났다.

당시는 백정이 인간 취급을 못 받았기 때문에 그 아들 역시 인간 취급을 받지 못했다. 그런데 그런 백정의 아들이 의대 교수가 되어 당시 조선 사회의 최고 지도자 반열에 올랐다. 무어 선교사에 의한 백정 해방 운동이 당시 조선 사회와 조선인의 의식 변화에 얼마나 지대한 영향을 미쳤는지는 능히 짐작하고도 남는다.

한편 1895년 박성춘의 전도로 백정의 입교가 늘어나자 교회 내에서 말썽이 일어났다. 양반 계급 교인들이 천민 계급 백성들과 같이 앉아 예배를 드릴 수 없다면서 교회 출석을 거부하는 불상사가 일어났다. 무어 목사는 깜짝 놀랐다. 똑같은 하나님의 자녀인데 어떻게 그럴 수 있느냐며 간곡히 만류했으나 듣지 않았다.

한 달 뒤 그중 한 사람이 찾아와 만약 자기들을 맨 앞자리에 앉도록 좌석을 구별해 준다면 교회에 출석하겠다고 했다. 그러나 무어 선교사는 그 제안을 거부했다. 그가 양반들의 요구를 거절했던 이유에 대해 아마 북장로교 출신이기에 노예제 폐지의 중요성을 알고 그에 따른 인권의식이 높았기 때문이라고 추측하기도 한다. 그래서 조선에서 선교하면서 신분에 따른 차별이 당시 가장 큰 문제라고 생각하여 에이비슨 선교사와 함께 백정과 노비들의 면천 운동을 대대적으로 펼쳐나간 것으로 본다.

무어 선교사가 양반들의 요구를 거절하자 결국 그들은 곤당골교회를 나가 홍문섯골(지금의 홍문동으로 광교 조흥은행 곧 신한은행 본점

8 사무엘 무어(Samuel F. Moore, 1860~1906)

뒷골목 근처였다고 함)교회를 세웠다. 이때가 1895년 4월 20일이었다.
 양반들이 곤당골교회를 떠나도 무어 선교사는 탄식만 할 뿐 속수무책이었다. 하나님의 교회는 모든 사람이 빈부귀천의 차별 없이 그리스도 안에서 한 피를 받아 한 몸을 이룬 형제자매인데 인간적 제도의 차별을 내세워 신령한 형제 됨을 거부한 양반들을 옳다고 인정할 수도 없고, 잘못했다고 처벌할 수도 없었으며, 그렇다고 아까운 인물들을 포기할 수도 없었다. 1898년에 교인은 108명으로 늘어났는데 그중 백정 출신 교인은 30명이었다.
 그러던 중 뜻밖의 일이 터졌다. 1898년 6월 17일 돌발적인 화재로 곤당골교회당이 불에 탔다. 이 화재는 곤당골교회와 홍문섯골교회가 다시 화합하는 좋은 계기가 되었다. 1895년에 갈라져 나갔던 홍문섯골교회 교인들은 과거의 잘못을 뉘우치고 곤당골교회와 합하여 중앙교회를 세웠다. 그리고 1907년 '이기는 교회가 되자'라는 뜻으로 '승동'(勝洞)으로 이름을 바꾸어 그 뒤에 승동교회로 발전했다.
 무어 선교사는 500년간 사람 대접을 못 받던 백정들이 인권을 되찾게 하는 백정 해방 운동에 앞장섰다. 백정 출신이라고 천대받던 박성춘은 1911년 승동교회 장로로 선출되었고, 경기·충청노회 재정위원으로도 활동했다. 박성춘이 장로가 되었을 때 같은 장로로 왕족이었던 이여한 장로가 있었다. 승동교회에선 왕족과 백정이 하나의 공동체를 이뤘다.
 한편 1894년 7월부터 1896년 2월까지 갑오개혁이 있었다. 이 개혁에서 특히 중요한 내용은 사회제도의 개혁이었다. 양반과 평민의 신분을 타파했고, 백정과 광대 등 천인 신분의 폐지와 함께 공사(公私) 노비 제도를 없애고 인신매매를 금지하는 법령을 공표했다.
 1894년 12월부터 1895년 7월까지 제2차 개혁을 단행하자 백정 조합의 우두머리였던 박성춘은 1895년 4월 12일 당시 내무부이던 내무아문(內務衙門)의 대신에게 소지를 한 통 보냈다. 내용은 다음과 같다.

"당신의 비천한 종들인 우리는 500년 남짓 백정 일을 생활 수단으로 살아왔습니다. 연례적인 대제(大祭) 때마다 조정의 요구에 순응해 왔으나 항상 우리는 무보수였고 가장 천대받는 일곱 천민 중 하나로 취급받아 왔습니다. 다른 천민 계층은 도포와 갓과 망건을 착용할 수 있으나 우리에게는 아직 그것이 허용되지 않았습니다.

우리는 모든 이로부터 멸시를 받고 심지어 지방 관아의 아전들은 재물까지 수탈해 가곤 합니다. 만일 그들의 요구에 불응하면 갖은 행패를 다 당하고 때로는 관가에 잡혀가 희롱을 당하고 욕을 먹으며 억지로 일을 하기도 합니다. 그뿐 아니라 삼척동자에게까지 하대를 받습니다. 이 세상 어디에 이런 고통이 있겠으며 그 외에도 우리가 방관하는 수많은 천대를 어찌 말로 다 할 수 있겠습니까.

우리보다 낮은 계층인 광대조차도 갓과 망건을 쓰는데 유독 우리만 허용되지 않고 있으니 그 한이 뼈에 사무치고 있습니다. 이제 듣건대 대감께서는 옛 악습을 폐하고 새 법을 만드신다고 하옵는데, 이런 것 때문에 당신의 비천한 종들이 희망으로 주야로 열망하며 지금 공포에서 벗어나게 되었으니, 각하께서는 저희가 갓과 망건을 쓸 수 있게 한 이 특별한 법을 전국 어디에서나 알 수 있도록 해주시기를 청하옵니다. 또한 지방 관아 아전의 학대를 금하도록 해주시기를 간절히 호소하는 바입니다."

이 호소문에 대한 응답은 '이미 포고문을 발표한 바 있으니 금 후에는 아무런 걱정이 없을 것이다'라는 것이었다.

8 사무엘 무어(Samuel F. Moore, 1860~1906)

그 이듬해 3월 또 다른 호소문을 올렸다. 그 내용은 "다른 천민들은 모두 민적에 오르게 되었는데 당신의 비천한 이 충복들만은 인구조사에서 빠졌으니, 갓과 망건을 쓰게 된 것이 무슨 소용이 있겠습니까? 외모로는 다른 사람과 똑같이 되었으나 실속은 그렇지 못합니다. 간절히 바라옵기는 우리도 민적에 오를 수 있도록 두루 살펴 주시고 은혜 내려 주시기를 바라옵니다"라는 것이었다.

박성춘이 올린 소지가 열매를 맺어가고 있었다. 서울에 이 모든 것을 허락한다는 포고문이 게시된 것은 그해 6월 6일이었다. 이 시기는 제2차 갑오경장기에 해당한다. 내무대신 박영효의 주도하에 모든 문물 제도가 개혁되고 있었다. 백정 박성춘은 너무 기뻐서 무어 목사를 찾아와 말하기를 "이것은 애굽의 압제로부터 구원받은 이스라엘 민족 같은 경우이고, 이러한 구원은 하나님만 하실 수 있다"라고 하였다.

박성춘은 도저히 그대로 있을 수가 없었다. 우선 시골에 사는 백정들에게 자신들의 신분 해방이 가까워지고 있다는 사실을 편지로 알렸다. 편지에서 예수 그리스도에 대하여서도 말하면서 이 위대한 축복이 곤당골교회로부터 왔다고 했다. 그리고 너무 기뻐 득의양양하다가 다른 평민이나 양반들과 충돌하지 않도록 하라는 충고도 잊지 않았다.

무어도 새 힘을 얻었다. 그는 자신의 사비로 전국 방방곡곡에 보낼 360여 장의 포고문을 제작했다. 이제 가장 낮은 계층에 속한 사람들이 인간다운 대접을 받을 수 있게 되었다. 무어 목사는 그것을 "참으로 가장 낮은 자는 위대하다"라고 표현했다.

박성춘은 무어 선교사에게 전국에 산재한 약 3만 명의 백정에게 전도하고 싶다며 앞으로의 계획을 털어놓았다. 그리고 그는 자기가 말한 것을 실천했다. 1895년 10월 13일 무어 목사는 수원에서 감격적인 체험을 했다. 수원 주변에 사는 백정들을 모으니 약 50명이 되었다. 박성춘은 이들에게 자신이 어떻게 복음을 받아들이게 되었는지를 간증한 후 무어 목사로 예배를 인도하도록 했다. 50명이 집에 다 들어갈 수 없었으므로 일부는 마당에 멍석을 깔고 예배를 드렸다.

박성춘은 이제 열렬한 전도자가 되었다. 한 손에는 백정을 해방한다는 포고문을 들고, 또 한 손에는 성경을 들고 백정들을 위해 자신을 내어놓았다. 신문에 기사도 싣고, 관민공동회에서는 시민을 대표하여 연설도 했다.

"나는 대한의 가장 천한 사람이요 무지 몰각한 사람입니다. 그러나 충군애국(忠君愛國)의 뜻은 대강 알고 있습니다. 이에 이국(利國) 평민(平民)의 길인 즉 관민이 합심한 연후에야 가(可)하다고 생각합니다. 저 차일(遮日)에 비유하건대 한 개의 장대로 받친즉 역부족이나 많은 장대를 합한즉 그 힘이 견고합니다. 원하건대, 관민이 합심하여 우리 대황제(大皇帝)의 성덕(聖德)에 보답하고 국조(國祚)로 하여금 만만세를 누리게 합시다."

수천 명이 모인 민중대회에서 가장 천대받던 백성이 개막 연설을 했다. 이 호소문은 물론 박성춘 등이 정부에 제출한 호소문의 원문은 아니고 무어 목사가 연설을 요약한 것이다. 또한 박성춘 등은 호소문을 쓸 만큼 유식한 사람들도 못 되었기 때문에 무어 목사와 그의 어학 선생의 도움으로 호소문을 작성하여 제출했다.

무어 목사의 백정 해방 운동은 성공하여 백정들은 그때 비로소 국민의 자격을 얻게 되었고 국민의 한 사람으로서 민적에 오를 수

8 사무엘 무어(Samuel F. Moore, 1860~1906)

있었을 뿐 아니라, 갓도 쓰고 망건도 쓸 수 있게 되었으며 법률상으로 동등한 대우를 받게 되었다.

평양 장로교신학교 교수 시절 무어 목사는 1학년 학생들에게 창세기를 가르쳤고, 2학년 학생들에게는 민수기와 열왕기를, 3학년 학생들에게는 영국 역사를 가르쳤다. 그는 영국 의회주의 정치제도를 강의하며 학생들에게 자유사상을 고취시켰다. 이것이 곧 민주주의요 평등사상이었다.

이러한 태도로 인해 그는 동료 선교사들에게서 따돌림을 받아 몹시 고독한 생활을 했으며, 한국인 양반들에게서도 미움을 받았으나 자기의 사명에 충실했다. 무어 목사는 병들고 가난하고 억눌림 당하는 사람들과 가까이 지내다가 장티푸스에 걸려 1906년 12월 22일 제중원에서 조용히 숨을 거두었다. 그의 유해는 양화진 외국인 묘지에 잠들어 있다. 그의 묘소 앞에는 그가 개척한 승동교회와 마포 동막교회가 공동으로 세운 기념비가 서 있다.

백정과 가난한 자들과 고통받는 자들에게 특별한 애정을 가졌던 무어 목사는 왜 소외된 자들에게 전도하고 백정에게 선교하고 백정 해방 운동을 지지했을까? 다음 몇 가지 동기와 이유를 추측할 수 있다.

첫째, 그는 1860년 9월 15일 일리노이주의 아주 작은 시골 마을 그랜드리지에서 태어났다. 그 마을이 타운이 된 것은 130년 전이고, 지금도 인구는 500명 수준이다. 한마디로 무어는 옥수수만 널린 들판을 보면서 자란 가난한 농촌 소년이었다. 현재 그랜드리지 장로교회는 2008년에 팔려 일반 상점이 되었다는데, 아마 무어가 이 작은 시골 교회에 다녔을 것이다. 그는 대학도 시골에 있는 몬태나 대학교를 졸업했다.

둘째, 미국 남북전쟁 전후 시골에서 자란 많은 이들이 미국이 급격히 산업화, 도시화, 세속화될 때인 1890년대에 해외 선교사로 나갔는데, 그들은 여전히 90% 이상 농민으로 구성된 아시아와 아프리카에서 기독교 복음을 전하려는 순수한 마음이 강했다.

셋째, 1892년 매코믹 신학교를 졸업하고 한국에 온 초기 장로교회 선교사들은 대부분 이런 시골이나 중·소도시 출신이었다. 이들은 뉴잉글랜드 대도시 출신 선교사들처럼 소위 기독교 문명론을 전파하는 대신 순수 그리스도만을 전하려고 노력했다. 대형 병원이나 학교를 통한 선교 방법론인 기구주의에 반대하고 복음만을 전함으로 개종을 통한 교회 설립을 우선시하는 네비어스 방법론을 지지했다.

넷째, 백정 전도야말로 순수 복음을 통한 개인의 변화, 변화된 개인을 통한 사회 변화라는 당시 복음주의 개인관·사회관에 적절한 유형이었다.

다섯째, 1884~1910년 내한 장로회 선교사 중 남자 선교사는 95명, 그중 목사는 71명이었다. 매코믹 출신은 18명으로 전체의 25.4%였다. 한국 장로교회 초기 선교에서의 갈등은 바로 이런 선교사들의 문화적 배경, 출신 지역 배경 차이에서 비롯되었다. 물론 이들이 온건한 복음주의 노선의 매코믹 신학교를 나온 점도 중요한 배경이었다.

여섯째, 그가 한국에서 목회한 교회인 곤당골교회는 주변에 가난한 자들과 백정이 많았다. 박성춘이 교인이 되고 백정 선교의 지도자가 되면서 그를 지지한 목사가 바로 무어였다.

일곱째, 그는 새우젓 장수와 염색장이, 갖바치, 기와와 벽돌 찍는 일일 노동자가 많은 마포와 영등포와 용산 등 한강을 따라 가난한 성문 밖 사람들을 전도했다.

8 사무엘 무어(Samuel F. Moore, 1860~1906)

여덟째, 무어 목사는 성품적으로 가난한 자들에 대한 연민과 사랑이 많았다. 그의 가족들도 모두 병약했다. 육체적 고난은 우리를 겸손케 하고 타인의 아픔에 동참하게 만든다.

아홉째, 자연히 무어는 인정 많은 목사로 알려졌고, 1905년 경의선 철도 부설 때 강제 노동을 하던 황해도 교인들이 하소연할 데가 없자 무어 목사에게 찾아와 도움을 구하기도 했다.

승동교회는 교회사적으로 매우 의미 있는 교회이다. 1912년 지어진 승동교회는 일제의 행정구역 개편 시 개명된 '인사동'이 생기기 전부터 그곳에 자리하고 있었다. 이 교회의 오랜 역사는 '승동'이라는 이름으로도 알 수 있다. 승동교회가 생겨난 자리는 종로 한복판 '절골'(寺洞, 지금의 인사동 137번지)이라는 동네였다. '절골' 또는 '사동'(寺洞)이란 동네 이름은 고찰 원각사 때문에 붙여진 것인데 승려가 많다 해서 '승동'(僧洞)이라고도 했다. 이후 교회 이름의 '승'은 '승려 승(僧)'에서 현재의 '이길 승(勝)'으로 바꿨다.

붉은 벽돌로 쌓아 올린 외곽, 반원형 아치 모양의 창문, 십자형의 삼량식 박공지붕, 고풍스러운 예배당의 전경은 전형적으로 라틴 계열의 건축양식을 구사하고 있다. 누구나 한눈에 보더라도 범상치 않은 건물임을 느낄 수 있다.

착공한 지 2년 만인 1912년 완공된 서울 승동교회 예배당은 2001년 4월 서울특별시 문화재 제130호로 지정되었다. "건물의 벽체와 창호 주변, 지붕과 바닥 틀 등은 20세기 초 서양식 건축 기술의 정착 과정을 살펴볼 수 있는 귀중한 자료"라는 게 문화재 지정의 이유였다.

1919년 2월 교회 1층 밀실에서 당시 승동교회 면려청년회 회장이었던 연희전문학교의 김원벽을 중심으로 경성의 각 전문학교 대표자 20여 명이 모여 3·1 독립운동의 지침과 계획을 모의했다. 그리고 2월 28일 밤에 1,500장의 독립선언문을 경성 각처에 배포했다. 교회의 위치가 기미독립선언서를 낭독할 탑골공원와 가까워 거사 진행에 쉬웠기 때문이었다.

3·1 독립운동으로 학생 대표였던 김원벽을 비롯한 많은 교인이 투옥되자 당시 승동교회 차상진 목사도 조선의 독립을 요구하는 '12인의 장서'를 과감히 조선총독부에 제출하고 옥고를 치렀다. 그 후로 승동교회는 일본 경찰로부터 심한 수색을 당하는 등 수난을 겪었다.

당시 학생들은 민족 대표 33인이라 불리는 어른들만큼 큰 용기를 내어 3·1 독립운동을 주도했다. 기미년 3월 1일 토요일 민족 대표와 학생 대표들은 사람들이 가장 많이 모이는 종로 탑골공원에서 만나 독립 만세 운동을 벌이기로 했다. 하지만 민족 대표들은 탑골공원이 아닌 인근 서양식 요릿집이었던 태화관에서 모인다. 태화관에서 기미독립선언식을 거행한 이들은 조선총독부에 전화를 걸어 자수했고, 체포하러 온 일본 헌병들에게 연행됐다. 탑골공원에서 민족 대표들을 기다리던 학생들이 포기하지 않고 기미독립선언서를 낭독하고 모여든 군중에게 독립선언서와 태극기를 나누어 주면서 3·1 독립만세운동이 시작되었다.

학생들에 의해 불길처럼 번진 3·1 독립만세운동은 서울에 이어 중·소도시와 농촌까지 퍼졌다. 3·1 독립만세운동을 계기로 계몽 운동, 무장 운동 등 다양한 독립운동이 활발히 일어났다. 한일 강제병합의 해인 1910년부터 무력에 의한 무단통치를 했던 일제는 3·1 독립운동 이후 이른바 문화통치로 식민지 정책을 바꿨다.

B 사무엘 무어(Samuel F. Moore, 1860~1906)

한편 승동교회에서는 대한여자기독교청년연합회(YWCA)가 창립돼 여성들이 사회활동과 봉사에 일익을 담당하는 계기를 만들기도 했다. 이렇게 승동교회는 일제강점기 때 민족운동과 사회운동에서 큰 역할을 했다.

무어, 레이놀즈, 클라크 선교사에 이어 한국인으로 승동교회 첫 담임목사가 된 이여한(李汝漢) 목사는 원래 승동교회 초대 장로 중 한 사람이었고, 훗날 일본에 전도목사로 파송되었다. 이어 3·1 운동에 가담했다가 옥고를 치른 차상진 목사, 청빈한 삶과 뛰어난 필력으로 〈기독신보〉 주필을 지낸 김영구 목사, 조선 왕실의 후손으로 최초의 목사가 되어 평생을 무보수로 섬겼던 이재형(李在灐) 목사, 부흥사로 명성을 떨쳤던 순교자 김익두 목사, 일본 유학생 독립운동에 연루되어 옥고를 치른 오건영 목사, 맹아 선교에 크게 공헌한 이덕흥 목사 등이 해방 무렵까지 강단을 지켰다.

이후에도 독립운동가 출신의 홍대위 목사, 중국 선교사로 활동했던 이대영 목사, 공산권 선교에 앞장섰던 박일운 목사 등 다양한 이력을 지닌 목회자들이 사역했다. 평신도 중에는 독립운동가이자 정치인이었던 몽양 여운형, 조선신학교 설립자 김대현 장로, 교단 부총회장을 지내며 총신대와 〈기독신문〉의 발전에 크게 공헌한 벽산그룹의 김인득 장로, 부산 피난 시절 교회를 규합했던 한수산 장로 등이 승동교회의 대표적인 인물이다.

무어 선교사는 한강에 배를 띄워 서울 서쪽 경기 지역과 경기 북부, 황해도 지역까지 다니며 전도했는데 그 배의 이름은 '기쁜 소식'(The Glad Tiding)이었다. 이때 개척된 교회가 동막교회와 대현교회 등 그 수가 20여 개에 달한다. 미국 장로교 선교부는 무어 선교사가 소천한 뒤 동막교회를 무어 선교사 기념교회로 지정했다.

동막교회는 무어 목사가 현 마포구 동화동에 초가 7칸의 예배 처소를 만들면서 시작되었다. 그것이 1900년경이었다. 1904년 4월 15일에 휴 밀러 선교사(장로)가 부임했는데(1937년 은퇴 귀국), 이를 근거로 이날을 공식적인 교회 창립일로 정했다. 이후 1906년 대흥동 415번지 소재 운현궁 터 764평을 구입해 동막교회를 설립했다.

양화진에 있는 무어 선교사의 묘지 기념비에는 다음과 같은 문구가 기록되어 있다.

"이 나라 개신교사에 길이 빛날 그의 공로를 기리며 그의 첫 열매인 승동교회와 마지막 열매인 동막교회가 힘을 합하여 이 추모비를 세운다."

1989년 4월 승동교회, 동막교회 일동
In loving memory
사랑하는 기억으로 씁니다.
Samuel Forman Moore
사무엘 무어 선교사
Presbyterian missionary
장로교 선교사
Born 1860 Died 1906 Aged 46 1860-1906
1860년 출생, 1906년 소천, 향년 46세.
Devoted Servant of Jesus Christ

8 사무엘 무어(Samuel F. Moore, 1860~1906)

예수 그리스도 충성된 종,
Beautiful in character and spirit
영혼과 인격이 아름다웠던 분,
and unselfish in his love for the Korean people
한국인들을 향한 조건 없는 사랑으로 복음을 전하신,
He died happy in the knowledge that he had brought many to know God as their father.
그는 수많은 사람에게 복음을 전하고 그들을 하나님 아버지의 품으로 인도하였음을 알았기에 행복하게 돌아가셨습니다.
Verily His Work, Follow Him.
이것은 진실로 진실로 그의 일이었습니다.
우리도 그를 따릅시다.
사무엘 F. 무어(Samul F. Moore, 牟三悅, 1860~1906, 미국 일리노이주-한국)

9
루이스 테이트
(Lewis B. Tate, 1862~1929)

 호남 선교의 시원을 열었던 유진 벨 선교사는 미국 남장로교회 소속으로 1895년 4월에 제물포로 입국했고, 이어 클레멘트 오웬 선교사가 1898년 11월 6일에 입국했다. 그러나 이들보다 앞서 1892년 8월 남장로교에서는 테이트와 레이놀드, 그리고 전킨을 한국 초대

선교사로 선정하였고, 여기에 4명의 여성을 추가하여 7인의 선발대를 보냈다. 사실상 이들로 인하여 미국 남장로교 주도의 호남 선교가 이때부터 시작되었다. 미국 남장로교로서는 대단한 선교적 모험을 시도한 것이다. 이때 동행한 여성 4명은 테이트 선교사의 동생인 마티(Mattie)와 리니 데이비스(Linnie Davis), 전킨의 부인 메리 레이번(Mary Liyburn), 레이놀즈의 부인 패치 볼링(Patsy Bolling)이었다.

테이트가 선교사 임명 절차를 추진하는 사이에 존슨이 언더우드와 함께 유니온 신학교 학생인 전킨과 레이놀즈의 결심을 불러일으켰고, 1892년 2월 미국 북장로교 선교위원회에서 테이트, 전킨, 레이놀즈를 선교사로 임명한 데 이어 테이트의 여동생 마티와 데이비스도 임명했다.

루이스 테이트[Lewis B. Tate, 최의덕(崔義德), 1862~1929] 선교사는 1893년 호남 선교의 개척자로 전킨 선교사와 함께 전주에 처음 온 선교사였다. 그는 전주를 중심으로 익산, 정읍, 금구, 태인, 고부, 흥덕, 부안, 임실, 남원 등의 각 지방에서 꾸준히 선교 활동을 했다. 그의 열성적인 선교 활동으로 그가 전도하여 설립된 교회가 78곳, 장립된 장로가 21인, 안수받은 목사가 5인이었으며, 세례를 베푼 교인은 무려 1,500여 명이나 되었다. 그는 전라도노회와 전북노회, 그리고 총회에서도 오랫동안 일했고, 신학교와 성서공회, 예수교서회, 세브란스 의학교의 이사로 봉직하면서 한국 선교의 기초를 잘 다져 주었다.

1925년 심장병이 심해져 조선 선교 33년의 사역을 마치고 귀국해서도 미국 각처를 순회하며 조선 선교를 위해 강연하면서 많은 젊은 이를 선교사로 동원하고, 많은 미국 교회가 조선 선교를 도울 수 있도록 최선을 다하며 살다가 1929년 67세를 일기로 소천했다.

마티 테이트(Mattie Tate, 최마태, 1864~1940) 선교사는 미국 미주리주 갤러웨이에서 출생했다. 그녀는 1892년 11월 3일 남장로교 선교사로 오빠인 테이트와 함께 내한, 서울에서 한국어를 공부하며 부녀자를 대상으로 전도를 시작했다. 이후 말과 가마를 타고 육로로 전주에 와서 여성으로서 호남 선교의 선두주자 역할을 용감하게 담당했다. 동학농민혁명군의 난리로 어려움을 겪었으나 굴하지 않고 전주에서 최선을 다해 선교 사역을 감당했다. 그녀는 주일학교와 성경학교를 세웠으며, 또한 아동 교육으로 여학교를 발전시켜 전주에서 계속 여성을 중심으로 한 전도 사업에 종사했다. 그리고 자신이 시작한 여학교를 1907년 교육 담당 여선교사 랜킨에게 맡겼는데 이것이 전주 기전여학교였다.

그녀는 한국 선교 초기에 내한한 여선교사로서 다른 이가 겪어보지 못한 많은 어려운 경험을 하며, 선교사 가운데서 베테랑 선교사의 권위를 지니게 되었고 평생을 독신으로 지내면서 오로지 한국 여성 선교에 44년간 헌신했다. 그리고 1935년 은퇴 후 귀국하여 1940년 미국에서 소천했다.

1892년 조선 선교에 관심을 기울인 미국 남장로교는 이듬해 1월 미국 남·북장로교, 호주 장로교 등 3개 교단으로 구성된 조선장로교단 선교협의회로부터 충청도와 전라도 지역을 선교 지역으로 할당받아 드류(A. Damer Drew, 유대모)를 통해 충주와 그 인근 지역에 근거지를 마련할 계획을 세웠다.

그해 가을 전킨과 부인 레이번, 레이놀즈와 부인 볼링, 테이트와 여동생 마티, 데이비스 등 7인은 조선을 향해 배를 탔다. 조선에 도착한 이들 중 데이비스는 알렌과 함께 생활하게 되었고, 다른 선교

9 루이스 테이트(Lewis B. Tate, 1862~1929)

사들은 서소문에 부동산을 매입하여 지냈으며, 전킨은 서소문 밖의 부동산을 매입했다.

1893년 초가을 전킨과 테이트는 전주에서 2주간 지내면서 상황을 살펴본 후 서울로 돌아갔다가, 그해 늦은 가을 다시 전주에서 2주간 지내면서 전주 남쪽 산 중턱인 완산의 초가집을 매입했다. 1894년 3월 테이트와 여동생 마티는 이전에 매입한 산 중턱에 자리 잡은 초가집에서 3개월을 보내면서 전라도를 여행하던 레이놀즈와 드류 (1893년 선교 사업에 합류)의 방문을 받았다.

1893년 조선에 온 의료 선교사 드류는 레이놀즈(이눌서)와 함께 1894년 3월 27일 서울을 떠나 강화, 인천을 거쳐 3월 30일에 군산에 도착했다. 그들은 자신들의 선교지인 군산 지역에 대한 벅찬 기대감으로 상륙하여 일기에 "군산은 참으로 아름다운 땅"이라고 썼다. 조그마한 어촌에 불과한 군산은 넓은 들판을 끼고 금강 주변에 마을들이 발달하여 있었으나 예수교 선교에는 별다른 반응을 보이지 않는 아주 보수적인 지역이었다.

개항 전 군산은 옥구군 북면에 속했는데, 개항 당시에는 한옥 150채에 조선인 700명, 일본인 가옥 23채에 일본인 156명이 거주하는 갯벌과 갈대밭이 우거진 작은 어촌이었다. 군산은 북쪽으로는 금강, 남쪽으로는 만경강이 서해로 흘러 들어가는 하구 사이에 있는 항구 도시였다. 두 강을 끼고 널리 발달한 들판에서 생산되는 풍부한 농산물의 집산지이며, 개항 이전에 번영을 누렸던 충남 강경의 출입구로서 자연적인 조건을 갖추고 있었다.

1894년 3월 30일, 이들 선교사는 군산에 도착하자마자 참사를 문안하는 자리에서 예수교에 대하여 설명하면서 전도했는데, 이를 근거로 예수교의 군산 지방 선교는 이날을 기념하고 있다.

"처음에 군산 선교사는 이눌서와 유대모 의사였으니, 1894년에 온 전라남북도를 시찰하려고 군산에 내려서 참사에게 전도했으며, 그다음 해 3월에 전 목사와 유대모 의사가 인천에서 작은 범선을 타고 11일 만에 이르러 3개월 동안 전도를 하며 환자를 진찰하는데, 그때 김봉래와 송영도 양 씨가 믿기로 작정하고 선교사가 다시 올 때 원입 문답하여 달라 했습니다."

군산에 상륙한 이들은 이곳에서 숙소를 잡지 못하고 현감이 있는 임피에서 숙박할 수 있는 장소를 얻었다. 그리고 주막에서 하룻밤을 지낸 뒤 전라도 정찰 여행을 위하여 임피를 출발하여 전주에 도착하여 이미 그곳에 자리 잡은 테이트 선교사 남매와 정해원 조사 부부의 영접을 받으며 전주 성문 밖 은송리에 짐을 풀었다. 4월 4일까지 정해원 조사와 선교 전파를 하던 중 천주교에 대한 경고 벽보가 나붙자 더 전주에 머물 수 없어 전라도 선교 여행길에 올랐다. 이들은 영광(16일), 함평·목포(18~19일), 진도(23일), 벌교(30일)를 거쳐 부산에 도착하여 베어드 선교사 부부의 영접을 받았다.

1894년 5월 7일 이들은 기선을 이용하여 부산을 떠나 5월 9일 제물포에 도착했고, 5월 12일에는 서울에 머무는 가족과 만났다. 그리고 서대문에 머물고 있던 전킨 목사의 집에 진료소를 개설하고, 매일 10~20명을 치료하며 전도 활동을 했다.

1895년 3월, 드류는 군산에서 사역할 것을 임명받고 금강변 갈대가 우거진 지역의 초가집을 매입하여 소규모 의료 선교 사업을 펼치기 시작했다. 1896년에는 선교선을 구입, 주로 해양을 통한 순회 진료를 했다.

1894년 2월 맹위를 떨치고 있는 추위를 무릅쓰고 테이트 목사와 누이동생 테이트는 파견된 전주로 갔다. 그들은 전주에 도착하여 초

9 루이스 테이트(Lewis B. Tate, 1862~1929)

가집에 머물면서 효과적인 선교를 위한 계획으로 밤을 지새웠다. 외국인 남매가 한집에 산다는 것이 당시 척외 사상과 사대주의로 팽배해 있던 사람들의 마음을 요동하게 했다. 사람들은 몽둥이로 테이트 목사 남매가 거처하는 집의 대문을 부수거나 위협을 가하기도 했으나 그들 남매는 숨거나 도망가지 않았다. 1892년부터 전북 고부에서부터 심상치 않았던 동학의 움직임이 끝내 1894년 동학운동으로 확산했다.

두 남매는 서울로 철수했으나 동학운동이 끝난 1895년 2월부터 다시금 완산 언덕의 대지와 2채의 초가집을 추가 매입했다. 1896년 11월, 밤이면 칠흑같이 어두웠을 조선의 하늘 아래 쌀쌀해지는 날씨는 적응하기 어려울 정도로 맹위를 떨쳐갔다. 어느덧 한반도에 도착한 지 4년째를 맞이하고 있을 때 뜻하지 않은 시련이 그들을 찾아왔다. 1903년 리니 데이비스 선교사가 전주 예수병원에서 환자를 돌보던 중 발진티푸스로 55세의 나이로 별세한 것이다. 7인의 선발대 중에서는 가장 먼저 희생자가 발생했다. 이후 전킨 목사가 1908년에 폐렴으로 전주에서 사망했다. 하나둘 죽음을 맞이하는 희생이 잇따랐다.

전주 지역 최초의 의료 선교사 마티 잉골드(Mattie B. Ingold)가 전주 성문 밖에 도착한 것은 1897년 11월이었다. 그녀는 볼티모어 여자의과대학을 수석으로 졸업한 인재였고, 5년간의 준비 끝에 조선을 향했다. 그녀는 1897년 미국을 떠나 한반도로 향하기 전 7월 18일자 일기에서 "내가 거저 받았으니 거저 줄 수 있게 하옵소서! 내가 두려워하는 것은 오직 하나님에 대한 나의 사명을 다하지 못하는 것은 아닐까 하는 것과 지나치게 나의 일과 세상의 도움에 의존할까 하는 것입니다"라고 고백하기도 했다.

잉골드는 먼저 1897년 10월 18일 테이트 목사의 여동생 마티, 의료 선교사 드류의 부인 및 아이들과 함께 군산에 도착했다. 그녀는 드류의 진료소를 방문하여 깊은 감명을 받았다. 잉골드는 훗날 "드류 박사의 의료사업은 대단히 성공적이었으며 먼 거리에 사는 환자들도 찾아왔다. 강 언덕 조그마한 드류 박사의 진료소는 처음 2년 동안 4천 명의 환자를 돌보았다"라고 회고했다.

잉골드는 100여 호 남짓의 초가집으로 이루어진 어촌이었던 군산을 지나 전주에 왔다. 그리고 1년 동안 의료 활동과 관련된 모든 준비를 끝내고 1898년 11월 3일 진료소를 개원했다. 그 병원이 전주 예수병원의 기원이었다.

앙골드가 만난 환자들은 육신이 아픈 이들도 많았으나 당시 전주 지역에 팽배해 있던 미신으로 인한 정신적 피해자들도 많았다. 영양실조에 걸린 쇠약한 어린아이가 아픈 이유를 아이가 태어난 지 세 이레가 되기 전에 마을 사람들이 개를 죽였기 때문이라고 생각했으며, 어린아이의 머리털을 버리면 그 아이가 죽어서 뱀이 된다고 믿었다. 한 여성은 아기의 병에 대해 아주 작은 소리로 말하면서, 크게 이야기해서 귀신이 들으면 병세가 더 나빠지게 만든다고 말하기도 했다. 그녀는 당시 기록에서 한국인들이 여러 곳에서 귀신의 공포에 시달렸다고 적고 있다.

> "11월 15일 영양부족으로 쇠약한 어린아이를 마을 이웃들이 개를 죽여서 생긴 병이라 했다. 12월 12일, 병들어 죽어가는 한 여자아이를 데려왔는데 그 집 귀신이 노해서 그런다고 했다. 12월 14일, '당신은 얼굴이 왜 일그러졌소?' 하니 자기가 태어날 때 이웃 사람이 병아리를 죽였기 때문이라고 했다."

하지만 복음이 그들에게 들어가자 공포가 사라졌다고 말했다.

잉골드는 1904년 포사이드가 전주 예수병원 제2대 원장으로 있던 해부터 1925년까지 전주에서 활동했다. 1905년 한 해 동안 잉골드와 포사이드가 함께 진료해 6,000명을 치료했다는 기록도 남아 있다. 1904년 8월 10일 포사이드가 군산에 도착해 전주 예수병원에서 첫 사역을 시작했으나 당시 한반도의 상황은 일촉즉발이었다. 그 역시 말골(당시 동학혁명이 발발했던 말목장터 근방) 마을에서 무장한 괴한들에게 습격당하고 납치되어 귀가 잘리고 측두골이 깨지는 심각한 부상을 당했다. 이 일로 후유증 치료를 위해 미국으로 돌아갔다가 1908년 목포로 다시 파송되어 일하기도 했다.

한편 1897년 7월 17일에는 레이놀즈 목사의 설교와 집례로 5명의 신자가 전주에서 역사적인 첫 세례를 받았다. 수제자는 김창국, 김내윤, 유 씨 부인(유충경의 모), 김 씨 부인(김창국의 모), 함 씨 부인이었다. 그러나 그해에 선교사의 거주가 전주 관리들의 반대에 부딪혔고, 선교사들은 화산동 지대로 이동해야만 했다. 그곳이 서문외교회의 시작이었다. 이곳을 중심으로 예수병원과 신흥학교, 기전학교가 개교를 앞두는 가슴 설레는 부흥의 전기가 마련되었다.

1905년 9월에 잉골드는 테이트 선교사와 결혼했다. 이때 테이트의 나이가 43세였고 잉골드는 38세였다. 결혼 후 잉골드는 진료소를 사임하고 남편 테이트와 함께 전북 복음화의 물꼬를 트기 시작했다.

이들은 농촌 지역을 순회하며 농촌 선교에 전력했고, 여성들의 신앙 교육과 성경 교육에도 힘썼다. 이때 한반도는 아직 위기의 정점에서 벗어나지 못했다. 1905년 러일 전쟁, 1907년 고종 황제 퇴위, 1910년 한일병합이라는 패망의 기로에 서 있었다. 그렇지만 이들의 선교의 열정을 막지는 못했다. 잉골드는 테이트와 함께 김제 금산교회 등 78개 교회를 세워 전북 복음화에 헌신했다. 1905년에는 딸기 품종인 듀이(Dewey)를 들여와 전주, 화산동 일대를 딸기의 본고장으로 만들었다.

잉골드는 1925년 한반도에서의 30년간의 삶을 정리하고 플로리다에 정착했다. 남편 테이트는 이곳에서 심장 마비로 1929년 별세했고, 잉골드는 1962년 10월 26일 별세하여 남편과 함께 안장되었다. 한 알의 밀이 땅에 떨어져 죽은 결과, 한반도 남단에 엄청난 복음의 꽃을 피웠고, 결국 이는 한민족을 살리는 동력이 되었다.

당시 동학교도들이 주축인 동학혁명이 호남지역을 중심으로 일어난 지 몇 년이 지났다고는 하나 아직 백성들의 원성은 높기만 했다. 또한 조선의 지배권을 놓고 청과 일이 전쟁을 하고 있어 나라 자체가 뒤숭숭했다. 그런 환경에서는 누구든 복음을 전파하기가 쉽지 않았을 것이다. 그런데도 테이트 선교사는 뛰어난 리더십으로 복음 전파에 혼신을 다했다.

1884년 1월 28일 전주에서 한의원을 운영하던 김제원(金濟元)의 차남으로 태어난 김창국은 그 조모와 모친이 선교사 마티 테이트에게 전도를 받았다. 그 역시 테이트 목사, 해리슨 목사, 레이놀즈 목사의 부인이 운영하는 주일학교에 다녔으며 후일 선교사들이 운영하는 소학교였던 신흥학교에서 공부했다. 김창국은 어려서부터 선교사들을 도왔으며 전도 활동에 힘썼다고 기록되어 있다. 그는 1897년 7월 17일 전주에서의 최초의 세례자 명단에 포함됐고, 이때 그의 나이는 14세였다. 1900년 들어 레이놀즈에게서 최초의 근대식 교육을 받았는데, 이때가 신흥학교 시절이었다. 해리슨 목사의 부인과 마티 테이트는 그를 아주 훌륭한 아이라고 평했다.

그는 해리슨 부인의 주선으로 1907년 평양 숭실중학교에 입학했

9 루이스 테이트(Lewis B. Tate, 1862~1929)

고, 졸업 후 평양신학교에 진학하고 1915년 졸업하여 목사가 되었다. 목사가 되기 전 군산 영명학교(永明學校)에서 3년을 근무하며 후학을 가르쳤으며, 1910년부터 전북 익산시에서 4년간 전도사로 시무했다. 1915년 목사 임직 후 익산시에서 네 곳의 교회를 맡아 2년간 봉직했으며, 1917년에는 제주도로 파송되어 6년 동안 제주에서 헌신했다. 당시 제주도 내도리교회, 삼양리교회 등을 설립한 후 1922년 광주 남문밖교회(광주제일교회)의 4대 담임목사로 취임, 봉직하다가 1924년 광주 양림교회를 창설하여 25년간 이 교회를 섬겼다. 김창국 목사는 광주의 초대 YMCA 회장을 역임한 부인 양응도 여사와의 사이에 4남 2녀를 두었는데, 숭전대학교 교수를 지낸 시인 김현승 씨가 차남이다.

호남 지역 김제의 땅에는 다양한 종교의 성지가 있는데, 이곳을 특히 불교의 성지라고 하는 이유는 모악산 도립공원 입구에 조계종의 금산사라는 절이 우뚝 서 있기 때문이다. 이 절은 백제 법왕 원년(599)에 창건되어 776년에 진표(眞表) 율사가 중건하면서 대가람(大伽藍)의 면모를 갖추었다. 경내에는 국보 제62호로 지정된 미륵전을 비롯하여 지정문화재 10여 점이 있으며, 그 외에도 부속 건물이 많아 호남 제일의 천년 고찰로 손꼽히고 있다.

100대 명산을 벗 삼아 다니는 산악인들이 이곳을 자주 찾는 이유는 모악산의 절경이 그만큼 아름답기 때문이라고 한다. 곡창지대로 유명한 김제 평야와 금의 산지가 산적해 있기에 이곳으로 많은 사람이 몰려와 살고 있었다. 이런 배경이 있는 이 지역에 복음을 들고 처음 온 선교사가 루이스 테이트였다. 테이트 선교사는 김제, 정읍, 익산, 남원, 임실, 부안, 태인, 고부 등 전북 지역을 순회하며 선교 활동에 전념했다. 특히 그는 정읍에 갈 때는 전주에서 말을 타고 모악산 자락을 넘어 금산리로 지나다녔다. 어느 겨울 진눈깨비를 피하려고 마방(馬房)에 들렀다가 거기서 두 사람을 만났는데, 그들이 바로 한국교회사에 훌륭한 이름을 남긴 이자익 목사와 조덕삼 장로였다. 물론 이때 두 사람은 목사도 장로도 아닌 부유한 집안의 주인과 머슴인 마부에 불과했다.

조덕삼(1867~1919)은 아버지가 본래 평안도 출신으로 중국과 조선 땅을 넘나들며 홍삼을 팔던 무역 상인이었다. 그의 아버지 조종인은 김제 지역에 지주의 꿈을 안고 내려와 금산리에 정착하게 되었다. 조덕삼은 그의 맏아들로 유복한 생활을 했으며, 그야말로 장래가 촉망될 정도로 개방적인 지식을 갖추고 있었다. 그렇게 거상이자 지주이면서 동시에 마방을 운영하던 조덕삼의 집에 어느 날 이자익(1882~1961)이라는 소년이 찾아왔다.

이자익은 경상남도 남해군에서 가난한 집 아들로 태어났다. 세 살 때 아버지를 여의고, 여섯 살 때는 어머니도 죽었다. 친척 집에서 일하며 살았으나 배고픔을 견딜 수 없어 12세에 고향을 떠나기로 작심했다. 그리고 배를 타고 하동을 거쳐 순천에 이르고 금산까지 왔다. 이때 조덕삼의 집을 우연히 찾게 되었는데 그 집에서 마부로 받아 주어 기거하게 되었다. 이자익은 머슴이었으나 집안 아이들이 한문 공부 하는 것을 어깨 너머로 들으며 천자문을 능수능란하게 익힐 정도로 명석했다.

이후 조덕삼과 이자익은 테이트 선교사가 전하는 복음을 듣고 예수를 영접했고, 조덕삼이 자신의 사랑채를 내주면서 그곳에서 예배를 드리게 되었다. 그렇게 조덕삼의 사랑채에서 금산교회가 시작되었다. 그리고 두 사람은 모두 영수가 되었다.

당시 주인과 하인 마부가 함께 영수가 된다는 것은 일어날 수 없

9 루이스 테이트(Lewis B. Tate, 1862~1929)

는 일이었다. 더군다나 1907년 조덕삼을 제치고 이자익이 먼저 장로로 피택되었다. 이 일은 선교사들에게 매우 놀랍고 염려스러운 일이었다. 갑오년에 신분제도가 폐지되었다고 해도 여전히 강한 신분제를 유지하고 있던 조선에서 한 집의 주인이 떨어지고 종이 장로가 되었으니 걱정하는 것은 당연했다. 사정이 이러하니 전주 선교부에서도 염려할 수밖에 없었다. 그런데 놀라운 일이 일어났다. 조덕삼 영수가 교인들 앞에서 이렇게 말했다.

"오늘의 결정은 하나님이 내리신 결정입니다. 우리 금산교회 교인들은 참으로 훌륭한 일을 해냈습니다. 내 집에서 일하고 있는 이자익 영수는 저보다 신앙의 열의가 대단합니다. 참으로 감사합니다. 나는 하나님의 뜻을 겸손히 받아들여 이자익 장로를 잘 받들고 더욱 교회를 잘 섬기겠습니다."

이 말을 들은 교인들은 힘찬 박수를 보내며 하나님께 영광을 돌렸다. 때때로 선교사가 교회에 오지 못할 때는 이자익 장로가 설교했다. 그럴 때도 조덕삼 영수는 맨 앞자리에 앉아 조용히 말씀을 들었다. 집에서는 주인과 하인 관계이지만 교회에서는 장로와 영수로 각기 자기의 책임을 다하므로 사람들에게 큰 존경을 받았다.

조덕삼 영수는 1908년에 장로가 되었다. 그해 4월 4일 부활절 예배 후에 조덕삼 장로가 헌금하여 지은 금산교회의 헌당 예배를 드렸다. 당시 우리나라 초기 교회당 모습은 대체로 'ㄱ'자 형이었다. 그래서 남녀가 서로 나뉘어 앉아 예배를 드렸다. 금산교회 역시 'ㄱ'자 형 예배당으로, 한국 기독교 역사에서 기독교가 우리 문화에 토착화하는 과정을 살펴볼 수 있는 중요한 자료로 남아 있다. 1908년에 세워진 이 예배당은 다행히도 보존 상태가 양호해 1997년에 전북문화재 제136호로 지정되었다. 감사하게도 치열했던 한국전쟁 중에도 교회 건물이 불타지 않고 잘 보존되어 왔다. 삐거덕거리는 나무 마루와 흙담, 낮은 지붕의 이 한옥 교회에서는 지금도 매주 예배를 드리고 있다.

금산교회의 진정한 아름다움은 엄격했던 신분의 벽을 신앙 안에서 감동적으로 초월한 성도의 일화로 더욱 빛났다. 조덕삼 장로는 열다섯 살이나 어린 이자익을 장로로 잘 섬기는 것은 물론, 후일 이자익의 목회를 위해 평양신학교에 보내고 학비 전액을 지원해 주기도 했다. 그리고 자신의 종이었던 이자익을 목사로 청빙해 금산교회의 담임목사와 장로로 함께 섬기는 모습을 보여 주었다. 오늘날 한국교회가 한없이 다시 되새기고 또 되새겨도 지나치지 않을 신앙인의 모습이라 할 수 있다.

조덕삼 장로의 의견에 따라 남자석 상량문에 '一千九百八年 戊申 陽 四月 四 陰三月 三日'이라 쓰고, 이어 한문으로 고린도후서 5장 1-6절 말씀을 기록했다. 여자석의 상량문에는 고린도전서 3장 15-16절의 말씀을 한글로 기록했다. 강대상 뒤쪽으로 목사님이 드나드는 쪽문이 있었는데 이 문을 '겸손의 문'이라 칭했다. 그것은 테이트 선교사가 이 작은 문으로 들어올 때 '주께서 나에게 겸손을 가르쳐 주신다'라고 말했기 때문이다.

1907년 11월 27일 자 〈예수교 회보〉에 이자익은 다음과 같은 기사를 실었다.

"경계가 이곳은 금산사가 가까우므로 우상만 섬기고 폐속만 숭상하여 전도인을 보면 핍박이 자심하더니, 삼 년 전에 조덕삼 씨께서 회개하고 주를 믿은 후 열심히 전도하여 사람을 주의 앞으로 많이 인도할 뿐 아니라, 먼저 신화 십오 환을 내어 초가삼간을 사서 예배당으로 삼으니 형제들이 열심히 연보해서 그 돈을 갚은 후에 예배당이 또 좁아서 십이 간을 늘이옵고, 매 주일에 모여 예배 보는 형제자매가 이백여 명이 되오니 감사하오며 세례인이 칠십오 인이요, 願入 敎인이 삼십구 인이 되오니 하나님 은혜 감사하오며 각처 형제자매는 그 교회를 위하여 기도하여 주시기를 바라노라."

테이트 선교사의 뛰어난 리더십 덕분에 주인과 머슴이 그 관계를 뛰어넘어 협력하여 선을 이루는 계기가 되었고, 이들은 더불어 복음 전파에 혼신의 힘을 다했다고 한다. 이자익은 1915년 평양신학교를 졸업하고 목사가 된 후 초대 최대진 목사의 뒤를 이어 금산교회 2대 목사가 되었다. 그 후 이자익 목사는 1925년부터 전국에 20여 개의 교회를 설립했고, 1927년에 경남노회장과 거창 선교부 순회 목사를 지냈다. 다른 사람은 한 번도 하기 어려운 장로회 총회 총회장 직분을 1924년, 1947년, 1948년의 세 번에 걸쳐 감당했다. 1954년에는 대전신학교를 설립했다. 그는 그렇게 평생을 하나님께 헌신하다가 1958년 김제 원평에 살고 있던 셋째 아들의 집에서 하나님의 부름을 받았다.

조덕삼 장로는 유광학교(동광학교)를 세우고, 마을 사람들과 삼나무 심기 운동 등을 벌이며 농촌 경제를 독려하다가 1919년 12월 17일 52세에 하나님의 부르심을 받아 세상을 떠났다. 마지막 유언으로 "절대로 우상을 섬기지 마라. 제사를 지내지 마라. 예수를 잘 믿어 나를 만날 수 있도록 신앙생활 잘하고, 대를 이어 이자익 목사님을 잘 섬기고 교회를 지켜야 한다"라고 말하고 찬송가 "주 믿는 형제들"을 4절까지 부른 후 소천했다고 한다.

동학혁명이 진정되자 서울에 머물고 있던 드류 선교사는 전킨 선교사와 함께 제물포에서 배를 타고 다시 군산으로 향했는데 이때가

1895년 3월이었다. 군산에 도착한 이들은 선착장 인근 수덕산 기슭 밑 군산 진영 터에 있는 조그마한 초가집을 매입하여 병원을 개설하고 이를 '야소병원'이라 했고, 또 포교소도 세웠는데 이는 군산교회의 시초가 되었다. 그리하여 매일 아침 9시부터 저녁 10시 반까지 드류는 진료하고 전킨은 전도하면서 몰려오는 환자들을 돌보았다.

보통 초기 선교사들이 전도를 하면 돌을 던진다든지 욕설을 한다든지 하는 극심한 배척 행위가 많았는데, 특이하게도 군산 지방에서는 별다른 배척 행위 없이 더디지만 순수한 선교 활동이 진행되었다.

몰려오는 환자들을 친절하게 돌보아 어떤 때는 하루에 50명도 진료했다. 정성을 다해 진료하고 한 사람씩 붙잡고 서툰 조선말로 기도하자, 이에 감복한 주민들이 답례로 생선이나 곡식, 귤, 달걀 등을 가져왔다. 1896년에는 선교선을 이용하여 해안선을 따라 의료 선교 활동을 하는 특이한 방법을 이용했다. 이 배를 타고 몇몇 자원 전도자와 함께 강변과 해안선 그리고 섬 등지를 순회하며 진료에 전념하면서 기독교 전도 용지를 배포하고 기도해 주었다.

이렇게 해서 1896년 한 해에 진료 2,700건, 간단한 외과 수술 600건을 시행했다. 드류가 환자를 진료하는 동안 전킨은 진찰받기 위하여 대기하고 있는 환자와 그 가족을 상대로 전도와 기도를 하며 열심히 신도 수를 늘려갔다.

1901년 드류는 과로로 인한 심신 쇠약으로 선교회로부터 귀국 명령을 받고 귀국했는데 건강을 회복하지 못하고 1924년 부인과 자녀 4명을 남기고 소천했다. 드류는 미국 큐렌시에서 출생하여 펜실베이니아 대학 약학과를 졸업하고 다시 버지니아 대학 의학부를 졸업하여 의사가 되었다. 조선에 의료 선교사로 갈 것을 희망하던 중 1893년 러스(L. S. Laws)를 만나 결혼하고 신혼여행도 생략한 채 군산

9 루이스 테이트(Lewis B. Tate, 1862~1929)

항으로 출발했다.

　드류는 서울에 머무는 동안 청일전쟁의 소용돌이 중 콜레라까지 번져 수많은 생명이 죽어갈 때 서대문에 진료소를 마련하고 주민들을 헌신적으로 치료하여 고종으로부터 하사품을 받기도 했다.

　드류와 함께 일하던 전킨도 과로로 귀국 후 폐렴으로 사망했다. 전킨은 1865년 미국 버지니아주 크리스천 벅에서 출생하여 워싱턴대학을 졸업했다. 1892년 11월 3일 남장로교 최초의 선교사로 조선에 와서 1893년 호남지역을 답사했다. 1896년 군산에 선교기지를 개설하고 교회와 고아원을 설립하면서 전도와 사회사업에 힘썼다.

　전킨은 1896년 2월, 드류는 4월 본격적인 군산 선교를 위하여 서울에서 가족과 함께 이사한 후, 드류의 집에서 진료소를 열고 전킨의 집 사랑채에서는 손님 접대 및 한글 강습을 하면서 일요일에는 예배를 드렸다. 선교 활동은 드류 부부와 전킨 부부 그리고 뒤늦게 합세한 여선교사 데이비스 등 5인이 담당했다. 1896년 7월에는 전킨의 사랑채 교회에서 세례 교인 2명에 대해 성례전을 거행함으로써 교회로서 인정을 받았다.

　1899년 3월 17일, 개항 시 가옥 150호에 511명이 살던 한산한 어촌이었던 군산의 갯벌과 갈대가 무성한 해변 지역에 외국인 거주지로 57만 2천m^2가 설정되었고, 이 중 15만 7천m^2가 일본인에게 제공되었다. 이 여파로 드류의 진료소는 더 유지할 수 없는 형편이 되어 부득이 옥구군 개정면 구암동에 구암교회를 짓고, 1899년 12월 21일부터 예전과 마찬가지로 야소교 병원을 운영하며 드류는 진료를, 전킨은 전도를 계속했다.

　야소교 병원은 구암병원 또는 궁멀병원으로도 불렸는데, 일제의 간섭이 심해지면서 야소교 병원 대신 구암병원이라 불렸다. 1901년

드루의 귀국으로 한동안 공백 상태로 있던 군산 야소 병원은 1902년 가을 알렉산더(A. J. Alexander)가 병원장으로 부임했으나 도착하자마자 곧 부친의 사망으로 귀국하게 되어 다시 문을 닫았다. 이때 알렉산더는 불(W. F. Bull)과 함께 오긍선에게 조선어 강습을 받았는데, 그가 귀국하면서 오긍선을 대동하여 의학 공부를 하게 함으로 다음에 조선인이 직접 의료 선교소를 운영하게 하는 역할을 했다.

이후 1904년 8월 미국 남장로교의 임명으로 다니엘(Thomas Henry Daniel, 但理一) 부부가 파견되어 병원을 다시 열었다. 그리고 1905년 남장로교 최초의 간호사 케슬러[Ethel Kestler, 계비라(桂芘羅)]가 옴으로 명실상부한 병원의 체계를 갖추었다.

1906년에는 알렉산더가 기부금을 보내와 한옥으로 된 새로운 병원을 신축했는데 이 병원을 애킨스 기념병원(Francis Bridges Atkinson Memorial Hospital)이라 부르기도 했다. 이 병원은 진료실, 수술실 그리고 18개의 병상을 갖춘 2개 동의 규모였다.

야소교 군산병원은 다니엘(1904~1906), 오긍선(1907~1910), 패터슨(1910~1924)으로 이어지면서 진료를 계속했다. 다니엘은 서양식 침대와 조선식 온돌방 입원실을 마련하여 주민들로부터 호평을 얻었다.

오긍선 재직 전후의 의료사업 실적을 보면 진료 환자가 1905년 1,989명, 1906년 2,986명, 1907년 8,996명, 1908년 10,784명으로 오긍선의 재직기인 1907~1908년에 가장 활발히 활동했음을 알 수 있다. 이 무렵 군산 야소교 병원은 의사 1인이 운영하는 병원으로는 그 규모가 조선 최대의 병원이었다.

패터슨 재직 시 간호사 셰핑이 간호반을 운영하여 조선인 조수 15~35명, 전도사 1~2명을 배출했으며, 실습 학생은 1918년까지 있었다. 1913년에는 의료 조수로 육공필, 정공선, 이충성이 있었고, 환자

9 루이스 테이트(Lewis B. Tate, 1862~1929)

는 대개 조선인이었으나 일본인, 중국인도 많았다.

군산 애킨슨 병원의 의료사업 실적은 다음과 같다. 1914~1923년 사이 환자 수가 약간 증가하면서 수입은 8배로 늘었다. 1920년 입원 환자가 1,799명이었는데 이는 서울 세브란스병원과 비슷한 수치였다. 일본인 이용도 높아 1912년의 여름과 가을의 경우 매일 70~80명을 진료했다. 이때는 일제에 의해 농장이 세워지면서 일본인 거주자들이 많았다.

군산 야소교 병원은 1924년 패터슨이 귀국하고 브랜드(L. C. Brand) 원장에 이어 1931년에 홀리스터(William Holister, 하리시) 원장이 책임을 맡아 운영했으나 점차 쇠퇴의 길을 걸었으며, 세브란스의전을 졸업한 홍복근이 1937년부터 1941년까지 운영하다가 결국 폐쇄되었다.

오긍선(吳兢善, 1879~1963)은 7세에 부친에게서 천자문과 동몽선습을 익히고 이웃 서당에서 한문을 수학했다. 14세에 결혼한 후 17세까지 공주 읍내 이후(李厚) 문하에 들어가 한학을 계속 수학했다.

갑오경장 때 김홍집 내각은 과거제도를 폐지하고 새로운 관리 등용법을 제시했다. 오긍선은 과거제도가 폐지되자 이에 대한 꿈을 접고 1896년 18세에 상경하여 스승 이후의 추천으로 내부의 주사로 등용되어 봉직하다가, 그해 10월 몇 달간의 근무를 마감하고 배재학당에 입학했다. 배재학당은 1885년 8월 5일 미국 북감리교 선교부의 선교사인 아펜젤러가 세운 학교였다.

오긍선은 입학 후 11월 21일 서재필이 주관하는 독립문 정초식에 참여하여 국가와 민족에 대한 인식을 새롭게 했다. 1898년에 배재학당 대표로 독립협회 간사로 선임되었고, 1월에는 협성 협회 창간위원으로 이승만, 주시경과 함께 활동했다. 1898년 독립협회가 일제에 의해 강제 해산되자 이에 대한 항의 시위를 벌인 혐의로 체포령이 내려졌고, 이를 피하려고 미국 선교사 스테드만 목사 집에 피신하면서 마침 조선어 강사를 구하던 스테드만의 조선어 강사가 되었다.

1900년 봄 배재학당을 졸업한 오긍선은 계속 스테드만의 선교 활동에 동행하면서 통역과 조선어 강사로 일했다. 1901년 스테드만은 본부 발령에 따라 일본으로 이동하고, 오긍선은 스테드만의 추천으로 군산 야소교 병원장으로 부임한 미국 남장로교 소속 의료 선교사 알렉산더와 함께 군산에서 조선어를 가르치는 선생이 되었다.

상당 기간 함께 생활하면서 오긍선의 성실함과 실력을 파악한 알렉산더는 오긍선에게 미국 유학을 권유했고, 오긍선도 이를 흔쾌히 받아들여 미국 유학길에 올랐다. 1902년 가을, 그는 인천항을 떠나 나가사키, 요코하마를 경유하여 10일간의 태평양 횡단을 거쳐 캐나다의 밴쿠버에 도착했다. 이어 육로로 시카고를 거쳐 알렉산더의 고향인 켄터키주 스프링 역에 도착했다.

영어 실력이 상당했던 오긍선은 곧바로 켄터키주 센트럴 대학에 입학하여 장차 의학을 공부할 목적으로 기초 과목인 물리학과 화학에 몰두했고, 2년 수료 후 남장로교의 권유를 받아 켄터키주 루이빌 의과대학 3학년에 편입하여 1907년 3월 한국인으로는 서재필, 박에스더에 이어 세 번째로 미국 의과대학을 졸업했다.

졸업 후 그곳 시립병원에서 6개월 과정의 인턴을 거쳐 1907년 11월, 6년 만에 조선에 귀국했다. 그리고 모교인 배재학당 번커 교장의 주선으로 순종을 알현했다. 순종은 그 자리에서 "조선에도 그대와 같이 신문화를 달통한 인재가 있다니 반가운 일"이라 칭찬하며 친히 백마 한 필을 하사하고 황실의 전의로 입궁할 것을 요청했다. 뒤이어 통감 이토 히로부미(伊藤博文)가 그를 초청하여 대한의원에서 근무할 것을 요청했으나, 오긍선은 미국 남장로교와의 약속을 지

9 루이스 테이트(Lewis B. Tate, 1862~1929)

키기 위해 거절할 수밖에 없었다. 당시 그가 제의받은 것은 정3품의 관직에 150원의 급료였던 데 비해 군산 구암 야소교 병원장은 봉급이 50원에 불과했다.

오긍선은 군산 구암 야소교 병원에 부임하여 1910년 광주 야소교 병원장으로 옮길 때까지 4년 동안 근무하면서, 진료 외에도 1908년에 사설 소학교인 안락(安樂, 알렉산더를 기념하는 한국식 이름) 학교를 설립하고, 이듬해에는 중학 과정인 영명중학교를 세워 청소년 교육을 시작했다. 또한 자신에게 상속된 고향의 전답을 팔아 군산 구암리장로교회를 세워 선교 사업에 이바지함으로 미국 유학 시절 알렉산더와 선교회로부터 받았던 은혜에 보답하는 것을 잊지 않았다.

군산 야소교 병원에 이어 전주 야소교 병원에 대해 살펴보면, 일단 1890년대 전주는 전라도의 수부이자 한강 이남에서는 가장 큰 도시로 인구가 5만이었다. 조선 왕국의 발상지라는 자부심이 있고 예절을 숭상하는 양반의 고을이었다. 그러므로 전통과 완고한 풍습으로 외래 문물을 쉽게 받아들이지 않으려는 고집이 있었다.

1893년 6월 레이놀즈는 안내자인 정해원을 통해 전주 완산 칠봉 아래 은송리에 26달러를 주고 초가집 한 채를 샀다. 그해 9월에 테이트와 전킨이 전주에 와서 2주간 머물면서 선교 계획을 세웠다. 1895년 2월 레이놀즈와 테이트는 다시 전주에 와서 정황을 파악하고 전에 있던 집보다 더 높은 곳에 있는 초가 두 채를 매입했다.

1896년 2월 새로 온 선교사 해리슨[W. B. Harrison, 하위렴(河緯簾), 1866~1928]은 전주에 선교지부를 설치하고 의료 활동을 폈으며, 1897년 6월에는 레이놀즈와 합류하여 전주 선교소를 확립했다. 이들은 1896년에 전주 서문에 교회를 세웠는데, 이 교회가 호남지방 최초의 개신교회인 서문교회였다.

1897년 해리슨이 환자를 진찰하기 시작했고, 이어서 서문 밖에 약방을 세워 중하지 않은 환자를 치료하면서 전도했다. 그리고 이 해에 잉골드가 전주에 와서 은송리 작은 초가에 임시 여자 진료소를 열고 여자들만 치료했다.

　해리슨이 처음으로 진료한 환자는 1897년 7월 17일 전주 지방에서 최초로 세례를 받아 신자가 된 김창국이었다. 해리슨은 뒤이어 도착한 잉골드에게 전주 진료를 맡기고 전남 나주의 선교부 개설을 준비하기 위하여 활동하다가 다시 전주 선교부에 부임했다. 부임하여 첫 진료를 했던 김창국 소년 한 사람을 위하여 교육을 시작했는데 이것이 확대되어 전주 신흥학교가 되었다.

　해리슨은 미국 남장로교 최초 7인의 선교사 중 독신으로 참여한 데이비스와 1898년에 결혼했으나, 데이비스는 남편 해리슨과 함께 어린 환자들을 돌보는 과정에서 전염병에 걸려 1903년 사망했다.

　전주에 도착한 잉골드 등은 1898년 11월 3일에 본격적인 진료를 개시했다. 진료소 건물은 흙벽 초가지붕에 쪽 바가지로 물을 푸는 얕은 우물이 있는 좁은 마당, 낮은 문, 기름으로 밝히는 석유램프, 남자들이 들여다볼 수 있는 낮은 담장의 보통 조선식 집이었다.

　진료 첫날 6명의 환자로 시작해 첫 달에만 약 100명을 치료했다. 잉골드는 은송리 자신의 집에서 여자 환자만 돌봤을 때 점쟁이로 유명한 백발의 할머니가 독종으로 고생하는 가운데 인근 큰 무당들을 불러 굿을 해도 고치지 못한 병을 치료해 준 적이 있었다. 그 소문이 곧 성 안팎으로 퍼져 잉골드는 갑자기 바빠졌다.

　그러다 1899년 8월 고종이 조선 왕국의 발상지이자 태조를 기념하기 위한 지역에 선교사들이 머물러서는 안 된다는 통지를 내렸다. 당시 전라감사 이완용이 이를 받들어 은송리 초가집에서 화산리에

9 루이스 테이트(Lewis B. Tate, 1862~1929)

새 선교사 주택과 진료소를 개설하는 비용 전액을 부담하여 1902년 10월 11일에 면적 30평의 기와집 화산 진료소가 마련되었다.

잉골드가 남녀노소, 양반과 천민을 차별 없이 진료한다는 소문이 많이 퍼져 환자가 몰려들기 시작했다. 잉골드는 환자들이 대기하는 시간을 이용하여 한글로 된 전도용지와 유아 문답 등을 배포했고, 이 덕에 인근 전주 서문교회는 교인이 증가하였다. 잉골드는 때때로 군산을 비롯하여 김제 송지동교회, 익산 남전교회, 옥구 지경교회 등까지 가서 진료했는데, 1903년에는 한 해 동안 1,500명을 진료했다.

그러나 잉골드가 1904년 5월 안식년을 맞아 진료소를 떠나면서 같은 해 10월 의사 포사이드가 진료를 시작할 때까지 병원 문을 닫을 수밖에 없었다. 잉골드는 1905년 루이스 테이트 선교사와 결혼해서 남편과 함께 전라도 순회 여행을 마친 후 전주에 살면서 진료는 접고 남편의 전도 사업을 지원하면서 선교 사역에 전념했다.

이 모든 역사가 테이트 선교사로 인해 계속되어 맺힌 열매들이다. 전라북도 초기 선교에 가장 큰 영향을 미친 사람은 역시 테이트였다. 그중에서도 금산교회의 이자익 목사와 조덕삼 장로의 이야기는 한국교회에 몇 안 되는 아름다운 역사 중 하나라 할 수 있다.

테이트 선교사는 이자익 목사가 처음 총회장으로 선출되는 데 힘을 다했으며, 그가 총회장에 당선되자 얼싸안고 빙글빙글 돌며 축하했다. 선교사가 머슴을 전도해 목사가 되게 하고, 더구나 유명한 목사, 모범적인 목회자로 성장시켰으며 총회장까지 되게 했다. 이자익 목사는 이에 못지않게 자기의 사명을 다해 훌륭한 목회자로 성장했다.

한 사람의 선교사가 타국에 와서 이렇게 많은 열매를 맺는 경우는 별로 없을 것이다. 테이트 선교사는 잉골드 의료 선교사와 결혼함으로 더욱 많은 선교의 열매를 맺었다. 그의 누이동생 마티 테이트도 평생 홀로 살면서 오빠와 함께 훌륭한 선교사로 헌신한 일꾼이었다.

10
제임스 게일
(James Gale, 1863~1937)

제임스 게일(James Gale, 기일(奇一), 1863~1937)은 캐나다 토론토 대학교를 졸업한 후 교내 YMCA의 파송을 받아 그의 나이 25세인 1888년에 53일의 긴 여행 끝에 내한하여 40년 동안 한국을 위해 헌신한 위대한 선교사이다. 그가 처음 본 조선인들은 모두 담뱃대를

가지고 다니는 모습이었다. 게일은 부산을 시작으로 원산과 서울 등 국내 곳곳에서 헌신적인 선교 활동을 했다. 선교 초기 한국어와 문화를 익히기 위해 소래교회에 간 것을 시작으로 게일은 조선반도 곳곳을 수십 차례 종횡무진 누비며 복음을 전했다. 또한 그는 복음 전도를 위해 《천로역정》(1895)을 비롯한 많은 신앙 서적을 한국어로 번역했을 뿐 아니라 《한영사전》(1897), 《춘향전》(1913), 《심청전》(1913), 《구운몽》(1922), 《조선민족사》(1927) 등을 영어로 번역하거나 저술한 신학자인 동시에 한국학 전문가였다.

게일 목사가 연동교회에 부임한 것은 1900년 5월이었다. 교회의 면모를 갖춘 동년 4월에 갑작스러운 기보 목사의 죽음으로 그 후임자가 된 것인데, 당회를 조직(1904)하는 등 27년간 목회하며 연동교회 초대 목사의 영광을 누렸다.

전필순 목사는 게일 목사 부임에 관해 "게일 목사의 소질과 학문적 역량을 살펴 그를 지방에 묻어 두는 것은 하나님 편으로나 인간 편으로 볼 때 똑같이 손해 되는 일이기 때문에, 미국 북장로회 선교사로 만들어 중앙지대인 서울에 주재하게 하여 연동교회를 담임하며 YMCA 운동과 신문 및 번역 사업 등을 펼치게 했다"라고 했다.

게일 목사는 캐나다 출신이었으나 마펫 선교사의 배려로 미국 북장로교로 소속을 옮겨 원산에서 활동하던 중, 1899년 9월 9일 가족을 데리고 상경해 연지동에 정착했다. 연못골(선교의 언덕)에 자리 잡은 그의 주택은 큰 은행나무가 서 있는 길목이었다. 주변의 모든 한옥은 단층인데 그의 집은 2층이었다.

'기일'(奇一)이란 한국명은 1889년경 자신이 지은 이름인데, 선교사로서 선교보다 집필에 전념하는 것을 기이하게 여긴 사람들에 의해 '기이상'(奇異常)이란 별명까지 얻었다. 이때 그의 가족은 1892년 4월

7일 결혼한 부인 깁슨(H. E. Gibson)과 그녀가 전 남편 헤론과의 사이에서 낳은 두 딸이 있었다.

게일 목사는 1863년 2월 19일 캐나다 온타리오주 엘 마라는 마을의 개척농장에서 스코틀랜드 출신 아버지와 미국에서 건너온 네덜란드 출신 어머니 슬하의 5남 1녀 중 다섯째로 태어났다. 개척 정신을 가진 장로교회 장로인 아버지 밑에서 청소년 시절을 보내며 초급학교와 엘로다로 고등학교를 마치고 1884년 토론토 대학교로 진학했다. 재학 중이던 이듬해 5월 22일 영국을 거쳐 프랑스로 가서 파리 대학에서 6개월간 프랑스어 공부를 하던 중 맥콜(McCall) 선교단에서 일하며 순회 선교와 교파 초월의 선교 방법을 배웠다. 그러다 1886년 북미 학생 하령회에 참석해 부흥사 무디의 설교를 듣고 감명을 받아 외지 선교에 헌신할 것을 결심했다.

1888년 6월 토론토 대학교를 졸업(학위 문학사)한 게일은 같은 학교 유니버시티 칼리지의 기독교 청년회로부터 연간 500달러로 8년간의 계약을 맺고 일본을 거쳐 선교사 기보 목사와 함께 12월 12일 25세의 나이로 부산에 도착했다. 거기서 약 28시간 체류한 후 다시 배를 타고 서해안으로 북상해 12월 15일 제물포로 들어가 육로를 따라 상경하는 도중에 전염병(호열자, 천연두)으로 죽은 시체가 길거리에 무수히 버려져 있는 것을 보게 된다. 이후 12월 23일 언더우드 목사 집에 이르러, 어느 주일 오후 2시 50여 명의 교인이 모인 가운데 청년 11명에게 세례를 베푸는 예배에 참석하여 설교했다.

그런 다음 1889년 3월 황해도 해주를 거쳐 소래에서 평생의 동역자가 된 조사 이창직을 만나 6월까지 그에게서 한글, 한문, 풍습을 공부한 후 그와 함께 제물포를 거쳐 서울로 왔다. 서울에서 대영성서공회(大英聖書公會) 성서위원으로 2개월간 언더우드 목사를 도와 한영사전을 편찬한 뒤 부산으로 내려가 경상도 지방 선교를 하려 했으나, 왕실 의사인 선교사 헤론이 부산으로 부임하게 되자 거처를 바꾸어 헤론이 살던 집으로 다시 상경했다. 초기에는 일정한 정착지를 얻지 못했으나 가는 곳마다 한문에 능통하고 충직한 이창직이 동행했다.

그러다 1890년 7월 선교사 마펫이 학당장으로 있는 예수교 학당에서 영어를 가르치기 시작했다. 이때부터 성서공회 전임 번역위원이 되어 3년에 걸쳐 사도행전, 갈라디아서, 에베소서, 고린도전후서, 요한1서를 번역했고, 조선성교서회(대한기독교서회 전신) 창립위원으로 문서 전도의 기틀을 잡았다.

그해 말경 토론토 대학교 기독교 청년회 선교부가 해체되면서 선교비 지원이 단절되자, 헤론과 마펫 목사의 권유와 주선으로 평신도 선교사로서의 고독하고 독자적인 선교 활동을 중단하고 1891년 8월 31일 미국 북장로교 선교부로 소속을 옮겼다. 이 무렵 우리나라 최초의 간이 한국어 사전을 편찬, 그 후 세 번의 개정판을 냈다. 이보다 앞서 2월 25일 제3차 전도 여행을 위해 마펫 목사와 함께 서울 출발하여 송도, 평양, 의주, 봉천, 동만주, 고려촌, 함흥, 원산 등지를 순회하며 한국의 문물과 기독교인을 접하고 봉천에서 로스 목사와 만났다.

해티 깁슨 선교사는 남편 존 헤론 선교사와 함께 미국 북장로교 파견으로 1885년 내한하여 딸 둘을 낳고 날마다 조선 선교의 기쁨을 누리면서 행복하게 살던 중, 1890년 7월 26일 남편을 33세의 나이에 먼저 하늘나라로 보냈다. 이에 두 자녀를 부둥켜안고 매일같이 슬픔에 잠겨 있었다.

그런데 뜻하지 않게 독신으로 한국 원산에서 선교사로 활동하고

10 제임스 게일(James Gale, 1863~1937)

있던 게일 선교사를 만나 재혼을 하게 되었다. 게일 선교사는 30세의 총각이었기에 33세의 미망인인 해티보다 3세가 어렸으나 하나님의 뜻으로 알고 1892년 정식 청혼하여 그녀와 결혼했다. 게일은 해티와 그의 두 딸을 맞이했고, 해티는 옛날처럼 다시 가족의 따뜻한 사랑을 느끼면서 게일 선교사를 잘 내조했다. 게일 선교사는 두 딸이 자신들을 낳아 준 아버지 성을 사용토록 하여 자신의 호적에 등록했다.

곤당골에 신방을 꾸린 게일과 해티는 무어 선교사와 손을 잡고 곤당골교회를 도왔다. 이 무렵 게일은 기퍼드와 그레이엄 리가 천민들을 모아 놓고 목회를 시작한다는 말을 듣고 연동교회에 출석하면서 연동교회를 이끌어 가게 되었다. 그러다 1894년 연동교회를 개척했던 그레이엄 리가 마펫과 함께 평양 선교부로 이전해 갔고, 기퍼드 선교사도 열심히 연동교회 사역에 힘을 쏟았으나 먼저 세상을 떠나면서 자연히 게일이 연동교회를 이끌어 갈 수밖에 없었다.

연동교회에 부임한 게일 목사는 교회에 천민들이 많이 모였기에 그들을 따뜻하게 감싸 주면서 저술 활동을 많이 했다. 비록 신학교는 졸업하지 않았으나 그의 사역에 놀란 마펫은 자신이 안수받은 미국 교회에 연락하여 1897년 엘버니 노회에서 목사 안수를 받게 하였다. 특별히 그가 마펫과 절친하게 된 계기가 있는데, 언더우드는 '신'(God)을 '천주'(天主)라 하였으나 마펫과 게일이 주장하여 '하나님'이라 부르게 하면서부터였다.

게일 선교사는 건강이 좋지 않은 부인과 두 딸을 잠시 스위스 로잔으로 보냈다가 요양이 끝나자 1907년 서울에 다시 안착하며 연동교회 교인들의 뜨거운 환영을 받았다. 그러나 1908년 해티는 결핵으로 삶을 마감하고 양화진의 전 남편 헤론의 묘 옆에 안장되었다.

1892년 4월 7일, 게일은 헤론의 미망인과 결혼한 뒤 6월에 원산으로 거주지를 옮겨 선교사 스왈른(W. L. Swallen)과 함께 봉수대(烽燧臺)에 선교구 '예수집'을 개설하고 선교에 임하는 한편, 조사 이창직의 도움으로 성서와 《사과지남》(辭課指南), 《한국어 문법》, 《천로역정》 등을 번역 및 저술했다. 이때 반세기 동안의 유일한 한국 최초의 《한영자전》(韓英自展)을 저술했는데, 1895년 장로교 선교 공의회에서 정식 출판하기로 승인해 그해 12월 원고를 싸들고 일본으로 건너가 요코하마에서 2년여에 걸친 교정과 인쇄 끝에 미국 북장로교와 남장로교의 공동 출자로 1897년 출판했다. 제1편 '한영'(韓英)부와 제2편 '영한'(英韓)부로 된 사전이었다.

또 1897년 4월 〈그리스도 신문〉의 주간으로 시작해 〈기독신보〉로 바뀔 때까지 10여 년간 이 신문의 주필로 일했다. 그리고 안식년이 되어 미국으로 건너간 그해 5월 13일, 마펫 목사의 소속인 인디애나 주 뉴 엘버니 노회에서 그의 추천으로 목사 안수를 받았다. 정규 신학 교육을 받지 못해 보수적인 신학 사상을 가지고 있었으나, 미국 북장로교회의 목사가 된 후 선교사와 한국학 학자로서 이 나라와 민족을 위해 헌신하기로 새롭게 다짐했다.

1898년 4월 다시 내한해 원산에 머물면서 선교에 힘쓰는 가운데 나중에 연동교회 최초의 장로가 된 고찬익을 만나는 등 후에 한국의 걸출한 인물들이 될 사람들과 친교를 나누며 한국에 대한 수필집 《한국만록》(韓國漫錄)을 집필했다. 그런데 원산을 포함해 함경도 지방이 캐나다 장로교 선교구로 확정되자 미국 소속인 게일 목사는 1899년 9월 9일 가족을 데리고 상경해, 1900년부터 연못골 연동교회 선교사로 임명되어 초대 목사로서 목회를 시작했다. 이 무렵 고종 황제의 고문으로 추대되었다.

10 제임스 게일(James Gale, 1863~1937)

게일은 당대 젊은이들의 근대화에 대한 개화의식과 독립정신을 키우는 데 크게 공헌했다. 이승만의 전기를 쓴 이원순은 이상재, 윤치호, 이승만 등이 독립협회 사건으로 투옥되었을 때 기독교로 개종했는데, 그것은 1904년 장로교 목사 게일의 전도에 의한 것이었다고 했다. 이른바 '개혁당 사건'에 가담한 정치범들이 1904년 감옥에서 풀려나오자 많은 사람이 게일의 연동교회에 출석하기 시작했는데, 게일 자신은 그해 11월 '교회, 감옥 그리고 학교'라는 글에 다음과 같이 기록했다.

"약 6명 정도의 한 그룹이 이뤄져 예배에 정규적으로 참석하고 있다. 그들은 아직 세례를 받지는 않았으나 의심할 것 없이 그리스도인들이다. 그들이 하나님의 사랑을 맨 처음 알게 된 것은 감옥에서였다. 그들은 감옥에서 기독교서회에서 제공해 준 전도지와 감옥을 방문하여 하나님의 말씀을 전하는 게일 목사의 설교 말씀을 듣고, 옛날의 생활을 버리고 기독교인이 될 것을 결심하였다."

이러한 내용과 함께 그 명단을 썼는데 이원긍, 이상재, 이승만, 홍재기, 김정식, 장은복 등이었다. 《연동교회 90년사》에는 이런 사실이 다음과 같이 기록되어 있다.

"연동교회에서 애국지사 이상재를 필두로 이원긍, 김정식, 홍재기 등이 운집하니 교회는 이후 독립운동가의 소굴과 같았다. 실상은 애국지사들의 면회장도 되고 상의소도 되고 연락소도 되었다."

애국지사들과 게일의 연동교회와의 관계를 《한국 YMCA 운동사》

(1986)는 다음과 같이 기록하고 있다.

"1904년 3월 12일 투옥된 독립투사들이 석방되어 게일 목사가 목회하는 연동교회에 무더기로 입교하였다."

1928년에 발간된 이능화의 《朝鮮 基督敎 及 外交史》에는 애국지사들과 연동교회와의 관계가 좀더 자세하게 기록되어 있다.

"光武 5년 辛丑 봄 3월에 부친(先考府君, 정2품)과 이상재(全韓 종2품), 유성준(全韓 종2품), 김정식(전 경무관), 이승인(월남 先生 次子 全韓 부여 郡守), 홍재기(全韓 開城 郡守), 이승만(哲學 博士), 안국선(曾經 郡守), 김인(官歷 未詳) 등이 감옥에 갇혔다. 그들은 본래 죄 없이 구속되었으니 죄가 있다면 오직 관직에 있었던 것이 죄로, 이는 있을 수 없는 일이다. 몇 성상의 감옥 생활의 참혹상은 이루 다 말할 수 없으나 다행히 들어와서 동감한 여러 사람과 新約 聖書 등을 연구하여 서로 맹세하여 의지를 굳게 했고 경계로 삼으니 드디어 관 신사회가 신교의 시초가 되었다.

광무 8년(1904) 甲辰 歲初에 日露戰爭이 일어나 비로소 [갇힌 사람들이] 석방되니 다시금 하늘과 해를 보고 경성에 있는 蓮洞 敎會에 나가니 先故께서 詩로써 다음과 같이 의지를 보였다.

'광하(넓은 집) 天干에 크게 마음으로 기름이여, 이제까지 구덩이에 갇히어 떠돌아다님이여, 비로소 救世의 진리로 인하여 드디어 蓮洞 廳 복음으로 향함이여, 연동마을에 나가 들은 복음의 노래.'

차재명은 상기 이상재, 이원긍, 김정식, 홍재기, 유성준 등이 연동교회에 '先後 入敎'했다면서 '左道 邪學으로 指目 排斥하던 紳士들이 接踵 歸主하므로 民志가 一轉되고 교회의 세력은 不識 不知 중에 日益 振興하니'라고 하였

10 제임스 게일(James Gale, 1863~1937)

다. 감옥에서 기독교를 받아들인 벼슬아치들이 게일의 교회에 줄줄이 몰려드니 교회는 매일매일 성장했고 따라서 연동교회는 애국지사들이 모여드는 장소가 되었다."

게일은 이 애국지사들이 옥살이하던 한성 감옥을 '복당'(福堂) 혹은 '여러 신학교 중에서 가장 좋은 신학교'라고 했다. 정부 타도를 획책했다는 황국협회의 무고로 1898년 11월 종신형을 선고받은 이승만의 전기에서는 그가 기독교로 개종한 사실을 "이승만에게는 마음의 해방이 생겼다. 그것은 기독교로 개종한 일이었다. 이것은 1904년 장로교 목사 게일의 조력에 의한 것이었다"라고 기록했다.

이승만은 가장 늦게 석방되었다. 게일을 찾아가 그에게 지도와 세례 받기를 요청했다. 게일은 그가 배재학당에서 공부했으므로 감리교회에 우선권이 있다며 세례 주는 것을 거절했다. 그러나 게일은 그가 기독교인으로 세례를 받는 데 협력했다.

1904년에 영국왕립학회 한국지부를 창립했을 때 간사였던 게일 목사는 1916년까지 부장직을 맡았다.

게일은 연동교회 목회에서 천민들을 장로로 세움으로 평등사상을 고취했다. 고찬익과 이명혁이 장로가 되는 과정에서 양반 출신들과 갈등을 빚었으나 게일은 모든 역경을 이겨 냈다. 게일 선교사는 조선의 지식층을 기독교로 개종시켰고, 평등사상으로 천민들을 교회의 지도자로 세웠다.

또 게일은 1901년 1월 연동교회 부속 건물에서 1897년 10월 폐당된 민로아 학당(예수교 학당의 후신)의 맥을 이어 예수교 중학교를 세우고 본격적인 교육 사업을 시작해, 이 학교 곧 경신학교의 두 번째 교장이 되었다. 게일 목사는 연동교회를 중심으로 예수교 중학교(경신)와 연동 여학교(정신)를 관장하고, 두 학교의 연지동 시대 설립자로서 새로운 기반을 구축했다. 여기에 이창직을 비롯해 독립협회 회원들이 교편을 잡았다.

두 학교의 영향으로 인접한 연동교회는 지성인의 교회가 되었고, 교육적인 목회를 하게끔 작용했으며, 반면에 역대 교역자들과 유능한 교인들이 직간접적으로 긴밀한 삼각관계를 형성했다. 두 학교의 새로운 교명을 주장한 게일 목사는 이창직, 김정식, 유성준 등과 함께 남학교는 '경신'(儆新, 1905), 여학교는 '정신'(貞信, 1909)이라 지었다.

그해 게일은 한문독본인 《유몽천자》(牖蒙千字) 4권을 편찬해 교과서로 사용했으며, 영문 소설 《첨병》을 집필해 미국에서 발행했다. 《첨병》의 줄거리는 북한 기독교 확장의 25년 역사였다. 계속해서 서울의 역사인 《한양》을 집필하고 《루터교 기략》, 《성경 요리 문답》, 《의회 통용규칙》을 한국어로 번역했다. 이 모든 학술적인 노력의 연고로 그는 1904년 5월 31일 미국 워싱턴에 있는 하워드(Howard) 대학교에서 명예 신학박사 학위를 받았다.

1903년 4월 스위스 로잔에 가 있는 아내와 두 딸을 방문하고 돌아온 10월에는 황성 기독교청년회(YMCA)를 창설하는 데 진력했다.

또 1904년 연동교회 당회를 조직해 명실상부한 조직 교회를 만들었다. 그리고 자택에서 이원긍, 유성준, 홍재기 등과 협력해 교육협회를 설립했다.

그 후 1906년 3월 안식년을 맞이해 스위스로 가서 가족을 데리고 영국을 거쳐 미국으로 건너갔다. 이때 하워드 대학을 비롯해 워싱턴 시장 이하 여러 고관의 환영을 받았다. 그리고 백악관으로 루스벨트 대통령을 예방해 조선 공사 파견 문제를 상의했다. 1907년 8월 가족과 함께 서울로 귀환할 때 고찬익 장로를 선두로 연동 교우들의 뜨거운 환영을 받았다. 그러나 결핵으로 고생하던 부인이 이듬해 3월 29일 세상을 떠났다.

1908년 9월 6일 게일은 연동교회에서 모인 제2회 조선예수교장로회 독노회의 회장으로 선출되었고, 평양신학교 교수로 강단에 섰다. 이어 1909년에 《과도기의 조선》이 출판되어 《첨병》과 함께 덴마크어로 번역, 발간되었다. 같은 해 9월 3일 제3회 독노회에서 신문위원장이 되고 이명혁 장로도 이때 임시 사무원 5명 중에 들었다. 이것은 장로교회 기관지를 두기로 한 중책에 따른 것이었다. 이로써 〈예수교 회보〉의 산파역을 담당, 사장이 되어 김종상을 총무로 임명해 운영했다.

그 후 1910년 4월 7일 요코하마에서 사업을 하고 있던 영국인 실업가의 딸인 세일(Ada Louisa Sale)과 재혼했으며, 그해 다시 제4회 독노회 회장으로 선출되었고, 성서공회 성서개역위원으로도 임명되어 1923년까지 초안자이자 위원장으로 성서 번역 사업에 심혈을 기울였다.

그러나 게일과 연동교회 교인들의 시도는 시대의 벽을 넘지 못했다. 당시 게일이 번역한 성경은 1910년판 성경의 번역상의 오류를 고치려는 개역 과정이었다. 그러나 1923년 게일과 개역자회의 다른 회원들과의 견해 차이가 컸고, 게일은 자신이 제안한 개정 원칙을 관철하지 못했다. 이에 그는 스스로 개역자회를 탈퇴했고, 1925년 개인적인 구역 개정본을 완성했다. 게일 혼자의 힘으로 번역한 개정본 출간이 성경위원회로부터 거부당하자, 게일은 성서공회의 개역 위원회와는 별도로 자신의 번역본을 발간했다. 그러나 기독교계는 게일의 번역본을 외면했다. 게일이 개역자회를 탈퇴한 이후 1927년 6월에 확정된 개역 성경만이 지금 기독교계에서 폭넓게 공식적인 성경으로 통용되고 있다.

　제임스 게일의 초기 성경 번역에 대한 공로는 실로 큰 것이었다. 하지만 다른 위원들과의 불화로 그 빛이 퇴색되었고 본래의 공로마저 인정받지 못하는 결과를 가져왔다. 번역의 원칙에 대한 이견과 위원회 내에서 조화를 이루지 못한 게일의 인간관계가 게일 같은 큰 인물이 평가되어야 할 대목에서 비켜 간 아쉬움이 크다.

　제임스 게일은 원래 스코틀랜드계 캐나다 출신의 선교사로 1888년 조선에 왔다. 당시 총각에다 목사가 아닌 평신도 신분이었기에 딱히 주어진 사역이 없었다. 이에 조선어를 배우는 와중에 해주와 소래, 의주와 원산 등지에서 견문을 넓혔다.

　그가 YMCA에서 파송된 신분대로 YMCA를 창립하고 그 일을 했더라면 우리나라 YMCA 역사도 훨씬 오래되었을 것이다. 그런데 토론토 YMCA의 파송을 받아 조선에 왔던 게일은 3년 만에 미국 북장로회 선교사로 소속을 바꾸었다. 그는 목사가 아닌 평신도 신분으로 이미 성경번역위원회 위원으로 일하면서 신약 몇 권을 번역하기도 했다.

　그가 목회자로 변신한 것은 조선에 선교사 신분으로 들어온 지 10년이 지난 1897년이었다. 36년간의 조선 선교사 생활 중에 10년간을 목사가 아닌 평신도로 일한 셈이었다. 그가 평신도 선교사로 머물렀던 10년 중 조선어를 익히던 몇 해를 제외한다면 단지 몇 해 동안에 《천로역정》과 《한영사전》을 편찬함은 물론, 신약성경의 많은 부분을 번역해 냈다.

　또한 그는 성경번역위원으로 활동하던 내내 동료 번역위원들로부터 그가 목사가 아니라는 이유로 따돌림을 당하거나 차별을 받지 않았다. 이 점은 목사직이 천부적 왕권에 버금가는 권위로 대접받는 작금의 한국교회 현상에 좋은 시사점이 아닐까 한다. 신성시되는 성경 번역 작업에 신학교도 졸업하지 않은 단순한 문학사 출신의 젊은 평신도에게 기회가 주어졌다는 것은 기적 같은 일이었다. 감리회의 아펜젤러와 장로교의 언더우드, 레이놀즈와 같은 목사들의 열린 사고가 있었기에 가능했거니와, 조선인들의 고정관념과 다른 이들의 관점이 단연 돋보인다.

게일의 성경 번역은 본래의 공로를 인정받지 못했으나 그 공로가 결코 작다고 할 수는 없다. 기독교계의 작업 이외에도 《영한사전》을 편찬하고 《구운몽》 등의 한국 문학을 영역하여 국내외에 소개한 일은 게일의 탁월한 업적으로 남을 일이다.

또 게일은 1911년에 예수교서회 부회장을 역임했으며, 1913년에는 이물(異物)을 소재로 한 《한국 풍속도》(韓國 風俗圖)와 《한국 활자에 대한 소고》를 출판했고, 당시 문제를 일으킨 블랙스톤(Blackstone)의 《예수의 재림》을 번역했다.

1917년 5월에는 피어선 기념 성서학원 원장이 되었고, 또 시가(詩歌)에 더욱 정진해 조선 음악 연구회를 조직, 찬송가 개편에 착수했으며, 이때부터 1919년까지 영문 월간 성경 잡지의 주필로서 한국의 풍속, 역사, 종교 등에 대한 기사를 어느 때보다도 많이 썼다. 여기에 김창업(金昌業)이 지은 《연행록》(燕行錄)을 부분적으로 발표했고, 이해조(李海朝)가 지은 《옥중화》(獄中花)를 완역해 《춘향전》이란 제목으로 발표했다. 그리고 한국 서적을 많이 번역한 이 기간 이규모(李奎報)의 작품을 즐겼다.

1919년 5월 26일 안식년으로 고향을 다녀온 뒤에는 한국어 교양 서적을 많이 편찬했는데, 그 가운데 1922년에 《구운몽》을 영어로 번역해 런던에서 출판한 것은 일품이었다. 한국 고전의 번역에는 이원모, 이창직, 이교승, 김원근 등이 협력했다.

1920년부터 1924년 사이에는 《演經 坐談》,《야소인의 人格》,《舊約 豫表》,《류황 곽도긔》,《仙埜 對照 大學》,《兩極 探險》,《영미 신이록》,《소영웅》,《로빈슨 크루소 표류기》,《기독 성범》,《와표전》,《모자 성경 문답》,《덕혜 입문》,《나사렛 목수 예수》 등이 출판되었다.

1925년에는 사역(私譯)으로 《신구약전서》를 번역했는데, 번역 방침에 대한 의견 차이로 성서공회에서 출판하지 못하고 윤치호의 후원으로 기독교 창문사에서 출판했다. 이것은 한국 최초의 사역으로서 성서 한글 번역에 크게 공헌한 것인데, 1937년에 성서공회는 이를 모방해 개역 성경을 펴냈다. 게일 목사의 《신구약전서》 원고는 다행히 그 유족이 보관하고 있다가 둘째 부인의 딸 알렉산드라(Alexandra Lloyd Kirk)가 1948년 연동교회에 기증해 사료실에 소장되어 있다.

그리고 왕립학회 한국지부를 통해 발표한 〈諺文 小考〉와 〈金剛山誌〉,〈韓國 結婚考〉,〈圓覺寺塔記〉,〈韓國 文獻 目錄〉을 위시해 이지항의 《漂海錄》 번역은 뛰어난 것이었다. 그의 마지막 저서는 한국의 풍속과 유적에 대한 귀중한 자료가 되는 《한국 민족사》인데, 이는 1924년부터 1927년 사이에 서울에서 발간한 영문 월간지 〈한국 선교지〉에 게재되었다.

게일 목사는 1927년 5월 연동교회 시무를 마치고 한국 문화와 문학에 금자탑을 남겨 놓은 채 6월 22일 조선을 떠났다. 1928년 여름까지 미국에서 북장로교를 위해 선교 독려와 모금 사업에 힘쓴 뒤, 정년으로 은퇴하고 부인의 고향인 영국 잉글랜드 바스(Bath)에서 여생을 보냈다. 그리고 1937년 1월 31일 부인과 막내딸이 지켜보는 가운데 74세로 소천했다. 연동교회는 그의 공로를 기리기 위해 1913년, 1918년, 1933년에 각각 표창장을 수여했다.

10 제임스 게일(James Gale, 1863~1937)

게일 목사가 편찬한 숱한 책자는 대부분 워싱턴 국회도서관에, 그리고 많은 원고 등은 토론토 대학교 토마스 퍼셔 도서관에 소장되어 있는데 영문 저서 9권, 한국어 저서 30권, 또한 한미 양국어로 발표된 수많은 저술은 한국을 외국에, 외국을 한국에 소개한 미증유의 것으로, 이보다 더한 공헌자가 아직도 나타나지 않고 있다.

게일 목사의 설교는 간단한 주제를 다룬 직설적인 유형으로서 복잡하지 않고 힘이 있었다. 원고 없이 설교했기 때문에 저서는 많으나 설교집은 한 권도 출판된 것이 없다. 그의 설교는 치밀하고 논리적이며 예화나 일화가 없는 성경 중심이었다. 1900년에 언더우드 목사와 함께 여러 선교 장소를 돌아다니며 설교했는데 평양의 경우 1,500여 명의 청중이 모였다. 1904년 고찬익 장로의 자립과 동시에 당회를 조직하고 열심히 교회 사업에 진력해 1907년에는 1천 명이 넘는 교세로 교회당도 새로 봉헌하는 등 장안에서 제일가는 교회로 성장시켰다.

그의 활동은 크게 세 가지로 구분할 수 있는데, 연동교회에만 국한하지 않고 조선 전체를 상대로 한 큰 그릇으로서 선교하는 것(선교사)과 가르치는 것(교육가)과 글을 쓰는 것(저술가)이었다. 천성이 학자로서 학문에 대한 호기심과 열의가 대단해 아침 6시에 일어나 오후 4시까지 저술에 몰두했다.

그는 언제나 현실적 요구에 응해 적절히 행동했다. 초대 선교사들에게 필요한 사전과 문법서를 만들고, 젊은 조선인들을 위해 초기 10년간은 교육에 힘쓰고, 1920년 이후에는 새로운 종류의 문서사업과 성경 번역에 힘쓰는 등 한국 선교의 삶을 유감없이 살았다.

1923년 2월 19일 회갑을 맞은 게일 목사에게 이상재 피택 장로는 다음과 같은 축하의 글을 봉정했다.

"祝賀 奇― 先生 花甲

奇― 先生의 花甲을 祝賀한다. 길의 방향을 잃은 사람으로 바른길로 돌아오게 하고 어둠 속에 있는 빛을 얻게 하여 반드시 그 사람을 올바로 인도한 연후에야 비로소 옳다고 하리라. 그러니 그 사람은 누구일까. 바로 우리의 기일 목사가 아니겠는가. 잔잔히 흐르는 물은 저들 양이 마실 것이요, 우거진 꽃다운 풀은 저들 양의 양식이니라. 상재 가로되 가상하도다. 마땅히 그는 장수하고 또 건강하며 후손들도 번창하리라."

게일 목사는 1927년 '내 마음은 언제까지나 조선에서 살리라'라는 보고서를 작성한 뒤, 반평생 선교에 전심전력한 조선을 떠나 캐나다로 갔다. 미국 북장로교와의 계약일이 1928년 8월 31일까지였는데 교회의 분란이 계속되는 와중에 끝내 이명혁 목사와 뜻이 같지 않아 동행할 수 없었다(2월 4일 당회). 사면을 청원한 지 2개월 만에 마지막 당회 참석(4월 1일) 이후 가사를 정리하기 시작했다. 이때 함태영 목사는 다음과 같은 고별 시를 써서 그의 공로를 기리고 석별의 아쉬움을 토로했다.

"어질도다. 나의 스승이여! 명을 받고 동방에 와서 몸을 굽혀 자기의 맡은 바 직무를 다하여 우리의 소 민족을 은혜받게 하사, 병든 자는 복을 얻게 하시니 어지신 스승의 공덕은 산같이 높고 흐르는 물같이 길으니라.

금속이나 비석에 새긴다 해도 이루 다 찬양할 수 없으리라. 홀연히 이별에 임하고 보니 감회가 끝이 없도다. 여기에서 성경의 구절을 가지고 영원히 기억 속에 담아 두리라. '지혜가 구비된 자 있어 많은 사람을 교도해 착한 데로 돌아오게 한 자는 반드시 하늘같이 밝게 빛나고 별같이 영원히 비춰리라' (단 12:3)."

10 제임스 게일(James Gale, 1863~1937)

1927년 6월 5일 오후 승동교회당에서 그의 한국 선교 40주년 기념 예배가 있었는데, 이는 고별예배를 의미한 것으로 연동교회가 분란 중이라 하더라도 자체적으로 이런 자리를 마련하지 못한 것은 아쉬움이 있다. 기념 예배에서 조선예수교장로회 서울교회 연합으로부터 은으로 만든 찻잔 한 쌍이 근정되었다.

게일 목사는 떠나기 직전 학자로서 귀중한 한국 관계 문헌 400점을 챙겨 미국 국회도서관에 보냈다. 캐나다에 도착한 게일 목사는 캐나다연합교회의 열렬한 환영을 받았고 밴쿠버 및 온타리오 등지로 왕래하는 가운데 특히 그의 동생 로버트(Robert)가 시무하는 교회에서 설교하기도 했다. 그러나 온타리오주 키치너에 사는 조카 딸의 이름을 'Corea'라 지을 만큼 멀리 두고 온 한국을 잊지 못했다. 그리고 다시 태어나도 가고 싶은 조용한 한국의 농촌 풍경과 포근한 인정에 대해 추억을 되씹곤 했다.

이때 미국 국회도서관에서 아시아 담당 자문위원으로의 위촉이 있었으나 사양하고 영국으로 가서 부인의 고향인 바스에서 여생을 보냈다. 여기서 교회 출석을 위해 바스 장로교회에 나갔으나 이른바 고등비평을 주장하는 목사로 인해 성공회 성당을 몇 차례 다녔다. 그 뒤 보수적인 신학 사상을 지닌 채 복음주의의 주간 기도회에 참석하며 개신교의 신앙을 고수했다. 한때 작가 찰스 디킨스가 살던 집에서 살았으며 말년에 대영성서공회 의장직을 맡았다.

그리고 74회 생일을 3주일 앞둔 1937년 1월 31일 갑자기 자리에서 일어나 하늘을 향해 "How wonderful, How beautiful"이라 속삭이듯 읊조리고 자리에 누워 소천했다. 그의 유해는 바스의 북쪽 언덕 헨스타운 묘지에 안장되었다. 뒤늦게 부음을 접한 연동교회는 3월 14일 추도예배를 엄숙히 거행했다.

유족으로는 미망인 세일과 큰아들(J. M. George, 1911년생), 막내딸(Alexandra L. Kirk, 1918년생) 그리고 첫째 부인과 헤론 사이에서 태어난 애니(Annie)와 제시(Jessie)가 있었다. 조지는 길선주 목사에게서 세례를 받았다. 게일 목사는 아들이 자기의 단점인 소심함을 닮지 않기를 기도했다. 그 밑으로 둘째 아들 비비안(S. Vivian)을 낳아 일본인 이노구치 목사에게 유아세례를 받았으나 1년 6개월 후 병들어 죽었다(1917. 8. 7.) 그리고 1년 만에 딸을 낳았는데, 유일하게 그의 피를 이은 알렉산드라[Alexandra, 안낙선(安樂仙)]였다. 첫째 부인과의 사이에는 소생이 없었다.

게일 목사는 비록 정규 신학을 공부하지는 못했어도 선교적 열정과 한국학에 대한 열의에 심취해 한평생을 한국 민족을 위해 헌신·봉사하고 놀라울 만큼 많은 저술을 남겼는데, 그에 대한 세평은 크게 두 가지로 나타난다. 하나는 권세 있는 높은 계급만 골라 사귀었다는 것이다. 그러나 그것은 그의 학자적인 접촉 때문이었다. 그는 고종 황제를 비롯해 왕자 의화공, 주미공사 이병진 그리고 윤치호 등과도 각별한 친분이 있었다. 이러한 선택적 인간관계와 스코틀랜드인 특유의 자존심 때문에 대중에게서 격리되고 특히 동역자들로부터 시기를 받았으나, 반면 연동교회를 지성인의 교회로 발전시키고 이상재를 비롯해 저명한 인사들을 교회로 끌어들일 수 있었던 것은 장점이었다.

둘째는 친일파라는 것이다. 그것은 그의 두 번째 부인 때문에 받은 오해이다. 그는 민비 시해 사건이나 그 뒤 일본의 침략과 악독한 학살에 대해 글로 강경하게 통박했다. 그가 한민족의 독립항쟁에 직접 가담하지 않은 것은, 그가 외국인이라는 점도 있었겠으나 그보다는 교육과 문서로 대신한 방법론적 차이였다.

게일은 미국 북장로교의 법통 선교 대표자였던 언더우드 목사와 별로 좋은 관계가 아니었다. 개인적인 성격의 차이에서 온 것도 있겠으나, 그보다는 신학적·배경적 근원에서 비롯된 것이 컸으리라 짐작된다. 교파적 배경이 다르다는 점과 신학교를 졸업하지 않았다는 배타적 편견은 항상 상대방을 신신학 또는 이단 등으로 몰아넣는 불신 풍조를 낳았다.

게일 목사의 문학적 특성과 비교파적인 사상은 그의 선교 활동을 결정해 준 중요한 요인이 되었다. 그러나 선교사로서 신학적 훈련이 부족한 것을 가지고 동료 선교사들은 복음 전파에 주력하지 않고 세속적인 문화나 풍습만을 연구한다고 비난했다.

이러한 그의 자유분방한 신학관 때문에 이른바 보수 정통 신학과 마찰을 일으킨 사건이 발생했는데, 그것도 가장 절친한 친구이자 그를 미국 북장로교 목사가 되게 해준 마펫 목사와의 사이에서 일어났다. 분쟁의 불씨는 그가 평양신학교를 경영하는 마펫 목사에게 교육방법이 지나치게 보수적이라며 신학 교육이 더 진보적이어야 한다고 주장한 데서 시작되었고, 결국 게일 목사는 교수직을 사임하는 지경에 이르렀다. 그러나 두 사람의 불편한 관계는 1917년 7월 마펫 목사의 편지로 해소되었다.

게일 목사 연구가인 유영식 목사는 그의 저서에서 다음과 같이 결론적 평가를 내렸다.

"게일은 한국문화와 문학을 연구함으로 기독교 문화와 한국문화의 대화를 통해 선교 사업을 시도한 인물이었다. 한국인의 토속적인 춤과 노래와 음악을 기독교 문화와 융합하려는 게일의 진보주의적 시도는 당시 상황에서 너무도 대담한 것이었다. 그래서 그를 이단시하고 비난했던 사례는 당시로서는 무리가 아니었다.

　게일은 교리적 구속과 교파적 체계에서 벗어나 한국 교계에 자유주의적인 신학 사상을 고취시켰다. 그는 연동교회에서 근무할 때 이승만 등 당시의 진보적 청년들에게 개화사상과 관련된 영향을 주었고, YMCA 활동을 통해 계급사회 타파에 힘썼다.

　게일은 복음 전파가 주된 임무인 선교사이면서도 한국문화 연구나 사회 참여를 통해 한국 근대사에 크게 공헌할 수 있었다. 선교사에게 필수적이었던 신학적, 교리적 혹은 교단에 대한 충성심에 대한 미흡함이 오히려 그보다 큰 공헌을 남기게 한 결과가 되었다.

　게일은 40여 년간 한국 선교에서 문학 및 문화 활동을 통해 그리스도교가 원주민의 문화와 융합하는 데 초석을 놓고, 사회 활동을 통해 교회와의 사이를 연결했던 진보적 신학자였다."

11
사무엘 마펫
(Samuel A. Moffett, 1864~1939)

　사무엘 마펫[Samuel Austin Moffett, 마포삼열(馬布三悅), 1864~1939]은 1864년 1월 25일 미국 인디애나주 매디슨에서 출생했다. 이후 기독교 계통인 하노버 대학에서 자연과학을 전공하여 석사학위를 취득했다. 그러나 특별한 소명감을 갖고 1885년 매코믹 신학교를 졸업했다. 신학교를 마친 뒤 미주리주 애플턴 제일장로교회에서 1년간 시무했다. 1889년 4월 15일 미국장로회 선교부에서 조선 선교사로 임명되었고, 1890년 1월 서울 마포나루에 도착했다.

조선에 도착한 후 6개월 동안 서상륜에게 한국어를 배웠다. 그리고 언더우드의 '예수학당'을 인수했다. 3차에 걸친 관서 지방 전도 여행 후 평양으로 선교지를 정하고 전도와 교육에 최선을 다했다. 이것이 1893년의 일이다.

처음에는 어려움이 매우 컸다. 평양 서문통을 지나던 중 이기풍의 돌팔매질에 피를 흘린 일도 이 무렵이었다. 그러나 그는 선교의 개척자답게 모든 어려움을 관용과 아량, 그리고 인내로 이겨 냈다. 이에 따라 점차 많은 이로부터 '마펫 목사'로 불리며 존경과 칭송을 받았고 전도 사역도 발전하였다. 1893년 처음에는 평양의 중심지인 널다리골 홍종대의 기와집 한 채를 사들였다. 이 집이 바로 평양에서 마펫이 최초로 설립한 널다리골교회가 되었다.

한편 그는 조선인 교역자 양성에 뜻을 갖고 평양 장로회신학교를 창설하는 커다란 공적을 남겼다. 그는 항상 조선 선교에 대해 새롭고 독특한 착상을 해 주위 선교사들로부터 경탄을 받았다. 1901년 그는 자신의 선교구인 평양에 장로회신학교를 설립하여 1907년 첫 졸업생 7명을 배출했다. 마펫은 1904년 평양 선교사 공의회의 결정에 따라 정식으로 평양 장로회신학교 교장에 취임했다. 이후 1924년까지 교장직에 머물면서 많은 교역자를 배출했다. 그의 선교의식은 한국 초기 선교사들의 공통적인 특징이나, 특히 신학교를 책임진 마펫의 확고한 입장은 당시 한국교회의 신학 확립에 큰 역할을 했다고 볼 수 있다.

그의 생각은 1922년 중국 남경에서 열린 세계장로교 동양선교대회의 연설 중에 잘 나타나 있다.

"조선 사람은 평화와 자유를 지극히 사랑하는 민족입니다. 그들은 민족의 자유를 누릴 수 있는 독립을 찾기 위해 죽음도 불사하는 의롭고 용감한 민족입니다. 조선은 40년의 우리 기독교 선교사상 세계 어느 나라보다도 빠르게 발전했습니다. 내가 직접 체험한 3·1 독립운동에서 조선 민족은 불사조처럼 용감하게 싸웠습니다. 일본 관헌이 창으로 찌르고 총으로 쏘아 쓰러뜨렸으나 그럴수록 전 민족이 단결해 전국 방방곡곡에서 남녀노소가 일어났습니다."

그는 1919년 조선예수교장로회 제8대 총회장으로 선출되어 혼란기의 한국교회를 이끄는 수완을 발휘하기도 하였다.

마펫의 또 하나의 업적은 숭실학교의 설립이다. 1894년 널다리골 교회에서 이영언을 교사로 학생을 모아 가르치기 시작한 것이 숭실학교의 시초였다. 이와 함께 1918~1928년에는 숭실학교의 교장으로 시무했다. 그동안 일제의 신 교육령에 의한 성경과 종교 과목 폐지 압력을 끝까지 이겨 내고 교육이 곧 전도라는 신념을 고수했다. 이후 병을 얻어 요양을 위해 귀국했다가 1939년 10월 24일 캘리포니아주 몬로비아에서 별세하였다.

한국 선교사로서 그의 공적은 매우 크다. 첫째, 그는 3차의 선교여행으로 평양에 선교 거점을 만들었다. 그리하여 평양이 '한국의 예루살렘'이라는 이름을 갖게 되었다. 그의 선교 여행은 매우 길고 확실한 점검의 과정이었다. 그는 전도하며 다니면서 조선인들에게 많은 수모와 박해를 받았다. 평양 서문통을 지나던 중 이기풍의 돌팔매질에 턱을 크게 다치기도 했다. 이때의 상처는 평생 남아 있었다.

29세에 한국에 온 그는 한국에서의 44년간의 선교 기간 동안 거리와 산야에서 살았다고 해도 과언이 아니다. 잠시라도 한국인을 만나지 않고는 견디지 못하는 성격이었다. 그는 책을 저술한 것이 거의 없다. 선교본부에 보낸 사업 보고서 형식의 편지가 다소 있을 뿐, 친필로 기록을 남긴 결정적 문헌이 없다.

둘째, 교회를 설립했다. 그것이 널다리골교회인데 처음에는 최치량의 주막에서 전도하다가 그 부근의 방 하나를 얻어 교인 4~5명과 예배를 드렸다. 그러나 곧 장소가 협소해 최치량과 협의하여 당시 평양의 중심지인 널다리골 홍종대의 기와집 한 채를 사들였다. 이 집이 바로 평양에서 마펫이 최초로 설립한 널다리골(板洞)교회가 되었다. 이후 장대현교회로 개칭했다. 그가 직접 세운 교회도 많거니와 간접적으로 설립에 공을 세운 곳도 헤아릴 수 없이 많다. 그래서 그가 은퇴할 때는 1천여 교회가 있었으니, 그는 무엇보다 교회 설립에 큰 공을 세웠다고 할 수 있다.

셋째, 교역자 양성에 뜻을 두어 장로회신학교를 창설했다. 1901년 그는 자신의 선교 구역인 평양에서 신학 교육을 시작하여 자신의 거처에서 김종섭과 방기창 두 학생을 리[G. Lee, 이길함(李吉咸)] 선교사와 함께 가르치기 시작했다. 1902년에는 학생 수가 6명으로 증가했고, 1905년에는 40명이 되었다. 1907년 최초로 졸업생 서경조, 한석진, 방기창, 길선주, 이기풍, 양전백, 송인서 등 7명을 배출해 한국교회 최초의 목사 안수를 받게 했다. 그는 1924년까지 이 학교의 교장으로 있으면서 많은 교역자를 배출했다.

그는 학교에서 직접 선교사를 가르쳤고, 학교 행정을 맡은 자들이나 기타 모든 이에게 진실함과 성심으로 대했다. 그의 신학은 보수주의에 입각한 소박하고 단순한 신학으로 나타났다. 민경배 목사는 《한국기독교회사》에서 "한국 초대교회는 그 신앙의 유형이 '소박한 신앙', '인격적인 경건의 신앙'이니 해서 그 특징을 개인의 영혼 구원에 두었다고 세계 교회는 보아 왔다"라고 말했다. 이렇게 된 데는 마펫의 신앙적 영향이 컸다.

넷째, 성령 운동의 가장 큰 후원자였다. 신학교 제1회 졸업생들이 성령 운동의 주역이 되었다는 것 자체가 그것을 의미했다. 가장 큰 일꾼으로 나선 길선주 목사가 곧 마펫의 제자였다. 성령 운동에는 마펫의 영향이 컸다. 그는 미국에서 대각성 운동을 경험한 사람이었다. 그러므로 조선에서 일어나고 있던 성령 운동을 잘 파악했으며 그 과정이 바른 것을 인정했다. 그는 열정적인 후원자로 방방곡곡에서 모이는 부흥회를 후원하고 직접 말씀을 전했다.

그 결과 기독교의 전도가 활발해졌으며, 생활 변화가 뚜렷하게 나타났다. 이것은 민족의 운명을 이어가는 일종의 독립운동이었다. 결과적으로 선교사의 바른 판단과 격려가 이렇게 큰 결과를 낳았다.

마펫은 또한 독립운동을 후원한 선교사였다. 그는 앞서 언급한 1922년 세계장로회 동양선교대회에서 이렇게 외쳤다. "내가 직접 체험한 3·1 독립운동에서 조선 민족은 불사조와 같이 용감하게 싸웠습니다. 일본 관헌이 창으로 찌르고 총으로 쏘아 쓰러뜨렸으나 그럴수록 전 민족이 단결해 전국 방방곡곡에서 남녀노소가 불길같이 일어났습니다. 일본 관헌은 애국을 절규하는 모든 집회에 총을 들이댔으며, 예수 믿는 이들을 교회당 안에 감금하여 석유를 뿌리고 불을 질러 태워 죽이는 잔학한 만행까지 저질렀습니다. 그들이야말로 순국자요 순교자였습니다. 그래도 교인들은 조금도 위축되지 않았습니다. 더욱 신앙을 굳게 하고 전도에 힘쓰고 있습니다. 시골에서 제일 큰 건물은 모두 교회당이며, 이러한 건물은 아직 신앙생활을 시작한 지 몇 해 되지도 않은 교인들이 자신의 힘으로 지었습니다. 이런 민족이 축복받지 못하면 누가 축복을 받겠습니까?"

그는 1919년 조선예수교장로회 제8대 총회장으로 선출되었는데, 이것도 당시가 혼란한 시기였기 때문에 그렇게 한 것이었다. 조선인이 총회장이 되면 일본인들에게 말할 수 없는 곤욕을 당할 것이므로 그가 총회장을 맡았고, 이 일은 조선인들의 독립운동에 도움이 되었다. 그리고 그는 조선의 이런 상황을 외국에 알리는 역할을 담당했다. 조선인으로서는 그 일을 활발하게 할 수 없었으므로 미국 선교사로서 조선과 조선의 상황을 세계, 특히 미국에 알리는 역할을 했다.

한국교회가 신사참배 문제로 고통을 겪을 때는 "아무리 그래도 신사참배를 하면서 학교 경영을 할 수는 없다는 생각에는 변함이 없습니다. 이를 위하여 기도하시오"라고 말했다.

이처럼 그는 일제 말기 당시 노령이었음에도 한결같은 자세로 신앙의 지조와 신학의 정통성을 지키려고 노력했다. 그 결과 신사참배를 결정한 총회를 아쉬워하며 신학교를 폐교하는 일까지 일어났다. 이처럼 그는 조선교회의 신앙적 입장을 독립운동에까지 적용한 사람이었다. 외국인이면서도 한국의 독립을 기독교 신앙으로 해석했고, 이를 위하여 조선교회 지도자들을 끝까지 격려하고 용기를 불어넣었다. 마펫의 전기에는 "매디슨시에서 고고의 울음을 터뜨린 그 아이는 미국의 핏줄을 이어받았으나 한국을 위해 왔고, 한국을 향해 존재한, 한국으로 부름을 받은 인간이었다"라고 기록되어 있다.

그는 일제 말기인 1939년 병을 얻어 귀국하였고 캘리포니아 몬로비아에서 별세했다. 그의 부인 앨리스 마펫(Alice F. Moffett)은 의사로 조선에서 함께 선교 활동을 하다가 1912년 별세하였고, 두 번째 부인 루시아 마펫(Lucia Moffett)은 마펫의 사후 홀로 자녀들을 양육하

11 사무엘 마펫(Samuel A. Moffett, 1864~1939)

다 1962년 뉴욕에서 소천하였다. 그의 다섯 아들은 부친의 뜻을 따라 모두 선교사가 되어 한국에서 일했다.

마펫 선교사가 조선 선교에 성공할 수 있었던 데는 몇 가지 이유가 있다. 무엇보다 그는 뜨거운 신앙의 열정이 있는 복음주의자였다. 이것은 초대교회의 사도들처럼 전도하는 데 가장 큰 능력이 되었다. 그는 가는 곳마다 만나는 사람에게 전도했다. 그 결과 이교도의 평양을 한국의 예루살렘으로 변화시켰다.

그리고 장로회신학교와 숭실전문학교를 설립하는 데 결정적인 역할을 했다. 이처럼 기독교 학교를 설립함으로 한국인의 지적 수준을 높였다. 이것은 교육에서 끝나는 것이 아니라 새로운 문명에 접할 수 있게 했으며 발전하는 민족이 되게 했다. 그 기초가 곧 기독교 신앙이었다. 많은 독립운동가들이 교회와 기독교 학교에서 교육을 받은 사람이었다. 민족 교육은 곧 민족 신앙 운동이었으며 민족 독립운동이었다. 그는 이 일을 위해 최선의 신앙적 열정을 쏟았다. 그 결과가 그의 은퇴 후에 방방곡곡에서 나타났다.

그는 조선교회를 위하는 것이라면 끝없이 어디든 갔다. 한국 교인을 위해서라면 자기의 생명까지도 아끼지 않았다. 넘어지면 다시 털고 일어났고, 지치면 쉬었다가 또 걸었다. 그의 앞길을 막으면 돌아갔고, 때리는 자에게는 항거하지 않았다. 그는 한국인이 되려고 한국인을 배웠고, 한국을 자기 가슴 속에 끝없이 담았다.

그는 신학교에서 선교 역사를 강의했다. 이것은 그에게 가장 중요한 기초였다. 그가 선교사로서 훈련받을 때 이 선교 역사에 대한 지식은 그가 선교사 역할을 어떻게 해야 하는가를 분명히 알게 했다. 그는 선교 역사에 대해 잘 알았고, 여러 나라의 선교 역사와 선교사들의 사역을 통한 결과도 잘 알았기에 그것을 한국의 상황을 고려하여 적용할 수 있었다. 그리고 이것을 자기의 지식만으로 간직한 것이 아니라 신학교에서 가르쳐 학생들에게 선교 역사를 통해 얻은 것을 자기의 신앙으로 확립하게 했다. 그 결과 최초의 신학교 졸업생 7명 중 한 사람인 이기풍 목사를 제주도에 선교사로 파송했다. 이것은 한국인들의 생각에서 나온 것이 아니라 마펫 선교사의 강의의 결과라고 할 수 있다. 그리하여 한국교회는 처음부터 외국 선교에 깊은 관심을 갖게 되었다.

마펫은 미국 시카고의 매코믹 신학교에서 공부했다. 한국교회에 미친 매코믹 신학교의 영향은 오히려 프린스턴 신학교의 영향보다 컸다. 마펫을 비롯하여 평양신학교에서 오랫동안 교수했던 베어드(W. M. Baird)와 리(G. Lee), 스왈른(W. Swallen), 아담스(J. E. Adams), 클라크(C. A. Clark)가 모두 매코믹 신학교 출신이었다. 19세기 인디애나 주 개척민들이 설립한 하노버 대학의 신학부로 출발한 매코믹 대학은 매일 수업 시작 때마다 찬송가를 부르고 성경을 읽고 기도하고, 또 주일 아침에는 주일학교에 교수들이 나가 가르치고, 오후 예배는 학장이 인도하는 전형적인 기독교 학교였다. 목회자와 선교사 양성을 목적으로 설립된 이 신학교는 철저한 보수주의에 청교도적인 엄격성, 그리고 불굴의 기상을 불어넣어 주는 동시에 경건성을 유지하였다.

청교도 신앙(puritanism)은 내한 선교사의 절대 수를 차지하고 있던 장로교 계통 선교사들의 신학 배경이었다. 이에 대해 브라운은 다음과 같이 비평했다.

"나라(한국)의 문이 열리고 첫 4반세기를 이끈 선교사 유형은 전형적인 청교도였다. 그들은 세기 전 뉴잉글랜드 조상들이 그랬던 것처럼 안식일을 엄

11 사무엘 마펫(Samuel A. Moffett, 1864~1939)

수했으며, 춤과 담배나 카드놀이 같은 것은 '그리스도를 따르는' 자가 빠져들어서는 안 되는 죄로 보았다. 신학이나 성경 비평학에 대해서는 보수였으며, 그리스도의 재림에 대해서는 전 천년설을 주장했다. 고등 비평학이나 자유주의 신학은 위험한 이단으로 보았다. 미국과 영국에서는 보수주의자와 자유주의자가 같은 복음주의 교회로 공존하며 함께 일하는 법을 배우고 있는데, 한국에서 '근대적 시각'을 지닌 사람의 행로는 거칠기 그지없다. 이런 현상은 장로교 선교사들 사이에서 더욱 그러했다.

이는 19세기 계몽적 근대 진보주의 신학의 도전에 대해 16세기 칼뱅주의의 원리를 고수하려는 '보수 우파', 장로교 신학의 보루였던 프린스턴 신학과 매코믹 신학 출신 선교사들이 주도권을 행사한 때문이기도 했다. 이 같은 선교사들의 청교도 신앙이 갖는 폐쇄적 방어 능력으로 인해 한국 장로교 신학은 교파 교리 중심의 신학 구조를 갖게 되었다. 이는 한편으로는 진보적 자유주의 신학에 대한 단절과 방어로 나타났고, 다른 한편으로는 교리 중심 신학으로 정착하여 교회의 사회 개혁적 기능이 약화되었다. 《천로역정》으로 대변되는 청교도 신앙은 개인의 신앙과 생활 개혁에는 놀라운 힘을 발휘했으나 염세적 내세 신앙으로 현실 도피적 신앙 양태를 만들었고, 그 결과 교회의 사회 개혁적 기능을 포기함으로 사회적이기보다는 개인주의적인 교회로 전락했다."

마펫 선교사는 조선을 매우 사랑하여 조선 사람이 되려고 노력했다. 이것은 그의 선교사로서의 노력이었다. 그는 '거리의 사람', '거리의 선교사'라는 이름을 얻었다. 항상 거리에서 한국 사람을 만나 이야기하고 전도하였기 때문이다. 매우 협소하고 길이 아닌 곳이라도 찾아 들어가 전도하였다. 그는 항상 걷기를 좋아했다. 걸어 다녀야 한국인들을 만날 수 있었기 때문이다.

한번은 미국에 있는 그의 어머니가 아들이 항상 걸어 다니며 고생하는 것이 염려되어 마차를 보내주었다. 그러나 한국은 길이 좁고 고르지 않아 마차를 사용할 수 없어 창고에 두었다. 그리고 자전거를 타다가 그것도 그만두었는데, 그것은 자전거가 사람보다 빨라 복음을 전할 수 없었기 때문이다. 그래서 늘 걸어 다니며 조선인의 삶에 동참하는 새로운 태도를 갖추었다. 이것은 그의 선교를 성공으로 이끌어 간 중요한 비결 중 하나였다. '조선인과 어깨를 나란히 하고 걷는 것', 이것이 그의 선교 전략이었다.

1939년 숭실대학교 강당에서 마펫 한국 선교 40주년 기념식이 있었다. 순서 중에 마펫 선교사가 인사할 시간이었다. 그는 옆에 앉아 있던 한국인 목사를 힐끔힐끔 쳐다보더니 강단 앞으로 나가 소감을 말하기 시작했다.

"내가 40년 동안 전도한 이야기를 할 것인데 너무 많고 시간이 없으니 소감만 말하겠소."

그러면서 자기 턱을 가리켰다. 마펫 목사의 턱에는 깊은 상처가 있었다.

"이것은 내가 조선에 온 표적이오. 내가 이렇게 되기 전에는 매우 고왔는데, 어느 날 저녁 예배를 인도하러 장대현교회로 올라가는데 어디서 둘러친 돌멩이가 날아왔소. 그때 대단히 야단났는데 피가 많이 났소. 아마 평양 망나니들이 그렇게 했을 것이오."

마펫은 뒤에 앉아 있던 한국인 목사를 가리키면서 말을 이었다.

"저기 앉은 이기풍이 그때 그 사람이었소. 유명한 망나니였소. 그후 회개하고 예수 믿고 지금은 조선의 유명한 목사가 되어 제주도에까지 가서 전도하여 많은 성도를 얻었으니 내 마음이 기쁘오. 이것이 내가 40년 선교에서 잊지 못할 이적으로 나는 이것이 매우 기쁘오."

11 사무엘 마펫(Samuel A. Moffett, 1864~1939)

장내가 박수 소리로 떠나갈 듯했다.

1894년 청일전쟁 직전에는 불행한 사건이 일어났다. 부호의 자제가 다수 입교하자 한번 거사해서 이득을 얻으려고 유교 존숭과 외인 협잡배의 방지를 내세운 덕천 부사 신덕윤의 무고 때문이었다. 평안도 관찰사 민병석이 엄명을 내려 그해 4월 6일 한석진, 송인서, 최치량, 그리고 감리교의 김창식이 잡혀 가늠하지 못할 난타를 당해 정신을 못 차리고 혼도(昏倒)의 지경에 빠졌다. 이러한 난처함을 안 감리교 선교사 홀과 장로교 마펫 목사가 서울에 있는 영국 공사와 미국 공사에게 급히 알려 왕실에 교섭하도록 했다. 일의 경과가 늦어지므로 당황한 영미 양국 공사는 서울 주재 청국 공사 원세계에게 통고하여 "영미 양국은 부득이 군함을 평양에 파견하여 자국인과 그 동업인의 생명을 구출할 수밖에 없다"라고 강경히 항의했고 그가 국왕에게 알려 어명으로 평양 교인 석방을 가능하게 했다.

청일전쟁과 노일전쟁 같은 참혹한 전운과 그 피해가 평양을 집중적으로 강타했다. 그런데 평양에 진작 와 있던 사무엘 마펫과 그레이엄 리 두 선교사는 청일전쟁 후 도시가 폐허가 되고 설상가상으로 병마가 유행해 덮치는 거리를 다니며 희생적으로 봉사하여 그곳 주민들의 뜨거운 존경과 사랑을 받았다. 언제 서북 사람들이 이러한 사랑과 인정을 받아 보았겠는가. 조선 시대에 조정은 본래 평안도와 황해도에 강압적인 처우를 내렸고 그곳 사람들이 관에 진출하는 것을 억제했다. 서북인들은 과거에 급제해도 벼슬에 임명되지 못했다.

1917년 총독부의 압력과 학생들의 학교 인가 신청 요구 압력이 절정에 이르렀을 때 숭실학교의 마펫 교장은 이렇게 말했다.

"하나님께 맡기고 좀더 기다려 봅시다. 기한은 앞으로 몇 해 더

남았습니다. 우리는 성경을 가르칠 수 없는 학교를 유지해 나갈 없노라고 총독에게 분명히 말해야겠습니다. 그리고 다만 이 문제는 하나님께만 맡깁시다."

그렇게 하나님께 맡기고 기다리기를 2년, 3·1 독립운동이 터졌고, 그로 인해 새로 부임한 사이도 총독이 마펫과 만나 시정을 논하던 끝에 시설 규준을 높인다는 전제하에서 성경 교육과 채플 의식을 허락했다. 폭풍에 말려들지 않고 신앙으로 감격적인 열매를 맺은 날, 한국 기독교 교육의 위기는 몇 해나마 제거됐다. 더 진지한 소망의 닻을 더 먼 날을 향해 던져야 한다는 교훈이 이날 주어진 것이다.

1934년 평양의 마펫 목사는 한국에 와 있는 '대부분'의 장로교 선교사들은 보수주의자들이라고 자찬했다. 이 '대부분'이라는 말은 몇 사람의 선교사가 예외라는 것을 암시하고 있었고, 홀드크로프트(James G. Holdcroft, 허대전(許大展))는 이 '예외'가 곧 근대주의자들이요, 이들은 악하고 반역적이며 배신하는 무리라고 힐난했다.

1892년 의주에서도 처음으로 사경회가 열렸고, 마펫 선교사가 1893년에 평양으로 내려가고 점차 수강생이 많아지자, 평양에서도 여름과 겨울에 사경회가 개최되었다. 김이련과 감관근 부자와 12명을 대상으로 1892년 의주에서 열린 사경회에서는 마펫과 게일 선교사와 한국인으로는 처음으로 백홍준 조사가 사경회 교사 책임을 맡았다. 이것은 네비우스 선교 정책 구현 차원에서 장차 조선교회의 지도자를 양성할 목적으로 개설되었는데, 사경회에 참석한 자 가운데 성적이 우수한 자는 서울에서 열리는 신학반에 입학해 성경과 교회 치리에 관한 것을 공부한 후 전도인으로 임명받아 사역했다.

1901년 평양 장대현교회 장로인 방기창, 김종섭 두 사람을 목사 후보생으로 선정하여 신학 과정 위원이 결정한 5년 교과 과정에 따

11 사무엘 마펫(Samuel A. Moffett, 1864~1939)

라 마펫과 리 선교사가 가르치기 시작했다. 1902년 평양 공의회 위원회는 양전백, 길선주, 이기풍, 송인서 네 사람을 목회 후보생으로 천거하여 허락을 받았다. 1903년 교수진은 마펫, 베어드, 스왈른, 리, 헌트 그리고 번하이셀로, 마펫은 신학 일반과 소요리 문답, 베어드는 구원론, 스왈른은 유대 사기, 리는 목회학, 헌트는 마태복음 및 고대사, 베어드와 스왈른은 모세오경, 그리고 번하이셀은 산수를 가르쳤는데, 이들 모두는 시카고의 매코믹 신학교 출신이었다.

1904년 공의회는 평양 공의회 위원회가 마펫을 2년간 신학교 교장으로 세우도록 청원한 것을 승낙하고 미국 북장로교 언더우드 목사와 남장로회 전킨, 빅토리아 선교회 왕길지 목사를 교수진으로 임명하여 학교의 틀을 한층 더 다졌다.

처음 평양신학교를 주도한 선교사들은 마펫, 리, 언더우드, 스왈른, 베어드, 번하이셀, 클라크, 헌트, 레이놀즈, 게일, 엥겔 등이었다. 특별히 이 중에서도 마펫, 스왈른, 클라크, 리, 레이놀즈 등은 평양신학교의 발전에 처음부터 개입했다.

마펫이 신학교 교장을 맡고 1916년까지 총 171명의 졸업생을 배출했고, 1915년에는 230명이 재학하고 있어서 평양신학교는 그야말로 세계에서 가장 큰 장로회신학교가 되었다. 1916년 현재 신학교 재적생은 본과 187명, 후과 43명으로 총 230명이었다. 신학교 교장 마펫이 1916년 〈신학 세계〉에 기고한 '장로회신학교 약사'에 의하면, "근년에 와서는 중학교와 대학교에서 수학하고 자격을 상당히 예비한 청년이 다수 입학"하여 신학교는 양적 성장을 이루었을 뿐 아니라 학생들의 수준도 놀랍게 향상되었다.

평양신학교의 설립과 관련하여 매우 주목해야 할 사실이 있다. 첫째는 네비우스 선교 정책과의 관련성이고, 둘째는 초기 교수들의 출신 학교 성향이다. 첫째, 평양신학교는 네비우스 선교 정책과 관련하여 설립되고 육성되었다. 교회학교와 성경학교, 신학교조차도 모든 신학 교육은 네비우스 선교 정책의 일환인 사경회와 깊이 관련되어 진행되었다. 평양신학교는 독립적으로 운영된 것이 아니라 네비우스 선교 정책의 일환이었던 사경회 제도의 연장이었다.

또 한 가지 간과할 수 없는 중요한 점은, 평양신학교 개교 후 로버츠(Stacy L. Roberts, 라부열) 선교사가 마펫을 이어 평양신학교 교장직을 맡기 전 25년 동안 신학교를 주도한 선교사들이 매코믹 신학교 출신이었다는 점이다. 평양신학교가 한국교회를 주도하는 신학교로 발전하기까지 가장 많은 영향을 미쳤던 선교사들은 마펫, 레이놀즈, 클라크 세 사람이었는데, 이 중 마펫과 클라크가 매코믹 신학교 출신이다. 동부의 프린스턴은 아키발드 알렉산더, 찰스 핫지, A. A. 핫지, 그리고 워필드의 신학적 입장을 그대로 따르고 반영하고 있었다.

한국교회의 초석을 놓은 초기 선교사들이 매코믹 출신이었다는 사실은 특별한 의미를 가진다. 그것은 한국장로교회를 주도한 선교사들이 구학파 전통에서 보수적인 신학 교육을 받은 이들이었다는 사실 때문만이 아니라, 이 학교가 여타 구학파 전통에 선 신학교와는 달리 부흥 운동에 대해 상당히 적극적이고 긍정적이었다는 사실 때문이다. 매코믹 신학교는 시카고에 위치해 신학적으로는 프린스턴과 같은 구학파 신학을 계승하면서도, 무디의 영향 아래 있는 지리적인 여건으로 인해 미국의 구학파의 일반적인 분위기보다 부흥 운동에 상당히 긍정적이었기 때문이다. 이것은 한국장로교회를 주도한 선교사들이 어떻게 신학적으로는 미국의 구학파 전통을 계승하면서도 부흥 운동에 대해 긍정적인 입장에 설 수 있었는지를 말해 준다.

35세 젊은 나이에 평양신학교 교육의 전체적인 책임을 맡은 마펫

11 사무엘 마펫(Samuel A. Moffett, 1864~1939)

선교사는 매코믹에서 구학파의 신학과 부흥 운동의 중요성 두 가지를 몸소 체험한 데다, 그것을 12년간의 조선 선교 경험과 함께 신학 교육과 연계해 평양신학교를 한국교회 지도자를 배출하는 대표적인 신학교로 육성했다. 《표준 성경 주석》 서문에 밝힌 대로 그의 신학은 철저한 구학파 전통에 서 있었다. 그는 말하기를 자신은 "성경의 어떤 부분은 하나님의 말씀이나 다른 부분은 아니라고 믿는" 자들과 달리 《표준 성경 주석》을 저술한 다른 저자들처럼 "원저자가 쓴 대로 모든 부분이 참되며", "성경 전부를 영감 된 말씀"으로 믿는 "보수적" 입장이라고 했다.

마펫이 얼마나 보수적인 칼뱅주의자였는지는 1934년 선교 50주년을 맞은 희년 기념 예배 석상에서 말한 그의 기념사에서 찾아볼 수 있다.

> "내가 한국에 처음 와서 복음 전도를 시작하기 전 하나님 앞에 기도하고 결심한 것이 있었다. 즉, 나는 사도 바울처럼 십자가의 도 외에는 전하지 않기로 했으며, 만일 다른 것을 전하면 저주를 받으리라 다짐했다."

이와 같은 복음주의적 입장은 한국 북장로교 선교 50주년 기념 보고서에서 재확인되었다. 이 같은 신앙은 미국의 구학파 출신에게서 공통적으로 찾아볼 수 있는 분명한 개혁파 복음주의 신앙이었다.

마펫 선교사 못지않게, 아니 그보다 더 평양신학교의 신학적 전통의 형성에 영향을 미친 인물은 클라크 선교사이다. 1902년 한국에 파송된 그는 1908년 평양신학교에서 가르치기 시작하여 1922년 전임 교수가 되었다. 그가 담당한 분야는 실천신학이었지만 그의 활동이 꼭 그 분야에만 국한된 것은 아니었다. 마펫 역시 행정 및 많은 연구서와 〈신학지남〉의 기고를 통해 평양신학교의 발전에 공헌했다.

마펫이 1894년 평양에서 이영언을 영수로 임명한 후 널리 시행된 영수 제도는 1920년대까지 존재했다. 서리집사 제도는 1887년 정동장로교회에서 시작되었고, 안수집사 제도는 1907년경 시작된 것으로 보이는데 1908년 서울 새문안교회에 1명, 평양에 8명이 있었다. 이와 같은 제도는 한국교회의 제도적인 틀을 다져 장차 한국교회가 자립, 자전, 자치의 교회로 성장할 수 있는 토대를 구축했다.

대부흥 운동과 백만인 구령 운동을 통해 놀랍게 성장하고 있는 한국교회야말로 정치적인 모사를 일으킬 수 있는 상당히 단결된 단체이며, 일제에게는 자국의 영구적인 한국 식민 통치를 방해하는 세력으로 인식되었다. 선천 지역의 선교사들과 그리스도인들이 의심의 표적이 되었고, 그 중심에는 조지 매큔과 마펫이 있었다. 1907년 9월 17일 독노회장에 마펫이 선출되었다. 1888년 세례 받은 서상륜의 동생 서경조, 평양에서 마펫을 도와 복음을 전하다가 관가에 체포되어 사형 집행 직전에 사형을 면한 한석진, 평양 대부흥 운동의 주역 길선주, 이 모두 역시 많은 핍박 속에서도 생명을 담보하고 복음을 전했던 믿음의 사람들이었다.

마펫은 일본이 데라우치 총독의 암살미수사건을 조작하여 독립운동가 105명을 체포한 '105인 사건'을 두고 "선교사들과 한국교회 지도자들 사이에 더 큰 우정과 동정을 가져다주었다"라고 말했다. 이 사건을 계기로 한국교회는 교파를 초월하여 민족적 결속력을 더욱 견고히 했다.

한국교회 역사상 가장 큰 전도 운동 중 하나가 이 '105인 사건'이 종식될 즈음에 시작되었다는 것을 기술하지 않을 수 없다. '105인 사건'으로 잃은 신뢰를 회복하기 위해 총독부는 1915년 9월 11일부터 50일 동안 열린 조선물산공진회 기간 중 교회가 관람자들을 대상으로 전도할 수 있도록 기회를 주는 등 유화적이었다. 이 기간에 전도지 40만 장을 배포하였고, 한국인과 일본인 포함 10만여 명이 전도회에 참석했으며, 그중 11,627명이 결신했다.

1890년대 접어들며 전반적인 장로교 선교회의 신학적 성향은 보수적인 분위기였다. 1934년 한국 선교 희년을 맞아 마펫이 한국교회를 향해 이렇게 간절히 부탁했던 것도 이 때문이다.

"근래에 신신학이니 신복음이니 하는 말을 하며 다니는 사람이 있는 모양인데, 우리는 그러한 인물을 삼가야 한다. 조선에 있는 선교사들이 다 죽는다든지, 혹은 귀국한다든지, 혹은 선교 사업을 최소한으로 축소한다든지 할지라도, 조선교회 형제여, 40년 전에 전파한 그 복음을 그대로 전하자."

마펫이 지적한 것처럼 당시 허다한 이단이 나타나 교회 안에도 거짓 교리와 반기독론을 가르치는 인물들이 있었다는 사실은 결코 놀랄 일이 아니다.

선교 50주년을 맞은 1934~1935년의 한국교회는 다양한 사건들로 갈등과 분쟁이 심화되었다. 장로교회 내부에서 근본주의, 보수주의 신학 전통에 대한 진보주의, 자유주의 신학의 도전이 야기되면서 여러 정치적 사건을 빚었다. 김춘배 목사의 '여성 옹호 필화 사건'(1934), 김영주 목사의 '창세기 모세 저작 부인 사건'(1934), 신성사 발행의 '어빙돈 단권 주석 사건'(1935)이 대표적이었다. 이는 모두 1930년대에 일본과 미국으로 유학을 다녀온 진보적 신학자들이 평양신학교를 중심으로 한국교회 신학의 전통을 강하게 고수했던 보수신학에 도전하자 이에 대한 보수주의 신학의 단호한 응징의 성격을 띤 사건이었다.

여기에 장로교 안의 청년 학생을 중심으로 한 신진 세력들도 보수신학자들의 각성을 촉구하며 새로운 시대적 갱신을 요구했다. 역사가 오랜 교회마다 신·구 세력 간의 갈등이 빚어졌고, 이에 따른 교회 분쟁도 일어났다. 이러한 상황에서 장로교회의 보수적 지도자들은 자유주의 세력의 등장에 따른 복음의 변질을 우려하면서 보수 정통주의 신앙 노선을 견지할 것을 호소했다. 마펫은 다음과 같이 말했다.

"다른 복음은 참 복음이 아닙니다. 근래에 교회 안에서 종종 이런 말이 들립니다. '교회를 좀 변경해야 한다, 그 전같이 전도하면 듣는 자가 좋아하지 않는다, 새 시대에는 옛 복음이 적당하지 않다, 새 시대에는 새로운 복음을 전하자.' 하지만 이런 사람들은 바울에 비교하면 작은 자입니다. 바울은 그 당시에 다른 복음을 전할 수 있었으나 결코 그렇게 하지 않았습니다. 바울은 철학이 있고 재간이 있고 로마의 권세가 있었으나 다른 복음을 전하면 저주를 받으리라 하였습니다.

바울이 기록한 서신을 보든, 디모데에게 부탁한 권면을 보든 바울은 다른 복음을 전하지 않기 위해 힘썼습니다. 그렇게 50년간 로마에서 전함으로 큰 결과를 얻었습니다. 오늘날 사람들이 말하기를 마펫 목사는 너무 수구적이요 구습을 고치지 않는다고 합니다. 옛 복음에는 구원이 있으나 새로운 복음에는 구원이 없으니 답답합니다. 그 옛 복음을 바울이 전할 때는 교회가 왕성했으나 새로운 복음은 매우 조심스럽습니다. 우리는 옛 복음 그대로 지금도 전합니다. 죄는 복음으로만 사해집니다. 복음을 변경하려면 바울의 자격으로 제일 할 만하였으나 그는 결코 하지 아니하였습니다. 현대에 새 신학, 새로운 복음을 전하려는 자는 누구이며 그 결과는 어떤 것인가 조심합시다. 조선교회의 형제여, 40년 전에 전한 그 복음을 그대로 전합시다.

11 사무엘 마펫(Samuel A. Moffett, 1864~1939)

나와 한석진 목사가 전한 그 복음이, 길선주 목사가 평양에서 전한 그 복음이, 양전백 목사가 선천에서 전한 그 복음이, 자기들의 지혜로 전한 복음이 아니요 성령의 감화로 전한 복음이니 변경하지 말고 그대로 전하십시오. 바울이 청년 목사 디모데에게 부탁한 그 복음과 같이 조선에 있는 원로 목사와 원로 선교사들이 전한 그 복음을 그대로 전하십시오. 이 복음은 우리가 만든 복음이 아니요, 옛적부터 전해온 복음입니다.

이렇게 함으로 신성하고 권세 있는 교회를 세우고 모든 백성에게 십자가의 도를 전파하기 바랍니다. 형제들이여! 원로 선교사와 원로 목사들이 40년 동안 전한 것인데 이것은 우리의 지혜로 한 것이 아니오. 바울에게 받았고 하나님의 말씀으로 전한 것인데 다른 복음을 전하면 저주를 받을 것이오. 말할 기회가 많지 않을 것인데 다른 복음을 전하지 않기를 간절히 바랍니다."

경건주의 신앙은 웨슬리를 통해 경건주의에 맥이 닿아 있는 감리교 선교사들뿐 아니라 장로교 선교사들에게서도 찾을 수 있었다. 초기 한국 개신교 선교사들은 교파를 초월하여 경건주의 색채가 강했다. 하나님과의 인격적 만남을 통한 중생의 체험, 기도와 성경 공부를 중심으로 한 신앙 훈련, 그리고 선교와 사회 구제로 연결되는 윤리적 실천 등으로 정리되는 경건주의 신앙 요소는 선교사들에 의해 촉발된 초기 부흥 운동에서 드러났다.

18세기 뉴잉글랜드 신학이 감리교 운동과 연결된 신앙 각성 운동이란 역사적 배경을 갖고 있으므로 한국의 초기 부흥 운동도 신앙 각성 운동 성격이 강했다. 초기 부흥 운동의 직접적인 계기가 된 1903년의 원산 부흥 운동이 하디(R. A. Hardie) 선교사의 개인적 회개와 중생의 체험에서 시작되어 집단적인 회개 운동으로 발전한 것이 대표적이다. 이때부터 시작된 부흥 운동은 하나님의 임재와 윤리적 갱신이라는 경건주의 신앙에서 전국으로 확대되었다.

복음주의(evangelicalism, evangelism)란 개념이 교파에 따라 약간 다르게 사용되었으나, 개신교 초기 선교사들은 성경의 절대 권위, 그리스도의 구속과 신앙 의인론, 그리스도의 재림과 심판, 삼위일체 등 보편적 프로테스탄트 신앙 원리라는 개념의 복음주의 원리를 공유했다. 내한 선교사들이 초교파적으로 발행하던 〈The Korea Mission Field〉 1915년판 선교 문제 특집에서 "영적 무장"(spiritual gymnasia)이란 제목으로 선교사들이 갖춰야 할 선교 의식과 공유할 신앙의 내용을 정리하였다.

여기서 선교사직의 근거를 그리스도의 메시아직 수여로부터 그리스도의 심판에 이르는 그리스도 중심 신앙고백에서 찾고 있다. 그리고 그 고백은 성경의 전거를 갖고 있다. 이 같은 성경 중심의 그리스도론이야말로 복음주의 신학과 신앙의 내용이다. 이러한 복음주의적 신앙과 신학은 선교사들을 통해 번역 유입된 초기 한국교회의 신조에서도 나타났다.

이사벨 비숍은 조선 선교의 세 가지 근거가 있다고 했다. 곧 그 활동 속에서 기독교를 보여 주는 의료 선교와 조선인 선교 그리고 조선 선교사들과 기독교 교사들의 따뜻한 사랑과 고귀한 영향이 순간마다 느껴지게 하는 학교 교육이 그것이었다.

훗날 평양신학교 설립자이며 장로교 교단 총회장을 역임한 마펫 목사 처우에 대한 움직임이 본격화되었다. 그동안 마펫 목사의 귀국과 별세에 대해서는, 질병으로 일시 귀국한 후 병세 악화로 한국으로 돌아오지 못하고 현지에서 사망한 것으로 전해졌다. 그러나 그의 묘소가 캘리포니아주 산타바바라 근교 카핀테리아 공동묘지에 부인과 함께 방치되어 있었다. 그러므로 그처럼 한국에 돌아오고 싶어

11 사무엘 마펫(Samuel A. Moffett, 1864~1939)

한 그분의 뜻에 따라 모셔 오는 것이 당연했다.

장신대가 제출한 '마펫 목사 묘소 이장 청원서'는 마펫 목사가 일제의 암살 음모를 피해 귀국한 후 행적이 최근 새롭게 밝혀졌고, 그의 시신이 현재 미국 카핀테리아 공동묘지에 안장된 사실이 확인되었으므로, 총회가 허락하고 법적 절차에 문제가 없으면 시신을 장신대 캠퍼스로 이장하는 일을 허락해 달라는 내용이었다.

그동안 마펫 목사의 귀국 후 행적에 대해서는 정확한 기록이 없었으나, 2006년 3월 28일 그의 묘소를 확인한 후 이장했다. 그리고 마침내 장로회신학대학교 개교 105주년에 신학교 교정에서 묘지 이장 예식을 거행했다. 그는 결국 사망 67년 만에 한국으로 돌아왔다.

12
윌리엄 레이놀즈
(William D. Reynolds, 1867~1951)

　윌리엄 레이놀즈[William D. Reynolds, 이눌서(李訥瑞), 1867~1951]는 1867년 12월 11일 미국 버지니아주 노퍽(Norfolk)에서 태어났으며, 햄던 시드니 대학(Hampden-Sydney University)을 최우등으로 졸업한 후 남장로교 신학교에 입학했다. 어학에 재능이 있었던 그는 히브리어,

라틴어, 프랑스어, 독일어 등을 익혔는데, 이는 훗날 성서 번역의 초석이 되었다.

1891년 10월 테네시주 내슈빌에서 미국 외지 선교 신학교 연맹 대회가 열렸다. 언더우드 선교사가 선교 보고 연설을 했고, 당시 밴더빌트 대학에 재학 중이던 윤치호가 조선에 대해 강연했다. 언더우드 선교사의 열정적인 설교와 보고를 통해 젊은 신학생들이 조선 선교에 의욕을 갖게 되었다. 레이놀즈도 이때 크게 감동했다. 이 대회에 같이 참석했던 테이트는 설레는 가슴을 안고 남장로교 외지선교부에 한국 선교를 청원했다. 그러나 "조선에 파견할 인적·물적 자원이 없을 뿐 아니라 아직 그에 대한 계획이 없다"라는 이유로 거절당했다. 이들은 조선 선교에 무관심한 남장로교 외지선교부 실행위원들에 대해 설득전을 폈다.

먼저 언더우드 선교사를 통해 각 교회, 신학교, 노회에서 한국의 근황과 선교의 필요성을 설명했다. 또 〈The Missionary〉라는 선교 잡지에 "왜 우리는 조선에 가기를 원하는가?"라는 제목으로 다음과 같은 글을 썼다. "지금 조선의 왕은 기독교에 호감이 많습니다. 지금 조선에는 기독교에 대하여 완강하게 반대할 만한 기성 종교가 없습니다." 당시 한국에는 30여 명의 선교사가 있었다. 이들은 미국 북장로교와 북감리교 선교사들이었다. 1864년 조직된 남장로회는 북장로교보다 8년 늦게 마침내 조선 선교에 동참했다.

1891년 언더우드 선교사를 만난 후 레이놀즈 선교사가 조선에 오기까지 걸린 기간은 1년이었다. 그는 패치 볼링(Patsy Boling)과 결혼하여 1892년 11월 3일 조선에 도착하였다.

레이놀즈는 대학 시절에 아내 패치 볼링을 만났다. 그녀는 버지니아주 리치먼드 출신이었다. 대학을 졸업한 후 뉴욕에서 신학 과정을

1년 수료한 그녀는 유머 감각과 음악 재능이 뛰어나 매력적이고 밝은 여성이었다. 또한 외국 선교에 관심이 있었다. 레이놀즈 부부는 그해 가을 남장로교에서 한국 선교사로 임명을 받았다.

남장로교 해외선교부는 레이놀즈, 테이트, 전킨, 레이놀즈의 부인 패치 볼링, 테이트의 여동생 마티 테이트, 리니 데이비스, 전킨의 부인 리번 등 7인을 선발했다. 이들이 미국 남장로교에서 파송 받아 태평양의 거센 물결을 헤치고 조선에 도착한 최초의 7인의 선발 대원들이었다. 이들은 1893년 1월 북장로교와 연합하여 공의회를 조직했고 레이놀즈가 초대 의장에 당선됐다. 이때 공의회의 선교 정책은 선교지의 중복과 불필요한 경쟁을 피하기 위해 선교 구역의 예양협정(禮讓協定)을 체결하고, 전도 대상자로는 부녀자, 청소년을 우선시하며, 성경과 모든 문서는 한글로 사용하기로 했다. 이들은 선교지로 호남 지방을 배정받아 전라도 순회를 시작했다. 그리고 1893년 초, 레이놀즈 선교사의 조선말 선생이자 조사인 정해원을 전주로 보내 탐방하고, 전주 성문 밖 은송리(현재 완산동 백운정 자리) 초가집을 미화 26달러에 매입해 선교기지를 마련했다.

전주는 유교의 뿌리가 깊은 곳으로 사람들은 기독교가 들어오는 것을 싫어했다. 더욱이 전주성 안은 신분이 높은 양반들이 모여 살던 곳이었기 때문에 서양 사람들이 들어온다는 것은 생각조차 하지 않을 정도로 강한 배타심이 있었다. 그러나 은송리는 성안 사람들이 업신여기는 소외계층들이 모여 사는 마을이었다. 정해원은 이곳의 여기저기를 다니면서 전도했다.

1894년 2월 선교회 연례회는 테이트 목사와 여동생 마티 테이트를 먼저 전주에 보내고, 일이 잘되면 가을에 상설 선교부를 설치하기로 했다. 조선인들은 돌을 던지기도 하고, 반대로 푸른 눈의 이들

12 윌리엄 레이놀즈(William D. Reynolds, 1867~1951)

을 보기 위해 몰려들기도 했다. 이미 서울 저잣거리를 오가면 조선인과 친숙하게 접촉했던 이 선교사들은 서툰 한국말로 자연스럽게 전주 사람들에게 다가갔다. 어린아이들은 서양 선교사들이 조선말을 하는 것을 보려고 자주 찾아왔다.

마티 테이트 선교사가 기거하던 방에 있던 다섯 개의 창호지 문은 밤이고 낮이고 들여다보는 사람들로 수없이 구멍이 뚫렸다. 그녀는 광장 거리에 나가지 않고도 찾아온 여자들에게 유인물을 전해 줄 수 있었다. 그 결과 이 초가집에서 예배를 드릴 수 있게 되었는데, 이것이 후에 서문교회의 시작이 되었다. 처음부터 5~8명이 주일예배에 참석했고, 이들 중 6명이 성경 말씀의 진리를 믿었다. 그들은 세례를 받기 원했으나 그 소망은 이뤄지지 않았다. 그 지역에서 일어난 동학농민운동 때문에 그들은 6주 만에 전주를 떠나야 했다.

한편 1894년 4월 18일 레이놀즈 선교사가 목포에 도착했다.

그가 드류 선교사와 함께 광활한 원시림의 땅인 호남 이곳저곳을 순회하며 전도하던 중 도착한 남도의 끝자락 목포에서의 삶이, '열방을 섬기는 사람들' 대표인 양국주 선교사에 의해 재조명되었다. 2012년 9월 묘비도 없이 잡초와 오랜 세월 속에 쇠락하고 있던 레이놀즈 선교사의 묘를 발견했던 그가 이번에는 레이놀즈 선교사의 친필 일기를 발견했다. 양국주 선교사는 미국에 있는 레이놀즈 후손을 찾아가 이 유서를 찾아냈고 이를 처음으로 한국교회에 공개했다. 공개된 일기는 1894년 4월 18일 자 일기로, 바로 목포에서 기독교 선교가 시작된 시간이었다. 그로부터 120년이 지난 2014년 4월 18일에는 하나님의 사명에 충실했던 한 외국인 선교사의 열정적인 삶을 회고하는 뜻깊은 자리가 열렸다.

레이놀즈는 미국 남장로회 소속으로 1892년 한국에 파송된 첫 선교사였다. 1893년 한국 장로교의 첫 치리회인 장로교 선교부 공의회 초대 회장이 됐으며, 당시 척박한 조선 사회의 언어와 풍습에 적응이 빨랐던 레이놀즈 부부는 1894년 3월 27일 군산에 도착했다고 기록되어 있다. 당시 이들 부부는 말을 타고 전주, 김제 지역과 영광, 함평, 무안, 운영, 순천 등지를 오가면서 전도를 시작했다. 1895년엔 성경번역위원회 남장로회 대표로 선임되어 게일 선교사와 함께 한글 성경 번역에 주도적으로 참여하여, 예레미야서를 제외한 구약성경 38권과 신약성경의 고린도전·후서 등 40권을 번역하는 등 천재적인 언어 구사와 번역 실력을 조선 복음화에 쏟았다.

레이놀즈는 1896년 전주에 새 집을 짓고 가족들과 이사해 전주 선교부를 개설했다. 다음 해 여름 다섯 사람에게 최초로 세례를 베풀고 교회도 건립하여 호남 지방 선교지 구축에 지대하게 공헌했다. 1900년에는 드디어 단권 신약성경을 출판했고, 이후 1902년부터 1906년까지 555회의 토론과 수정 과정을 거친 후 역사적인 최초의 공인 역본 신약전서를 출판했다.

1902년 유진 벨(Eugene Bell)의 안식년 휴가 기간 중 1년간 목포에 거주하면서도 성경 번역을 계속했다. 아펜젤러는 레이놀즈가 목포에 거주하고 있을 때 성경 번역 회의에 참석차 가다가 서해 어청도 근해에서 구마가와 마루 배의 침몰로 순직했다. 그 후 레이놀즈는 서울로 올라와 성경 번역을 계속했다.

1908년 1월 전킨 선교사가 전주에서 순직해 그 후임으로 가족과 다시 전주로 내려왔다. 그는 언어학자와 성경 번역가로서 게일과 함께 한국에서 가장 오랫동안 성경 번역에 종사하면서 1900년 신약성경 완역의 중심 인물이 되었으며, 1910년 구약성경 완역에서 독보적

12 윌리엄 레이놀즈(William D. Reynolds, 1867~1951)

역할을 담당했다.

그의 성경 번역 사업에는 이승두, 김정삼의 도움이 있었다. 그는 구약성경 번역에 착수한 지 5년 5개월 16일 만인 1910년 4월 2일 오후 4시 위대한 역사적 과업을 마치고 서울 본부의 밀러(Hugh Miller)에게 전보를 쳤다. 1910년 4월 2일을 구약성경 완역의 역사적 기념일로 전하며 앞으로 매년 기념행사가 마련되기를 소망했다. 이처럼 그는 1910년경 신약과 구약 성경을 우리말로 완역하는 데 주도적 역할을 했다. 그가 없었다면 특히 구약성경은 훨씬 뒤에 번역되었을 것이다.

물론 1900년 이후 구약성경도 분담하여 번역하기 시작했는데 아펜젤러는 창세기, 언더우드는 시편, 게일은 잠언과 사무엘서, 스크랜턴은 이사야서, 레이놀즈는 여호수아서를 맡았다. 그러나 번역 작업이 지체되거나 번역자들이 자주 교체되기도 했다. 또 하디, 마펫, 노블 등의 선교사들이 번역원으로 선임되었으나 단기간 일하고 사임했다.

레이놀즈는 한국의 성경 번역 역사를 4단계로 정립했다. 제1단계(1865~1889)는 로스(J. Ross)와 이수정에 의한 국외 번역이고, 제2단계(1887~1898)는 여러 선교사에 의한 개별적 번역 단계이다. 제3단계(1897~1904)는 성경번역위원회의 신약 번역 단계, 마지막 제4단계(1904~1910)는 구약 번역 단계이다.

"1889년 조직된 성경번역위원회는 로스 역을 개정하다 철자법을 수정하는 데서 완전히 두 손을 들었다. 결국 2년이나 헛수고한 셈이되었다. 문제는 철자법만이 아니라 사용된 언어(사투리), 딱딱한 문체, 불분명한 표현, 지나친 한문 사용에도 있었다. 그리하여 1890년 로스 역 개정 작업은 중단되고 그 성경은 선반 위에 놓이게 되었다."

당시의 기록이다. 이런 상황에서 구약성경 번역을 신속히 추진하기 위해 레이놀즈가 주도하여 1910년 번역을 완성했다. 끈기 있게 성경 번역을 진행하던 레이놀즈가 마침내 그 열매를 본 것이다. 한 권씩 개인 역이나 수정 역으로 나오던 신약 전체를 묶어 1900년 단권 신약성경을 출판했다. 출판된 성경에서 여러 가지 오류가 발견되자 레이놀즈와 언더우드, 게일은 아예 성경 번역에 매진했다. 이들은 1902년부터 1906년까지 무려 555회의 토론과 수정 과정을 거친 후에 최초의 공인 역본 신약전서를 출판했다. 히브리어에 정통했던 레이놀즈는 1910년 구약성경 출판에서도 주역 역할을 함으로 신구약 성경 한 권이 온전히 출판되는 일에 쓰임 받았다.

레이놀즈는 그가 거주하던 전주에서 번역 작업에 몰두했다. 구약 번역에는 10여 년이 걸렸고, 1910년 4월 2일 드디어 번역을 완료했다. 그 결과 1911년 이미 출판된 신약성경과 묶여 《성경젼셔》라는 이름으로 빛을 보게 되었다.

이 번역본은 성경 번역물을 참고했는데, 1910년 미국에서 출판된 미국 표준역(ASV)을 주로 참고했고, 한문 성경도 참고했다. 이 번역이 이루어지기까지 레이놀즈는 물론이고 그를 도와준 번역 도우미인 한국인 김정삼, 이승두의 노고도 컸다.

레이놀즈는 1911년 독노회 회장이 되었으며, 1917년부터는 평양신학교 교수와 〈신학지남〉(神學指南) 편집인으로도 일했다. 〈신학지남〉은 조선예수교 장로회신학교에서 간행한 기독교 신학 연구지로, 조선예수교 장로회신학교 교수들의 신학 연구 논문을 게재하기 위해 만든 것이며, 장로교회의 신학 이해와 신앙 영위 방법을 제시해 주는 동시에, 목사들의 신학 연구를 북돋고 뛰어난 목회자, 설교자가 되도록 도와주기도 했다. 이 연구지는 현재까지 장로회신학대학 측의 〈교회

12 윌리엄 레이놀즈(William D. Reynolds, 1867~1951)

와 신학〉, 총신대학 측의 〈신학지남〉으로 계속 간행되고 있다.

1910년 구약성경 출판에서도 주도적인 역할을 한 레이놀즈는 1912년 조선예수교장로회 총회 설립 및 조선장로교 치리회 구성 작업에 참여했으며, '12신조'로 알려진 장로교회 신앙고백서를 작성하기도 했다. 이후 1917년 평양으로 파송되어 1937년 은퇴할 때까지 평양신학교에서 어학과 조직신학 교수로 목회자 양성에 헌신했다.

레이놀즈 선교사 부부의 맏아들 W. D. 레이놀즈는 1893년 한국에서 출생했으나 같은 해 사망하여 양화진에 묻혔다.

존 볼링(R. J. Bolling, 보린, 1894~1970)은 레이놀즈 부부의 둘째 아들로 1894년 9월 20일 서울에서 출생하였다. 그는 미국에서 공부한 뒤 1920년 남장로회 교육선교사로 내한하여 순천, 광주와 전주 신흥학교에서 활동했다. 1930년 미국으로 돌아가 뉴욕시립대학 교수로 재직하고 1970년 3월 20일 테네시에서 75세로 별세했다. 그는 평소에도 "미국은 제2고향, 한국이 제1고향"이라고 하면서 한국을 무척 사랑했다. 평생 김치를 좋아했고, 애국가를 매일 아침 피아노로 연주했으며, 죽음이 가까워지자 한국에 묻히기를 간절히 원했다. 그러나 그의 부인이 연로하여 한국에 올 수 없어 화장한 유해가 소포로 보내졌다. 우체국 검열 과정에서 유해가 화공약품으로 오인되어 함부로 취급되고 유골이 흩어지는 소동까지 벌어졌다. 그는 선교사의 헌신을 모르는 사람들의 손에 의해 그렇게 외롭게 한국으로 돌아와 양화진에 묻혔다. 하관식에는 원일한(언더우드 3세) 장로 부부 등 몇 명이 참석했다고 한다.

예로부터 양화진은 지리적으로 노량진, 동작진, 한강진, 송파진과 함께 오진(五津)을 이루며 중요한 나루터 역할을 했으며, 특히 인천과 전국 각지를 연결하는 해상 통로의 전진기지로서 서울의 관문 역할을 담당한 곳이었다. 1885년 우리나라에 온 선교사들도 복음을 전하는 해상과 육로를 연결하는 수륙 교통의 중요한 지역으로 이곳을 활용했다.

양화진이 선교사 묘역이 된 것은 1885년 북장로교 의료 선교사인 헤론이(J. W. Heron)이 1890년 7월 28일 병으로 순직하여 이곳에 묻히면서 비롯되었다. 이후 이 일대는 선교사와 그 부인 그리고 자녀들은 물론이고 국내 거주하다 죽은 외국인들의 공동묘지가 되었다.

한국기독교 100주년 기념사업 협의회가 1986년 한국기독교 선교기념관을 건립하면서 서울시로부터 선교사 묘원의 관리권을 인정받았다. 그리고 국내 거주 선교사들과 외국인들이 중심이 된 서울 유니온교회가 이곳에서 예배하기 시작했다. 선교사 묘원의 본격적인 관리가 이루어진 것은 협의회가 한국기독교 100주년 기념교회를 세우면서였다. 100주년 기념교회는 묘원을 관리하면서 방문객들을 안내하고 홍보하는 일도 담당했다.

선교사 묘원에는 언더우드 및 아펜젤러 선교사와 그 후손들, 숭실대학 설립자인 베어드의 두 아들, 세브란스병원에서 헌신한 에이비슨의 두 아들, 의료 선교사로 헌신한 홀 선교사 가족 등이 묻혀 있다. 미국 남장로교 소속 최초 선교사로 1892년 내한한 레이놀즈 선교사는 이듬해 낳은 첫아들을 양화진에 묻었다. 1894년 한국 땅에서 태어난 레이놀즈 선교사의 차남 존 볼링도 1970년 소천한 후 형이 묻힌 양화진에 안장됐다. 또한 안동 지방 최초의 선교사였던 웰본(오월번)은 1928년 순직한 후, 앞서 숨진 자신의 남매와 함께 이곳에 묻혔다. 그리고 한국인보다 한국을 더 사랑한 인물로 알려진 헐버트 선교사는 1907년 일제에 의해 추방되었다가 해방 이후 한국에 돌아와 1949년 8월 5일 소천한 후 양화진에 안장됐다.

12 윌리엄 레이놀즈(William D. Reynolds, 1867~1951)

13
유진 벨
(Eugene Bell, 1868~1925)

 유진 벨[Eugene Bell, 배유지(裵裕祉), 1868~1925]은 미국 켄터키주 스코트 선교구에서 출생해 같은 주에 있는 센트럴 대학교(Central University)를 졸업하고 켄터키 신학교에서 신학을 전공한 후, 25세의 젊은 나이에 미국 남장로교에서 조선 선교사로 파송을 받아 조선

땅으로 왔다.

　한국 기독교 초기에 미국 장로교는 크게 두 줄기였다. 하나는 북장로교로, 이 교단은 평양을 비롯한 서울과 경상도 지역을 선교 지역으로 삼았다. 또 다른 하나는 남장로교이다. 남장로 교단은 북장로 교단보다 7년 늦게 조선 땅에 들어왔으므로 그들의 선교 지역은 주로 북장로교의 손이 미치지 못했던 충청도 지역을 비롯한 전라도 지역이었다.

　유진 벨은 구한말에 미국의 남장로교에서 조선으로 파송한 선교사였다. 당시 호남 지방에서 일어난 동학난 곧 동학농민운동은 1894년 반봉건, 반침략을 외치며 조선 봉건사회 해체기의 여러 문제를 변혁하려 했던 농민들의 사회 개혁 운동이었다. 동학농민운동은 동학의 종교 조직을 이용한 전봉준, 김개남, 손화중 등 개혁 지도자를 중심으로 농민, 도시민, 소상인, 몰락한 양반, 이서 등 봉건사회 해체 과정에서 몰락한 계층이 광범위하게 참여한 반제·반봉건 근대화 운동으로 1894년 농민전쟁, 동학난, 동학혁명, 동학혁명운동, 동학농민전쟁이라고 불리기도 한다.

　동학농민운동은 1894년 1월에 일어난 고부 민란에서 비롯되었다. 고부 지역은 전통적으로 봉건 지배층의 수탈이 심한 곳이었다. 1892년 고부 군수로 부임한 조병갑은 만석보의 고율 수세를 비롯하여 온갖 부당한 세금을 거두어들이면서 농민들을 착취했다. 고부 농민들은 1893년 11월경에 조병갑에게 민장(民狀)을 제출하여 시정을 요구했으나 받아들여지지 않았다. 이에 전봉준을 중심으로 최경선, 정익서, 김도삼 등 농민 지도자들이 봉기했다. 그러나 전봉준의 농민군은 실패하고 말았다.

　이로 인해 사회가 불안하며 위험하고 험악해졌다. 이런 상황에서

13 유진 벨(Eugene Bell, 1868~1925)

유진 벨은 1897년 나주읍에 최초로 나주장로교회를 설립했다. 그러나 이곳 유림(儒林)의 세력은 매우 강했다. 유림은 유학, 유교의 가르침을 신봉하고 따르는 사람들을 뜻하는 말이다. 이들 양반은 고려, 조선 시대 최상급의 사회계급으로 사농공상(士農工商) 중 최고 계급인 '사(士)'에 해당했다. 조선에서 정치에 참여할 수 있는 관료와 관료가 될 수 있는 잠재적 자격을 가진 가문, 그리고 사림(士林)이라 불렸던 학자 등이 포함된 계급이다. 기득권을 가진 이들의 텃세가 심하고 외국인에 대한 반발이 커, 이곳을 찾은 선교사들은 안정적으로 정착할 수가 없었다.

그리하여 유진 벨은 1897년 10월 1일 서해안에 새로 개항된 목포로 선교기지를 옮겨 이듬해 목포선교지부를 개설하였으며, 뒤따라 부임한 의료 선교사 오웬과 함께 전도 및 부녀자 계몽 사업을 시작했다.

유진 벨 선교사는 나주로 부임하기 전에는 해리슨(W. R. Harrison, 하위렴) 선교사와 함께 서울에서 조선어 훈련을 먼저 받았다. 유진 벨과 오웬 선교사는 나주에서 목포로 이동, 새로운 둥지를 찾고자 했으나 나주에서처럼 향교를 중심으로 유림과 양반들의 텃세 때문에 정착하는 데 여간 어려운 것이 아니었다. 할 수 없이 그들은 변두리로 밀려나 유달산이 바라보이는 목포 양동 공동묘지 끝자락에 자리를 잡고, 선교사들의 주택과 교회당을 겸해 사용할 수 있는 거처를 겨우 마련했다.

그래도 오웬은 목사이면서 의사였기 때문에 목포진료소를 설치할 수 있어 이를 매개로 주민들을 상대로 진료에 임할 수 있었다. 이곳 진료소를 찾는 이들은 주로 해남, 진도, 완도, 강진, 장흥 지역민이었는데, 오웬이 이 지역들을 순회하면서 목포진료소 소식이 사람들의 입을 통해 소문이 났기 때문이었다.

유진 벨 선교사는 선교 방법의 하나로 응접실을 설치하고 변창연(邊昌淵)에게 관리를 맡겼다. 그는 이 응접실을 결신자를 위한 상담실로 사용했으며, 1900년 3월 5일 4명의 원입 교인으로 최초의 목포교회가 설립되기에 이르렀다. 정말 하나님의 은혜였다. 그해 여름에 이르러서는 30명의 세례 지원자 중 6명이 문답에 합격해 세례를 베풀었고, 8명의 원입 교인이 증가하며 꾸준히 발전했다.

그러다 1901년 4월 순회 전도 여행 중 예기치 못한 사고가 발생해 유진 벨 목사는 부인을 잃었다. 그의 아내 로티 위더스푼 벨은 심장병에 걸렸으나 치료 한 번 받아 보지 못하고 고생하다가 남편이 선교 여행을 하던 중 외롭게 34세의 젊은 나이로 세상을 떠났다. 그 후 벨 선교사는 두 자녀를 데리고 미국으로 귀국했다가 1902년 가을에 다시 내한하여 목포 지부에서 선교 사역을 계속하였고, 1903년에는 목포교회 교인 수가 계속 증가하여 200명에 이르렀다.

한편 호남 사람들은 건강 상태가 매우 좋지 않았다. 그들은 풍토병에 시달렸고, 각종 질병으로 고통받고 있었다. 많은 사람이 가난과 질병과 고통 속에 있었다. 질병은 당시 선교사들의 자녀들도 예외가 아니었다. 조선의 질병으로 인한 어린 자녀들의 사망률이 심지어 아프리카에 있는 선교사들과 그 자녀들의 사망률보다 더 높았다는 당시 선교 보고가 있다.

벨 선교사는 로티와 사별한 후 마거릿 벨과 재혼했다. 그러나 불행하게도 마거릿 벨마저 당시 경기도 제암리교회 학살 사건을 조사하고 집으로 내려오던 중 교통사고로 세상을 떠나고 말았다.

이렇게 가정적으로 엄청난 충격과 고통이 있었음에도 벨 선교사는 가난과 굶주림, 질병과 고통 속에서 떨고 있는 불쌍한 조선 사람들을

13 유진 벨(Eugene Bell, 1868~1925)

위하여 헌신하고 섬기는 일에만 전심전력했다. 한마디로 그는 가난과 질병으로 버림받고 소외당한 자에게 한 알의 밀알이 되었다.

> "인자가 온 것은 섬김을 받으려 함이 아니라 도리어 섬기려 하고 자기 목숨을 많은 사람의 대속물로 주려 함이니라"(마 20:28).

유진 벨 선교사의 또 다른 선교 방법은 학원 전도였다. 벨은 가난하고 소외된 호남의 영혼들을 위하여 예수처럼 희생과 봉사, 헌신과 섬김의 삶을 사는 한편, 배우지 못하여 무지몽매한 그들을 깨우치고 가르치기 위하여 학원 선교에 앞장섰다. 그는 예수 그리스도의 복음 전도와 함께 학원과 병원 선교 사역에 전심전력했다. 이에 목포에서 정명학교와 영흥학교를 세웠고, 광주에서는 숭일학교와 명문 수피아여학교를 설립했다. 그리고 광주에 최초의 종합병원인 광주 제중병원(현재 광주기독병원)을 설립했다.

유진 벨 선교사는 나주, 목포, 광주 지역 선교에 힘을 쏟아 당시 호남 지역에 여러 교회가 세워지고 기독교 신자들이 많이 늘어났다. 그는 마차를 타고 먼 지역에까지 전도 여행을 다녔다.

유진 벨의 딸 샬럿 벨(Charlotte Bell)은 어머니 사후 미국으로 보내져 미국에서 성장기를 보냈다. 샬럿은 성인이 되어 아버지를 찾아 한국에 왔고, 선교를 위해 군산에 도착한 윌리엄 린턴을 만나 결혼했다. 윌리엄 린턴은 교육 사업에 주력해 전주 기전여고와 전주 신흥고에서 교장으로 재직했다. 신흥고에 재직하던 중 신사참배를 거부하여 미국으로 추방당하기도 했다. 샬럿 벨과 윌리엄 린턴의 결혼으로 두 가문의 연합 사역이 이루어졌다.

추방되었다가 해방 후 다시 한국을 찾은 윌리엄 린턴은 한국

사회에 필요한 것은 젊은 지도자를 양성하는 것이라고 생각하여 1956년 한남대학교의 전신인 대전대학을 설립했다. 이 외에도 윌리엄 린턴 목사 부부는 40여 년의 사역 기간에 군산, 전주, 목포, 광주, 대전 등에 여러 학교를 세웠다.

유진 벨로부터 시작하여 윌리엄 린턴 가문으로 이어진 한국 선교의 사역은 윌리엄 린턴과 샬럿 린턴의 셋째 아들인 휴 린턴(Hugh M. Linton)이 이어받았다. 휴 린턴은 1926년 군산에서 태어났으나 신사참배 거부로 가족이 강제 출국당한 뒤에는 미국에서 성장했다. 그는 미국에서 대학을 마치고 부인 로이스 린턴과 함께 한국에 선교사로 들어와 외할아버지와 아버지의 선교 사역을 이어갔다. 휴 린턴과 로이스 린턴 부부는 전라남도 섬 지방과 벽지를 돌아다니며 200곳이 넘는 교회를 세우고 도시보다는 농촌과 간척지 사역에 집중했다. 휴 린턴은 검정 고무신이 그의 트레이드 마크가 될 정도로 검소하고 겸손하게 지역 주민들을 위해 봉사하다가 불의의 교통사고로 세상을 떠났다.

유진 벨 선교사가 세상을 떠난 지 70년이 되던 1995년, 유진 벨 선교사의 4대손인 인세반(Stephen W. Linton) 박사가 비영리단체인 유진벨재단을 설립했다. 특별히 유진벨재단은 북한을 위한 사역에 크게 공헌했다. 구체적으로 북한 동포를 위한 인도주의적 사업으로 식량 돕기 운동을 비롯하여 결핵 퇴치 운동을 벌이며 북한 땅 3분의 1에 해당하는 광대한 지역을 담당하였다. 1997년 북한 보건성으로부터 결핵 퇴치 공식 지원 요청을 받아 전라남도 순천 기독결핵재활원의 해외사업부 소속으로 유진 벨 프로젝트가 공식적으로 출범했다. 현재 유진벨재단은 비영리단체로서 한국과 미국에 각각 독립된 재단을 두고 활동하고 있다. 이것은 호남 선교의 아버지 유진 벨

13 유진 벨(Eugene Bell, 1868~1925)

선교사가 밀알처럼 섬겼던 사역의 열매라고 할 수 있을 것이다.

사실 인세반 박사가 북한을 돕게 된 특별한 계기는 없었다. 다만 인세반 박사는 어린 시절을 전라남도 순천에서 보내며 자연스럽게 남북한의 분단 현실의 아픔을 보았다. 특히 1979년 평양에서 열린 세계탁구선수권대회를 계기로 북한을 방문하면서 '또 다른 한국'의 모습을 보게 되었다.

인세반 박사는 1989년에 남북한 윤리 및 도덕 교과서를 비교 연구해 콜롬비아 대학에서 박사 학위를 받았으며, 이후 콜롬비아 대학의 한국연구소 부소장을 역임하기도 했다. 또 한때 북미 관계가 호전되었을 때 빌리 그레이엄 목사의 통역 겸 고문으로 5년 동안 북한을 드나들면서 김일성 주석을 세 차례나 만나기도 했다.

1960년대에 전라남도 순천 일대에 큰 수해가 나면서 결핵이 유행하자, 휴 린턴의 아내 로이스 린턴은 순천 지역에 결핵 진료소와 요양원을 세웠다. 결핵이 유행할 당시 린턴 가문의 세 자녀도 결핵에 걸렸다고 한다. 로이스 린턴은 35년간 결핵 퇴치 사업을 벌이고 1994년에 은퇴했다. 인세반이 벌이고 있는 유진벨재단의 북한 결핵 퇴치 사업 지원이 그의 부모들이 해왔던 사역과 무관하지 않음을 알 수 있다.

한편 목포 지부를 개척한 유진 벨은 이후 1904년 광주로 옮겨왔다. 먼저 김윤수 집사를 보내 광주에 거처를 확보하게 하고 주택이 거의 결정되자 1904년 12월 19일 오웬과 함께 광주로 이주했다. 그해 12월 25일 성탄절에는 유진 벨과 오웬 가족, 변창연, 그리고 요리사들이 주민을 초청하여 40여 명이 함께 예배드렸는데 이것이 광주 지방 최초의 교회인 양림교회의 시작이었다. 전남 내륙지방 선교의 거점이었던 이 교회는 그 후 교인이 증가하자 북문 안으로 이동하여 예배를 드렸다.

유진 벨은 미국에 있는 가족에게 한국 생활에 대한 많은 편지를 보냈다. '밥은 맛이 없다. 그러나 한국 음식을 먹기로 했다' '복음에 대해선 이런 것도 들으려 하지 않는다' 등 낯선 문화에 대한 거부감에도 적응하기 위해 노력하며 점점 친화적으로 변해 가는 솔직한 생각들을 적어 보냈다. 칠거지악이라고 하여 갖가지 이유로 집에서 쫓겨나 갈 곳 없는 여성들을 야학을 통해 글을 깨우치게 했다는 내용도 있다.

유진 벨은 이곳 광주에서 숭일학교, 수피아여학교를 설립하고 광주기독병원도 설립하는 등 교육과 의료 활동, 그리고 교회 개척에 힘썼다. 남장로교 선교부는 이전까지 광주 지역에서 보지 못했던 사역을 했다.

유진 벨 선교사는 단순한 종교 전파자가 아니라 예수께서 말씀하신 삶을 그대로 실천한 사람이었다. 한센병 환자들을 끌어안았고, 버려진 아이들을 양녀, 양자로 삼았다. 가난한 이들을 돌보아 주었고, 학비가 있든 없든 교육했으며, 한센병 환자들은 치료뿐 아니라 생활촌까지 만들어 계속해서 돌보아 주었다.

1905년 미신에 의존하여 치료하던 이들에게 제중병원을 통해 근대적이고 과학적인 치료를 받게 했고, 1908년에는 남학교, 여학교를 세워 다음 세대에게 희망을 안겨 주었다. 1914년에는 오웬 기념각을 세워 근대 문화를 꽃피우는 공연이나 집회를 가능하게 했다. 그뿐 아니라 학교를 통해 양잠 기술, 바느질이나 생활에 도움이 되는 기술들을 가르쳐 살아갈 수 있게 했다.

아울러 교회는 단순한 종교적 예배만이 아니라 노래와 예술, 그리고 새로운 문화를 보급했다. 6·25 전쟁 후 귀일원, 동광원, 충현원 등

13 유진 벨(Eugene Bell, 1868~1925)

이 생겨 버려진 어린아이와 청소년들에게 생을 이어가게 해주었다.

　유진 벨 선교사는 한국에서 30년간 일하고 1925년 9월 28일 하나님의 부름을 받았고, 그의 유해는 양림동 뒷산에 안장되었다. 양림동은 광주 근대화가 싹튼 곳이다. 근대 역사 마을로 명명되며 조명 사업이 활발히 전개되더니 이젠 많은 사람의 발길을 끌어모으며 큰 사랑을 받고 있다. 양림동 근대 역사 마을은 연원을 살피자면 당연히 남장로교 유진 벨 선교사로부터 시작되었다. 양림동에 뿌리를 내린 선교사의 삶과 신앙, 그리고 예수 그리스도의 사랑이 오롯이 자리하고 있다.

14
조지 매큔
(George S. McCune, 1873~1941)

 조지 매큔[George S. McCune, 윤산온(尹山溫), 1873~1941]은 일본 식민지 시기에 가장 영향력 있는 평안도 지역 선교사 가운데 한 사람이었다. 그의 활동은 그 자체로 식민지 시기 평안도 지역 선교사와 기독교의 특색을 보여 준다는 점에서 중요할 뿐 아니라, 식민지 상황

에서 살아야 했던 선교사의 독특한 경험을 보여 준다. 이러한 의식은 그의 큰아들 조지 매커피 매큔(George M. McCune)과 둘째 아들 섀넌 매큔(Shannon McCune)이 태평양전쟁 발발 이후 미국 정부에서 한반도 정보 수집과 정책 보고서 작성을 담당했음을 생각할 때 선교사를 매개로 한 한미 관계사를 이해하는 것과 관련이 있다.

매큔은 105인 사건, 3·1 독립운동, 신사참배 반대 사건과 관련해 모든 한국 기독교사와 독립운동사에서 언급되는 인물이다. 1936년 초 신사참배 문제로 미국으로 추방되기 전 평양 숭실전문학교와 숭실중학교의 교장을 역임하던 당시에도 잘 알려졌던 평안도 지역의 대표적 인물로, 대한민국 건국 후 독립유공자 건국공로 훈장을 추서 받았다. 그러나 그에 대한 기초 정보는 불완전하게 알려져 있고, 그에 대한 본격적인 연구도 아직 찾을 수 없다. 그의 자녀들이 제2차 세계대전과 한국전쟁 전후에 미국 정부의 한국 전문가들로 활동한 사실 또한 거의 알려지지 않았다.

매큔은 1873년 12월 15일 미국 펜실베이니아주에서 스코틀랜드계 미국인으로 태어났다. 초등학교에서 2년간, 파크 중학교에서 1893년부터 1897년까지 교편을 잡았고, 파크 대학과 미주리 대학을 졸업하고 신학을 전공해 조선에 오던 1905년 5월에 목사 안수를 받았다. 그리고 이미 석사학위를 받기 전에 파크 대학에서 교수로 근무했다. 그는 네 명의 자녀를 두었는데 애나 캐서린 매큔(Anna Catherine McCune, 1906~1995), 조지 매커피 매큔(G. M. McCune, 1908~1948), 엘리자베스 마거릿 페기(Elizabeth Margaret Peggy, 1911~1995), 섀넌 매큔(S. McCune, 1913~1993)이 그들이다.

그의 경력 중에 주목해야 할 것은 미국의 파크 대학 설립자의 딸과 결혼하고 파크 대학 교육에 계속해서 참여한 것이다. 파크 대학의 특징은 돈 없는 학생들이 일하면서 공부할 수 있도록 자조부(自助部)를 두었다는 것과 미국 중부에 있는 작은 대학들처럼 신학교 예비반의 성격이 있었다는 것이다. 후에 매큔이 책임지게 되는 선천의 신성중학교와 평양의 숭실중학교, 숭실대학이 파크 대학을 모델로 했다. 매큔의 다음 언급에서 그의 노동과 학업에 대한 태도를 볼 수 있다.

"파크 대학에서처럼 많은 소년이 너무 어렵지 않은 일을 바랐다. 정원에서 잡초를 치우거나 새로운 건물을 위한 정지 작업을 하는 것보다 사무직을 선호했다. 그러나 일 특히 정지 작업은 미국에서 학생들이 자신의 삶의 자리를 잡기에 적합하게 만드는 것으로, 조선 학생이 예수와 그의 교회를 위해 일하고 고난받는 데 적합하게 만드는 면에서는 더욱 그러하다."

그리고 후일 이 노동이야말로 노동을 경시하는 조선인들의 유교적 습성을 고치는 강력한 무기라고 믿었다. 노동의 부재는 다음과 같이 경솔함과 판단의 부재를 가져오는 것으로 이해했다.

"명백히 정신적, 도덕적 그리고 영적 가치에 도움이 되면서 조선인의 악습을 바꿀 수 있는 어떤 시스템이 필요했다. 악습이 무엇인가? 그것은 그다지 높지 않은 명예심을 비롯해 진취적인 힘, 판단력, 예지력의 일반적인 부족으로 특징지어지는 경솔함이다."

그는 풍부한 교육 배경을 가지고 북장로교 교육 선교사로 1905년 9월 부인과 함께 한국에 왔다. 그 후 아내와 함께 평양에서 4년 동안 한국어를 배워 능숙하게 한국어를 사용할 수 있게 되었다. 평양에서 그가 주로 담당한 일은 교회와 숭실학교에서 가르치면서 베어드(William M. Baird, 배위량) 선교사의 숭실학교와 교회 운영을 돕는 것이었다. 특히 평양 지역 교회의 학교 위치를 선정하고 학생을 배

14 조지 매큔(George S. McCune, 1873~1941)

치하는 일을 했다. 예를 들면 1908년 가을에 600명 정도의 어린이가 초등학교로 찾아올 것을 예상하면서 학교 배치를 재조정했는데, 매큔은 이 일을 한국 민족의 희망으로 평가했다. 특히 선교본부의 도움을 받지 않고 평양의 기독교인이 자발적으로 교육을 위해 헌금하는 모습은 그에게 매우 인상적이었다.

평양에서 일할 때 매큔에게 특히 인상적이었던 것은 1907년 평양의 대부흥 운동이었다. 그는 평양 중앙교회에서 이 사건을 직접 목격하고 체험했으며 그 함의를 긍정적으로 평가했다. 그는 1월 첫 두 주 동안 계속된 이 운동을 성령의 나타남을 통한 신도들의 회개로 이해했다. 성령 운동의 다른 소득은 집회에 참석한 신도들이 둘씩 짝지어 각 지역에 다니며 전도 활동을 하는 것과 접촉한 사람들이 부흥 운동 현장에 오는 것이었다.

매큔 선교사는 이 사건 후 평양 주변 지역인 곡산과 중화군에 전도 여행을 갔을 때 대부흥 운동이 그곳에도 영향을 미쳤음을 확인했고, 3일 동안 59명의 학습자를 만나 4명의 남자와 한 명의 여자에게 세례를 주었다. 아울러 평양 지역의 동서남북 각 지역교회와 중앙교회의 자리가 모자라 교인들을 적절히 분배해야만 하는 상황이 되었다.

이러한 교회 확장에 장로교와 감리교는 잘 협력했다. 선교사들은 대부흥 운동의 여파를 이어가기 위해 그해 평양신학교 개학 때 한국인 미래 목회자들을 위한 집회를 했고, 거기서 많은 한국인이 회개하고 간증했다. 매큔도 개인의 구원과 회개를 강조하고 성령의 역할을 강조했다는 면에서 당시 전형적인 평양 지역의 보수적 신앙의 선교사로 볼 수 있다.

매큔은 1909년 평안북도 선천 신성중학교의 교장직과 주변의 초등학교를 감독하는 일을 맡았고, 그의 아내도 보성 여자학교의 수장을 맡았다. 신성중학교 학생의 재학 기간은 3~4년으로 매큔의 부임 후 학생들이 증가해 1911년 9월 학기에는 153명이 학교에 다닐 정도 규모가 커졌다. 학생들은 주로 초등학교 교사로 진출하거나 숭실대학 등 상급 학교로 진학했다.

학생들은 기숙사 생활을 하므로 농장과 공작부 등 자조 기관에서 일했다. 이 방법은 비용이 거의 들지 않게 학교를 운영하는 데 효과적이었다. 매큔은 학생들의 기숙사 식단을 짜고 노동을 조직화했으며, 자조부의 일과 기숙사 생활을 연결하는 프로그램을 계획했다. 신성학교와 숭실학교의 자조부는 베버가 말한 개신교 윤리와 자본주의 발전의 관계에 대해 시사한다.

그는 신성학교 교장 때 지역교회의 부흥 운동에도 참여했다. 1910년 선천과 주변 지역에 교회가 100개 이상 설립되었고, 평양 부흥 운동과 비슷한 방법이 사용되었다. 그가 교회를 맡았다는 것은 곧 선천 지역의 어린이들을 위한 초등학교 교육의 감독과 조정을 맡았다는 것이었다. 그는 교회에서 임명한 학교 이사진에게 그들에 의해 운영되는 초등학교 건물 확충에 도움을 요청했다. 신성중학교 출신으로 1910년 2명, 1911년 4명의 조사를 두고 지역을 순회하면서 신성중학교 출신을 단기간 다른 지역에 선교를 위해 파견하기도 했다. 한편, 매큔의 부인은 주일학교에서 가르치면서 여성들을 위한 성경학교를 운영, 북장로교 연차대회에서 여성 교육과 전도자 양성을 계획했다.

그러다가 1911년 '105인 사건'이 터졌고, 매큔은 제1대 조선 총독 데라우치를 암살하는 데 조선 학생들을 선동했다는 혐의로 국외로 추방되었다. 그러나 1928년 마펫 박사가 숭실전문학교 교장 자리에서 물러나자 그 후임자로 임명되어 다시 평양으로 돌아왔다.

14 조지 매큔(George S. McCune, 1873~1941)

1929년 봄 학기에 학교가 시작되던 날이었다. 매큔이 교장으로서 1학년 학생들을 다 세워놓고 훈시를 했는데, 학생 하나가 모자를 삐딱하게 쓰고 있는 것이 보였다. 그는 훈시를 잠깐 중단하고 이렇게 야단을 쳤다. "거기 둘째 줄 열한 번째 ○○○ 학생! 모자 좀 똑바로 써. 장로 아들이 어찌 저 모양이란 말인가!" 학생들은 그가 새 학기인데 학생의 이름은 물론이고 그 아버지까지도 알고 있는 것을 보고 다들 눈이 휘둥그레졌다.

바로 그해 광주학생 사건이 터졌다. 전국의 학생들과 숭실학교 학생들도 동참했다. 다들 기도실에 모여 예배를 드린 후 만세를 부를 참이었다. 이때 매큔 교장은 자기가 신임하는 윤원익이란 학생에게 기도를 시켰다. 윤원익이 기도하다가 갑자기 언성을 높이면서 "우리가 지금 이러고 있을 때가 아니다. 여기서 일어서야 한다"라며 끝을 맺었고, 학생들은 모두 큰 소리로 "아멘" 했다. 기도가 끝나자 매큔은 서둘러 단상에 뛰어 올라가 외쳤다. "안 되지요. 안 되지요. 원익이 기도 잘못한 거지요. 다시 기도합시다"라며 그 자리에 있던 김성찬 교수에게 다시 기도를 부탁했다. 김 교수의 기도가 끝난 후 원익에게 "네 기도 취소당했다" 하면서 함께 다들 큰 소리로 웃었다. 선교사들은 그때만 해도 이만큼 여유가 있었다.

1935년 신사참배 문제로 기독교 학교에 큰 위기가 닥쳐왔다. 조선총독부는 기독교 학교에 신사참배를 하든지, 아니면 폐교하라고 지시했다. 총독부 지시에 동조하는 몇몇 학교가 있었다. 대개 한국인이 설립한 기독교 학교였다. 그러나 장로교 선교부가 운영하는 학교들은 전부 폐교하기로 했다. 이때가 1936년이었다. 미국의 선교부 결정도 그러했고, 현장에서도 그런 분위기였다. 그래서 평양신학교와 숭실학교 역시 폐교했다. 매큔 교장도 다시 추방당했다.

매큔 교장은 학생들에게 만세운동에 가담할 것을 은근히 격려했다. 그는 매우 활동적이었다. '105인 사건'이 거의 신성학교 중심으로 일어나 많은 사람을 숨겨 주며 조선 만세운동에 큰 공을 세웠다. 일본은 신성학교에 무기를 감추었다고 교실 안팎을 샅샅이 뒤졌고, 땅에 묻었다고 학교 근방을 모두 파헤쳤다. 이에 매큔 교장은 당당하게 항의하여 사과를 받았으나 일본인들이 불온분자로 꼽아 한국에서 추방당했다.

몇 해 지나 마펫 목사는 그를 평양으로 초청하여 숭실대 학장을 맡겼다. 그는 미국에 가서도 반일에 힘썼다. 평양에 와서도 선천에 여러 번 갔다. 신성중학교 학생들이 선천역에 도열하여 그를 환영했다. 매튠은 그 많은 학생을 일일이 알아보았다. 그는 선천에서 초등학교와 중학교까지 교장을 겸임했는데 일주일이면 입학한 학생 수백 명의 얼굴과 이름까지 다 기억했다. 그리고는 길에서 만나도 그 이름을 불렀고, 그런 모습에 학생들은 감격했다. 그는 선천의 신성중, 평양의 숭실중과 숭실대학 교육으로 인재를 많이 키웠다. 큰 석학으로 이름 높은 백낙준 박사, 박창준 박사(전 워싱턴 총영사) 박형룡 목사, 최병관 목사, 대한석탄공사 김성호 총재 등이 다 신성중학교 졸업생으로 미국 유학까지 했다.

신성학교에 체포의 바람이 불기 직전 매큔 교장은 학생들을 강당에 모아놓고 말했다. "지금 서울 경무청 본부에서 순사 세 사람이 와 있소. 그들은 우리 학교 선생 몇 분과 학생 여러 명의 명단을 제시하면서 서울까지 연행해 갈 것을 내게 요청하고 있소이다. 무슨 일 때문인지 그 상세한 내용은 알 수 없으나, 여러분은 불가불 서울까지 가서 심문을 받고 무고함을 해명해야 하겠소. 과히 염려들 마시오. 안심하고 다녀오시기 바랍니다." 매큔 교장은 경무청이 제시한 교직

14 조지 매큔(George S. McCune, 1873~1941)

원 명단을 읽어 내려갔다. 교사는 강규찬, 선우혁, 홍성익, 길진형, 장시욱, 곽태종 등 9명이고, 학생은 4학년에서 2학년까지 30여 명이었다. 이들은 학교 운동장에서 수갑을 찬 채 서울행 기차를 탔다.

조선총독부는 초대 총독 데라우치 마사타케(寺內正毅)가 1910년 12월 27일 압록강 철교 낙성식에 참석하고자 신의주로 가던 중 선천에서 잠시 내렸을 때 선교사 매큔이 데라우치와 악수하는 것을 암호로 암살하려 했다며 사건을 날조하여 해서(海西) 지방의 유력한 교회 지도자들을 체포했다.

1911년 가을까지 체포된 사람은 이승훈, 양전백, 이명룡, 김동원, 윤치호, 안태국, 유동열, 옥관빈, 김홍양, 이유필, 신효범, 이승길, 이용혁, 주신수, 양기탁, 김도희, 이동휘, 장홍범 등으로, 목사 6명, 장로 50명, 집사 80명에 관서 지방 교회 지도자 500여 명이었다. 이 중 한필호는 악형으로 사망했다. 이러한 사실을 영국의 〈타임즈〉(The Times) 기자 맥켄지(McKenzie)가 취재했다.

안창호, 이갑, 이동녕, 이동휘, 조성환, 이종호 등은 중국, 러시아, 미국 등지로 망명했다. 일제 발표로는 오희원은 신민회와 관계가 없었으나 대성학교에 기부금을 기탁했으므로 화를 당했고, 안병찬도 신민회원이 아니었으나 신민회 고문이라고 무고당한 뒤 체포되어 외딴 섬에 유배되었다. 이 중 감리교의 전덕기 목사, 김근형, 정의순, 한필호는 잔인한 고문으로 사망했고, 최광옥은 병사했다. 그 외 123명은 1912년 6월 28일 서울지방법원에서 재판을 받았다. 증거 불충분인데도 기소되어 유죄 판결을 받은 인원이 105명이었다.

재판장은 이 105명에게 검사가 요청한 형량대로 구형했다. 105인은 판결에 불복하여 경성 복심원에 상고했다. 변호사 우자와, 오쿠보, 하나이, 오가와, 가카하시, 미야케 등 10명의 일본인과 장도, 권혁

찬, 김정목, 박용태, 유방현, 태명식, 박승빈, 이기환 등 8명의 한인 변호사는 법정에서 관활위 문제, 법률 적용상의 위법성, 모살죄 적용의 부당성을 지적하며 변론했다.

선교회는 일본이 선교사들을 민족 운동의 교사범으로 만들고 선교 학교를 없애려고 했으므로 적극적인 변호에 나섰다. 재판장은 선교사 20명을 이 사건과 연관시켰다. 따라서 재판에는 감리회에서 해리스(Harris) 감독, 벡커(Becker), 노블(Noble), 모리스(Morris), 장로교에서 언더우드, 마펫, 스왈른, 블레어, 번하이셀, 베어드, 리, 매큔, 로버츠, 샤록스(Sharrocks), 로스, 램프(Lampe), 휘트모어(Whittemore) 선교사가 참관했다.

'105인 사건'이 세계의 시선을 모은 이유는 외국 선교사들도 이 사건에 직·간접적으로 연관되었기 때문이었다. 일제의 조작 각본에는 자국에 비판적인 선교사들을 추방하려는 의도가 담겨 있었다. 기소장에 따르면, 안태국이 마펫에게 보호를 요청했고, 매큔은 격려 연설을 한 후 감자 상자 속에 숨겨 두었던 권총 75정을 건네주었고, 로버츠와 샤록스는 거사가 실패하고도 다음 기회를 위해 위로와 격려를 아끼지 않았다. 그러므로 일본을 반대하는 선교사들을 추방하려는 의도가 다분했다.

〈장로회 사기〉에는 "1911년에 경무 총감부에 주 목사와 변이홀을 체포하여 선천읍내 신성학교 교원 전부와 생도 다수와 남북교회 직원과 정주, 철산, 의주, 용천군 교도의 경성 감옥에 수감된 자 백여 명이라. 수년에 평북 각 지방이 비참하게 되니 월 삼 년 후에 종시 6인은 처형되고 99인은 방면되니라"라고 기록되어 있다. 이때 장로교인 97명 중 87명이 평안도 사람이었다.

고문을 견디지 못한 몇몇 피의자들은 그들이 꾸민 자료대로 허위

14 조지 매큔(George S. McCune, 1873~1941)

로 자백했다. 일본군은 이를 근거로 다른 피의자들에게도 총독을 암살하려 했다는 것을 자인하라며 고문했다. 많은 사람이 허위 자백을 하는 가운데 심문 내용이 바뀌었다. "너희가 총독을 죽이려 했다고 하더라도 믿지 않는다. 우리 목적은 너희에게 죄를 만들어 선교사들을 쫓아내는 것이다. 그들이 있고는 조선 통치를 할 수 없기 때문이다."

그런데 이들이 재판정에 섰을 때 모두 깜짝 놀랐다. 한 목격자의 진술이다.

"그중에 범죄인의 얼굴은 하나도 없었다. 저질 인간은 찾아볼 수 없었다. 다만 교양과 인품의 고상함으로, 그 생활의 순수함과 성실함으로, 신앙의 돈독함과 경건의 깊이로 선교사들에게나 겨레에게 친숙히 알려진 사람들의 一群밖에는 눈에 띄는 사람이 없었다."

윤치호, 양기탁, 안대국, 이승훈, 유동열, 이명룡, 길진형, 양전백 등은 그중 다만 몇 사람의 익숙한 이름에 불과하지만 이들에게 범죄자의 흔적은 없었다. 그리고 그중에는 기독교인이 많았다. 그들은 감옥에 있던 바울처럼 찬송하고 기도하며 성경을 읽었다. 죄를 범한 일이 없으므로 당당했다.

재판 진행은 가관이었다. 소위 증거물로 제출한 공술서는 견딜 수 없는 고문 때문에 기록됐다고 알려졌으니 사건 자체가 날조라는 것이 백일하에 드러났다. 가령 검사가 소송한 문구 가운데는 16명의 암살 음모자들이 정주역에서 사건 전날 새벽 기차로 선천까지 왔다고 진술되어 있었다. 그러나 주모자로 선천에 왔다고 한 안태국이 그때 서울에서 유동열, 양기탁, 이승훈과 함께 있었던 알리바이가 밝혀지고 말았다.

매서운 반증으로 날조된 전모를 폭로한 안태국은 그때 마치 사람들에게 모세와 같은 인물로 여겨졌다. 실로 자신만만하게 기독교를 쳐부수고 선교사들을 내쫓고 신민회를 박멸하여 조선 통치 벽두에 민족관을 분쇄하려고 짜 만든 사건이 보잘것없는 일개 가난한 선비인 안태국의 한마디에 무너지고 말았다.

그런데 이 사건 진행을 가능하게 했던 것은 일본의 야만적이고 잔혹한 고문이었다. 공개된 재판정에서 피고들은 이 사실을 폭로했다. 교묘한 고문 때문에 얼굴에 상처가 없는 이들은 일어나 옷을 벗어 보이겠다고 나섰다. 그리고 조덕찬 목사는 고문을 이야기하고 난 뒤 다나카(田中)라는 악독한 고문관이 재판석 뒤에서 통역하고 있는 것을 보고는 "바로 저 사람이 그때 있었으니 그는 누구보다도 이 무서운 고문의 시말을 잘 알고 있다"라고 손짓했다.

한국교회에서는 한일병탄에 대해 공식적인 발표가 없었다. 독노회 회록과 매년 회의록에도 아무런 기록이 없다. 이것은 정치적 결의를 하지 않았음을 의미한다. 한국교회는 민족의 아픔을 외면하지 않고 함께 고통을 겪었다. 이것이 기독교의 고난에 대한 의미를 주었으니 곧 예수의 십자가 고통이었다.

판결문은 선교사 매큔, 로버츠, 샤록스 등이 음모를 격려하고 비밀장소를 제공했다고 고발했다. 이 외에 언더우드와 마펫, 해리스가 가담한 혐의를 받았다. 정치적 중립에 서고 '권위에 대한 복종'을 말하던 선교사들에게는 불명예였다. 더구나 총독 정치에 동정적이었던 그들로서는 의외였으며 모욕적인 판결이었다.

일경들의 고문은 매우 잔인했다. 발끝이 땅에 닿을락 말락 하게 줄을 늘여 묶어 놓고 귀를 잡아끌고 다녔다. 발길로 이리 차고 저리 차 굴렸다. 머리채를 잡아 이리저리 끌고 다니다가 머리가 부서지도록 돌바닥에 내리쳤다. 이러한 맹렬한 고문 끝에 겨우 맥박이 돌아

14 조지 매큔(George S. McCune, 1873~1941)

오고 피가 돌기 시작하면 고통은 다시 시작되었다.

전신을 바늘로 찌르고 송곳으로 쑤시는 듯한 쓰라림은 형언할 수가 없었다. 이렇게 감각이 돌아와도 여전히 호흡할 수 없는 형편이었다. 그들은 최후의 수단으로 코에 물을 부었다. 물이 한 주전자 들어가고, 또 한 주전자 들어갔다. 이렇게 두 주전자만큼 물이 들어가면 배와 가슴이 터질 듯해졌다. 그러면 엎치고 젖히고 굴려 물이 다시 쏟아지게 했다. 아마도 이것이 그들의 소위 인공호흡이었을 것이다. 이렇게 3~4분 동안 갖은 애를 쓰면 배에 들어갔던 물이 쏟아져 나오고, 그런 다음 겨우 숨결이 터져 나왔다. 가장 잔인한 고문은 고문을 당한 후 피투성이가 된 사람 앞에서 고문한 경찰관이 맛있는 음식을 먹는 것이었다. 여기서 고문을 당한 사람들은 울분을 터뜨릴 수밖에 없었다.

취조가 끝나고 공판에 회부하여, 1912년 6월 28일부터 경성지방법원에서 123명에 대한 공판이 시작됐다. 양기탁, 유동열, 안태국의 답변을 통해 그들의 조작극이 만천하에 폭로됐다. 안태국이 천하에 법이 없는 이론 사법권자들을 향하여 외칠 수 있었던 용기는 기독교 신앙에서 나왔다. 당시 선우훈은 19세의 선천 신성학교 학생으로 고문을 당하면서도 끝까지 버텼다. 그리고 훗날 《민족의 수난》에서 그 고문을 자세히 고발했다. 그 책에 실린 선우훈의 시이다.

예, 예, 개심 못 하는 놈 때려 죽이고
예, 예, 개심하는 놈 살려 내어서
고관대작 부귀영화 누리려 한다.
예, 예, 개심할 수 없는 이 내 몸이니
형장 아래 결박 지고 꿇어앉아서

치 죽이는 모든 매를 기다립니다.
스데반이 바라보던 열린 저 하늘
내 주 예수 서신 곳을 바라보면서
내 영혼을 받으소서 기도합니다.

민족적 고난 앞에 선 젊은 신앙인으로서 선우훈은 오직 예수를 사랑하는 신앙과 민족을 살리려는 충성으로 끝까지 고문을 견디었다.

선우훈도 역시 신성중학교를 졸업한 사람으로 매큔의 교육을 받은 사람이었다. 매큔은 많은 청년을 예수 믿는 애국자로 양육했다. 그래서 일본인들이 그를 두 번이나 추방한 것이다. 한 사람의 선교사가 한국의 청년들에게 새로운 신앙을 심어 주고 민족주의를 따르게 했다. 이들은 오직 동포의 자유와 해방을 위해 그 무서운 고난과 죽음을 이겨가며 새로운 세계를 향하는 젊은이로 성장했다.

대한민국의 건국 이념은 기독교 신앙으로 세워졌다. 이것은 많은 선교사가 와서 우리 민족에게 심어 준 것이었다. 선교사란 다른 민족을 향한 구원의 도리를 깨우치고 그들로 서로 사랑하는 사람으로 살게 하고, 예수 그리스도로 말미암아 영혼 구원의 역사를 이룩하는 사람들이었다. 우리 민족은 그 많은 선교사가 와서 생명을 내놓고 한국 민족을 사랑하고 구원의 길을 안내했다.

매큔 선교사는 단순히 교육 선교사였다. 그러나 한 사람의 교육자가 미개한 민족을 깨우치는 교육으로 신앙을 심어 주고 새로운 방향을 향해 나아갈 수 있게 했다. 오늘 한국교회는 세계 선교의 사명이 있다. 그러므로 우리 한국교회 역시 우리나라에 와서 선교한 미국 선교사들처럼 다른 나라에 가서 영혼을 구원하고 민족이 민족으로서의 긍지를 갖고 새로운 국가를 이룩하는 데 필요한 능력을 예수 그리스도로 인하여 갖게 해야 한다.

한국 선교에서는 또한 한국 사람들이 선교사를 도와 선교하고 교육하는 일에 지극히 깊은 신앙으로 함께했다. 오늘의 대한민국은 자연스럽게 이루어진 국가가 아니라, 예수 그리스도의 공로로 새로워진 선교사와 민족의 지도자들로 인해 이루어진 국가이다.

초기 한국교회의 눈부신 성장의 중심에는 평북 선천이 있었다. 평양에서 입교한 후 각각 1896년, 1897년 귀향한 노효준과 나병규가 고향 친구인 조규환의 도움으로 전도를 시작하여 선천에 기독교가 전파되었다. 1905년 7월 선천의 조선인 기독교 지도자 양전백과 김석창이 중등 교육의 필요성을 인식하고 중등학교 설립을 위해 '선천중학회' 설립 기성회를 조직함으로 학교 설립이 시작되었다. 1906년 9월 설립된 신성학교는 선천 지역의 조선인 기독교 지도자 및 미국 북장로교 선교회의 협력으로 이루어졌다. 신성학교는 휘트모어(Norman C. Whittemore, 위대모)를 교장으로 추대하고 1906년 9월 선천읍의 교회당을 빌려 26명의 학생으로 개교했다.

매큔이 1909년 9월 평북 선천 선교지부로 전임하여 중학교 과정인 신성학교 교장을 맡게 되면서 본격적인 교육을 시작했다. 매큔은 신성학교의 1차적 목적을 젊은이들을 훈련해 교회의 일꾼으로 만드는 일에 두었다. 이에 목사와 교사, 교회 영역을 확장하고 지도력을 발휘할 수 있는 인물을 만드는 것을 목표로 했다. 더불어 과학적으로 최고 수준의 산업 기술자인 농부가 되게 하는 것도 목표 중 하나였다. 이런 인식 아래 신성학교 내에 전도 조직을 만들어 학생들이 열심히 전도하게 했다. 매큔은 정직한 노동을 얘기했고, 한국의 산업이 융성해야 한다는 점도 강조했다. 이에 학교 안에 자조부를 두어 노동의 가치와 기술을 가르쳤고 스스로 학비를 마련하게 했다.

또 기독교의 정의관을 심어 주었고, 그것을 실제로 실천하게 했다. 하늘에서 이루어진 하나님의 나라가 한국 땅에서도 이뤄져야 한다는 생각이었다.

이같이 평북 선천은 미국 북장로교 선교지부를 통한 지역 복음 전파의 중심지였을 뿐 아니라, 교육 및 의료 선교(미동병원, 1905년 설립) 등으로 일찍부터 서양 문물과 신교육을 받아들임으로 애국자와 선각자를 많이 배출하여, 일제강점기에는 독립운동의 온상지가 되었다. 선천은 한국의 주변부에 불과했으나 복음의 씨앗이 뿌려지므로 30배, 60배, 100배의 결실을 했고 한국 근대화의 새로운 요람, 한국 기독교의 중심지가 되었다.

매큔은 신성학교에서 민주주의 의식과 함께 애국도 강조했다. 신성학교 학생들에게 '예수를 믿되 독립국의 사람이 되어 예수를 믿어야 한다'는 사상을 주입했다. 그것은 그가 한국인뿐 아니라 한국 땅도 사랑했으며 기독교, 민주주의, 애국 사상을 하나의 범주로 인식했기 때문이다. 기독교 복음이 가진 현세성과 초월성을 통합하는 신학적 구조 아래 있었던 것이고, 따라서 그에게 복음은 비정치화를 의미하는 것이 아니었다. 그의 선도에 따라 학생들은 복음이 민족 문제와 국가적 과제에도 적극적으로 응답해야 한다는 의식을 갖게 되었다. 길선주의 아들 길진형과 안세환이 '105인 사건'에서 의심받았던 것도 무리가 아니었다. 3·1 독립운동에 신성학교 학생들이 나서고 그 출신들이 동우회 등 민족 운동에 적극적으로 나섰던 것도 매큔의 교육의 결과였다.

1911년 10월 일제가 조작한 '105인 사건' 때 신성학교 교장은 매큔이었다. 백낙준 박사, 박형룡 목사, 최병관 목사, 대한석탄공사 김성호 총재 등이 이 학교 출신으로 미국에서 유학한 이들이었다. 이들은 매큔이 다닌 학교에 그의 추천으로 다닐 수 있었다. 국내에서 일한 김지웅, 장재효, 김진수, 심인곤, 이기혁도 모두 신성중학교에서 키운 인재들이었다. 그는 사람 보는 통찰력이 있어 키운 사람을 적재적소에 썼다.

매큔은 자신이 그 사건의 연루자로 알려지고 신성학교 학생과 교사들도 구속되자 이들의 석방과 공정한 재판을 위해 활동했다.

또한 매튠은 1919년 3·1 독립운동의 발판이 된 2·8 독립선언서 번역문을 오산학교 시절 인연으로 이광수의 부탁을 받아 교정해 주었고, 3·1 독립운동의 주요 지도자로 활약한 세브란스의전 학생인 금원벽을 만나 독립운동을 격려하는 등 3·1 독립운동에 직·간접적으로 많은 도움을 주었다. 이런 매큔 선교사의 활동에 대해 일제는 계속해서 감시하고 탄압했다. 이후 3·1 독립운동 때 만세운동을 하는 학생들에게 협조했다는 이유로 1921년 미국으로 추방되었다. 8년 옥고를 치른 대다수가 신성학교 교원들과 졸업생이라 그 뒤에 매큔이 있다 하여 그를 추방한 것이다. 그 후 마펫의 요청으로 다시 학교에 왔다. 그는 미국 휴런대 학장으로 있으면서도 한국 유학생들을 도왔다.

1930년부터 일제는 모든 학교에 신사참배를 강요했고 매큔 선교사가 있는 숭실학교도 예외가 아니었다. 그러나 매큔 선교사는 기독교 사목과 목적에 맞지 않는다면서 계속 거부 의사를 표명하며 일제의 탄압에 맞섰다. 결국 1936년 1월 18일 자로 기독교의 교리와 양심상 자신은 신사참배를 할 수 없을 뿐 아니라 학생들에게도 참배를 시킬 수 없다고 최종 서면으로 답변함으로써, 그날로 숭실학교 교장과 1월 20일에는 숭실전문학교 교장 직위를 취소당했다. 1936년 4월 매큔 선교사는 안식년을 이유로 미국으로 돌아갔고, 그 후에도 계속해서 일본의 신사참배 강요에 대해 비판적인 입장에서 강연과 논설 등을 지속했다.

그는 숭실대학에 농과대학을 신설하고 여러 곳에 농장을 세워 우유 농장, 원예 농장 등에서 소득도 올렸다. 또 숭실 농장에서 먼저 토마토를 생산하여 시판했는데, 처음에는 사람들이 '당꽁아리'라고 냄새가 싫다며 외면했으나 평양시에서 판매하기 시작해 이제는 중요한 과실 또 채소가 되었고 가을에도 비닐하우스에서 다량으로 산출된다.

일본은 식민 통치 초기부터 한국 민족의 특성을 말살하여 일본에 동화시키려는 정책을 추진했다. 경찰과 군사력만으로는 한국을 재배할 수 없었기 때문이다. 이에 그들은 식민지 민족의 특수성을 말살하여 모두 일본화함으로 식민지를 영구적으로 지배하려 했다. 이러한 동화정책은 일본 식민 통치의 기본이었다. 1930년대에는 이 정책이 더욱 강화되어 황국신민화(皇國臣民化) 정책으로 나타났다. 이 정책은 1930년대에 군국주의로 전환한 일본이 침략 전쟁을 효과적으로 수행하는 수단이 되었다. 이것은 '정신 교화 운동'에서 나왔으며, 그 목표는 천황 신앙을 중심축으로 하여 민족의 정체성을 말살하는 것이었다. 이처럼 조선을 일본화하려는 목적을 달성하기 위해 조선인에게 신사참배, 황국신민 서사의 제창, 창씨개명, 일본어 사용 등을 강요했다.

황국신민화 정책 중에서 한국교회와 관련이 있는 것은 신사참배였다. 신사참배가 한국교회에 어떤 영향을 미쳤는지는 한번쯤 조망해 볼 필요가 있다.

고대 일본인들은 자연의 모든 것과 그들의 조상(神, 가미)을 숭배했고, 인간과 자연을 구별하지 않았다. 이러한 신앙은 고대 일본 천황의 권력 강화와 더불어 천황가(天皇家)의 조상신으로 여겨졌던 '아마테라스 오미가미'(天照大神)를 중심으로 한 신화적 인물이나 영웅들을 신사에 봉하여 함께 숭배하는 신앙의 형태로 굳어졌다. 이것이 고대 '신도'인데 황실 및 정치 권력과 밀접하게 관련되어 발달했다.

고대 신도는 관습적 의례에 치중했으므로 근대 이전에는 불교에 밀렸다. 하지만 17, 18세기에 들어와 일본의 유학자들에 의해 다시 주목을 받았다. 그들은 복고신도(復古神道, 훗코 신토)를 발전시켰고 이들의 문하에서 신도 사상에 입각한 국수주의와 왕정 복고를 주장하는 학자들이 나왔다. 이들은 메이지 유신(明治維新)의 사상적 기반을 제공했다.

한편 매큔은 학생들에게 '복음'과 '애국'을 합치시켰고 그것이 신념으로 자리 잡게 했다. 신사참배를 거부할 정도로 영적 영역을 중시했던 그는 제자들에게 영적인 의무와 사회적 사명을 동시에 주지시켰다. 따라서 그의 제자들은 기독교, 민주주의, 애국 사상, 민족주의를 하나의 범주로 인식했다. 복음의 역할을 영적 영역에 제한하지 않고 민족 운동과 연결하여 애국 계몽운동 조직을 주도했고 기독교 민족주의를 이끌었다. 개인 구령의 바탕 아래 국가 구원의 사명을 다했다.

매큔의 전통은 그의 숭실학교 제자 곧 대한예수교장로회 통합 측 설립의 주도자였던 한경직과 강신명, 안광국에게도 이어졌고, 특별히 통합 측 설립 이념이 되었다. 장로교 통합 측은 개인 구원과 국가 구원 영역의 합치를 교회의 정체성으로 삼았다. 구령의 바탕 아래 한국 전체 영역에서 복음의 진수가 발휘되길 기대했다. 한경직 목사는 구국을 부르짖었으나 교회 본연의 구원 사업을 훼손하지 않았고, 양자를 합치하려 했을 뿐 어느 한 정파를 지지하지 않았다.

이런 신학적 특성으로 한경직 목사 주도의 통합 측은 한일 수교 반대, 미군 철수 반대, 1970년대 민주화 회복 운동에도 나섰다. 복음의 출발과 귀결을 구령을 강조하는 영적 영역으로 보았으나, 복음의 역할을 국가 구원의 영역으로 확장했다. 이를 위해서라면 웬만한 신학적 차이도 넘어섰다. 통합 설립의 주도자들이 구령과 구국의식을 합치시키려고 기독교 복음이 갖는 현세성과 초월성을 통합하려 했던 것에는 매큔의 역할이 컸다. 선천 교회의 유형이 통합 측 설립으로 나타난 것은 선천 교회가 통합 측의 설립 이념과 신학적 원류를 제공한 것이었다.

또한 매큔은 재미 유학생 단체인 북미 대한인 학생회 자문위원으로 계속 독립운동을 지원했다. 이처럼 매큔은 외국인으로서 3·1 독립운동 지원, 신사참배 거부 등 한국의 독립과 한국인 인재 양성에 헌신하다 1941년 12월 4일 시카고장로회 병원에서 소천했다.

해방 후 한국 정부는 우리의 독립운동을 도왔던 그에게 건국공로 훈장과 문화훈장을 수여했다.

14 조지 매큔(George S. McCune, 1873~1941)

15
와일리 포사이드
(Wiley H. Forsythe, 1873~1918)

와일리 포사이드(Wiley Hamilton Forsythe, 보위렴, 1873~1918)는 미국 켄터키주 머서에서 태어나 웨스트민스터 대학과 루이빌 의과대학을 졸업한 후, 1904년 미국 남장로교 선교부 의료 선교사로 한국에 와서 전라북도 전주와 목포에서 거리의 방황하는 어린아이들을 모아

자비로 고아원을 세우고 전도했다.

포사이드가 전주진료소에 부임하고 얼마 후인 1905년 3월 당시 '걸인의 아버지'로 통하던 이보한이 김제의 부자 이경호 진사가 괴한들에게 맞아 다 죽게 됐다며 진료를 요청했다. 포사이드는 조랑말에 의료 장비를 싣고 급히 당도해 환자를 밤늦도록 치료했다. 다음 날 새벽 괴한들이 또 들이닥쳤다. 포사이드가 괴한들의 무기를 빼앗으려고 하다 육탄전이 벌어졌는데 수적 열세인 포사이드가 쓰러지자 괴한들은 포사이드를 두들겨 팬 뒤 한쪽 귀를 잘랐다. 그는 군산으로 옮겨져 치료를 받고 구사일생으로 살아났다. 그 후 범인이 잡혔고, 관찰사가 피해자인 포사이드에게 범인의 신병 처리에 관해 묻자 포사이드는 "내가 죽지 않았으니 죄를 묻지 말고 죽이지 말라"는 의견을 보냈다.

이보한은 이 진사 부부가 아들을 얻지 못하자 씨받이를 통해 태어나 어려서부터 서모의 구박을 받으며 자랐고 병치레를 잘못해 한쪽 눈마저 잃는 바람에 울분으로 살아왔다. 그런데 이 폭행 사건과 그 이후 포사이드의 모습에 감명을 받아 예수를 믿게 되었다. 이후 이보한은 광인 흉내를 내며 독립운동을 하면서 부자들에게서 돈과 음식을 탁발해 걸인들에게 나눠 주었는데, 늘 "거두리로다"라는 찬송을 불렀기 때문에 '이거두리'로 불렸다. 나라 잃은 망국민들과 자신처럼 상처 입은 영혼을 거둔다는 의미였다고 한다.

포사이드 선교사는 미국으로 가서 치료를 받고 다시 한국으로 돌아와 목포에서 의료 선교를 했다. 당시 광주에서 기독병원 원장으로 있던 친구 윌슨 선교사는, 오웬 선교사가 지방에 환자를 치료하기 위하여 갔다가 박테리아 감염으로 급성 폐렴에 걸려 위급한 지경에 이르렀을 때 내과 전문 의사인 포사이드에게 급히 도움을 요청했다. 포사이드는 즉시 영산강을 거슬러 배를 타고 올라왔다. 영산포에 내린 포사이드는 조랑말을 타고 20km쯤 갔을 때 거적대기 위에 누워 오돌오돌 떨면서 "살려 주세요, 저를 거둬 주세요" 하며 애원하는 한센병 환자를 보게 되었다.

당시 한센병은 천형(天刑)으로 여겨졌기에 사람들은 전염이 두려워 한센병 환자들을 돕기는커녕 돌팔매질을 하기 일쑤였다. 포사이드에게 도움을 요청한 한센병 환자의 손과 발은 짓물렀고 퉁퉁 부었으며 온통 상처투성이에 걸친 누더기는 피고름으로 얼룩져 있었다. 포사이는 위독한 동료 선교사의 병을 고치러 가는 길이었으나, 주님의 사랑을 생각할 때 길가에 버려져 신음하는 환자를 그냥 두고 지나칠 수가 없었다. 포사이드는 피고름을 흘리는 그 여인을 감싸안아 입고 있던 털외투를 벗어 입히고 말에 태웠다. 목적지에 도착해 환자를 내려주는데 그 환자가 짚고 있던 지팡이를 놓치고 말았다. 포사이드가 마침 옆에 있던 최흥종에게 "지팡이를 집어 줘요" 하고 말했으나 최흥종은 환자의 피고름이 잔뜩 묻은 지팡이를 잡을 엄두가 나지 않았다. 그러나 포사이드를 보면서 용기를 내 지팡이를 집어 환자에게 주었는데 이때 환자의 얼굴에 작은 미소가 피어났다.

그 순간 최흥종의 가슴에 뭔가 뜨거움이 밀려왔다. 그것은 실로 성령의 역사라 할 수 있었다. 한 사람을 감화시키는 성령의 역사는 이렇게 작은 행동 하나를 통해서도 놀라운 역사를 일으킨다. 그때 최흥종은 '작은 예수'로 거듭났다. 그 후 그는 주님을 위해 일하는 사람이 되었다.

윌슨 선교사와 최흥종은 포사이드 선교사의 헌신에 감동되어 그들 자신도 사명감을 가지고 한센병 환자를 돌봤다. 이렇게 포사이드가 한센병 환자를 돌본다는 소문이 나면서 광주로 한센병 환자들이 모여들었다.

1911년 최흥종은 아버지에게 물려받은 땅 1,000평을 기증해 한센병 환자 진료소를 세웠다. 이것은 후에 장소를 바꿔 순천 애양원이 되었다.

오웬 선교사 부인은 당시 포사이드가 그 환자를 데려오는 모습을 보고 이렇게 기록했다.

"벽돌 가마에 모인 사람들은 모두 포사이드의 사랑이 넘치는 손을 의지하고 겨우 걸어서 내려오는 이 여인을 보았다. 신사처럼 말쑥하게 차려입은 포사이드는 병으로 냄새나고 오랫동안 몸을 돌보지 않아 불결하기 짝이 없는 이 여인의 손을 잡아 주었다. 이 여인의 머리카락은 아마 몇 달, 혹은 몇 년간 빗지 않은 것 같았고, 옷은 누더기가 되어 아주 더러웠으며, 발과 손은 부어올랐고, 온통 상처로 덮인 몸에서는 역겨운 냄새가 뿜어져 나와 견딜 수 없을 정도였다. 한쪽 발은 짚신을 신었고, 다른 쪽은 두꺼운 종이로 묶여 있었으며, 걸을 때는 심하게 절었다."

후에 애양원에 한센병 환자를 위한 병원과 교회가 세워졌다. 그러자 전국 교회에서 성금을 보내왔고, 한센병 환자에 대한 선교사들의 희생과 헌신에 감동해 일본 천황도 성금을 보내왔다. 후에 최흥종은 1931년부터 1939년까지 소록도에서 갱생원 확장 공사까지 했다. 이것은 포사이드 선교사의 한센병 환자에 대한 사랑에서 시작된 것이었다.

포사이드는 선교사들 사이에서 '인간으로 다시 오신 예수'라 불릴 정도로 존경을 받았다. 포사이드는 이렇게 해라, 저렇게 해라 하며 말로 가르치지 않았다. 다만 내면에서 우러나오는 소리 없는 행동으로 보는 이들의 영혼을 사로잡았다.

조선에 2천 명이 넘는 선교사들이 왔으나 포사이드 같은 사람만 있었던 것은 아니다. 미국에서 포사이드의 말을 듣고 조선에 건너와 헌신한 셰핑도 선교사들의 시기와 질투로 고초를 겪었고, 포사이드가 폭행을 당했을 때도 험지에 총도 들고 가지 않았다고 비난하거나, 그 기회를 통해 자신의 임지 변경 등 이익만을 모색하는 선교사도 있었다고 한다.

1904년에 포사이드 선교사는 예수병원 제2대 원장으로 와서 환자와 부랑아, 고아, 한센병 환자들을 사랑으로 돌보았다. 1905년 한 해에 그가 진료한 환자는 6천여 명에 달했으며, 1908년에는 우리나라 최초로 한센병 환자를 치료했다.

포사이드 선교사의 행동에 감명받은 윌슨 선교사 역시 이들 환자를 치료하고 이들을 위한 병원 시설을 만들었다. 그러나 그 과정이 순탄치만은 않았다. 우선 광주시민들의 항의가 심했다. 한센병 환자들을 위한 병원이 필요하긴 하나 광주 한복판은 안 된다고 했다. 할 수 없이 선교사들은 1912년 효천면 봉선리에 한센병 환자 수용소와 병원을 세웠다. 의료 선교사와 한 한센병 환자의 우연한 만남으로 4년 만에 그들을 위한 병원과 수용소가 준공되었다.

나라의 주권마저 빼앗긴 그 시절에 어느 누가 피고름을 흘리는 한센병 환자를 보살필 수 있었겠는가? 이러한 일을 맡았던 전라도인들에게는 참으로 기쁜 소식이었다.

1904년 12월 25일 광주군 효천면 양림리 양림산 자락의 유진 벨 목사의 집에서 드린 크리스마스 예배에 참석했던 200여 명의 광주시민을 중심으로 시작된 광주의 기독교는, 복음과 더불어 인도주의적 사회봉사로 광주와 전라남도인을 미신과 무속에서 해방하고 이들의 자녀를 교육함으로 한국 사회의 지도자가 되게 했다.

이같은 광주의 인도주의적 사회봉사의 유형은 1909년 4월 3일 오웬 선교사의 죽음과 관련해 포사이드 선교사가 길옆 시궁창에서 구조의 손길을 외치던 한 여자 한센병 환자를 건져내 자신의 조랑말에 태우고 자신은 마부가 되어 광주기독병원으로 데리고 온 사건으로부터 시작되었다.

이 사실은 미국 남장로교 선교본부에서 발행하던 정기 간행물 〈The Missionary〉에 "나환자와 선한 사마리아인"(The Leper and the Good Samaritan)이라는 제목으로 기고되었다. 50여 년이 지난 1960년에 최흥종 목사도 이 부분을 회상하면서 〈호남일보〉에 "구라 사업 50년사 개요"라는 제목으로 네 차례에 걸쳐 기고했다.

"1908년 初 夏 頃의 일입니다. 광주 양림동에 미국 선교사 윌슨 의사가 있었는데 이 사람은 나와 친근한 사람이었습니다. 나는 그에게 한글을 가르쳤고, 그는 나에게 의료기술을 가르쳐주었던 터라 그날도 윌슨 의사에게 우리말을 가르치고 정오쯤 귀가하려고 나오는 도중에 차마 눈 뜨고 볼 수 없는 흉한 한센병 환자를 말에서 내려놓고 그 환자의 겨드랑이를 부축하고 오는 서양인과 마주치게 되었습니다. 자세히 보니 역시 잘 아는 선교사 포사이드 의사여서 한편 놀라면서 "포사이드 선생님 오십니까?" 하고 인사한즉 "예, 편안하시오" 하고 다정스러운 답례를 하는데 그때 그 환자가 마침 오른손에 들고 있던 지팡이를 떨어뜨렸습니다. 포사이드 의사가 다시 날 보더니 "형님, 저 지팡이 좀 집어 주시오" 하는 것이었습니다. 하지만 나는 집는 것을 주저했습니다. 지팡이에는 고름과 핏물, 더러운 진물이 묻어 있었고, 환자를 본즉 흡사 썩은 송장이요, 손가락도 다 없어지고 두 개밖에 남지 않았으니 보는 환자마다 그렇듯이 아주 흉해서 한센병 환자에 대한 증오감이 대단했기 때문입니다."

15 와일리 포사이드(Wiley H. Forsythe, 1873~1918)

포사이드가 여자 한센병 환자를 돌보는 모습은 최흥종 목사에게는 전혀 새로운 깨달음이었다. 계속해서 최흥종 목사는 자신의 깨달음을 이렇게 표현했다.

"예수의 박애 정신은 고사하고 동포애조차 없는 인간으로서 무슨 신앙이냐 하는 자책이 나를 사로잡게 된 것입니다. 그러나 그다음 순간 뜨거운 감동이 내 마음을 뒤흔들어 땅에 떨어진 그 지팡이를 집어 환자에게 주었던 것입니다. 그 당시 교회 집사이면서 제법 믿는다던 나였는데 사랑이라는 진리를 못 깨닫고 포사이드 의사의 그와 같은 사랑의 행동을 보고서야 비로소 깨달은 것입니다."

최흥종 목사는 포사이드를 자기 신앙의 전형으로 삼았다. 그리하여 1960년에 회고하면서, "나하고 동년배이기는 하나 그 거룩한 생활에 많은 감화를 받았고 오늘까지 그를 추모하는 염상(念想)이 두텁습니다. 그 성자에 대한 여러 가지 일화가 있는데…"라고 말할 정도였다.

포사이드는 자신의 건강을 돌보지 않고 환자들을 돌보는 데 전념하다 알 수 없는 동양의 풍토병(구강염과 설사병이 발병함)에 전염되어 본국으로 돌아가라는 조치에 따라 미국으로 건너갔으며, 1918년에 결국 세상을 떠났다. 포사이드의 마음에는 언제나 환자, 장애인, 노인, 무의무탁한 어린이, 부랑자, 한센병 환자가 있었다.

한편 이 사건은 최흥종 목사의 신앙과 인생을 바꾼 결정적인 사건이었으며, 그의 일생의 사역을 결정짓는 하나님의 계시였다. 최흥종 목사는 여기서 기독교를 사랑의 종교로 이해했으며, 그것은 바로 예수께서 보여 주신 것이었다. 따라서 최흥종 목사의 일생은 기독교의 사랑이라는 단어를 명사형이 아닌 동사형으로 이해한 데 기초하며, 자신의 삶을 신앙과 일치시키려는 신행일치의 훈련이었다고 말할 수 있다. 이처럼 그는 하나님 사랑, 이웃 사랑, 그리고 나라 사랑인 삼애정신(三愛精神)으로 평생을 살았다.

최흥종 목사는 광주기독병원 원장 윌슨의 조수라는 안정된 직업을 버리고, 자신의 소유 봉선동 땅 1,000평을 기증하여 한센병 환자들을 위한 집단치료소를 지었으며, 다리 밑 고아들을 집으로 데리고 와서 씻기고 입혔고, 평생 자신의 자녀들보다도 고아와 과부와 한센병 환자들과 거지들의 아버지로 살았다.

그러다가 해방 후 카딩턴(Herbert A. Codington)과 최흥종으로 이어졌다. 그리고 해방 후에는 해외에서 밀려드는 귀향민과 그의 자녀들, 정신박약자, 장애인과 고아들을 위한 사업으로 더욱 확대되었다.

카딩턴 선교사는 1948년부터 목포에서 활동하다가 한국전쟁 기간에는 일본으로 갔다. 그리고 1954년에 광주기독병원 원장으로 부임하여 결핵 퇴치에 앞장섰으며, 거제도 포로수용소에서 기독교를 받아들인 반공 포로들에게 새로운 삶의 기회를 베풀었다. 당시 카딩턴 선교사의 보고에 따르면, 1954년 전라도 인구는 600만 명이었는데 그중 300만 명이 결핵 가능성이 있었다. 65개의 병상은 언제나 입원 환자로 가득해 더는 새로운 환자를 입원시킬 수 없었으므로, 입원 환자들에게는 6개월 후 퇴원하겠다는 서약서를 받은 후 입원시켰다.

이러한 상황이 개선되지 않은 상태에서 1955년 겨울에 퇴원을 앞둔 반공 포로 출신 환자가 자살을 기도했다. 이 사건을 계기로 강제 퇴원 환자의 계속 요양과 재발 방지를 위하여 요양소를 건립하기로 했다. 이에 환자들은 요우회(僚友會)를 조직하고 병원 내에서 구내 매

15 와일리 포사이드(Wiley H. Forsythe, 1873~1918)

점을 운영하여 수익금으로 무의탁 환자와 빈곤한 환자의 치료비를 조달했다. 이들의 딱한 소식을 들은 최흥종 목사는 '백십자 여명회'(白十字 黎明會)라는 결핵 치유를 위한 호소문을 전국에 발송하기도 했다.

한편, 고아들을 보호·양육하는 광주 동광원에서는 매년 정월 초 하루부터 일주일간, 또 8월 15일부터 일주일간 집회를 했다. 동광원은 1954년 정월 강사로 서울 YMCA의 유영모, 현동완 선생을 초청했다. 집회가 계속되는 기간에 현동완 선생은 양성 강제 퇴원 결핵 환자들의 딱한 소식을 듣고 서울에 와서 당시 국회의장 이기붕에게서 300만 원의 후원금을 얻어내 광주 동광원에 맡겼다. 이렇게 하여 1954년에 동광원 예배실에서 '송등원' 발기회를 가졌다. 이사장은 최흥종 목사가 맡고 이사는 박두옥 장로, 카딩턴 원장, 김준호 등이 맡았으며, 박두옥 장로가 명예 총무를 맡았다. 이렇게 하여 송등원은 설립으로부터 1년간 동광원에서 지내다가 1955년에 지산동으로 옮겼으며, 여자반은 1956년에 창설하여 '무등원'이라고 했다.

광주기독병원은 밀려드는 환자를 6개월 입원시켜 치료한 후 퇴원하면 그 환자들 가운데 무의무탁한 환자들을 송동원과 무등원으로 보내어 치료하게 했다. 따라서 송등원과 무등원은 기독병원과 카딩턴 원장에게는 병원의 환자들을 폭넓게 치료해 줄 기회를 마련해 주었다.

최흥종 목사는 1954년부터 이들 양성 강제 퇴원 환자들을 위한 무등산 무등원에 '복음당'이라는 예배당을 짓고 이들 환자를 위한 목사로 살았다. 그러다가 1972년 5월 무등산이 도립공원으로 확정된 이후로 이 요양소는 다 철거되었다.

결론적으로 광주의 기독교는 선교 초기부터 이 사회에서 버림받은 한센병 환자, 걸인, 고아, 과부, 노약자 그리고 해방 전·후의 결핵 환자들과 정신 지체장애인들을 위한 시설을 세우고 이들을 섬기는 일을 주된 과제 가운데 하나로 인식했다. 그리하여 기독교는 광주인들에게 '이웃을 섬기는 종교', '이웃의 아픔을 함께 나누는 종교'로 인식되었다.

특히 한센병 환자에게 많은 관심을 가졌던 선교부는 남장로교 선교부였다. 남장로교는 1909년 전라도 지역 최초로 순천 나병원을 설립하여 한센병 환자 치료와 선교에 많은 공헌을 했다. 여기에는 1904년 9월 내한 선교사로 입국하여 전주예수병원 2대 원장을 역임한 포사이드의 공로가 컸다.

전주에 도착한 포사이드는 어학 공부를 하면서 매일 진료소에서 환자들을 돌보았다. 찾아오는 모든 환자가 다 치유된 것은 아니었으나 '주님을 위하여 겸손히 드리는 사랑의 수고는 결코 헛되지 않는다'라는 믿음에서 사역의 손길을 쉬지 않았다.

포사이드는 사랑의 사람이었다. 그는 전주에서 길거리에서 떨고 있는 아이들을 데리고 와 사재로 고아원을 운영했다. 이런 포사이드의 삶은 한국인들 특히 호남 사람들에게 깊은 감동으로 남아 그의 길을 뒤따르게 하였다. 소록도에서 한센병 환자를 치료하며 살았던 한국의 슈바이처 신정식 박사의 책상에는 예수, 포사이드 그리고 최흥종 목사의 사진이 평생 놓여 있었다.

기독교인이면 한 번쯤 애양원을 찾는다. 이 애양원 설립에 공헌한 사람이 포사이드 선교사였다. 그가 길가에 쓰러져 있던 한센병 환자를 치료해 준 일로 인해 광주 선교부는 한센병 환자들을 위한 모금을 하고 대여섯 사람을 돌볼 수 있는 방 세 개가 있는 집을 지었다. 그의 동료 월슨 박사는 에든버러에 있는 극동 한센병 협회에서

15 와일리 포사이드(Wiley H. Forsythe, 1873~1918)

재정 지원을 얻었다. 윌슨이 한센병 환자를 치료한다는 소문이 퍼지면서 환자들이 광주로 몰려들자 1912년 광주 봉선리에 E자형 병원 건물을 짓고 본격적으로 한센병 환자를 치료했다.

애양원은 이렇게 '선한 사마리아인'으로 비유되는 포사이드 박사의 섬김으로 시작되어 초대 원장 윌슨 선교사에게로 이어졌다. 1928년 이 병원은 환자의 증가와 이로 인한 주민들의 반발로 여수 율촌면 현 애양원으로 이전해 오늘에 이르고 있다. 한센병 환자를 대상으로 한 근대적인 병원으로는 애양원이 국내 최초이다. 특히 100여 년간 편견과 차별에 시달려온 한센인들의 애환과 함께한 곳이었다. 1926년 광주에서 여수로 옮겨와 광주 나병원에서 비더울프나병원으로 이름을 바꾸었다가, 1935년 애양원이 되었다. 현재 건물은 1926년 광주에서 이전해 왔을 때 지어졌으며, 구 건물은 1927년부터 양로원으로 사용하다가 1999년 애양원 역사박물관으로 개조해 이용하고 있다. 이곳에는 포사이드, 윌슨 선교사뿐 아니라 애양원 예배당 담임목사였던 손양원 목사의 진한 발자취도 남아 있다.

애양원(愛養院)은 '사랑으로 양을 키우는 동산'이라는 뜻이다. 당시 한센병은 크나큰 형벌, 곧 천형(天刑)이었다. 한센병 환자들은 살아 있으나 지워져야 하는 자들이었다. 그러므로 이는 곧 죄인을 위해 생명을 기꺼이 내어주신 예수 그리스도의 사랑이 이룬 역사였다.

포사이드 선교사는 1911년 풍토병에 걸려 미국으로 돌아갔으나, 그곳에서 계속해서 한국 선교의 중요성에 대해 강연했고, 한센병 환자들을 위한 모금 운동도 했다. 그는 1918년 45세의 나이에 소천했는데 그가 유난히 한센병 환자에 대한 깊은 애정을 가지고 있어 '한센병 환자의 아버지'라는 별명이 붙여졌다.

미국 남장로교 한국선교회는 연례대회에서 매년 1월 혹은 2월에 제주도에서 성경학교와 의료 봉사를 할 선교부를 순번제로 할당했다. 이 가운데 포사이드와 윌슨의 의료 선교 사역도 있었다. 1910년 5월에 광주 선교부의 목사 프레스턴과 목포 선교부의 의사 포사이드는 전남노회가 모인 다음에 제주도로 돌아가는 이기풍 목사와 동행하여 제주에서 각각 영적 부흥 사역과 더불어 의료 선교 활동을 전개했다. 1910년 8월 광주에서 개최된 미국 남장로교 한국선교회 연례대회에서 목포 선교부는 다음과 같이 보고했다.

> "프레스턴 목사와 한 주간 제주도에 갔다. 사람들이 열정적으로 예배에 참석하고 치료받으려고 나오는 모습은 어린 양의 보혈로 깨끗하게 하시는 능력과 질병과 고통에서 해방을 바라는 간절한 필요를 가슴 아프게 증언해 주었다. 우리는 의료 선교 여행이 되어야 한다고 보았다. 목포진료소 소속의 의학생들이 두 달간 치료 여행을 했다. 이렇게 하여 1천 건을 치료했다. 목포와 제주를 합하여 17,000여 건을 치료했다."

목포 선교부는 포사이드 의사의 활동을 부드럽게 표현했으나 동료 선교사로서 옆에서 지켜보았던 프레스턴 선교사는 포사이드의 열정과 활동을 걱정하는 마음으로 다음과 같이 말했다.

> "포사이드는 나와 함께 근래에 제주도를 방문했으며 날마다 진료하여 400명 이상을 치료했다. 그곳에 조수를 몇 명 남겨두어 사역은 지금도 진행 중이다. 포사이드 의사는 진료 외에는 자지도 먹지도 않고 거의 모든 시간에 다만 설교하고 기도했다."

동료 목사 선교사들은 자기들보다도 복음 선교에 더욱 열중하는

15 와일리 포사이드(Wiley H. Forsythe, 1873~1918)

의사 포사이드에 대하여 크게 부담스러워하며 시기했다. 1910년 5월부터 1911년 5월까지의 목포 선교부 보고서에는 "의료 사업에서는 포사이드 의사가 한 해 동안 놀라운 일을 했다. 그는 새로운 병원 건물을 희망했다. 포사이드 의사는 진료소의 젊은이들을 훈련시켜서 돕게 했다. 그는 제주도를 방문하여 그곳에서도 의료 지소를 운영 중이었다. 이렇게 병원에서 전도에 열을 올림으로 병원인지 교회인지 구별이 안 될 정도였다"라고 되어 있다.

선교사 포사이드는 광주와 전라도에서 매우 큰 선교의 열매를 맺었다. 선교의 열매는 모든 선교사가 바라는 것이나 모두가 얻는 것은 아닌 듯하다. 포사이드가 불과 몇 년의 의료 선교로 모든 선교사가 바라던 은혜를 받은 데는 그의 희생적인 헌신이 뒷받침되었기 때문이다.

실로 포사이드는 한국 선교사들을 대표하는 인물이라 할 수 있다. 그는 오직 예수 그리스도의 사랑과 믿음으로 선교한 훌륭한 인물이었다. 의료 선교사로서 이렇게 예수의 사랑을 보이며 실천한 선교사는 그리 많지 않다. 새로운 한국 선교의 역사를 쓸 때 포사이드의 선교 역사는 매우 중요한 기록으로 재조명되어야 할 것이다.

16

찰스 번하이셀
(Charles F. Bernheisel, 1874~1942)

찰스 번하이셀[Charles Francis Bernheisel, 번하이셀(片夏薛), 1874~1942]은 미국 인디애나주 컬버(Culver)에서 출생했다. 그리고 1896년 하노버 대학, 1900년 매코믹 신학교를 졸업하고 그해 한국 선교사로 파송을 받았다. 그는 한국으로 오기 전 인디애나 컴버랜드

(Cumberland) 장로교회에서 누가복음 2장 30-31절을 가지고 "범세계적 구원"이라는 제목으로 설교했다. 그리고 한국에 도착한 11월 15일 마펫 선교사 집 모임에서 같은 제목으로 설교했다. 이 제목에서 볼 수 있는 것처럼 그는 자신의 선교 활동을 예수 그리스도를 통하여 자신의 시대에 이루어지는 세계적 구원의 사건으로 이해했다.

1900년부터 1942년까지 계속된 한국 사역에서 번하이셀은 세계를 품고 세계를 구원하시는 그리스도의 복음을 전하는 선교로 생각하며 사역에 열심을 다했다. 1900년은 장로교 선교가 시작된 지 15년 정도 지난 초창기였고 선교 사역은 기초를 다져가고 있었다. 그가 도착한 1900년에는 선교사가 수십 명에 불과했다.

1900년 매코믹 신학교를 졸업한 번하이셀은 복음 전도에 남다른 열정을 가지고 있었다. 그가 조선 선교에 헌신한 데는 학생자원운동의 영향이 크게 작용했다. 무디와 피어선(A. T. Pierson) 박사가 주도한 선교운동을 통해 89개 대학, 251명의 대학생이 도전을 받았다. 많은 이들이 선교사로 자원했고, 번하이셀도 그중 한 사람이었다. 1907년 평양 대부흥의 산 증인이기도 한 그의 일기가 남아 있는데, 그 일기를 통해 아직 우리말이 서툰 28세의 젊은 선교사를 반갑게 맞이한 조선 사람들의 모습과 초기 한국교회의 열심을 엿볼 수 있다.

1906년 1월 설립된 산정현교회는 처음부터 장대현교회와 대부흥에 대한 비전을 공유했다. 그것은 산정현교회가 모교회인 장대현교회에서 분립됐으며, 산정현교회 교인들과 교역자가 장대현교회에서 오랫동안 함께 신앙생활하던 공동체의 일원이었기 때문이다.

그레이엄 리와 마펫을 비롯한 이들 매코믹 신학교 출신 평양 주재 선교사들은 장대현교회를 본격적으로 부흥시켰다. 1901년 6월 2일 출석 교인 1,100명이던 장대현교회는 그 후 교인이 더욱 급증해,

2년 후인 1903년에는 스왈른을 담임목사로 남문밖교회를 분립시켰고, 1905년 12월에는 블레어를 담임목사로 한 사창골교회, 1906년 1월 26일에는 번하이셀을 담임목사로 한 산정현교회를 분립시켰다.

평양 선교부는 1893년 장대현교회를 설립할 때부터 평양 전역의 복음화를 염두에 두었다. 평양 한가운데 장대현교회를 세우고 'Central Church'라고 명명한 것도 그런 이유에서이다. 평양 전역의 복음화를 염두에 두고 장대현교회를 중심으로 남쪽(남문밖교회), 북쪽(사창골교회), 동쪽(산정현교회), 서쪽(서문밖교회)에 교회를 차례로 분립시켰다.

그 후에도 교회가 없는 평양 시내에 교회를 분립시켜, 선교를 시작한 지 불과 15년 만에 평양에는 교회 종소리가 들리지 않는 곳이 없을 정도였다. 분립한 교회 모두 현대적 의미의 개척 교회가 아니라 모교회 장대현교회에서 교인들과 함께 섬기던 선교사들이 나와 분립한 교회였다. 그래서 모교회 장대현교회나 분립된 교회나 평양 시내 모든 교회는 개교회주의적인 의식보다 평양 지역 전체를 염두에 두고 평양 지역 복음화를 위해 협력하고 연합했다. 심지어 분립 후 재정과 행정의 모든 면에서는 독립성을 확보했으나, 성만찬의 경우는 장대현교회에 함께 모여 거행했으며, 추수감사절과 크리스마스 행사를 함께 했고, 어느 한 교회가 교회당을 건축할 때 서로 건축비 일부를 지원했다.

1906년 1월 20일 자 번하이셀 선교사의 일기에 따르면, 분립 초 산정현교회는 옛 장대현교회 건물을 사용했는데, 이것 역시 상호의 협력과 연합이 없었다면 불가능했다. 이 같은 분위기에서 《산정현교회 사기》에는 평양의 모든 장로교회는 연합하여 학교 운영도 같이 했다고 기록되어 있다.

16 찰스 번하이셀(Charles F. Bernheisel, 1874~1942)

장대현교회에서 분립한 교회들과 모교회의 아름다운 협력관계, 선배 선교사들의 지도와 동료 선교사들 사이의 화목과 일치는 평양 선교부 안에 형성된 기왕의 부흥을 향한 공감대를 견고하게 만들었다. 그 결과 평양 선교부는 한국의 다른 선교부보다 영적인 분위기가 성숙했고 많은 결실을 이루었다. 특히 평양 선교부의 사경회는 전국에서 모여들었다.

1902년 1월 2일 장대현교회에서 시작된 겨울 사경회에 500명 이상이 등록했는데 그중 여러 명이 의주에서 참석했고, 2명이 목포, 3명이 원산, 1명이 서울, 심지어 중국 목단에서도 1명이 참석했다. 12월 17일에 시작하여 31일에 마친 이듬해 1903년 겨울 사경회는 713명이나 등록했고, 같은 기간 저녁에 열린 저녁 집회에는 은혜를 사모하는 평양 시내 1,200여 명의 교우가 참석했다.

이 같은 움직임에 힘입어 1905년에도 사경회가 시작되었고, 이를 통해 사람들이 영적으로 도전받고 새로워지는 일이 나타났다. 당시 저녁 간증 집회 때의 모습을 번하이셀은 다음과 같이 일기에 기록했다.

> "도시의 남녀를 위한 사경회를 시작했다. 오전에는 성경 공부를 하고 사경회 이후 오후에는 모든 사역자가 흩어져 도시 전체를 돌며 전도하고 장대현교회와 남문밖교회 두 교회에서 열리는 저녁 전도 집회에 사람들을 초청했다.
>
> 놀랍게도 매일 밤 장대현교회에서는 20명에서 60명, 남문밖교회에서는 10명에서 40명이 그리스도 안에서 공개적으로 자신들의 죄를 고백했다. 관심이 줄어들지 않았다. 이번 주 나는 매일 밤 외성 예배당에서 설교했는데 상당수의 사람이 그곳에서 회심했다."

1905년 2월 19일 사경회가 끝났을 때 무려 800명 이상이 결신했다. 비록 이 사람들 모두가 완전한 회심을 했을 것이라 기대하기는 어렵지만, 번하이셀은 그들 대부분이 확고하고 진실하게 고백했고, 또 그것을 증명할 것이라고 믿었다. 두 교회가 예배 때마다 사람들로 가득 찼다. 그 현장에서 직접 놀라운 성령의 역사를 본 번하이셀은 구원하시는 주님의 능력을 보여 주심으로 인해 주님께 찬양을 올리지 않을 수 없었다. 이 같은 성령의 역사는 장대현교회만의 현상이 아니었다. 1905년 봄이 되어 평양 근처 번하이셀의 선교구 여러 곳에서도 같은 성령의 역사가 나타났다.

1905년 2월 19일의 기록이다.

> "이번 주는 내 인생 최고의 주간이었다. 주님께서 강하게 우리와 함께하셨다. 50명 이상이 사경회에 정기적으로 출석했다. 그러나 더 놀라운 일은 50명 이상이 이번 주에 그리스도에 대한 신앙고백을 공개적으로 했다는 것이다. 밤 집회에는 많은 사람이 모였는데 그리스도인들은 불신자들에게 자리를 양보하고 밖으로 나갈 정도였다. 도시가 움직이고 주님께서 진정 하늘 문을 여시고 우리에게 복을 쏟아부어 주심에 우리 모두 기뻐했다."

부흥 운동 기간에 사람들은 입으로만 신앙을 고백하지 않았다. 신앙을 고백한 이들의 삶에 뚜렷한 변화가 나타났다. 전에 술과 노름을 하던 사람이 술을 끊고 흠 없는 삶을 살기 시작했고, 그 변화된 모습을 보고 감동하여 사람들이 교회로 찾아왔다. 평양에 인접한 강동군의 명문 가문 왕 씨가 교회로 찾아온 것이 대표적이었다.

그는 방탕한 생활을 했고 교인을 몹시 미워했다. 그런데 술과 노름을 하던 사람이 그런 것을 모두 끊고 흠 없는 삶을 사는 것을 보면서

---

16 찰스 번하이셀(Charles F. Bernheisel, 1874~1942)

종교가 한 사람의 삶을 완전히 바꾸어 놓을 수 있다는 사실을 발견하고 기독교에 관심을 갖게 되었다. 그리고 성령께서 그의 심령을 어루만지셔서 결국 기독교 신앙인이 되었다. 양반이라는 우월의식에 사로잡혀 살았던 그는 예수를 믿은 후 다른 사람을 형제처럼 여겼다. 평양의 이 같은 질적·양적 성장의 움직임은 부흥의 결과였다.

번하이셀이 '중대한 운동'이라 불렀던, 1905년 가을에 결성된 한국 복음주의 선교회 연합 공의회도 부흥의 산물이었다. 이 같은 영적 각성의 움직임은 장로교, 감리교를 초월하여 여러 곳에서 나타났으나, 특별히 서북 지역 평양 선교부가 주도했다. 평양 선교부의 영적 분위기는 번하이셀에게는 큰 도전이었다. 그레이엄 리, 블레어, 스왈른, 마펫, 헌트 등 부흥을 사모하는 이들과의 교류를 통해 번하이셀은 더욱 성령의 역사에 민감해졌다.

장대현교회, 남문밖교회, 사창골교회에서도 매일 집회를 했는데 산정현교회를 포함해 네 교회에서 한 주간에 얻은 결실은 무려 1,100명이었다. 일기에 기록된 번하이셀의 표현은 이렇다. "그래서 옛 도성 평양이 흔들렸는데 이는 전에 경험하지 못했던 것이었다." 1906년 1월 28일 첫 주일예배에 125명이 모여 예배드렸던 산정현교회가 '큰 교회'로 성장할 것 같은 예감이 들 정도였다. 2월 4일 자 번하이셀의 일기는 기대와 흥분으로 가득하다.

초창기 산정현교회는 불과 1년여 만에 출석인원이 300명을 넘었고, 1913년 한승곤 목사가 담임을 하게 되었을 때는 400~500명이 되었다. 1936년 주기철 목사가 마산 문창교회에서 올라와 6대 담임목사가 되었다. 1938년 장로교 총회가 신사참배를 가결한 후 주기철 목사는 모진 고문을 당하면서도 끝까지 순결하게 신앙을 지키다가 결국 1944년 순교했다. 순교 직전까지 주기철 목사를 뒷받침한 사람은 역시 번하이셀이었다. 주기철 목사가 구속되어 있던 기간에도 번하이셀은 산정현교회 강단을 지켰다. 이 업무 또한 매우 큰 위험을 감수해야 하는 일이었다. 일본 경찰은 그의 설교를 막기 위해 온갖 압박을 가했다. 그러나 그는 굴하지 않고 강단을 지켰다.

설교 직후 경찰에 소환되어 다시 설교하면 체포나 추방이라고 협박당했으나 번하이셀은 목자 잃은 교인들을 그냥 내버려 둘 수 없어서 설교를 계속했다. 사실 일본 경찰이 집요하게 그의 설교를 막으려 한 것은 산정현교회에 신사참배를 찬성하는 목사를 세우려 함임을 그는 알고 있었다. 교회를 절대로 일본의 손에 넘겨줄 수 없었기에 그는 끝까지 강단을 지켜냈다.

평양노회가 주기철 목사를 파면할 때 그는 끝까지 반대했고, 1940년 4월 평양노회의 전권위원이 산정현교회를 접수할 때도 그 현장을 끝까지 지켰다.

산정현교회가 우리 민족의 칠흑 같은 상황에서 소금과 빛의 사명을 감당할 때 산정현교회 성도들은 신사참배 반대 운동의 중심에 있었다. 주기철 목사를 비롯하여 여러 성도가 투옥되고 고문당하는 극심한 박해와 교회 폐쇄에도 끝까지 굴복하지 않고 순교 신앙의 보루가 되었다. 신사참배를 거부하고 신앙의 절개를 지킨 성도 중 주기철 목사, 최봉석 목사, 전상보 집사는 해방 전 일제의 잔악한 고문의 후유증으로 순교했다.

1939년 12월 19일 평양 남문밖교회에서 열린 제37회 평양노회 임시회. 긴 칼을 찬 일본 경찰들이 싸늘한 눈초리로 한 사람을 응시했다. 사복경찰까지 수십 명이 현장을 에워싸고 덩달아 위협적인 분위기를 연출했다. 개회 벽두에 노회장 최지화는 이날 회의의 목적이 신사참배를 거부하는 평양노회 산하의 유일한 교회, 바로 산정현교

---

15 찰스 번하이셀(Charles F. Bernheisel, 1874~1942)

회를 징계하기 위한 것임을 밝혔다. 각본을 짜놓은 듯 모든 절차가 일사분란했다. 일제의 신사참배 강요 정책에 이미 총회나 평양노회는 무너졌다. 산정현교회의 폐쇄와 주기철 목사를 비롯한 교회 지도자들에 대한 치리는 사실상 결정된 것이나 마찬가지였다.

그러나 현장의 삼엄함에 맞서 반기를 든 사람이 있었는데, 바로 미국 북장로교 파견으로 40년 가까이 한국에 머물고 있던 번하이셀 선교사였다. 일제는 임시회를 앞두고 노회에서 내리는 결정에 반대하지 말 것을 노골적으로 지시하며, 이에 불응할 경우 어떤 대가를 치르게 될 것인지 협박하기도 했다. 그러나 일제의 엄청난 위세조차 번하이셀의 소신을 막을 수 없었다.

65세 고령의 미국인 선교사 번하이셀은 자리에서 벌떡 일어나 외쳤다.

"여기는 노회 석상입니다. 무슨 일이든 처리할 때는 교회법을 따라야 합니다. 정치 제2장 7조를 보십시오. 우리는 교인들의 양심을 구속하는 어떤 재판도 해서는 안 됩니다. 작년 총회의 신사참배 결의도 많은 총대의 양심을 억누르고 결정한 것입니다."

그러나 어쩌면 이것이 한국에서의 마지막 사명일지도 모른다는 생각으로 용감하게 시작된 번하이셀의 발언이 채 끝나기도 전에 일본 경찰들은 결국 그를 끌어내고는 경찰서로 연행했다. 그러나 이것이 처음 있는 일도 아니었다. 1906년 산정현교회 초대 담임목사로 부임하면서 그의 여정은 돌이킬 수 없는 것이 되었다. 3·1 독립운동과 신사참배 반대 운동 등 한국교회와 민족사가 만나는 역사적인 순간마다 어김없이 산정현교회가 그 중심에 있었고, 그 곁에는 번하이셀이 늘 함께했다.

작은 당나귀를 타고 전도하러 다닌 소탈함, 강단과 교탁에 서서 바른 신앙과 신학의 길을 준엄하게 설파하는 실력을 겸비한 이 열정의 선교사를 사람들은 존경했다. 그런 이들을 외면하지 못하고 많은 위협을 감수해야 했던 번하이셀의 안타까운 속내는 임시노회 사건이 있고 열흘이 지난 후 동료에게 보낸 편지에서 절절히 드러났다.

> "내가 좀더 많은 일을 할 수 있는 날이 오기를 기대합니다만, 일을 하지 못하게 제한받을지도 모릅니다. 나는 교회에 대한 책임감을 느끼고 있습니다. 곤경에 처한 교회, 특히 목사와 전도사가 모두 감옥에 있는 상태에서 교인들을 버려둘 수 없습니다. 일본은 어떻게든 나와 교회의 관계를 끊으려고 하는데 그렇게 된다면…."

안타깝게도 번하이셀의 슬픈 예감은 틀리지 않았고, 그는 그로부터 2년 후 쫓기듯 한국 땅을 떠났다. 그렇다면 심지어 미국으로 돌아간 번하이셀은 패배한 것일까? 아니다. 결국 패망한 것은 일본 제국과 그편에 서서 추한 행위를 마다하지 않았던 교권주의자들이었고, 번하이셀이 혼신의 힘을 다해 지키려고 했던 산정현교회와 순교자들은 아름다운 명성을 두고두고 떨치는 승리자가 되었다. 그가 한국에서 심고 키워낸 영적인 후손들은 '선교사 번하이셀의 가문'으로 지금껏 번창하고 있다.

특히 방계성 전도사, 이기선 목사, 김철훈 목사, 정일선 목사, 오윤선 장로, 유계준 장로, 조만식 장로, 백인숙 전도사 등은 일제의 신사참배 강요에 맞섰던 것처럼 이후 공산당의 탄압 앞에서도 신앙을 지키며 순교자의 길을 갔다.

또한 산정현교회에는 우리나라와 민족을 사랑해 사명을 감당한 많은 믿음의 선진이 있었다. 3·1 독립운동 당시 산정현교회의 담임

16 찰스 번하이셀(Charles F. Bernheisel, 1874~1942)

이었던 강규찬 목사와 조만식 장로는 3·1 독립운동을 주도한 혐의로 수감되었다. 이들은 물산장려운동 등 기독교 정신을 바탕으로 민족운동에 앞장섰다. 장기려 장로는 6·25 전쟁으로 피폐해진 사람들에게 예수 그리스도의 사랑으로 의술을 베풀어 한국의 슈바이처라 불릴 정도로 오늘날까지 많은 사람에게 귀감이 되고 있다. 이 외에도 산정현교회는 한국 기독교 역사의 맥을 잇는 교회로 소중한 신앙의 전통과 역사를 간직했다.

번하이셀이 미국으로 돌아간 후 남긴 유품들은 딸 헬렌이 보관하다가, 평소 가깝게 지내던 백한원 장로를 통해 장로회신학대학교에 기증했다. 이 중 일부 기록이 주기철 목사 기념사업회의 후원을 받아 《번하이셀의 선교일기》라는 제목의 책으로 세상에 나왔다.

번하이셀은 초기 장로교 교육기관에 관여했다. 1903년에는 장로회신학교에서 가르쳤다. 그는 자신이 수학과 성경 지리학을 강의했다고 기록했다.

1912년부터는 평양 숭실학교에서 가르쳤고, 그의 선교 사역 후기인 1930년대에는 평양 외국인학교 교장으로 봉직했다. 그때는 선교사들이 교회 일선에서 기관으로 물러나던 때였으므로 그도 기관 선교를 했다.

그는 1942년 일제가 한국 선교사 전원을 추방할 때 미국으로 돌아갔다. 그리고 1958년 84세를 일기로 고향 인디애나주 인디애나폴리스에서 영면했다. 그에게는 1908년 평양에서 출생한 아들 찰스와 1913년 출생한 딸 헬렌이 있었다.

번하이셀 목사의 일기는 당시 선교사들의 1년간의 선교 사역 과정을 잘 보여 주고 있다. 그는 연초에 있었던 훈련 신학반 개교에서 시작해 단 한 사람의 입교인이 있어도 학습 문답을 위하여 수십 리의 길을 마다하지 않는 그야말로 선교사의 사역을 감당했다. 여름 휴가를 빼면 계속 선교 구역을 순회했고 선교의 1차 목표인 회심과 교육에 힘썼다.

그의 이러한 순회 전도는 사역 초기의 대부분을 차지했다. 그는 이 사역을 무척 좋아했으며, 그의 일기에는 이 강행군의 순회 전도가 즐겁게 묘사되어 있다. 이 순회 전도는 전도 지역에 대한 사전 연구를 잘 해서 수행했고, 그 기간 동안 할 일과 필요한 것을 철저하게 준비했다.

그는 평양신학교, 숭실학교 등이 개교함에 따라 거기에서도 가르치게 되었으나, 그것은 주어진 순회 선교 및 교회 돌봄을 전제로 한 교육이었다. 우리는 여기서 번하이셀 목사를 통하여 선교사의 정체성을 유지하도록 하는 중요한 사역인 전도와 신자의 양육 그리고 교육의 의미를 되새기게 된다. 모든 교육은 전도하기 위한 것이다.

번하이셀을 포함한 모든 선교사는 순회 선교를 통한 복음 전도를 첫째 사명으로 알았고, 또 그들의 활동 역시 순회 선교와 교리문답 그리고 교회 돌보는 일을 강조했다. 그러나 그 선교의 활성화를 위하여 교인을 교육할 필요성을 느꼈고, 이러한 지도자 양성을 목표로 기독교 학교를 설립했다. 번하이셀은 순회 전도의 즐거움을 만끽하는 탁월한 선교사였으나, 아울러 그는 지도자 양성을 위한 신학 교육, 기독교 교육도 열심히 했다.

초기 장로교 선교부가 신학 교육을 한 동기는 전도였다. 초기 한국교회에서는 권서인, 매서인의 역할이 중요했다. 1890년 언더우드의 사택에서 7인의 한국인에게 성경을 교육하기 시작한 것이 그 효시였다. 여기서 초기 권서인들과 전도부인들의 성경 교육이 시작됐다. 1897년 평양에만 5개 반의 사경회가 있었다. 남자 105명, 여자

60명이 참석했고, 이와 비슷한 규모의 사경회가 선천, 재령, 강계 등 북부 지역으로 확장되었다. 선교 초기였는데도 장로 교인의 사경회 참석 비율이 60%를 넘었고, 이러한 호응에 힘입어 장로교의 신학 교육이 태동했다.

1891년 북장로교 선교부는 한국에서의 신학 교육의 필요성을 제기했고, 몇 가지 원칙으로 선교 사역에 적합한 인물을 선정하여 신학반에서 교육한 후 신학교 교육으로 이행할 것을 결정했다. 한국에서의 구체적인 신학 교육의 계획은 레이놀즈 선교사가 수립했다. 레이놀즈는 신학 교육의 목표로 삼자 원칙에 근거한 자립(自立), 자치(自治), 자전(自傳)을 고수했고 영적 체험과 기독교 진리에 투철한 사역자 양성을 다짐했다.

1901년 개교한 평양신학교는 2명의 학생으로 교육을 시작했다. 신학 교육 기간은 5년이었고 매년 3개월씩 교육했다. 본격적인 교육은 한국 최초의 장로교 목사가 된 7명의 학생이 들어온 1903년부터 시작되었다. 처음 교수는 마펫, 베어드, 스왈른, 리, 번하이셀이었다. 1903년 정식으로 개교할 때 교과목은 마펫이 신학 일반과 소요리문답, 베어드가 구원론, 스왈른이 유대 사기, 그레이엄 리가 목회학, 헌트가 마태복음과 교회사, 번하이셀과 스왈른이 모세오경을 강의했고, 번하이셀은 수학도 가르쳤다.

평양 숭실학교도 1894년 널다리교회에서 마펫 선교사가 교사 이영언을 고용하여 사숙으로 시작되었다. 그것이 1897년 10월 베어드의 사택에서 13명의 학생으로 발전한 것이 숭실학교의 기원이었다. 초대 교장으로 배위량, 한국인 교사로 박자중이 취임했다. '숭실(崇實)'이란 이름은 실학(實學)을 계승하는 뜻에서 박자중이 지었다. 숭실학교는 1900년부터 5년 과정의 중등교육으로 자리 잡았고 선교사들이 가르쳤다.

번하이셀은 평양 외국인학교에서도 활동했다. 평양 외국인학교는 한국에서 많은 선교사가 활동했기에 이들의 자녀를 교육하는 기관으로 생겨났다. 원래 평양의 베어드 부인이 1899년 자택에서 자모회 모임을 시작한 것이 이듬해인 1900년 6월 마펫의 사택에서 6명의 어린이를 가르치게 되었다.

처음에는 초등 과정만 있었는데 1903년 고등 과정을 증설하고, 1914년에는 기숙사를 개설했다. 한국에 내한 선교사가 증가함으로 1935년에는 425명이 재학했다. 평양 외국인학교 규모가 주변에서는 가장 컸으므로 중국과 일본의 선교사 자녀들도 이곳에서 공부했다.

번하이셀은 선교 후반기인 1930년부터 교장으로 외국인학교에 재직하면서 2년간 가르쳤다. 그는 가끔 자신이 관련된 기독교 학교의 현황, 새로운 변동 사항이나 신설 학교를 알리려고 선교 잡지에 글을 기고하기도 했다. 초창기 선교사로 다양한 교육기관과 관련된 교육에 대한 관심은 자연스러웠다.

번하이셀의 일기는 1906년 5월에 끝나고 1907년 3월에 다시 시작해 중요한 1907년 부흥 운동의 상세한 기록은 없다. 다만 그 현장에 있었기에 성령의 사역이 얼마나 놀라웠는지가 요약되어 있다. 그리고 5년 후인 1912년에 한국의 부흥 운동에 관한 소책자를 남겼다. 한편 1907년 3월 다시 일기를 쓰기 시작하면서 1906년 여름부터 1907년 초까지의 이야기를 회고했다.

1906년 7월 그는 선천에서 휴가를 보냈고, 8월 마지막 주간에 평양에서 사경회가 있었다. 원산에서 온 하디 의사가 참석했고, 그때 참석자 모두가 큰 은혜를 받았다. 그 후 서울에 가서 회의에 참석했다. 그 모임은 주로 존스턴(Howard Agnew Johnston) 박사가 인도했다.

모두에게 유익한 경험이었다고 그는 회고했다. 그는 다음 해에 일어난 일도 일기에 요약했다.

"이듬해인 1907년 1월 2일 여느 해처럼 겨울 훈련반이 열렸고 선교사들 모두가 거기에 몰두했다. 그리고 그다음 주 6일부터 15일까지 영성 강화와 성령 충만을 위한 저녁 집회가 열렸다. 그곳에서 여태까지 말로만 듣던 광경들을 보았다. 성령이 청중을 사로잡아 사람들이 죄를 통회 자복했다. 모두 큰 은혜를 받고 집으로 돌아가 받은 은혜를 시골에 전하여 같은 광경들이 반복되었다. 최근 서울의 소식에 의하면 그곳에서는 더 큰 축복을 받았다고 한다."

"2월 첫째 주, 스왈른이 나와 같이 자산에 갔다. 그곳에서 한 주간 성경학교를 열고 비슷한 광경을 목격했다. 그때 이후로 도시 사람 수백 명이 교회로 모였다. 2월 26일, 그레이엄 리 목사와 함께 성경을 공부하러 황주에 갔다. 유익한 수업이었고 성령님의 지배하심이 분명했다. 3월 4일에 돌아왔다. 휘트모어와 컨도 도착하여 잘못을 고백했다. 컨의 고백은 끔찍했고 아마도 선교회에서 사직하게 될 것 같았다. 우리는 그 일로 모두 마음이 아팠다."

번하이셀은 그 후에도 부흥 운동의 여파가 놀라운 영향을 미치는 것을 목격한 대로 기록했다. 그는 3월 9일부터 선천읍에서 한 주간을 보냈다. 한국인 조사 안 씨와 정 씨가 이곳에서 한 주간 성경학교를 열었고 모두에게 큰 은혜가 되었다. 감리교 신자들이 많이 참석했는데 두 교회가 합하기를 원해 감리교 선교사 모리스에게 조언을 구했다. 그는 교인들이 장로교와 합하기를 원하면 그렇게 하라고 했다.

번하이셀이 이 사실을 저녁 집회에서 발표했고 기쁨의 물결이 모두를 휩쓸었다. 다음 날 연합예배를 드렸는데 교회가 너무 좁았다. 그래서 남자들은 장로교회당, 여자들은 감리교회당에 모이게 했다. 이어 새로운 예배당을 계획했다. 번하이셀은 부흥 운동의 영향으로 교파가 다른 두 교회가 기쁨으로 하나로 합쳐지는 기이한 일을 보았다.

"3월 15일, 덕천읍을 순회했다. 최근에 있던 성경 공부에서 그곳 사람들이 큰 은혜를 받았다. 성경책이 많이 필요했는데 거기는 평양에서 너무 멀었다. 저녁 예배가 끝날 무렵 네 사람이 일어서서 기독교인이 되겠다고 고백했다. 3월 18일 방문한 영원골교회도 최근에 성경학교를 열고 큰 은혜를 받았다. 모두가 행복해했다.

지난주에는 매일 밤 모여 전도를 위해 기도했다. 75명이 참석하여 예배를 드렸고, 그중 네 명이 일어서서 기독교인이 되겠다고 고백했다. 18명이 학습을 받았다."

그의 일기는 부흥 운동 이후 교회가 급속도로 성장하는 현장의 모습을 잘 보여 주고 있다.

부흥 운동을 통해 받은 성령의 감동은 번하이셀에게 긍정적이며 밝은 선교 전망을 갖게 해주었다.

"5월 12일 주일이었다. 이 예배에는 백 명도 넘게 모였다. 6명에게 세례를 베풀고 4명을 학습 교인으로 받았다. 저녁에 평양에서 온 사람에게 설교를 부탁했다. 아름다운 날이었다."

"5월 13일, 강을 따라 20리를 내려와 마다니에 이르렀다. 37명이 교적에 올라 있다. 명부에는 15명밖에 없는데 대부분 초신자들이었다. 전망이 밝다."

16 찰스 번하이셀(Charles F. Bernheisel, 1874~1942)

선교 초기 그의 일기 마지막 날짜는 1907년 5월 13일이었다. 여기서 그는 '선교의 전망이 밝다'(Bright prospect for this place)라고 기록했다. 그의 사도행전적 일기는 한국교회에 대한 밝은 전망으로 가득했다.

그로부터 5년 후 그는 《한국에서 재형성된 사도적 교회》라는 작은 책을 출간했다. 여기서 그는 자신이 경험한 평양의 대부흥 운동을 사도적 교회가 한국에서 재현된 것으로 보았다.

"사도 교회 최대의 사건은 오순절이었다. 제자들이 실의와 낙담에 빠졌을 때 부활하신 주님이 그들에게 새 힘을 주시고 순결하게 하셨고, 또 권능과 열정을 가득 채워 주셨다. 그런데 한국교회가 그 오순절을 소유했다. 그것은 1907년 1월에 나타났으며, 그 후 약 8개월간 이 땅 구석구석을 휩쓸고 다녔다. 그것은 교회의 불순성을 정화하고 기독교인의 죄의식을 일깨워 하나님의 용서를 체험하게 했으며, 그들이 결코 겪어 본 적이 없는 성화의 능력을 가져왔다."

번하이셀은 한국교회 부흥 운동이 사도 시대의 오순절 운동이 재현된 것으로 보았다. 그는 1905년 미국의 아주사(Azusa) 거리에서 일어난 오순절 운동을 말한 것이 아니다. 미국의 오순절 운동은 웨슬리안 성결 운동의 연장선에서 일어난 현대적 기독교 운동이었다. 그것은 웨슬리의 성결론에 기초했고, 흑인 목사 시무어는 그 신학을 자각해서 성령의 증거로 방언을 강조했으며, 그 결과 방언은 현대 오순절 운동의 상징이었다. 그러나 번하이셀은 한국에서 일어난 부흥 운동을 현대 기독교 운동의 일부로 그 신학적·역사적 뿌리를 연구하지 않았다. 오히려 평양 부흥 운동을 단순히 사도행전 교회의 재형성으로 이해했다. 그만큼 그에게 평양 대부흥 운동의 영향은 절대적이고 강렬했다.

번하이셀 선교사는 한국교회 최고의 부흥사로 영계 길선주 목사를 꼽았다. 위대한 설교자이자 복음 전도자, 그것이 바로 길선주 목사의 모습이었다. 그 길선주 목사가 소천한 1936년, 번하이셀은 그를 회고하며 애도하는 글을 썼다. 번하이셀은 길선주를 잃은 것이 한국교회에 얼마나 큰 손실인지 알 수 없으며 설교자이자 전도자로서 길선주는 한국에서 최고라고 했다. 길선주를 가까이에서 보며 알고 지냈던 그는 또 길선주가 어떤 배경에서 신앙에 입문했는지 소상히 밝혀 주고, 약국을 차려 큰돈을 벌고 있던 길선주가 하루 6원 노동자의 품삯을 받으며 복음 전도자의 삶을 시작한 것을 알렸다.

1903년도 평양신학교에 입학한 것, 1907년 대부흥 운동의 중심에 선 것, 동료 박치록과 함께 한국교회 새벽기도를 시작한 것을 알려주었을 뿐 아니라, 특히 길선주가 성경을 열심히 읽고 창세기부터 말라기까지 30회, 창세기부터 에스더까지는 500회 이상, 신약성경은 100회 이상, 요한계시록은 만 회 이상 읽음으로 이를 완전히 암송했다고 회고했다. 아울러 1919년 3·1 독립운동에 참여한 독립운동가로 그 후 겪은 옥중 3년과 그 기간에도 철저한 전도자였던 길선주를 소개했다.

1929년 길선주가 안동 부흥회에서 종말론을 설교하자, 이를 시국 위협으로 간주한 경찰이 길선주 목사를 체포해 20일간 구류했다. 또 한 번은 원산에서 부흥회를 인도하는데 30명의 불량배가 교회에 난입하여 길선주 목사를 방해했으나 결국 그 어떤 힘도 그의 전도 열정을 꺾지 못했다. 1900년경 시력을 잃어 의료 선교사 휘팅(Whiting)의 수술로 겨우 시력은 회복했으나, 다른 사람의 도움 없이

16 찰스 번하이셀(Charles F. Bernheisel, 1874~1942)

는 원거리를 갈 수 없는 장애가 생겼음에도 길선주는 열정적 복음 전도자였다.

길선주는 35년간 13,360회의 설교를 했다. 그가 집회를 하면 하루에 최소 세 번 설교하고, 두 시간 동안 성경을 가르쳤다. 그는 한국 전역을 35회 순회하면서 설교했다. 그러다 1936년 11월 25일 평서노회에서 설교하던 중 쓰러졌고, 다음 날 오전 천국으로 갔다. 그의 장례식은 평양의 연합 기독교 대학에서 수천 명의 애도 속에 거행되었다. 번하이셀은 길선주를 추모하는 글의 마지막에 이렇게 썼다.

"우리는 교회를 세우고 인도하기 위해 주께서 세우신 길선주와 같은 헌신적이고 유능한 추종자들이 많이 나타나기를 기도한다."

번하이셀 선교사는 1936년 이후 〈신학지남〉(神學指南)에 많은 논문을 발표했다. 한국 선교 36년을 넘어선 노 선교사는 이제 은퇴를 앞두고 여러 편의 글을 썼다. 1936년 이전에는 두 편의 글을 기고했는데 영혼 불멸설과 부흥목사 사역에 관한 권고였다.

1936년 11월 그는 "교회의 신앙규율"이란 성경론에 관한 글을 기고했다. 거기서 기독교의 신앙규율은 신구약 성경이며, 참된 신앙을 가진 사람은 이 말씀에 순종한다고 말했다. 이 성경은 참된 하나님의 교회임을 나타내는 시금석이라고 강조했다. 그는 이렇게 썼다. "이 성경은 진실하신 하나님의 말씀으로 무오(無誤)하다. 따라서 성경에 오류가 있다는 것은 그리스도를 부인하는 것이다."

아울러 천주교는 유전 즉 전통을 권위 혹은 규율의 근거로 강조하나 바울과 베드로조차 이 유전을 비판했음을 상기시켰다. 천주교의 '하나님을 공경함으로 우리는 반드시 선조의 유전대로 할 것이며, 또 성경에 없는 것도 순종하는 신앙심으로 따라야 한다'라는 주장을 강력하게 비판했다. 성경이 승인하는 유전은 오직 하나, 예수 그리스도의 복음 즉 성경뿐이라고 말했다.

1937년 1월호에 실린 두 편의 논설 중 하나는 "사도직의 계승"이고, 다른 하나는 "교황 제도의 분해"였다. 이 두 편의 글은 한 가지 목적을 가진 것으로 보이는데, 그것은 교황제를 비판하는 것이었다. 우선 사도란 직분은 예수께서 파송하신 사도들이 사라지면서 없어졌다고 했다. 그리고 사도직을 이어 나타난 교회의 직분은 목사, 장로, 교사, 전도인이라고 강조했다.

번하이셀의 논조는 종교개혁가를 방불케 하는 정연함과 활력으로 가득 차 있었다. 그는 자신이 서 있는 종교개혁 신앙과 복음주의 성경 중심 사상을 고수하고 이를 역사적·성경적으로 입증했다.

1937년 7월에 쓴 "천주교회의 내세관"은 연옥설에 대한 비판이었다. 그는 기독교의 사후세계 이해 중 천주교의 연옥설을 허황한 이론이라고 논박했다. 그 이유는 먼저 연옥의 교리는 성경에 없으며, 연옥의 교리는 예수 그리스도의 사죄 능력을 불완전한 것으로 만들기 때문이라고 했다.

더불어 그는 사제 독신주의를 비판했다. 성경이 말하는 거룩함은 사람의 영혼이 성령의 세례를 통해 정화되는 것이지, 어떤 외적인 조건들 예를 들면 독신이나 결혼 생활 등과 관련되지 않는다고 했다. 이는 성경에 배치된 서약으로 성자를 만들 수 없고, 유아의 서약을 부모가 하는 것은 아이의 의사를 무시한 것이므로 무효하다고 말했다. 또한 수도원에 입회한 자에게 파혼을 허락하는 행위, 걸식하는 자를 성자라 부르는 행위, 독신을 서약한 사제의 혼인을 간음 행위보다 무거운 죄로 취급하는 행위 등을 비판했다. 그러면서 강제된 사제 독신 제도의 폐해를 지적했다.

8월에 쓴 글 "천주교회의 순례, 분향, 염주, 유물"에서는 천주교회의 풍습을 비평했다. 그는 순례를 구원과 관련시킨 점에서 천주교의 순례를 비판했다. 구원은 회개와 신앙에 달려 있지, 순례와 같은 외적 행위로 인한 것이 아니라고 지적했다. 분향도 성경에 근거하지 않았을 뿐 아니라 고대 근동의 이교 행위에서 유래했다고 밝혔다. 성수 제도 역시 이교도 제의에서 빌려 온 것이요, 염주는 이미 불교에서 사용하던 것이고, 유물 숭배는 우선 그 유물이 진정한 역사적 검증을 거치지 않은 미확인된 것들이고, 그 물건 자체에 어떤 신비적인 힘이 있다고 믿는 것은 미신적이요 성경적 신앙을 저해한다고 비판했다.

1938년 1월과 3월에 발표한 논설은 교회론 부분을 보완했다. 그는 교회의 유일한 머리는 예수 그리스도라고 말했다. 그리고 이번 논문에서는 교회와 국가의 관계도 다뤘다.

그는 천주교에서 국가는 교회 권력 아래 있고 군주는 교황 아래에 있는 것으로 주장하고 있다며, 이는 성경의 본뜻과 다르다고 말했다. 그는 역대 교황 중 세속 권력 위에 군림하려고 한 그레고리 7세부터 바울 4세까지의 교황들의 중요한 정치적 주장을 요약하며 이들의 주장이 비성경적 주장이었다고 비판했다.

1938년 3월에 기고한 "신앙의 자유"에서는 신앙의 자유에 대한 천주교의 오해와 근본 입장을 설명하며 신앙은 본질에서 개인 양심의 자유에 근거한다고 말했다. 그리고 경정 교회(更正 敎會)는 신앙의 자유의 투사였다고 했다. 종교개혁이 성취한 가장 큰 성과는 신앙의 자유와 시민권 이 두 가지였다고 서술하면서, 중세의 종교재판소와 개인의 신앙의 자유를 압박한 사실은 교황권의 무오성이라는 사상의 절대화라며 비판했다.

한편 오늘날 장례식과 추도식에서 널리 부르는 찬송가 606장 "해보다 더 밝은 저 천국"의 가사는 번하이셀이 우리말로 최초로 번역한 것이다. 회의 때 쓰이는 고퇴(의사봉)도 그가 처음 사용했다.

번하이셀은 예수 그리스도의 복음을 통한 범세계적 구원이라는 원대한 비전을 가슴에 안고 한국에 왔다. 도착한 그해부터 시작된 광범위한 순회 전도와 그의 일기에 나타난 사역은, 그 세계적 구원의 일부를 발로 걸어서 실현한 굳건한 전도자의 모습을 보여 준다. 마치 사도 시대를 방불케 하는 순회 전도였다. 그리고 그는 이 구령 사업을 심화하고 촉진하고 뒷받침하며 한국인의 신앙 지도력을 강화하기 위한 기독교 교육에도 지속적인 관심을 갖고 참여했다.

특히 그는 1907년 평양 대부흥 운동을 체험하면서 그때 일어난 폭발적인 성령의 역사를 보았고, 그중 한국교회에 재현된 사도행전 교회의 모습을 보았다. 이는 그의 선교에 박차를 가하는 중요한 동기가 되었다. 그리고 그것은 산정현교회의 초기 역사에서 나타났다. 그는 산정현교회의 주기철 목사와 한국교회에 일어난 마지막 비극에도 끝까지 동참했다. 그 과정에서 그는 자신의 신학을 정립했다. 종교개혁 사상가이자 복음주의자로 오직 성경과 그리스도를 교회의 유일한 기반이요 권위로 놓는 변증적 사상을 수립했다.

그의 헌신과 열정은 오늘 한국교회의 놀라운 번영의 토대가 무엇인지를 확연하게 보여 준다. 또한 그의 사역과 사상은 기독교가 역사 안에서 존재하게 하는 주권의 동력이 어디에 있는지를 분명하게 알려 준다.

실로 번하이셀은 종교개혁 신학에 기초한 신학자이자 전도자로서 예수의 뒤를 확실하게 따른 신실한 선교사였다.

17
윌리엄 베어드
(William M. Baird, 1862~1931)

윌리엄 베어드[William M. Baird, 배위량(裵緯良), 1862~1931] 선교사의 집안은 1600년경 북아일랜드로 건너온 스코틀랜드 출신이었다. 이들이 북아메리카로 이주한 때는 200여 년 후인 19세기 초엽이었다. 베어드의 할아버지인 존 베어드(John Baird)는 1810년 북아일랜드의 런던데리(Londonderry)을 떠나 신대륙 필라델피아에 정착했다. 스코틀랜드 출신답게 독실한 장로교도였으며, 또한 아일랜드 출신답게 방직과 직조에 대한 고도의 기술을 가지고 있었다. 그의 가족은 1818년 다시 필라델피아를 떠나 테네시, 오하이오, 켄터키 등을 거쳐 1843년 인디애나의 차알스 타운 근교 클라크 카운티에 정착할 때까지, 그리고 그 이후로도 섬유와 직조에 관련된 사업을 가업으로 삼았고, 힘든 초기 이민 생활에서도 장로교의 신앙 전통을 부단히 유지했다.

베어드의 부친 조 마틴 베어드는 충분한 교육을 받은 의사였고, 농장 경영과 직조업에도 깊은 관심과 조예가 있는 인물이었다. 동시에 그는 그 지방 장로교회의 핵심 인물로서 지역과 가계의 신앙생활을 이끌었다. 그렇기는 해도 베어드가 유년기에 받은 엄격한 청교도적 생활과 신앙 훈련은 모친 낸시 패리스 베어드(Nancy F. Baird)의 영향이 컸다.

베어드의 외할아버지 존 패리스(John Faris)는 스코틀랜드 출신으로 확고한 노예제 반대론자였다. 그래서 군대에 투신하여 장교(대위)로 복무하기도 했다. 그의 딸 낸시 패리스는 베어드 가에 출가한 이후에도 엄격한 스코틀랜드 장로교파의 신조로 자녀들의 교육과 종교적 훈련 및 독립적 인격 형성에 남달리 정성을 쏟았다.

베어드가 의사였던 그의 부친에게서 자연과학, 특히 생물학과 천문학에 대한 깊은 관심을 물려받았다면, 그의 변함없는 삶의 특징이 된 청교도적인 신앙과 인격 그리고 경건한 생활 태도는 일찍이 그의 유년 시절부터 모친의 적극적인 배려로 다져진 것이었다.

비교적 유복했던 유년 시절은 오랜 가업이었던 직조공장이 문을 닫으면서 끝났다. 그것은 베어드가 좀더 본격적으로 학업에 몰두하

17 윌리엄 베어드(William M. Baird, 1862~1931)

고 자립적인 삶을 개척하게 했다. 베어드는 하노버 대학의 예비학교 1년과 학부 과정 4년, 그리고 시카고의 매코믹 신학교 3년 교육 과정을 밟는 동안 일하며 스스로 학비를 해결했다. 물론 당시 하노버 대학의 교수로 재직하고 있던 맏형 존 패리스 베어드(John Faris Baird)의 도움을 받기도 했다. 그러나 베어드는 형에게 어떠한 도움도 거저 받으려 하지 않았다. 학창 시절 가족에게 받은 조그만 도움조차 부채로 생각하고 이를 갚았다는 사실은 베어드의 인품, 즉 그의 청교도적 결벽성을 잘 보여 준다.

하노버 대학과 매코믹 신학교에서의 생활은 베어드의 삶의 방향을 결정했다. 먼저 그는 하노버 대학에서 장래의 배필인 애니 로리 애덤스(Annie Laurie Adams)를 만났다. 이 학창 시절에 두 사람이 과연 어느 정도로 신앙과 정서를 공유했는지는 알 수 없다. 다만 당시 애니 애덤스의 일기장에는 그녀가 이 시기에 베어드를 두어 번 만난 적이 있고, 그는 "조용하고 다소 근엄한 편"이었다고 기록되어 있다.

아마도 베어드가 진지한 종교적 그룹의 일원이었던 데 비해, 매우 유복한 가정 출신이었던 애니는 쾌활하고 사교적인 대학 생활을 영위했던 것 같다. 그래도 교정에서 이루어진 이들의 교우는 장차 두 사람의 운명을 결정했다. 대학을 졸업한 후 YMCA 일에 참여했던 애니 애덤스는 다시 베어드와 만나 함께 헌신의 삶을 살았다.

한편 베어드는 대학을 마친 다음 곧장 매코믹 신학교에 진학했다. 그런데 시카고 지역과 매코믹 신학교는 1870년대와 1880년대에 걸쳐 북미 기독교인들에게 대단한 영향을 미쳤던 무디가 주도한 복음주의 운동의 중심지였다. 고집스러운 청교도였던 베어드가 무디가 이끈 이 성경적 생활 실천 운동 및 복음주의적 경건 운동에 깊은 감화를 받은 것은 오히려 당연한 일이었다.

베어드는 이곳에서 일평생 존경과 애정을 지니게 되는 사무엘 마펫(Samuel Moffett)을 급우로 만났는데, 무디 성경 운동에 동참했던 이들은 마침내 일생을 함께 아시아 선교 특히 조선인들을 위해 헌신하기로 결단하고 조선 선교사로 자원하였다.

그가 조선에 선교사로 지망하게 된 동기는 좀 특별했다. 1901년 평양 주재 선교사였던 스왈른(William L. Swallen) 선교사가 안식년으로 모교 매코믹 신학교를 방문했다. 당시 베어드는 신학교 4학년생으로 졸업을 앞두고 있었다. 어느 월요일 저녁 스왈른이 학생들 앞에서 선교에 대한 특강을 했는데 특별한 감흥은 없었다. 그런데 그날 밤 자정에 스왈른 선교사가 베어드의 숙소에 찾아왔다. 그러고는 "조선에 가보지 않겠는가?" 하고 권했다. 베어드는 여러 가지 이유가 있어 거절했으나 한 가지 조건을 걸었다. 인생의 반려자인 애덤스가 허락하면 그렇게 하겠다는 것이었다. 그런데 그녀는 베어드의 생각에 동의해 주었고, 결국 조선 선교사로 내한하게 되었다.

신학교를 졸업한 다음 마펫은 본인의 희망에 따라 미국 장로교 선교부에 의해 조선 선교사로 파송되었다. 그러나 베어드는 선교사로 떠나기에 앞서 학창 시절 입은 형의 도움 가운데 스스로 기록해 놓은 재정의 부채를 반드시 먼저 갚아야 한다고 고집했다. 그리하여 그는 많은 사람의 만류에도 미주리 및 콜로라도의 델 노르트(Del Norte)에서 목회자로 사역했다. 특히 델 노르트에서는 자신이 담임한 교회의 부속 기관이었던 델 노르트 학교(Del Norte College)의 교장으로도 일했다. 소수민족 출신의 가난한 젊은이들을 가르쳤던 이 경험은 돌이켜 보면 베어드가 한국의 평양에서 얻게 된 애칭 '배 교장'을 연상시킨다. 그것은 분명 앞으로의 교육자 베어드에게 의미 있는 준비 과정이었다.

1? 윌리엄 베어드(William M. Baird, 1862~1931)

2년 남짓한 이 초기 목회 생활은 베어드의 사람 됨됨이를 드러낸다는 점에서도 무척 흥미롭다. 사실 그는 이 시기에 소기의 목표를 달성할 수 없었다. 가난한 초년의 목회 생활로는 기대했던 만큼 저축할 수 없었기 때문이다.

　1889년 말, 조선으로의 출발을 더 늦출 수 없다고 판단한 베어드는 결국 그때까지 저축한 것을 형 존 베어드에게 보내면서 부족한 금액을 가능한 한 빠른 시일 내로 갚겠다고 약속했고, 궁핍했던 1890년대 초 부산 지역의 선교사 시절에 나머지 금액을 송금하면서 이 약속을 고집스럽게 지켰다. 베어드의 이 행위는 검약과 청빈 그리고 경건의 실천이라는 청교도의 전형을 그가 매우 엄격하게 그리고 철저히 추구했음을 웅변하고 있다.

　1890년 미국 장로교 해외선교부는 베어드와 마펫의 요청을 받아들여 베어드를 조선 선교사로 공식 승인했다. 이에 베어드는 조금도 머뭇거리지 않고 그해 11월 애니 애덤스와 결혼식을 한 그날 자신의 임지를 향한 긴 여정을 떠났다. 비좁고 불결하고 위험한 작은 목선에 몸을 싣고 태평양을 횡단한 베어드 부부는 그해 12월 25일 하와이의 호놀룰루에 정박했으며, 이듬해 1월 8일에는 일본의 요코하마에 도착했다. 조선으로 가는 유일한 증기선이 1월 25일 고베항을 출발하도록 예정되어 있어, 젊은 선교사 부부는 일본에 머무는 약 보름 동안 도쿄와 교토를 다니면서 처음 밟는 동양 땅의 사회와 문화에 대한 약간의 적응 기간을 갖기도 했다.

　요코하마를 떠난 베어드 부부가 마침내 조선의 인천 부두에 도착한 것은 1891년 2월 1일 일요일 저녁이었다. 미리 연락받은 마펫 일행이 인천으로 나왔으며, 손수레와 우마차에 몸과 짐을 실은 이들 일행은 그다음 날인 2월 2일 월요일 저녁 서울에 도착했다. 신혼여행을 2개월에 걸쳐 조선으로 가는 거칠고 생소한 여정으로 대신한 베어드 부부는 이제 본격적으로 미답의 신천지에서 새롭고 도전적인 선교 사역을 시작하였다.

베어드 부부가 동참함으로 당시 서울의 선교사는 9명으로 늘어났는데, 이것을 계기로 열린 선교사들의 연례 정기 모임에서는 서둘러 부산에 선교지부를 설립하기로 하고 이 일을 베어드 부부가 맡도록 결의했다. 베어드가 2월 중순 부산 지방을 처음 둘러본 것도 이러한 결정에 따른 것이었다.

1차 부산 지방 여행은 그에게 한 가지 중요한 사실을 깨닫게 했다. 그가 조선민과 더불어 호흡과 정서를 진정 같이하기 위해서는 반드시 조선말을 배워야 한다는 점이었다. 이에 베어드는 한국어 학습에 전념했고, 그해 8월쯤에는 상당한 조선말 구사 능력을 갖추게 되었다.

사실 베어드는 조선과 조선 사람을 이해하고 존중하는 데 머물지 않았다. 그는 온전히 조선 사회의 일부가 되려 했으며, 열정적인 조선인으로 살려 했다. 베어드에게 조선은 단순한 선교지가 아니라 제2의 고향이 되어가고 있었으며 영면의 안식처로 변하고 있었다.

19세기 말엽의 한반도에는 열강의 침입으로 인한 민족적 위기와 이를 극복하려는 민족적 저항운동이 함께 있었다. 1876년 병자수호조약으로 시작된 조선의 개항은 조선 민족에게 개화와 자주 그리고 근대화라는 역사적 과제를 제시했다. 그러나 조선 정부는 개항 이래 긴박한 국제 정세에도 이렇다 할 대책을 세우지 못했다. 이른바 개화파와 수구파의 대립은 정치적 명분 및 민비와 대원군의 정략에 얽혀 정치적 혼란을 부채질했다. 1884년 김옥균, 박영효 등이 일으킨

17 윌리엄 베어드(William M. Baird, 1862~1931)

갑신정변의 실패, 1894년 김윤식, 김홍집 등 온건 개화파에 의한 갑오개혁의 실패, 그해 발발한 청일전쟁 및 이후 농민운동으로 전개된 동학 운동 등은 결과적으로 제국주의적 열강 특히 일본의 한반도에 대한 재정 간섭을 오히려 강화했다.

그러나 갑신정변이나 갑오개혁과 같은 위로부터의 개화운동이 대중적 기반 결여로 실패했던 것과 달리, 독립협회의 활동은 개화 노력을 대중운동으로 진전시켰다. 자주독립과 민권운동 그리고 자강운동에 역점을 두었던 독립협회의 활동은 1905년 을사보호조약을 계기로 전국적인 애국 계몽운동으로 전개되었다.

이 같은 움직임의 매우 두드러진 한 양상이 근대적 교육기관을 설립하려는 것이었는데, 특히 기독교 선교회는 이 일에 적극적이어서 다수의 근대 교육기관을 설립하였다. 예를 들어 1886년 배재학당, 이화학당, 경신학교, 1890년 정신여학교, 1894년 평양 광성학교, 1897년 평양 숭실학당, 1898년 배화학교, 1903년 평양 숭의여학교, 1904년 개성 호수돈여학교, 1906년 대구 계성학교, 선천 신성학교, 1907년 광주 수피아여학교, 대구 신명여학교, 전주 기전여학교, 1908년 전주 신흥학교 등이 차례로 세워졌다.

베어드는 평양 장로회신학교의 건축 기금 모금을 위해 일했고 평양 대부흥의 현장을 기록으로 남기기도 했다. 또 헌트[Bruce F. Hunt, 한부선(韓富善), 1903~1992]와《한국의 오순절과 그 후의 박해》를 공저했다.

그가 1907년 1월 12일 장대현교회에서 고린도전서 12장 27절을 본문으로 "우리는 그리스도의 몸이요, 그의 한 지체"라는 제목의 설교를 전하자 성령의 역사가 나타나기 시작했다.

한 사람씩 일어나 자신의 죄를 고백하고 고꾸라져 울었다. 그리고 바닥에 엎드려 자신이 죄인임을 고통스럽게 고백하며 주먹으로 바닥을 쳤다. 때때로 회개의 고백 후에 모든 회중이 통성기도를 했다.

수백 명의 회중이 통성기도를 하는 모습은 뭐라고 표현할 수 없는 것이었다. 다시 회개의 고백 후에 그들은 참을 수 없는 울음을 터트렸고 모두가 함께 울었다. 그 모임은 기도와 고백과 눈물로 새벽 2시까지 계속되었다.

1907년 평양 영적 대각성 운동은 복음주의적 한국교회의 영적 산실이었다. 이것은 한국교회를 복음주의 교회로 중생하게 하는 역사적 본성을 형성했다. 그리고 이 일은 원산의 감리교 의료 선교사였던 하디(Robert A. Hardie)의 성령 체험과 회개에서 시작되었다. 당시 평양 장대현교회의 장로였던 길선주는 이 대부흥 운동의 주역이었다. 이 각성 운동에서 한국교회는 중국이나 일본과 달리 '특별한 성령의 부으심'을 체험했다.

평양 영적 대각성 운동은 당시 웨일스나 인도에서 일어난 영적 각성 운동보다 더 강력한 성령의 나타나심이었다. 미국 북장로교 선교사 조지 매큔(George M. McCune)은 이에 대해 다음과 같이 선교부에 보고했다. "웨일스나 인도에서 일어난 부흥 운동에 대하여 알고 있으나 이번 장대현교회 성령의 역사는 우리가 지금까지 알고 있던 그 어떤 것도 능가할 것입니다."

이것은 한국 기독교의 체질을 복음주의 기독교로 특징짓는 결정적인 사건이었다. 이 영적 각성 운동을 통해 장로교와 감리교를 막론하고 한국 기독교가 경건주의 및 복음주의 기독교로 체질화된 것이다.

교회사의 대가 라토렛(Latourrette)이 초기 한국 선교사들을 "부흥 운동, 개인주의, 이원론, 경건주의적 복음 전도 중심의 선교사"로 평가한 것은 적절하다고 볼 수 있다. 한국 최초의 장로교 선교

17 윌리엄 베어드(William M. Baird, 1862~1931)

사 언더우드와 감리교 선교사 아펜젤러는 모두 경건주의 신앙의 소유자였다. 특히 언더우드는 네덜란드 개혁교회 신학교인 뉴저지 소재 뉴 브런즈윅(New Brunswick Seminary)을 졸업했고, 펜실베이니아와 뉴저지 지역의 네덜란드 개혁교회 교인에게 경건주의 운동을 심어 준 18세기 네덜란드의 경건주의자 프렐링하우젠(Theodore Jacob Frelinghuysen)의 영향을 받았다. 그는 신학생 시절부터 강한 전도의 열정으로 충만한 전도자로서 구세군 운동에 참여하여 열정적인 전도 운동과 부흥 운동을 일으켰다.

언더우드는 '소리 지르는 감리교도' 혹은 '장로교 선교부의 감리교 설교가'라는 별명을 얻을 정도로 경건주의 유형의 설교가였다. 이러한 배경을 가진 언더우드는 신장병으로 죽을 수밖에 없었던 환자를 기도로 살려 그 가정을 믿게 하는 등 치유 사역도 했다.

평양 숭실학당의 창립자 베어드 박사, 평양신학교 창립자 마펫 박사, 대부흥회의 주역인 블레어 선교사 등도 역시 복음주의자들이었다. 이들은 1870년대부터 1920년대까지 진행되었던 미국의 제3차 영적 대각성 운동의 주역인 무디, 루벤 토레이(Ruben Torrey), 빌리 선데이 등의 영향을 받았다. 그리고 성경의 절대적 권위, 기독교의 영적 권능, 뜨거운 전도 열정, 인간의 자유와 평등, 십계명 준수 등 성경적 세계관과 가치와 규범을 전파하는 데 철저한 사람들이었다.

1907년 1월 14일 평양 영적 대각성 운동의 현장에 있었던 그레이엄 리, 윌리엄 스왈른, 번하이셀, 윌리엄 블레어 등의 선교사는 모두 미국 시카고를 중심으로 한 무디의 부흥 운동과 학생자원운동의 영향을 강하게 받은 매코믹 신학교 출신 선교사들이었다. 그레이엄 리와 스왈른은 1892년, 번하이셀은 1900년, 블레어는 1901년 졸업생이었다. 1907년 부흥 운동에 대해 매우 적극적인 자세를 가졌던 장대현교회 당회장으로서 평양신학교 설립자요 초대 학장이었던 사무엘 마펫과 숭실학당의 설립자요 초대 학장이었던 윌리엄 베어드는 1888년에 졸업한 동창생이었다. 이들 외에도 애덤스, 로스, 클라크, 피어슨, 원 선교사 등이 매코믹 신학교 출신이었다.

선교 25주년을 맞은 1909년 당시 미국 북장로교 소속 선교사들의 출신 신학교를 보면, 총 40명 가운데 프린스턴 신학교 출신이 16명으로 가장 많았고, 다음으로 매코믹 신학교 출신이 11명, 그리고 안셀모 신학교 출신이 4명이었다. 선교지에 더 많은 영향을 끼친 선교사들은 프린스턴 신학교 출신이 아니라 매코믹 신학교 출신이라는 것도 중요하게 여길 만하다. 당시 프린스턴 신학교는 워필드와 핫지의 개신교 정통주의에 영향을 받았다. 워필드는 특히 《사이비 기적》(Counterfeit Miracle)이라는 저서를 통해 성령의 역사가 오늘날에는 중지되었다는 은사 중단설을 주장했다.

이에 반해 매코믹 신학교는 무디의 영향을 받으면서 이러한 은사에 열려 있었다. 매코믹 신학교는 교리적인 면에서는 구 학파의 전통을 따랐으나, 전도와 선교적인 면에서는 신 학파가 강조한 복음 전도와 선교 열정을 중시하는 입장이었다.

연희전문학교를 설립한 언더우드는 신학교 재학 당시 아서 피어선이 인도한 학교 부흥회에서 큰 도전을 받았다. 그는 미국에서 일어난 부흥 운동을 경험한 뜨거운 가슴의 소유자였다. 그리고 이미 본국에서 무디를 통한 영적 각성을 경험했던 원산의 로버트 하디, 펜윅, 그리고 평양의 마펫, 제임스 게일 등은 자기들의 선교지인 조선교회에 영적 각성이 임하기를 간절히 소원했다. 조선의 정치적 시련과 일제에 의한 국권 강탈 등의 국가적 위기는 선교사들로 하여금 정교 분리 원칙을 가지고 한국교회를 정치적인 일에 간여됨 없이 하

17 윌리엄 베어드(William M. Baird, 1862~1931)

나님 앞으로 이끌고 가도록 했다. 선교사들은 한국교회가 영적으로 이 국가적 위기 현실을 타개하도록 하는 영적 능력을 발휘했다.

이에 조선 선교사들은 1903년 10월 극동 아시아를 순방 중이던 스칸디나비아 선교회 책임자 프란슨을 초청하여 서울과 원산에서 연합 전도대회를 개최했다. 무디와 함께 활동했던 프란슨은 원산의 장로교 창전예배당에서 교파를 초월하여 그 지역 선교사들과 한국교회 지도자들을 대상으로 한 주간 연합 성회를 인도하면서 성령의 역사에 관하여 소개했다. 이어 1903년 11월 2일과 3일에 서울 상동교회와 제중원에서 열린 전도 집회에서는 미국 무디 부흥 운동에서 일어난 성령의 역사를 소개하면서 한국교회에 도전을 주었다.

그리고 1906년 한국 선교사들은 웨일스와 인도를 거쳐 내한한 미국 북장로교 해외선교부 위원이며 부흥사였던 하워드 존스턴(Howard Agnew Johnston)을 초청했다. 그는 웨일스에 이어 인도에서 일어난 성령의 역사를 소개하면서 한국의 장로교 및 감리교 선교사들에게 자극과 도전을 주었다. 이들 조선 선교사들은 이미 경건주의자들이었고 복음주의자들이었기 때문에 해외에서 일어난 영적 각성 운동에 마음이 열려 있었다. 이들은 자신들의 선교지인 조선에서도 이 부흥의 불길이 타오르기를 간절히 바랐다. 당시 존스턴의 집회에 참석한 평양 산정현교회 담임목사 번하이셀 선교사는 이때에 대해 자신의 일기에 "나는 서울로 올라가 그곳에서 열리는 서울 선교사 사경회, 특히 존스턴 박사가 인도한 사경회에 참석했는데 이들 집회는 우리 모두에게 매우 유익했다"라고 기록했다.

그레이엄 리는 이렇게 기록했다.

"평양 선교사 사경회가 끝난 직후 우리는 연례모임에 참석하기 위하여 서울로 올라가 하워드 에그뉴 존스턴을 만났으며, 그로부터 서울 선교사들은 대단한 은혜를 받았다. 존스턴 박사는 평양에 와서 우리 조선 그리스도인들에게 말씀을 전하면서 인도에서 일어난 놀라운 성령의 현시를 말해 주었다. 그것은 우리 몇몇 사람에게 이곳 조선도 같은 은혜를 받게 하고자 하는 대단한 열망을 불어넣었다."

조선 선교사들은 단순히 도전을 받은 데서 그치지 않고 성령의 역사하심을 받기 위하여 준비에 들어갔다. 선교사들은 선교사 사경회를 개최하고, 성탄 휴가를 반납하고 정오 기도회를 여는 등 한국에도 영적 각성이 일어나도록 하나님께 간절히 기도했다. 그러던 중 1903년 하디의 성령 체험이 1907년 평양 대부흥의 불씨가 되어 선교사들 사이에서 번져 나가면서 평양에까지 번졌으며, 특히 평양의 그레이엄 리와 윌리엄 블레어에게까지 영적 각성의 불을 점화했다.

복음주의 선교사들이 아니었다면 한국교회는 1900년대 초 국가 존망 위기의 상황에서 영적 각성에 이르지 못하고 자포자기에 빠졌을지도 모른다. 다행히도 이런 때에 복음주의 선교사들이 영적 각성의 불씨가 되었던 것이다. 길선주 장로도 1907년 영적 각성 운동의 주역이기도 하나 당시 그는 장로였고, 블레어 등 선교사들의 가르침을 받는 사람이었다. 그는 선교사들의 영적 지도 아래 있었다. 길선주는 선교사들을 증오한 과거 자기의 죄책을 고백하게 되었고, 이로써 한국의 영적 각성이 시작되었다.

1910년 한일합병 시 전국에 사립 학교가 무려 3,000여 개나 있었다는 사실은 당시 고조되었던 조선민의 교육열을 잘 보여 준다. 이 사립 학교들은 서양의 새로운 학문과 사상을 익히고 탐구하는 도장만이 아니라 장차 민족운동의 마르지 않는 근거지로도 기능한다.

17 윌리엄 베어드(William M. Baird, 1862~1931)

한편 민족의식을 고취하는 종교 운동도 활발했다. 지식층의 정치 운동에 커다란 영향을 미쳤던 기독교 특히 개신교는 교육을 통하여 사상적으로 자유주의를 고취하고 민족의식을 고양하는 데 매우 적극적이었다. 개신교 계열의 서재필, 이상재, 윤치호 등은 독립협회의 중심인물로서 정치 활동에도 참여했다. 더욱이 이들은 정치와 교육은 물론 금주, 금연, 미신 타파, 남녀 평등, 일부일처제, 생활의 검소화 등 사회 운동에도 적극적이었는데, 이 같은 사회적 움직임이 대중들 사이에서 비판적 정치의식의 각성을 초래했으며, 고조된 민권의식 역시 광범위하게 파급되고 있었다. 구한말 기독교인들의 의식 구조는 개화-반봉건-자주-항일운동으로 발전되었고, 교세 성장 및 교단의 조직화와 더불어 일제 치하 민족운동의 하나의 강력한 축이 되었다.

1891년 2월 서울에 도착한 다음 6개월여 동안 일차적으로 조선말 학습에 몰두했던 베어드는, 그해 9월 초순 선교부의 결의로 부산에 정착했다. 이로써 초기 선교사로서의 부산 생활이 시작되었다. 베어드는 이 시기에 서울 선교부와의 협의를 통해 네 가지 활동 지침을 정하고 이에 입각한 부산 선교지부의 결성에 전력했다.

그가 정한 네 가지 선교 지침은, 첫째로 기독교 신자 가정을 찾아 이를 보호하고 후원할 것, 둘째로 '사랑방 모임'을 정례화하여 지방민들과의 인간적 유대를 형성하고 강화할 것, 셋째로 성경과 문서 보급을 통한 복음 전파 활동을 문맹 퇴치 운동과 병행할 것, 넷째로 경상도 지역의 전도 여행을 통해 농촌 주민들과의 직접 접촉을 유지하며 이들의 생활과 정서에 대한 이해와 공감을 심화할 것이었다.

베어드의 부산 지방을 중심으로 한 초기 선교 활동은 실로 헌신적이었다. 그가 직접 나서야 하는 지방 전도 여행의 경우, 그에게는 매우 생소한 자연과 사회적 환경, 열악한 도로 사정 및 여행 여건, 지방민들이 보인 극도의 호기심과 배타심, 의사소통의 어려움과 같은 많은 장애물이 놓여 있었다.

이 같은 어려움을 극복하고 그는 1893년 4월 17일 부산을 출발하여 5월 20일까지 밀양-청도-대구-상주-안동-의성-영천-경주-울산을 거쳐 부산으로 돌아오는 400마일의 여정을 소화했다. 그뿐 아니라 베어드는 1896년 1,000마일에 걸친 8차의 전도 여행을 279일 동안이나 강행했다.

이처럼 상상을 초월하는 노력을 했음에도 그의 선교 사업이 처음부터 성공적이지는 않았다. 이 지역주민 중 세 명의 세례교인이 생긴 것이 1894년 5월이었는데, 이는 당시 서북 지방에서의 기독교 전파 속도와 비교할 때 상대적으로 느린 편이었다. 그러나 베어드가 경상도 지방에서 헌신한 노력의 성과가 아주 없지는 않았.

이 시기 각고의 큰 결실은 대구에 새로운 선교지부를 세운 것이었다. 1896년 1월에 작성된 보고서에서 그는 경상도 지방의 지리적·정치적·상업적 중심지인 대구에 217.76달러를 들여 선교지부를 설립한 업적을 자랑스럽게 밝히고 있다. 이 보고서는 베어드가 대구 선교지부의 설립자임을 말하고 있으나, 대구 지방에서의 베어드의 계속적 선교 활동에 대해서는 거의 언급하지 않고 있다. 그것은 아마도 이즈음 서울 선교본부가 정책적으로 기독교의 전파가 활발하게 진행되던 서북 지역에 그 재원과 인력을 집중하고자 했기 때문일 것이다. 이를 위해 선교본부는 베어드를 교육위원회원으로 임명하여 구체적인 교육과 선교 정책 수립이라는 새로운 사명을 주었다.

1887년 언더우드가 한반도에서 선교 사업을 시작한 이후 개신교

17 윌리엄 베어드(William M. Baird, 1862~1931)

를 가장 열렬하게 수용한 곳은 해서 지방과 서북 지역이었다. 특히 서북 지역에서의 교회 발전은 세계 어느 곳에서도 그 유례를 찾기 어려울 정도였다. 이 점은 장로교회의 다음과 같은 교회 설립 통계를 보아도 알 수 있다.

서울	함경북도	함경남도	평안북도	평안남도	황해도	경기도
11	5	24	98	162	102	56
충청북도	충청남도	전라북도	전라남도	경상남도	경상북도	계
23	2	30	45	83	42	683

　개신교가 서북 지역에서 이처럼 적극적으로 수용된 이유는 아마도 다음의 몇 가지를 설명함으로 정리할 수 있을 것이다. 첫째, 서북 지역은 경기도나 삼남 지방처럼 양반 세력이 강하지 않았다. 둘째, 조선 시대 과거시험 합격자 중 평안도 출신이 경상도 출신보다 더 많았다는 사실이 말해 주듯 평안도에도 훌륭한 선비들이 많았다. 그러나 이들은 과거에 합격해도 중앙 정계에 진출하거나 관직에 임명되지 못했다. 따라서 이들은 자연히 기존 집권층에 불만을 품게 되었다. 또한 전토 사회에 대한 변혁도 꿈꾸었다. 셋째, 이 지역에서는 자립적인 중산층이 비교적 우세했다. 양반 세력이 강하지 못하고 상대적으로 중·소 지주층이 두터웠다. 또한 일찍부터 발달한 중국과의 무역을 통해 근대적인 상회와 상인 계층도 형성되었다. 그리하여 전체로 볼 때 신분 간의 빈부 격차가 상대적으로 적었다. 넷째, 중·소 지주, 자작농 및 상인 계층의 이 같은 성장은 근대적 사회운동의 중요한 기초가 되었다. 이 지역에서는 사립 학교의 설립과 운영이 활발하게 진전되었고, 애국 계몽 단체로 서북학회의 활동도 다른

지역의 학회에 대해 선도적 역할을 했다.

이 같은 정치·사회·경제적 여건이 개항 이후 서북 지역 주민들로 기독교를 쉽게 수용하게 했다. 동시에 기독교의 급속한 전파가 새롭고 근대적인 사회적 움직임을 이 지역에서 더욱 활성화했다고 볼 수 있다.

교육위원에 임명된 베어드는 곧 구체적인 교육 정책 수립에 몰두했다. 1897년 8월 그가 제안한 기본안이 미국 장로교 선교부 교육 정책으로 채택되었다. 그런데 베어드의 이 교육 정책은 자신의 개인적 선교 체험뿐 아니라 네비우스 방법에 그 기초를 두고 있었다. 원래 중국의 산둥성 지방에서 선교했던 선교사 네비우스(J. B. Nevius)는 1890년 봄 한국으로 와서 기독교 선교를 위한 핵심적 방법론을 제시했다. 다른 지역과 달리 특히 한국에서 전형적으로 그리고 성공적으로 수행되었던 그의 방법은 다음과 같이 요약할 수 있다.

(1) 한 번 신자가 된 사람은 끝까지 믿음을 지키도록 하고, 나아가 그로 그리스도를 위한 일꾼이 되도록 자신의 생업에 종사하면서 이웃에게 그리스도를 전할 수 있도록 한다.

(2) 본토 교회의 운영과 기구 조직은 해당 교회가 감당할 수 있고 또 운영할 수 있는 범위 내에서 발전하게 한다.

(3) 해당 교회의 경제적 능력이 허용하는 범위 내에서 전도 사업에 유자격자를 택하여 그로 전도하게 한다.

자립 선교, 자립 정치, 자립 보급으로 집약되는 네비우스 선교 방법은 다음과 같은 세부 실천 강령도 있다.

17 윌리엄 베어드(William M. Baird, 1862~1931)

(1) 상류계층보다는 근로 계층(당시의 중·상인과 천민 계층)에 중점 전도한다.
(2) 부녀자들을 개종시키고 소녀들의 교육에 힘을 기울인다. 이는 가정주부와 여성들이 후세 교육에 지대한 영향을 미치기 때문이다.
(3) 기독교 교육은 지방 도시에서 초등 정도의 학교를 경영함으로 큰 효과를 거둘 수 있다.
(4) 선교부가 경영하는 중학교는 이곳에 파견할 유능한 교사들을 훈련시켜야 한다.
(5) 장차 교육받은 한국인 교역자도 여기서 배출될 것이므로 선교사는 이 점을 유의해야 한다.
(6) 하나님의 말씀은 사람의 힘을 빌리지 않더라도 능력을 행한다. 따라서 빨리 정확한 성경을 번역 출간하여 널리 읽게 하는 것이 중요하다.
(7) 기독교 책은 한문을 쓰지 말고 순 한글만을 사용하도록 한다.
(8) 진취적인 교회가 되려면 자립해야 한다. 선교사의 도움을 받는 사람 수를 될수록 줄이고 자립하여 세상에 공헌하는 자의 수를 늘려야 한다.
(9) 조선 사람은 조선 사람의 전도로 인도되어야 한다. 따라서 선교사가 직접 많은 사람을 상대로 전도하는 것보다 전도자의 양성에 주력해야 한다.

1927년 베어드는 네비우스 선교 방법에 대해 이렇게 술회했다. "그의 사상은 선교 사업 초창기에 그 원칙과 방법을 만드는 데 많은 영향을 끼쳤다. 이 방안을 충실하고 경건하게 합심하여 실천하면 우리의 선교 사업은 반드시 성공한다고 믿었다." 특히 그 교육 사업에 대한 지침은 베어드에 의해 승계되어 지대한 공헌을 했다.

선교부의 공식 입장으로 채택된 '우리의 교육 정책'(Our Education Policy)은 베어드가 그간의 조선에서의 선교 경험을 토대로 밝힌 선교와 교육에 대한 그의 경륜이었다. 또한 그것은 당시 논란이 거듭되던 선교부 교육 정책에 확고하고 구체적인 실천방안을 제시하는 계기가 되었다. 이것을 우리는 다음과 같이 요약할 수 있다.

(1) 학교 설립과 운영의 기본 이념은 학생에게 유용한 지식을 다양하게 교수하여, 학생들이 앞으로 실생활의 여러 분야에서 책임 있는 일꾼이 되도록 하는 데 있다.
(2) 학교가 해야 할 중요한 역할은 학생들의 종교적 정신적 역량을 함양하는 일이다.
(3) 선교학교의 주요 목적은 한국민들 사이에서 적극적인 전도 활동을 담당할 교회의 육성과 그 지도자의 영성에 둔다.

베어드는 이 정책의 제안 설명에서 자신의 선교 교육에 대한 신념과 포부를 이렇게 설명했다.

"이상적인 학교는 마치 우물이 바닥에서부터 오염되는 것을 방지하기 위한 것처럼, 기독교 학생이 끊임없이 학생층의 주류를 이루도록 함과 동시에 무엇보다도 토착 교회를 계도할 수 있도록 운영해야 한다. 학생에 대한 학교 교육이 이와 같을 때, 만약 그 학교의 제일 원칙이 진실이라면 학생들은 향후 농민이 되든, 대장공이 되든, 의사가 되든, 교사가 되든, 정부의 관리가 되든, 복음을 전하는 능동적인 복음 전파자가 될 수 있다. 교사는 무엇보다 학생들을 복음 전파자로 성장시켜야 한다. 이 점에 성공하지 못하면 아무리 유능한 교사라 하더라도 선교를 위한 교사로서는 실패한 것이다."

요컨대 학교 교육에 대한 베어드의 정책은 단순히 학교를 몇 개

17 윌리엄 베어드(William M. Baird, 1862~1931)

설립하자는 데 머물지 않았다. 그것은 '자립적' 네비우스 선교 교육 정책의 적용이었다. 이 같은 맥락에서 그는 학교 설립과 운영의 목적이 학생들로 후일 사회의 지도자로 기능하도록 교육하는 것임을 분명히 하고, 또한 그들이 사회의 어느 분야에서 일하든 확고한 신념과 열정을 가진 복음 전도자의 자질을 갖추도록 가르칠 것을 강조했다.

동시에 베어드는 정규 학교 교육이 계속해서 유지되고 성장하기 위해서는 교육의 기본 여건 형성이 매우 중요하다고 생각했다. 그리하여 그는 학교 설립과 다음 방침들을 충실히 실천하는 데도 힘을 기울였다. 첫째, 각 지역 교구에서 초등학교를 발전시킨다. 둘째, 초등학교 교원 확보를 위하여 특별 단기 사범 과정을 운영하며, 재직교사 및 유능한 인재들을 교원으로 양성한다. 셋째, 선발된 우수한 학생들은 중학교와 전문학교로 진급시켜 철저한 교육을 이수하도록 한다. 넷째, 각급 과정에 맞는 한국어 교과서를 준비한다. 이와 같은 정책과 방법으로 베어드는 선교부의 가용 예산이 거의 없는 가운데서도 토착 교인들의 힘과 지원을 토대로 한국 근대 고등교육의 첫 장 숭실학당을 열었다.

1897년 10월 2일 베어드 부부는 평양으로 이주했다. 그곳에는 이들의 생애 가운데 가장 창조적이며 활기차고 결실도 컸던 평양의 선교 교육 사업이 기다리고 있었다. 1898년 평양 선교부의 보고서는 당시 사정을 이렇게 기록하고 있다.

> "7년간의 경험을 갖추고 능숙하게 한국어를 구사하는 베어드 선교사 부부가 서울에서 전임해 옴으로 평양 선교부는 전례 없이 훌륭하게 준비되었다. 그러나 선교 사업 자체가 팽창 일로에 있었으므로 일꾼의 수는 부족했다."

개신교회 부흥이 불길처럼 번져가던 이때 평양 선교부가 직면한 절실한 교육 문제는 다음 세 가지 측면이었다. 즉, 신입 교인을 위한 성인 교육의 문제, 기독교 교리와 문서 전파를 담당할 전도사, 교사, 전도부인 등 전도 요원들에 대한 좀더 체계적이고 확실한 기독교 교육의 문제, 그리고 중등교육의 문제였다. 특히 중등 및 고등 교육의 문제는, 첫째로 각 지교회가 운영하던 초등교육 과정의 이수자들에게 진학할 길을 열어 주며, 둘째로 자격을 갖춘 교원을 양성하여 초등학교 교사를 제공하고, 셋째로 선교부의 당면 교육 현안 즉 성인교육과 전도 요원 양성이라는 두 가지 문제를 장기적으로 해결하는 방안이라는 점에서 근본적인 과제였다.

그러나 선교부는 이런 교육 문제의 절박성에도 이 과제의 해결에 필요한 예산을 전혀 마련하지 못했다. 네비우스 선교 정책에 따라 학교 설립과 운영은 자립적인 방법을 모색해야 했다. 베어드의 평양 전임도 이와 같은 상황의 일이었던 것이다. 이 땅에 처음으로 세워진 근대적 중등교육의 장은 다분히 베어드의 개인적 결단과 헌신의 산물이었다. 아무런 시설과 준비 그리고 재원이 없었음에도 베어드는 우선 자신의 사택에서 '사랑방 교실'을 발족시켰다.

베어드가 절감했던 중등 및 고등 교육의 필요성은, 그로 온갖 어려움을 무릅쓰더라도 우선 평양 선교부 주변의 초등학교 졸업생들과 교회의 청년들을 대상으로 하는 중등교육반의 발족을 서두르게 했다. 베어드의 용단으로 발족한 '사랑방 교실'이 바로 숭실학당의 모체가 되었다. 그가 평양에 정식으로 부임하고 약 일주일 후인 1897년 10월 초순에 이 '사랑방 교실'이 처음 개설됐다. 요컨대 그것은 한 벽안의 선교사가 가졌던 투철한 교육열과 창의적 결단을 입증했다. 성경과 산수, 한문과 역사, 그리고 음악을 교육 내용으로 한

17 윌리엄 베어드(William M. Baird, 1862~1931)

중등교육반은 학생들이 중등교육을 받는 데 거침없게 하는 예비 교육을 초기의 목표로 했다.

이듬해인 1898년 정식 학교로 개교하려고 학생 모집을 공고하자 60여 명의 지원자가 몰려들었다. 무엇보다 그것은 당시 사회, 특히 서북 지역 기독교인들 사이에 잠재해 있던 뜨거운 향학열을 반증한 것이며, 또한 베어드의 교육 정책과 학교 운영이 사회적 요청에 부응하고 있음을 역설하는 것이었다. 베어드가 이 60여 명의 지원자 중 학력과 건강 상태를 고려하여 학업을 감당할 수 있는 자들을 선발했는데 이때 선발된 학생 수가 18명이었다.

당시 교회가 당면했던 절실하고 시급한 교육의 요청, 그리고 이 사회와 국민을 누구보다 깊이 이해하고 애정을 쏟았던 베어드의 혜안과 신념이 함께 엮여 훗날 대학으로까지 발전한 숭실학당은 이렇게 베어드의 사랑방에서 발족했다.

1896~1916년 한반도 교육 선교사의 지도자로, 그리고 특히 평양 숭실학당의 교장으로 있던 베어드는 1915년 숭실학당의 교장직을 사임하고 1916년 부인과 사별함으로 새로운 국면을 맞게 되었다. 그러나 그렇다고 이 땅의 사람들에 대한 그의 애정과 봉사의 불꽃이 식은 것은 아니었다. 1918년 8월 피터롤프(Rose May Fetterolf)와 재혼한 베어드는 지체하지 않고 숭실학당에서 학생들을 가르치는 일과 서북 지역 선교 사업에 다시 몰두했다. 이때 베어드는 이미 60대임에도 그칠 줄 모르는 열정으로 열심히 사역했다. 그는 건강을 유지하며 지방 순회 선교를 계속하는 한편 저술 작업에도 힘을 기울였다. 그리하여 이 시기에 많은 저술도 남길 수 있었다. 숭실학당의 교재 편찬 작업에 참여했으며, 한국말로 된 신문도 발행했고, 그리스도의 생애 및 기독교 진리를 소개하는 입문서와 다수의 성경 공부 교재

들을 집필했으며, 존 번연의 문학 작품들도 우리말로 번역했다.

1931년 10월 숭실학당과 평양 시내의 15개 교회가 연합하여 전례 없는 큰 잔치를 열었다. 이 연회는 숭실학당의 설립자 베어드의 한국 선교 40주년을 기념하기 위함이었다. 그것은 실로 한 올곧은 은사에 대한 한국민의 뜨거운 감사의 표출이었다. 이 사은의 잔치 이후 1931년 11월 28일 조선의 큰 별 베어드는 하나님의 부름을 받았다. 사인은 장티푸스였다.

베어드의 부음을 듣고 달려와 숭실학당의 대강당을 메운 조문객의 수는 6,000여 명에 이르렀다. 이들은 한국말로 진행된 영결 예배에서 고인이 남긴 한국어 찬송을 불렀으며, 또한 고인의 진정한 고향인 이 조선 땅에 영면의 안식처도 마련했다. 그것은 이 땅에 대한 고인의 식지 않는 열정을 기리고 그 유지의 승계를 다짐하는 아름답고 의미 있는 상징이 아닐 수 없었다.

베어드 필생의 동료 마펫이 외우(畏友)를 먼저 보내며 읽은 성경 구절은 지금도 그를 기억하는 모든 이의 정서를 대변하고 있다.

"나는 선한 싸움을 싸우고 나의 달려갈 길을 마치고 믿음을 지켰으니 이제 후로는 나를 위하여 의의 면류관이 예비되었으므로"(딤후 4:7-8).

"지금 이후로 주 안에서 죽는 자들은 복이 있도다 하시매 성령이 이르시되 그러하다 그들이 수고를 그치고 쉬리니 이는 그들의 행한 일이 따름이라 하시더라"(계 14:13).

하나님의 뜻은 사람의 뜻과 같지 않다. 가령 사람으로서 우리는 친구를 사랑하고 원수를 미워함이 당연하나, 예수님은 우리에게 원

17 윌리엄 베어드(William M. Baird, 1862~1931)

수를 사랑하고 우리를 핍박하는 이를 위하여 기도하라고 하셨다. 교인 중 어떤 이들은 가까운 이에게만 복음을 전하면 된다고 생각한다. 그리고 복음을 전한다 해도 그것이 의무인가에 대해 의심한다.

그러나 예수님은 제자들에게 예루살렘을 떠나지 말고 기도하라고 하셨고, 성령이 임하시면 권능을 받고 예루살렘과 유대와 사마리아와 땅끝까지 복음을 전파하라고 하셨다. 그러므로 모든 그리스도인은 언제 어디서나 복음을 전할 의무가 있다. 흩어진 예루살렘교회 성도들이 안디옥에 가서 복음을 전했을 때 '그리스도인'이라는 이름을 얻게 되었다. 이것이야말로 복음을 전하는 사람에게 주어지는 확실한 이름이었다. 그리스도인은 언제 어디서나 복음을 증거하는 것이 신앙인의 최고의 사명임을 깨달아야 한다.

그러나 복음을 전하는 것은 성령의 감화 없이는 불가능하다. 그러므로 복음을 전하는 사람은 항상 기도하면서 성령의 감화를 받아야 한다. 어디서나 기도하는 사람은 예수님이 인정하신다. 예수님께서 나다나엘을 부르신 것은 그가 무화과나무 아래서 기도하는 것을 보셨기 때문이다.

초대교회 성도들은 모이면 기도하기를 힘썼다. 그러므로 그들이 나가서 복음을 전할 때 사람들의 마음이 움직여 예수를 구주로 믿게 되었다. 안디옥에서 바나바와 바울을 택하여 복음을 전하게 파송한 것도 기도의 결과였다. 그 후 바나바와 바울이 이방인에게 복음을 전하므로 예수를 믿고 구원받은 사람이 얼마나 많은가?

오늘날까지 한국에 와서 선교한 이들은 모두 성령을 받아 파송된 이들이었다. 토마스 목사가 성경을 뿌리며 평양까지 밀고 올라가 순교한 것은 예수 그리스도가 우리의 구세주이심을 믿게 하기 위함이었다. 그는 피를 흘리며 죽어가면서도 성경을 전했다. 그 열매가

30배, 60배, 100배 그 이상이 되었다.

　미국 북장로교 소속 베어드 선교사는 무디의 부흥 운동에서 성령을 받고 복음을 전하기로 했는데, 그때 신학교 급우 마펫이 권면하여 조선이라는 곳으로 왔다. 이러한 역사는 성령의 감화 없이 이루어질 수 없다. 베어드는 선교사로서 성령의 인도하심을 따라 부산과 평양에서 선교의 사명을 감당하는 중에 평양에 숭실대학교를 설립하도록 감동을 받고 그 훌륭한 한국 민족의 지성인과 기독교인을 세우는 교육기관을 설립했다. 숭실대학교를 졸업한 이들 중에 한국과 세계를 위하여 귀하게 쓰임 받은 인물이 많으며, 그들 중에는 외국 선교사로 파송된 이들도 여럿이다.

　또한 한국의 독립운동을 위해 헌신한 이들도 많이 나왔다. 숭실대학교 출신들은 한국을 복음화하고 독립국가로 세우는 데 가장 앞장선 일꾼들이었다. 이것이 한 미국 선교사를 통해 이루어졌다면 이것을 단지 사람의 계획에 의한 것이었다고 할 수만은 없을 것이다. 실로 이것은 성령의 역사로 이룩된 것이며, 또한 선교사들의 헌신이 한국을 변화시키고 복음화했다.

　베어드 선교사는 한국에 와서 한국인을 그토록 사랑했고, 한국을 제2의 고향으로 삼았으며, 결국 이 땅의 한 모퉁이에 묻혔다. 그가 한국과 어떤 연관이 있었기에 이렇게 할 수 있었겠는가? 그것은 오직 예수 그리스도의 복음을 전하는 사명을 주님에게서 받았기 때문이다.

　1907년 1월 2일부터 15일 밤까지 평양 장대현교회에서 열린 겨울 남자 사경회에서 놀라운 성령의 역사가 임하였을 때, 그는 둘째 날 토요일 저녁 집회 시간을 인도했다. 그의 설교를 통해 청중이 마음에 큰 감화를 받아 자신의 죄를 고백하는 역사가 일어났다. 계속

17　윌리엄 베어드(William M. Baird, 1862~1931)

되는 놀라운 성령의 역사를 보게 된 그는 당시의 상황을 정리하여 《The Korea Pentecost-And other Experience on the Mission Field》라는 제목의 책을 출간했다.

장로회 총회 설립 초기부터 총회 발전에 큰 역할을 담당한 베어드는 1912년 9월 1일 숭실대학에서 열린 제1회 장로회 총회에서 회계로 선출되었다. 백만인 구령 운동 당시 개인 전도용 소책자 《그리스도의 행적》을 만들어 배부했으며, 자신이 사역하던 지역에서 놀라운 부흥의 역사를 보았다.

주일학교 교육에도 많은 관심을 기울인 베어드는 1921년 전국 주일학교 연합회 총무를 역임했으며, 기독교 학교 이사로 재직하면서 1923년 1년간 미국으로 돌아가 한국의 기독학교를 위한 특별 모금 활동을 펼쳤다. 그 결과 기독교 학교가 일본 정부로부터 허가받는 데 필요한 7만 5천 달러를 모금할 수 있었다.

순회 전도 등 다양한 사역을 감당하면서도 숭실대학과 평양 장로회신학교의 강사로 일했던 베어드는 1930년대에는 두 해 동안 전임 교수로 임용되어 교육과 행정까지 담당했다. 그러던 중 일제의 신사참배 강요에 맞서 반대 운동을 전개하던 숭실대학 학장 매큔이 강제 출국당하자, 1936년 7월부터 1938년 3월 폐교 때까지 숭실학원의 재단 이사와 이사장을 역임하기도 했다. 또한 1938년 9월 10일 제27회 장로교 총회에서 신사참배 가결 결정을 내릴 당시 총대로 참석하여 킨슬러(Francis Kinsler, 권세열, 1904~1992), 헌트 선교사와 함께 신사참배의 부당성을 외쳤다.

이제 한국교회는 베어드가 경상도 지역을 선교하기 위하여 걸었던 그 길을 새롭게 찾아야 할 것이다. 그리고 그 길을 바탕으로 현대에 필요한 새로운 길을 개척하여, 하나님을 사랑하고 세상을 위해 일해야 할 현재와 미래의 한국 젊은이들뿐 아니라 세계 도처의 젊은이들이 도전할 가치가 있는 길을 미래 한국 사회와 교회 그리고 세계 교회에 선물함이 오늘의 한국교회에 주어진 중요한 과제일 것이다.

18
찰스 클라크
(Charles A. Clark, 1878~1961)

찰스 클라크[Charles Allen Clark, 곽안련(郭安蓮), 1878~1961] 선교사가 숨을 거두던 1961년 가을, 그의 죽음을 접한 미국 연합 장로교회 내 한 선사들은 다음과 같은 말로 그를 추모했다.
"한국에서 그리스도의 사역을 위하여 클라크 박사만큼 풍부하고

다양한 공헌을 하는 특권을 누린 사람은 없다."

이 짤막한 추모의 글처럼 클라크는 실로 한국교회, 특히 장로교회의 목회와 신학 발전을 위해 매우 풍부하고 다양한 공헌을 한 대표적 인물이었다. 그의 83년 생애의 절반은 한국교회를 위한 삶이었다. 더구나 그 절반의 생애란 그의 나이 24~63세까지로 젊고 왕성하게 활동하던 시기였다. 그래서 그의 동료 또는 후배 선교사들이 칭송한 것처럼 그는 그동안 많은 일을 수행했다. 맡겨진 모든 선교 사역에 최선을 다하고 성실했던 인물이었다. 그래서 오늘날 한국교회는 그를 선교사, 목회자, 전도자, 신학자, 실천신학 교수, 주석가, 저술가, 건축가 등으로 다양하게 부르고 있다.

클라크 선교사의 사역과 업적의 탁월한 영향력은 세 가지 측면으로 설명할 수 있다.

첫째로, 시대적인 측면에서 클라크의 선교 40년(1902~1941)은 한국 개신교의 목회와 신학 발전에 중요한 시기였다. 유동식은 한국교회의 역사를 신학 사상의 경향에 따라 세 가지로 분류했다. 그중 1900~1927년은 한국 신학의 전개기로, 클라크의 선교 40년 사역 동안 한국교회의 신학적 전통이 뿌리를 내리고 싹을 틔우고 그 모양을 갖추기 시작했다. 이에 그의 다양하고 왕성한 활동은 한국교회의 목회와 신학 발전 초기 사역에서 중요한 위치에 있다.

둘째로, 클라크의 선교 활동은 매우 풍부하고 다양했다. 내한 선교사였던 마르다 헌틀리(Martha Huntley)는 '선교사의 삶이란 많은 일 그 자체'라고 했다. 그녀의 증언같이 선교사 클라크는 많은 일에 종사했다. 그의 대표적인 사역은 목회 사역과 신학 교육 그리고 저술 활동이었다. 이 세 영역에서 그는 독보적이었다. 먼저 목회 사역과 신학 교육에서 그는 복음 열정에 사로잡힌 선교사요, 목회자 그리고 전도자였다. 그는 한국에 온 지 2년이 지난 1904년 서울 승동교회의 부목사가 되었고, 다시 2년 후인 1906년 담임목사가 되어 1922년까지 사역했다.

그리고 평양신학교의 전임 교수로 선임되자 1920년 평양으로 이주했다. 이 새로운 도시에서도 주중에는 신학교 교수로 일하고, 주일에는 목회자와 전도자로 평양 근교의 선교 구역 교회들을 돌보았다. 40년 동안 그가 직·간접적으로 세웠거나 목회한 교회 수는 무려 150개에 달하고, 이 교회들에 등록되어 클라크의 목회적 돌봄을 받은 성도만 약 6,000명이다.

클라크는 신학 교육자로 1908년부터 1941년까지 한국장로교평양신학교에서 교수로 있었다. 1901년 설립된 이 학교의 초창기 몇 년을 제외하고 이 학교의 역사와 함께한 셈이다. 그 결과 이 학교의 설립자이며 초대 교장인 마펫 다음으로 오랜 기간 이 학교에 봉직했다. 그러면서 때로는 행정도 수행했다.

이 신학교는 1939년 일본 정부에 의해 폐교되었고, 당시 교장이던 로버츠(Stacy L. Roberts, 라부열)도 축출당했다. 이때부터 1941년 강제 추방되기까지 클라크는 교장 대리로 행정 업무를 총괄했다. 신학교에서 오랫동안 교수와 행정 요원으로 일했기에 많은 초기 한국교회 지도자들이 그의 가르침을 받았다.

셋째로, 그는 저술 활동에서 탁월한 업적을 남겼다. 그는 신학자로서 왕성한 저술 활동으로 총 51권의 책을 출판했다. 그중 42권은 한글, 7권은 영어, 그리고 2권은 스페인어로 쓰였다. 한글책 중 절반은 강해, 주석, 연구 등 주로 성경 과목 책이며, 나머지 절반은 다양한 주제, 특히 실천신학 교재였다. 물론 이 책들 중 일부는 번역과 편집으로 된 것이었다. 그럼에도 51권이라는 분량은 당시의 어느 선교사나 한국 신학자도 이루지 못한 큰 업적이었다.

그리고 1918~1940년에 장로교 유일의 신학지인 〈신학지남〉에 200여 개, 영어 선교지인 〈The Korea Mission Field〉에 50개의 소논문과 기사를 썼다. 특히 신학교 교재로 쓰기 위해 1925년 출판한 두 권의 책 《설교학》과 《목회학》은 한국교회가 기존에 가르치고 있던 실천신학 과정과 같은 것이었다. 특히 《설교학》은 번역 서적을 제외하고 1970년대까지 신학 교육을 위해 사용하던 유일한 설교학 책으로 알려졌다. 이 책은 1925년 첫 인쇄 후 1989년까지 26회 재판되었고, 현대어로 개정한 1990년도 판은 2001년까지 13회에 걸쳐 재판되었다. 간하배 선교사는 "클라크 선교사만큼 많은 저술을 통해 한국교회의 목회와 신학에 지속적인 영향력을 끼친 선교사도 드물다"라고 평가했다.

클라크가 한국교회의 목회와 신학 형성 그리고 발전에 끼친 영향은 먼저 그의 선교 사역을 통한 것이며, 클라크의 신학적 입장은 일반적으로 복음주의적이며 구체적으로는 장로교주의적이었다. 그의 신앙 성장과 신학 교육의 배경이 그것을 충분히 설명해 준다. 어린 시절 클라크는 미네소타주 미니애폴리스에 있는 올리버 장로교회에 출석했다. 그 후 미국 북장로교 미네소타 대회(Synod)가 운영하는 맥컬레스터(Macalester) 대학교에서 공부했으며, 목회 소명을 받은 후에는 시카고에 있는 장로교 교육기관인 매코믹 선학교에서 신학 공부를 했다. 1902년 5월 이 학교를 졸업했고, 곧 미국 북장로교의 목사로 안수받아 한국에 선교사로 왔다. 그러므로 그가 선교 개척지 조선에 심어 준 신앙과 목회 사상은 그가 성장하고 교육받은 장로교를 배경으로 한다는 것을 쉽게 알 수 있다.

1907년 첫 독립 노회가 공식적으로 조직되기 전의 한국 장로교

18 찰스 클라크(Charles A. Clark, 1878~1961)

회는 선교사로 구성된 장로교 선교사 공의회에 의해 운영되었다. 1893년 조직된 이 선교사 공의회는 조선에 개혁주의 신앙과 장로교 정치체제로 하나의 토착 교회를 세우려는 확고한 목표로 출발했다. 초기 1세대 선교사들의 이상을 따라 1902년 선교지에 도착한 1세대의 마지막 주자에 속하는 클라크 역시 초기 조선의 교회들이 전통적인 장로교회로 발전하도록 그 기초 작업에 열정을 다했다.

특히 한국 장로교회 헌법을 제정하는 데 쏟은 시간과 노력은 이러한 것을 충분히 입증하고도 남는다. 1909~1921년에 클라크는 장로교 총회의 헌법위원회 위원으로 활동하면서 헌법 제정에서 주도적 역할을 했다. 1922년 총회에서 공식적으로 채택한 이 헌법은 웨스트민스터신앙고백과 서양의 장로교 교리에 기초한 것이었다. 그 외에도 장로교 헌법을 교회 지도자들에게 교육할 목적으로 《What is Presbyterian Law?》(1917)라는 책을 《교회 문답 조례》라는 이름으로 번역, 출간했다.

그리고 같은 목적으로 그는 1919년부터 1923년까지 〈신학지남〉을 통해 총회 헌법을 쉽게 주해한 열두 편의 글을 썼다. 이처럼 교회 헌법 제정과 보급에서 한국 장로교회는 클라크에게 특별한 빚을 지고 있다.

클라크의 선교 40년은 한국 장로교회의 계몽을 위한 사역으로 이어졌다. 그의 목회 활동은 이 땅에 장로교회의 양적 성장을 이룩했다. 교회 청소년 교화에 관심을 갖고, 1905년부터 승동교회 안에 면려회(勉勵會)를 조직하여 이들에게 신앙 교육을 시작했다. 그리고 어린이들을 위한 학교를 같은 해부터 교회 안에 설치, 운영했다. 케리마블 기념학교(Carrie Marble Memorial Day School)로 알려진 이 학교는 한때 크게 발전하여 1909년에는 35명의 소년과 55명의 소녀를 학생으로 두었다. 그는 순회 전도 지역에도 같은 종류의 학교를 일곱 개 개설하여 그 지역 학생들에게 현대식 교육을 했다. 1920년대부터 청소년의 음주와 흡연이 사회적으로 문제가 되자, 클라크는 이들을 보호하기 위해 적극적으로 금주·절제 운동을 펼쳤다. 1923년부터 〈신학지남〉에 절제에 관한 글을 썼고, 조만식과 채필근이 공동의장으로 참여하는 가운데 1931년 조직된 전국 절제회의 자문위원이 되었으며 〈금주〉라는 잡지의 편집장으로 다년간 일했다.

1908년부터 1939년까지 평양신학교에서 교수로 활동한 것은 초기 한국 장로교회의 지도자를 배출했다는 면에서 의의가 있다. 이 긴 기간 동안 약 1,600명에 이르는 초기 한국교회의 목회자와 평신도들이 그에게 직접 신학 교육을 받았다. 그리고 이들이 초기 한국교회를 지도했으니 클라크가 한국교회에 미친 신앙과 신학 교육의 영향은 충분히 짐작할 수 있다.

그리고 초기 한국 장로교 목회자와 신학생들의 설교 사역을 돕기 위해 설교 자료를 공급하려고 시작한 〈신학지남〉의 발전에는 클라크의 남다른 노력이 숨어 있었다. 1918년부터 1940년까지 그는 안식년 3년을 제외하고는 이 잡지의 발행인으로, 때로는 편집장으로 일했다. 이 잡지는 뛰어난 그의 경영 능력으로 1918년 제1집부터 2,500부 이상 팔렸다. 그뿐 아니라 클라크는 이 잡지에 가장 많은 글을 기고한 학자였다. 약 187개의 논고를 기고했다. 이 기간에 총 113권이 발행되었는데 그중 93권이 클라크의 글을 담고 있다. 즉, 〈신학지남〉의 86%가 클라크의 글을 실었으며, 평균적으로 한 권당 두 개의 글을 실었다.

1934년 장로교 총회는 표준성경주석 집필을 결정했다. 박형룡 목사가 편집장이 되었다. 그리고 이 주석 시리즈의 첫권인 《욥기·시편 표준성경주석》이 클라크에 의해 1937년 출간되었다. 1937년부터 1964년까지 계속된 집필 과정을 통해 출간된 표준성경주석 시리즈 총 12권 중 6권이 클라크의 작품으로, 《잠언-시편》(1937), 《레위기》(1957), 《민수기》(1957), 《마가복음》(1958), 《누가복음》(1962), 《예레미야》(1964)가 그것이었다. 표준성경주석에 쏟은 그의 열정은 어떤 동료 선교사나 한국인 목회자와도 비교할 수 없었다. 그래서 박영희는 서슴없이 클라크를 한국교회의 주경신학사에서 가장 선구적으로 공헌한 인물이라고 말했다.

교회의 신학적 방향은 복음주의, 근본주의, 그리고 보수주의가 중심이 되었다. 1934년 선교 50주년을 기념하여 미국 북장로교 한국 선교부가 발간한 책에서 클라크는 대부분의 초기 선교사들의 신학 사상이 "현저하게 보수주의적"이라고 피력했다. 이러한 주장은 그 자신의 신학적 사상을 대변했다. 실제로 클라크는 주저하지 않고 자신을 '보수주의자'라고 했다. 그의 보수적 사상은 넓은 의미에서 복음주의적이었다. 그는 자신을 포함한 초기 선교사들이 지닌 보수주의적 신학 사상을 이렇게 설명했다.

"선교사들은 그들의 가르침에서 인간의 죄와 죄 용서의 필요성, 그리고 오직 예수 그리스도를 통한 구원에 대한 문제를 항상 매우 심도 있게 강조했다. 그들은 성경 안에 제시된 초자연적인 사건들을 수용했으며, 성경을 권위 있는 책으로 믿었다. 또한 그들은 복음의 메시지가 세상에서 가장 완벽하다는 것과 기독교는 하나님을 찾는 여러 종교 중 하나가 아니라 계시를 통하여 하나님을 찾을 수 있는 유일하고 최종적인 종교임을 믿어 왔고, 지금도 믿고 있다. 그들은 성령의 중생하게 하는 능력과 믿음을 통한 사람의 변화를 여전히 믿고 있다. 그리고 그들은 한국교회의 많은 목사가 지도자로서 큰 힘을 보여 줄 수 있는 특별한 부흥 시기가 필요하다고 생각하며 그 중요성을 믿고 있다."

클라크의 보수주의 사상은 오직 그리스도를 통한 구원, 성경의 초자연성과 권위성, 다른 종교보다 뛰어난 기독교의 유일성, 부흥의 특별한 가치와 중요성 등을 중시하는 것이었다. 이는 조지 마스던(George M. Marsden)이 주장하는 복음주의의 특징과 매우 유사했다. 마스던은 복음주의의 전형적인 특징을 (1) 성경의 최종적 권위에 대한 개혁 사상, (2) 성경에 기록된 말씀의 구원 사역의 실제성과 역사성, (3) 오직 그리스도에 대한 인격적 신뢰를 통한 영원한 구원, (4) 복음과 선교의 중요성, (5) 영적으로 변화된 삶이라고 했다. 그러므로 클라크가 언급한 보수주의는 복음주의 사상과 일맥상통했다.

한국의 신학자 중 일부는 초기 내한 선교사들을 '극단적'(extreme)이고, '엄격하고'(strict), '고집 세고'(strong), '굽힐 줄 모르는'(inflexible) 근본주의자들이라고 불렀다. 그들은 보수주의 선교사들이 철저하게 '근본주의 5대 교리'를 주장하고 있다고 생각했기 때문이다. 당시 선교사들의 신학적 입장이 미국에서 발생한 근본주의의 가르침과 어느 정도 연관이 있는 것은 사실이다. 그러나 그러한 비판은 초기 선교사들이 가지고 있었다는 근본주의적인 신학적 사고가 더 발전된 현대 근본주의와 같다는 것에 의문을 가져다준다.

예를 들어 간하배가 지적한 것처럼, 전천년설에 관한 선교사들의 입장은 1909년 스코필드 관주성경(Scofield Reference Bible) 출판 후에 널리 보급된 세대주의적 전천년설의 '매우 조직화된' 형태보다는, 1870년대와 1880년대에 '예언과 성경 강론 운동'을 통해 고무된 종말론적 사상과 더 가깝다. 그래서 초기 선교사들에 의해 견지된 근본

18 찰스 클라크(Charles A. Clark, 1878~1961)

주의 경향은 1919년 세계 기독교 근본주의 협의회(W.C.F.A.)의 태동을 기점으로 세대주의적 전천년설을 근본주의의 5대 교리 중 하나로 채택한 현재 근본주의 운동과 반드시, 그리고 조심스럽게 구별되어야 한다. 이러한 측면에서 클라크와 대부분의 초기 선교사들은 1920년대 이후 조직적으로 발전된 근본주의자들은 아니었다. 초기 선교사 중 게일은 서구 서적의 번역과 출판을 통하여 한국에 세대주의를 널리 보급한 인물로 잘 알려져 있다. 클라크는 이러한 게일의 신학 태도와 행동에 점점 비판적이 되었다.

그러므로 여기서 정리할 수 있는 한 가지 사실은, 클라크를 포함한 대부분의 초기 선교사들의 보수주의 사상은 일반적으로 근본주의라는 용어보다는 오히려 복음주의라는 용어로 표현하는 것이 더욱 타당하다는 것이다.

클라크의 보수적 사상은 미국의 구 학파 장로교주의와 웨스트민스터 표준문서에 표명된 칼뱅주의 또는 개혁주의의 신학적 특징이 분명하다. 이러한 사상은 장로교의 헌법 제정(1909~1921)과 평양신학교 교육(1908~1941) 그리고 표준성경주석 출판(1935~1961)을 위한 그의 노력에 잘 반영되어 있다.

특별히 그의 성경 주석과 관계된 다른 성경 연구에 나타난 성경관을 보면, 그는 철저히 성경의 권위와 영감과 무오성을 주장했고, 반면 자유주의 고등비평을 강력하게 반대했다. 구 학파 성향이 강한 매코믹 신학교에서 교육받은 클라크는 프린스턴 구 학파 신학자인 찰스 하지, 휫필드 등 다른 개혁신학자들이 주장한 것과 같은 성경관을 가지고 있었다.

한국의 고대 종교에 관한 그의 저서 《Religions of Old Korea》(1932)와 1932년 미국에서 출간된 《Re-Thinking Mission》에 대한 그

의 논평을 살펴보면, 그는 종교적인 다원주의, 혼합주의, 보편주의와 같은 현대주의적 종교사상을 강력히 반대했다. 그리고 오히려 그의 저술을 통해 매우 고집스럽게 기독교의 유일성과 우수성 그리고 오직 예수를 통한 구원을 주장했다. 〈신학지남〉을 통해 발표한 "성화" "부활" "중생" "예정" 같은 제목의 설교는 그의 교리적 입장이 칼뱅주의 신학 전통을 따르고 있음을 보여 준다. 이러한 시각에서 클라크를 '비타협적인 보수주의자'라고 부르기도 했다.

그러나 클라크의 신학적 체계가 전적으로 구 학파 장로교 전통에 서 있다고 단언하기는 어렵다. 그에게는 신 학파 장로교도의 특징인 전도와 부흥에의 열정, 그리고 사회 구제 사업에 대한 남다른 관심이 있었기 때문이다. 이러한 열정과 관심이 신 학파의 영향인지 또는 19세기 말 무디의 부흥 운동에서 고조된 세계 선교 운동과 복음 전파 열기의 영향인지 구분하기는 쉽지 않다. 아마도 클라크는 부흥과 전도에의 열정, 그리고 사회봉사의 신 학파적 성향을 지닌 구 학파 장로교 목사라 해야 할 것이다.

초기 선교사처럼 클라크 또한 청교도 유산을 가지고 있는 사람이었다. 비록 일찍 어머니가 돌아가셨으나 클라크는 어머니로부터 청교도의 피와 신앙 정신을 물려받았다. 그러므로 그는 그리스도인의 삶을 인도하시는 하나님의 절대적인 주권을 믿었으며, 성경의 최종적 권위, 엄격한 안식일 준수, 예배 등에 대한 강조를 철저히 따르는 청교도 신앙인이었다. 특히 클라크는 하나님의 계명에 엄격히 순종했다. 그래서 기독교 신앙의 순수함을 지킨다는 의미에서 조상 숭배와 신사참배를 반대했다. 그러한 행동은 곧 우상숭배이며, 하나님께서 주신 십계명에 대한 분명한 위반 행위로 보았다.

클라크 선교사가 한국에 가져온 신학과 신앙은 일반적으로 보수주의이자 복음주의였다. 구체적으로 말하면 구 학파 신학과 웨스트민스터 표준문서 정신에 입각한 장로교였고, 청교도적인 특색을 가지고 있었다. 동시에 그는 19세기 말 미국교회에서 범람한 세계 선교에 대한 열정 및 신학과 장로교의 특성을 가졌다.

목회와 신학 교육, 그리고 저술 활동은 클라크가 그러한 신학적·목회적 특징을 한국교회에 심는 데 중요한 통로 역할을 했다. 그리고 한국교회는 그러한 신앙과 신학적 정신을 교회의 역사이며 정통인 전통으로 수용하게 되었다. 초창기 한국교회는 보수주의와 복음주의 역사 속에 그 뿌리를 내렸다. 그래서 개혁주의 신학의 대변자로 알려진 박형룡은 "한국 장로교회의 신학적 전통은 웨스트민스터 신앙고백에 표명된 미국과 영국 장로교회의 청교도적·개혁주의적 신학"이라고 서슴없이 평했다.

클라크와 같은 사상의 선교사들이 심은 이 신학적 전통으로 인해 그들이 선교지에서 철수한 후 교회에 위기가 닥칠 때마다 보수주의자들은 그 복음주의 신앙으로 고난을 받았다. 클라크는 일본의 신사참배 강요에 의해 강제로 추방될 때까지 이에 저항함으로 한국교회의 신사참배 반대 운동을 지지했다.

신사참배로 인한 교회의 위기가 끝난 1945년 해방 후 교회는 다시 깊은 신학적 논쟁에 빠졌다. 논쟁의 핵심은 성경관이었다. 1930년대 진보주의 학자들로 인해 문제가 된 성경의 권위와 무오설, 영감에 대한 논쟁이 더욱 크게 불거졌다. 박형룡을 중심으로 한 보수주의자들은 성경의 무오성과 축자 영감설을 강력하게 옹호한 반면, 김재준을 중심으로 한 진보주의자들은 성경의 무오성에 대한 견해를 부정했으며, 성경 해석에서 자유주의 고등비평을 수용했다. 성경관 논쟁의 결과, 1953년 4월 제38회 총회가 김재준의 목사직을 박탈했고, 이에 반발한 김재준과 그를 따르는 사람들이 기독교장로회라는 총회를 세웠다.

실천신학 교수인 정성구는 1980년대 출판한 그의 책에서 한국교회의 실천신학 분야가 다른 신학 분야에 비교해 덜 발전되었다고 지적했다. 이러한 맥락에서 정성구는 한국의 실천신학 발전을 위해 노력한 클라크의 개척적인 업적을 높이 평가했다.

이 같은 주장은 타당했다. 한국교회에서 실천신학의 학문적 발전이 다른 신학 분야보다 뒤졌다는 것은 사실이었다. 신학교에서 실천신학 과목은 주로 신학자들보다는 목회자들이 가르쳤다. 그리고 수업시간에 목회자들은 주로 자신의 목회적 체험과 실제를 가르쳤다. 그렇지 않으면 그들은 자신들의 옛 스승인 클라크의 실천신학 서적, 특히 《목회학》과 《설교학》에 의존해서 강의했다. 이러한 현상은 한국교회 실천신학의 미진한 발전을 보여 주는 것일 뿐 아니라, 상대적으로 이 분야에 미친 클라크의 지속적인 영향을 보여 주는 것이다.

클라크는 평양신학교에서 실천신학 교수로 31년(1908~1939)간 가르치면서 실천신학에 대한 다양한 주제들을 다룬 많은 교재와 글을 발표했다. 이러한 수고는 한국교회 실천신학의 이론과 실제의 발전을 위해 노력한 그의 선구자적인 역할을 반증한다. 무엇보다도 클라크는 성경 중심적 목회와 교회 교육을 매우 강력히 주장했다.

한국에서 행해진 네비우스 선교 방법을 정리하여 출간한 그의 책은 한국교회가 어떻게 성경 중심적 기초로 세워졌고, 성경을 사랑하며, 성경을 믿는 교회가 되었는가를 잘 보여 주었다. 또한 그는 목회, 교육, 전도가 성경 중심이 되도록 하기 위해 교회 지도자와 평신도를 말씀으로 훈련할 수 있는 성경 훈련 기관을 다양한 형태로 운영했다.

그러한 기관 중 이른바 성경 강좌(Bible Class)로 알려진 사경회는 그가 매우 선호한 성경 훈련 기관이었다. 사경회는 초기 한국교회를 '성경을 사랑하고 신뢰하는 교회'로 이끄는 중요한 역할을 했다. 선교사들과 한인 목회자들이 외친 성경 중심의 목회와 교육은 한국교회 안에 영적인 생동력과 숫자적인 성장을 가능하게 했다. 더 나아가 클라크는 그 자신을 포함한 초기 교회 지도자들이 집중적으로 행한 성경 중심 목회와 교육이 한국교회를 보수주의 형태의 교회로 만들 수 있다고 단언했다.

오늘날 사경회의 옛 모습을 찾기란 매우 힘들다. 하지만 성경에 관한 한국교회의 열정은 지금도 변하지 않았다. 예를 들어 벧엘, 크로스웨이, 쟌센, 네비게이토, C.C.C 등 각종 성경 공부 교재들과 각 교단의 주일 공과 등은 한국교회가 여전히 성경을 사랑하고 신뢰하는 교회임을 보여 준다. 이러한 현상은 클라크와 초기 선교사들의 성경 중심의 실천신학 사상 또는 목회 정신에 기인한 것이라 해도 지나치지 않을 것이다.

클라크는 그의 동료들처럼 정치 문제에 관해서는 중립적인 자세를 취했다. 정치적 문제에 관한 이러한 입장은 일제 식민 통치에서 발생되던 정치적 위기 상황과 밀접하게 관계되어 있었다. 그뿐 아니라 클라크의 중립적인 자세는 그의 신학적이고 목회적인 사상이기도 했다.

그는 "교회는 정치와는 전혀 무관하다"라고 했다. 이 표현은 교회와 국가의 분리에 관한 그의 확고한 입장이었다. 이러한 선교사들과 교회의 입장은 일제 식민정부의 통치하에서도 교회의 안전, 자유로운 선교와 전도 활동, 교회의 조속한 성장을 일시적이라도 보장받을 수 있는 결과를 낳았다.

이러한 점에서 김영재는 "보수적인 교회 지도자들은 여전히 정치와 교회의 분리를 명분으로 정치에 관여하지 않았다"고 지적했다. 즉, '교회와 국가의 분리'라는 문구는 정치 문제에 대한 비참여를 정당화하는 하나의 도구가 되었다. 예를 들어 서울의 어떤 큰 장로교회 목사는 "교회는 교회이고, 국가는 국가이다. 그것은 두 가지 완전히 다른 조직체이다. 교회와 정치는 분리되어야 한다. 교회는 정치적인 문제에 간섭해서는 안 된다"라고 했다. 한국교회 지도자 특히 장로교 목사들의 이러한 태도에 관해 양락홍은 이렇게 말했다. "교회와 국가의 분리라는 술어는 국가가 교회의 종교적인 문제에 간섭할 수 없다는 것뿐 아니라, 교회 또한 정부에 대해 말하지 말고 사회적·정치적인 문제에 대해 의사를 표명하지 말아야 한다는 뜻으로 사용되었다. 즉, 정치적인 문제와 종교적인 문제를 항상 분명하게 선을 그어 놓는다."

이러한 한국 목사들의 일반적인 사상과 자세는 클라크의 '교회와 정치는 전혀 무관하다'라는 사상에 그 근원이 있다고 보아도 무리가 없다. 클라크의 교회와 국가의 분리에 대한 견해는, 교회는 영적 기관이라는 그의 신앙과도 매우 밀접하게 관련되어 있다. 이러한 입장에서 그의 《목회학》은 목회자와 교인들이 그들의 신앙과 삶에서 영적인 부분에 더욱 관심을 가질 것을 강조했다. 이러한 가르침은 한국교회에 여전히 분명하게 남아 있다.

그리고 이러한 사상은 한국교회가 지나치게 이원론적인 신앙을 갖게 했다. 비평가들이 주장하듯이 이러한 이원론적 사상은 한국 기독교인들이 기독교 신앙의 영적인 영역, 종말론적인 희망, 그리고 하나님 나라에 대한 미래적 기대에 더 많은 관심을 갖게 했다. 그 결과 교회는 사회와 정치적인 문제들에 무관심했고, 그것에 대한 교

18 찰스 클라크(Charles A. Clark, 1878~1961)

회의 책임과 기능을 충실하게 감당하지 못했다고 지적할 수 있다.

정치와 교회의 분리 원칙으로 한국교회는 더욱 세상에서 분리됐고, 세상은 정죄 받아야 한다고 생각했다. 사회를 향한 출구가 닫혔고, 전진을 위한 어떠한 가망성도 없었다. 따라서 교회는 그 관심을 내세로 돌릴 수밖에 없었다.

한국교회는 일반적으로 사회와 정치 문제에서 교회의 사랑과 정의에 대한 의무, 그리고 예언자적 기능을 수행하는 데 냉담한 자세를 취했다. 김윤국은 이러한 현상을 초기 내한 선교사들의 사역과 그들의 정치적 태도에서 기인했다고 지적한다. 이러한 지적은 일리가 있다. 비록 클라크는 목회와 신학 교육을 통해 사회봉사에 관한 특별한 관심을 표명했고, 1930년대에는 금주운동에 다른 선교사보다 적극적으로 참여하기도 했으나, 그 역시 이러한 비판에서 예외가 아니다.

'한국교회 강단의 아버지'라 불릴 만큼 클라크의 설교와 그의 설교학 강의는 한국교회에 큰 영향을 주었다. 그가 한국교회 강단에 가장 큰 영향을 미친 것은 설교의 구조 또는 형태였다. 그의 책 《설교학》은 특히 제목 설교, 본문 설교, 주해 설교를 중요한 설교의 형태로 소개했다. 그는 이 세 가지 설교의 유형에 대해 "제목 설교는 본문에서 주제, 제목만을 취한 것이요, 본문 설교는 제목과 대지까지 본문에서 나오는 것이며, 해석 설교는 제목, 대지, 소지 등 거의 전부가 본문에서 나오는 것이다"라고 했다. 이 세 가지 설교 형태 중 클라크는 제목 설교를 선호했다. 특히 〈신학지남〉에 실린 그의 설교 전문을 분석하면 제목 설교가 36개(88.1%), 본문 설교가 6개(11.9%)인 반면 주해 설교는 없다. 주해 설교는 클라크가 선호한 설교 유형이 아니었다.

전반적으로 초기 선교사들 역시 제목 설교를 선호했다. 이러한 현상은 적어도 세 가지 측면에서 이해할 수 있다. 첫째로, 서구에서 19세기 말과 20세기 초에 가장 널리 유행한 설교 유형이 제목 설교였다. 둘째로, 선교사들이 선호한 제목 설교는 한국의 초신자들이 설교를 쉽게 이해할 수 있게 했다. 셋째로, 제목 설교는 본문으로부터 자유롭게 주제를 선택, 설교자가 원하는 목적으로 설교를 이끌어 갈 수 있어서 많은 일과 시간에 쫓기는 선교사들이 많은 시간과 연구가 필요한 강해 또는 본문 설교보다는 이 설교를 선호했다.

이러한 선교사들의 제목 설교 선호도는 한국 목회자의 설교 유형에 영향을 미쳤다. 초기 한국교회 목회자 역시 제목 설교 유형을 가장 널리 사용했다. 이러한 현상은 해방 이후에도 변함없었다. 이러한 통계 결과는 일반적으로 초기 선교사들, 구체적으로는 클라크의 영향이었다. 그의 설교학 강의와 많은 설교에 관한 글이 한국교회 강단의 설교 형태를 제목 설교 선호주의로 이끈 것이다.

설교 내용에서도 클라크는 예수 그리스도 중심적인 내용 그리고 영혼 구원을 촉구하는 전도 내용이 주를 이루었다. 이는 또한 초기 한국교회 지도자들이 가장 많이 다루던 설교의 중심 주제들이었다. 즉 클라크가 〈신학지남〉에 발표한 설교의 내용도 당시 한국 전도자들의 설교에 다분히 영향을 미쳤다. 그렇지만 제목 설교의 가장 큰 단점은 성경 본문을 소홀히 할 수 있으므로 본문과 상관없는 설교자의 주관적인 강론이 되기 쉽다는 것이다. 장로교 목사인 박희천은 "한국교회 설교의 문제점"이라는 글에서 다음과 같은 여섯 가지 중요한 문제점을 지적했다. ⑴ 본문에 대한 부정확한 이해, ⑵ 성경 구절의 잘못된 해석과 인용, ⑶ 설교 형태에 대한 주관적인 구분, ⑷ 본문과 관계없는 설교, ⑸ 본문과 동떨어진 설교, ⑹ 비합리적인 예

18 찰스 클라크(Charles A. Clark, 1878~1961)

화 사용이 그것이다. 이 중 (1), (2), (4), (5)의 네 가지 문제점은 제목 설교를 널리 가르치고 사용한 클라크의 영향 때문이라고 지적할 수 있다.

최근 한국교회는 설교 유형에 대한 새로운 운동이 일어나고 있다. 즉, 강해 설교에 대한 관심과 열정이다. 1980년대 이후 강해 설교에 대한 각종 세미나가 개설되고, 강해 설교 연구 모임이 이곳저곳에서 유행처럼 번지고 있다. 이러한 현상은 제목 설교의 제한성을 극복하려는 새롭고 바람직한 시도라고 평할 수 있다. 훌륭한 강해 설교자로 알려진 홍정길 목사는 강해 설교에 대한 그의 개인적인 선호에 관해 다음과 같이 말했다.

"당시 필자가 성장한 학생 단체를 지도하던 목사가 제목 설교에 능하신 분이었으므로 필자 역시 그 영향을 받아 제목 설교에 익숙해지게 되었다. 그러나 목회하면서 필자는 제목 설교의 한계를 곧 느끼게 되었다. 그리고 이어서 목회자의 설교는 강해 설교여야 함을 알게 되었다. 신학교의 설교학이 이 문제에 대해 분명하게 가르쳐 주지 않음으로 실제적인 도움이 되고 있지 못함은 참으로 애석한 일이었다. 필자는 마틴 로이드 존스의 《산상 설교》(Sermon on the Mountain)라는 책을 읽고 매우 충격받았다. 그의 《목사와 설교》(Preaching & Preacher)라는 책을 통해 나는 강해 설교의 중요성을 깨달았다. 그 후 1980년 대니스 래인(Danis Lane) 목사를 만나 강해 설교의 방향을 제시받았으며, 영국의 London Bible Institute에 가 있을 당시에는 존 스토트에게서 강해 설교의 원숙한 모습을 볼 수 있었다."

클라크의 《설교학》은 강해 설교의 중요성을 결코 무시하지 않았다. 그는 강해 설교가 비록 가장 어렵지만 모든 설교의 형태 중에서 가장 뛰어난 설교 유형이라는 것을 강조했다. 그러나 유감스럽게도 그 자신의 설교는 이론적으로나 실제적으로 한국 목사들에게 강해설교를 가르치고 널리 보급하지 못했다.

그는 그 밖의 설교 유형 보급에도 실패했다. 이는 제목 설교를 압도적으로 사용했기 때문이었다. 그럼에는 그의 제목 설교가 한국교회 성장에 긍정적 공헌을 했다는 사실을 간과해서는 안 된다. 그 시대는 단순히 복음의 씨앗을 뿌리며 심는 시기였다. 선교사나 한국 목회자를 포함한 초창기 설교자들은 구령 사역을 위해 어떻게 설교해야 하는지보다 무엇을 설교해야 하는지에 더 관심이 있었다.

성경 해석학에서는 성경 해석에서 한국교회가 가진 가장 큰 약점은 풍류적 해석(allegorical interpretation)과 영해(spiritual interpretation)를 지나치게 의존하는 것이라고 지적한다. 그리고 이러한 현상은 초기 선교사들의 설교와 그들의 성경 해석 방법에 크게 영향을 받았기 때문이라는 연구 결과가 발표되기도 했다. 이러한 주장은 매우 타당성이 있다. 선교사 클라크도 그의 성경주석과 설교에 풍류적 해석 방법을 자주 사용했다. 그의 풍류적 해석은 일반적으로 성경 본문 자체보다는 성경의 한 단어 또는 한 구절을 지나치게 의존하는 경향이 있었다. 클라크를 포함한 선교사들의 제목 설교에 대한 압도적인 사용은 직·간접적으로 한국 목회자들이 그들의 설교와 성경 공부를 위해 풍류적인 주해를 쉽게 사용하도록 만들었다.

이러한 점 외에도 클라크의 성경 해석학은 적어도 두 가지의 특징으로 요약할 수 있다. 첫째, 표준성경주석 출판의 목적으로 클라크는 칼뱅주의와 웨스트민스터 표준문서에 입각하여 성경을 해석하려고 노력했다. 그래서 그의 모든 주석의 서론, 주해, 적용 부분은 그의 성경관과 해석학에 관한 칼뱅주의적 특징을 뚜렷하게 보여 주었다. 특히 표준성경주석 중 그의 《욥기·시편》과 《마가복음》은 현대 진보주의적 고등비평학자들이 주장하는 여러 비관적인 견해들을 소개했다. 그리고 그러한 견해에 대한 그의 보수주의적인 입장을 명백히 제시하며 독자들에게 학술적으로 보수적인 식견을 넓혀 주었다.

둘째, 클라크는 성경 주석을 문법적·역사적인 해석법으로 개진했다. 특별히 그의 《욥기·시편》은 성경 해석학의 불모지인 한국교회에 문법적이고 역사적인 해석법을 소개하고 발전시키는 데 큰 역할을 했다고 할 수 있다. 비록 이러한 해석학적 방법이 학술적으로 깊이가 있지는 않았으나, 이는 그의 모든 주석서와 성경 연구 서적들을 통해 꾸준히 사용된 방법이었다. 특히 추가적 모형의 해석(typological exegesis)이 그의 주석 책에서 자주 발견된다. 이러한 주해는 성경 전체를 통해 하나의 주제, 즉 그리스도 중심적인 모형의 형태를 찾으려 한다. 그는 분명히 예수 그리스도의 구속적 사역을 구약과 신약 성경 전체에 흐르는 하나의 신학적 일치점으로 보았다. 예수 중심적 해석은 초기 한국교회 전도자와 목회자의 설교에 큰 활력을 불어넣었다.

40년 동안 클라크가 한국에서 이룩한 사역은 참으로 풍부하고 다양했다. 따라서 그에 대한 평가는 다채롭다. 어떤 사람들은 그를 문서 전도의 개척자, 실천신학 교수, 신학 서적의 저술가 등으로 부른다. 또 어떤 사람들은 그를 비타협적인 보수주의자, 성경의 권위와 무오성의 충실한 옹호자, 한국교회 강단의 아버지, 한국 장로교회의 설립자라고 부르기를 주저하지 않는다. 초기 한국교회 역사는 클라크가 이러한 모든 칭호를 받을 만한 충분한 자격이 있음을 분명하게 보여 준다.

그는 보수적이고 복음적이며 청교도적인 신학과 신앙에 따라 한국 장로교에 개혁신학 또는 칼뱅주의를 전달해 준 인물이었다. 그러나 한국교회는 클라크가 남겨 놓은 미진한 부분들, 예를 들어 설교학과 해석학, 그리고 교회와 국가에 대한 문제 등에 대한 깊은 자성과 새로운 연구라는 큰 과제를 넘겨받았다. 그럼에도 초기 한국교회, 특히 교회의 방향과 발전을 위한 클라크의 풍부하고 다양한 사역은 오늘 한국교회가 반드시 기억해야 할 그의 중요한 공헌이며 유산일 것이다.

"눈물을 흘리며 씨를 뿌리는 자는 기쁨으로 거두리로다 울며 씨를 뿌리러 나가는 자는 반드시 기쁨으로 그 곡식 단을 가지고 돌아오리로다"(시 126:5-6).

"너는 네 떡을 물 위에 던져라 여러 날 후에 도로 찾으리라 일곱에게나 여덟에게 나눠 줄지어다 무슨 재앙이 땅에 임할는지 네가 알지 못함이니라"(전 11:1-2).

"너는 아침에 씨를 뿌리고 저녁에도 손을 놓지 말라 이것이 잘 될는지, 저것이 잘 될는지, 혹 둘이 다 잘 될는지 알지 못함이니라"(전 11:6).

선교사는 이 전도서 말씀처럼 물 위에 씨를 뿌리고 아침에도 저녁에도 쉬지 않고 뿌릴 뿐, 그것을 언제 거둘 수 있는지는 알 수 없다. 오직 여호와께서 그것을 거두신다.

클라크 선교사는 아무 관계도 없는 한국인에게 그리스도의 복음의 씨를 뿌렸다. 복음의 씨를 뿌릴 때 언제 어떤 열매를 거둘 수 있을지 자신도 몰랐다. 그러나 그는 열심히 아침에도 저녁에도, 아니 밤에도 뿌렸다. 당시 한국인의 마음에는 미신만 가득했다. 그런데 이러한 황무지에 복음의 씨를 뿌렸다. 클라크와 선교사들의 소망은 그것이 반드시 열매를 맺으리라는 것이었다. 그리고 결국 주님께서 자라게 하셨고, 열매 맺게 하셨다. "나는 심었고 아볼로는 물을 주었으되 오직 하나님께서 자라나게 하셨나니 그런즉 심는 이나 물 주는 이는 아무것도 아니로되 오직 자라게 하시는 이는 하나님뿐이니라"(고전 3:6-7)라는 사도 바울의 말과 같이 클라크 선교사는 농부에 불과했다. 그것을 만족하게 여기며 열심히 뿌리고 물을 주었다. 그런데 하나님께서 자라게 하셨다. 자연의 원리가 신앙에도 그대로 적용되게 하셨다.

클라크 선교사는 그의 확고한 신학적 입장을 한국교회에 확실하게 심었다. 그로 인해 한국교회가 보수적이고 복음적인 교회로 형성되었다고 해도 과언이 아니다. 클라크 선교사는 마펫 선교사와 같은 시카고의 매코믹 신학교 전통을 이어받아 한국교회를 형성했다. 그것은 프린스턴 신학교의 현대주의적 신학을 배격하고 오직 성경적 교회를 형성하려는 복음주의 교회를 만들었다.

그런 면에서 평양신학교의 전통을 생성한 클라크 선교사를 비롯한 매코믹 신학교 출신들의 선교적 노력은 미국교회의 부흥으로 세례 요한과 같은 무디의 설교가 세계 선교를 주장하면서 그 복음이 한국에도 유입됨으로 시작되었다. 이어 평양 부흥운동이 일어났고, 한국교회는 3·1 독립운동을 주도하게 되었다. 그리고 일본 제국주의자들의 황제 숭배를 배격하는 강력한 교회가 되었으며, 북한에 공산주의가 들어오면서 많은 순교자를 냈다. 그러나 터툴리안의 "순교자의 피는 교회의 씨앗이다"라는 말이 그대로 열매를 맺었다. 그 결과 한국교회는 21세기 세계 선교의 주역이 되고 대한민국을 기독교 국가로 다시 형성하고자 하는 사명감을 갖게 되었다. 이제 한국교회는 이것이 하나님께서 한국에 복음을 허락하신 이유임을 확실히 믿고 모든 교역자와 평신도가 하나 되어 주님의 명령을 실행해야 한다.

18 찰스 클라크(Charles A. Clark, 1878~1961)

19

엘리자베스 셰핑
(Elisabeth Johanna Shepping, 1880~1934)

　　엘리자베스 셰핑[Elisabeth Johanna Shepping, 서서평(徐舒平), 1880~1934] 선교사는 가난하고 억압받던 조선 땅에서 '작은 예수'라 불렸다. 그런 그녀의 삶은 2017년 다큐멘터리 영화 〈서서평, 천천히 평온하게〉로 제작되어 세상에 널리 소개되었다.

셰핑 선교사는 미국 남장로교 선교사로 파송되어 유진 벨, 오웬 선교사처럼 호남 지역 복음화를 위해 헌신했다. 특별히 그녀는 이일학교(한일장신대학교 전신)와 조선간호부회(대한간호협회 전신), 여전도회 연합회를 창설하여 여성운동과 간호 분야에서 힘썼으며, 고아 14명을 자녀로 삼고 오갈 곳 없는 과부 38명과 한집에 머물며 낮은 자들의 어머니로 살았다.

셰핑은 1880년 9월 26일 독일 남부 버스바덴에서 태어났다. 그러나 그녀가 태어난 직후 아버지가 세상을 떠났고, 어머니는 세 살 난 셰핑을 할머니에게 맡긴 채 미국으로 떠나 버렸다. 어머니에게 버림받은 셰핑은 할아버지 안드레아스 셰핑과 할머니 엘리자베스 화버의 품에서 자랐다. 그녀는 불우했으나 매우 명랑한 성격이었다.

1889년 9세 되던 해에 할머니가 세상을 떠나자, 셰핑은 어머니의 이름만 기억하고 미국으로 건너가 어머니를 찾았다. 극적으로 어머니를 만났으나 새로운 생활을 하고 있는 어머니에게 외면을 당한 그녀는 마음에 상처를 안고 가톨릭 미션스쿨에 들어갔다. 학교를 졸업하고 간호사가 되기 위해 성 마가병원 간호전문학교에 입학했다.

간호전문학교 졸업반이 되면서 셰핑은 뉴욕시립병원에서 실습을 했다. 그때 동료 간호사의 권면으로 장로교회 예배에 참석하여 감명을 받은 그녀는 전통적인 가톨릭에서 개신교인 장로교로 개종했다. 간호전문학교를 졸업한 뒤에는 브루클린주에 있는 이시병원에서 근무하며 근처에 있는 유대인 요양소, 이탈리아 이민자 수용소에서 봉사활동을 했다.

1904년부터 그녀는 뉴욕의 성경 교사 훈련학교에서 운영하는 '여행자를 돕는 선교회'(Traveler's Aid Missionary)에서 헌신적으로 봉사했다. 그러다 1911년 선교사 포사이드(Forsythe)에게서 그녀의 삶의 전

19 엘리자베스 셰핑(Elisabeth Johanna Shepping, 1880~1934)

환점이 되는 소식을 듣게 된다. 태평양 건너에 조선이라는 나라가 있는데 의료시설이 부족하고 위생 관념도 없어 많은 환자가 치료조차 받지 못한 채 길가에 버려지고 있다는 것이었다. 그 말을 들은 셰핑은 고통받는 조선인에 대한 헌신이야말로 하나님께서 자기에게 부여한 사명이라고 확신하고 남장로교에서 파송하는 해외 선교사로 지원했다.

1912년 2월 20일 셰핑은 32세의 나이에 조선을 향하는 여객선 코리아 호(S. S. Korea)를 타고 20여 일 동안의 기나긴 항해 끝에 생면부지의 땅 조선에 도착했다. 그때부터 셰핑은 조선 사람과의 자유로운 소통을 위해 열심히 한국어를 배웠고, 본명과 발음이 비슷하게 '서서평'(徐舒平)이라는 한국 이름까지 지었다. 조선에 온 초기에 셰핑은 선교회의 지시에 따라 서울에 있는 세브란스병원에서 간호사 양성과 기독교 선교 활동에 임하게 되었다. 1919년 거국적인 3·1 독립운동이 일어나자 셰핑은 일제의 만행으로 부상당한 조선인들을 치료하고 투옥된 독립운동가들의 감옥 생활을 도왔다. 그런 활동으로 인해 일제로부터 서울 활동이 금지되자 광주에 내려가 선교부에서 운영하는 제중원의 간호사로 일했다.

그때부터 셰핑은 전주와 군산, 광주 등지를 오가며 어려운 처지에 있는 여성들에게 성경과 실과 등을 가르쳤다. 군산의 구암예수병원에서 근무할 때는 뛰어난 기획력과 사업 수완을 발휘하여 다른 병원에 비해 한국인 조수, 입원 환자 수, 진료 횟수 등에서 월등히 높은 성과를 올렸다.

일제강점기 셰핑이 바라본 조선의 현실은 실로 비참했다. 그녀가 활동했던 광주와 전남 지역은 1930년 기준으로 볼 때 전체 45만 가구, 220만 인구 중 빈곤층이 88만 명이었고, 걸인이 11만 명에 달했다. 당시 셰핑은 남존여비의 그릇된 풍습으로 인해 인간 이하의 대접을 받고 있던 조선 여성들에게 주목했다. 그녀가 만난 많은 여성이 질병에 시달리거나 굶주리고 있었으며, 소박맞고 집에서 쫓겨나 오갈 데 없는 처지에 있는 사람도 엄청나게 많았다.

셰핑은 그녀들을 구제하는 것은 물질이 아니라 교육과 신앙이라고 생각하고 1년 중 100여 일 동안 말을 타고 전라도는 물론 제주도까지 건너가 병자들을 돌보고 핍박받는 여성들을 가르쳤다. 이때 여행에서 만난 여성 500여 명 중 이름이 있는 사람은 10명뿐이었다. 조선 여성들은 이름도 없이 '돼지 할머니' '큰 년' '작은 년' 등으로 불렸다. 이에 그들에게 이름을 지어 주고 한글을 깨우쳐 주는 것이 가장 큰 일이었다.

1922년 셰핑은 미국인 친구 로이스 닐(Lois Neel)의 후원을 받아 한국 최초의 여성 신학교인 이일학교(Neel Bible College)를 설립했다. 이 학교는 현재 전라북도 전주에 있는 한일장신대학교의 전신이다. 그 후 셰핑은 이일학교 학생들과 함께 농촌 봉사활동에 나서 매년 3~4만 명의 여성들을 교육했다.

그녀는 또 부인조력회와 조선여성절제회, 조선간호부회, 여전도회연합회 등을 창설하여 여성의 권리 보호에 진력함으로 조선의 여성운동과 간호계, 개신교에 지대한 영향을 끼쳤다. 1923년 조선간호부협회를 세운 뒤에는 일본과 별개의 단체로 국제간호협의회에 등록하려 했으나 일본 제국주의자들에 의해 실패로 돌아갔다.

식민지 조선의 현실을 직시한 그녀는 조선 여성들에게 성경의 출애굽기를 가르치며 독립에 대한 확신을 심어 주려고 애썼다. 훗날 한 일간지에서는 이런 그녀의 헌신적인 노력에 경의를 표하며, 오만한 일부 선교사들이나 신여성인 체하고 사치를 일삼는 여성들과 전

19 엘리자베스 셰핑(Elisabeth Johanna Shepping, 1880~1934)

혀 다른 삶을 사는 셰핑이 '작은 예수'로 불렸다고 기록했다. 이로써 사치스럽게 하인을 두고 차를 몰고 다니던 선교사들이나 동족이 비참한 상황에 처해 있는데도 눈감고 개인의 향락주의에 빠져 있던 신여성들의 양심을 자극했다.

1925년 1월 17일 셰핑은 광주기독교청년회에서 주최하고 반금정 예배당에서 열린 인도(人道) 문제 강연회에서 300여 명의 청중에게 "금주 문제에 대하여"라는 제목으로 계몽 강연을 했다. 1926년에 한 신문기자는 그녀에 대하여 "사랑스럽지 못한 자를 사랑스러운 존재로 만들고, 거칠고 깨진 존재를 유익하고 아름다움을 지닌 기독교인으로 만들고자 하는 열정을 가졌다"라고 썼다.

그 무렵 남장로교 소속 미국인 선교사들은 한 달 생활비로 3원을 받았다. 그런데 셰핑은 자신이 받은 3원 중 10전을 생활비로 사용하고 나머지는 모두 빈민과 병자, 여성들에게 주었다. 그들을 위해서라면 어떠한 어려움에도 좌절하지 않았다. 광주 양림동에서 여성들의 자립을 위해 양잠업을 지도하던 중 시설이 비좁고 뽕나무가 부족하자 미국 선교부에 기금을 요청했고, 제주도에서는 빈민들과 함께 산에 올라가 고사리를 캐기도 했다.

1929년 안식년을 맞아 미국으로 건너갔을 때 셰핑은 어린 시절 자신을 버리고 떠난 어머니 안나 셰핑을 만났다. 그런데 매정한 어머니는 가톨릭에서 개신교로 개종한 것도 모자라 고된 선교사 생활로 거지꼴이 된 딸을 몹시 부끄러워하여 외면했다. 셰핑은 평생 세 차례나 어머니에게 버림받았다. 그녀의 어머니는 세 살 때 그녀를 버리고 미국으로 이민 갔고, 청소년 시절 미국에 건너온 그녀를 외면했으며, 선교사가 되어 안식년에 귀국했을 때는 초라한 행색의 그녀를 받아들이지 않았다. 셰핑은 그런 내면의 아픔을 신앙과 인간애로 승화시켜 조선의 자식들에게 더 큰 사랑으로 전해 주었다.

출생의 비천함과 소외감을 긍정적인 삶의 태도로 변화시킨 셰핑은 가난하고 병들고 소외된 사람들을 위해 자신의 모든 것을 쏟았다. 그녀의 따뜻한 손길은 미혼모, 고아, 나환자, 거지들을 가리지 않았다. 그녀는 또 나환자의 아들 1명과 13명의 소녀를 입양하여 훌륭하게 키워 냈고, 시대가 외면하던 과부 38명을 자립시켜 새 삶을 살도록 했다.

1934년 6월 26일 셰핑은 광주에서 만성 풍토병과 과로, 영양실조로 인해 54세의 나이로 세상을 떠났다. 〈동아일보〉는 1934년 6월 28일 자 신문에서 "이국 분투 25년, 자선·교육 사업에 일생 바친 빈민의 자모 양장서"라는 제하에 다음과 같이 그녀의 죽음을 애도했다.

"셰핑은 당시 동양인을 미개인 취급했던 다른 선교사들과 달리 한국의 자연과 문화를 진정으로 사랑했다. 평소에 그녀는 옥양목 저고리와 검정 통치마를 입었고, 남성용 검정 고무신을 신었으며, 음식도 된장국을 좋아했다."

셰핑은 1922년에 이일학교를 창립하여 13년 동안 성경과 36명, 과학과 37명의 졸업생을 냈으며, 66명의 재적생을 두었다. 이 학교는 이혼당한 여자, 남편과 사별한 여자, 학령이 초과한 여자 등을 교육해 왔는데, 셰핑 선교사는 학교 창설 이래 자기의 생활비까지 학교

19 엘리자베스 셰핑(Elisabeth Johanna Shepping, 1880~1934)

유지비에 바쳤다. 이에 사생활은 극도로 곤핍했으며 무너진 주택을 수선할 여유조차 없었다. 그러던 중 안타깝게 세상을 떠났다는 소식에 그 장례는 광주기독교단체 연합 장으로 성대히 거행되었다.

22년 동안의 헌신적인 삶을 뒤로한 셰핑의 유산은 담요 반 장, 동전 7전, 강냉이 가루 2홉뿐이었다. 그녀는 임종에 앞서 자신의 시신을 의학용으로 기부했다. 텅 빈 그녀의 침대 머리맡에는 "성공이 아니라 섬김이다"라는 좌우명이 걸려 있었다. 동료 선교사들은 '한국의 메리 슬레서'를 잃었다며 몹시 슬퍼했다. 메리 슬레서는 나이지리아에서 고아들을 돌보다 숨져 '아프리카 어린이들의 어머니'로 추앙받은 선교사이다.

우리나라를 거쳐 간 많은 선교가 조선인의 친구로 살았다면 셰핑은 영혼과 육체 모두 조선인으로 살다 갔다. 그것이 우리가 오늘 그녀에게 주목하고 배워야 할 선교와 신앙의 핵심이다.

1912년 조선이 일제 치하에서 시련을 겪던 때 이 땅에 첫발을 딛고 1934년 6월 26일 54세의 나이로 세상을 떠나기까지 22년간 조선을 사랑하고 섬겼던 엘리자베스 요한나 셰핑 선교사의 내한 100주년을 기념해 그의 평전 두 권이 발간됐다. 책을 집필한 양국주 대표는 셰핑에 대해, 선교 대국을 자랑하나 선교 정신을 잃어버린 한국 교회가 반드시 기억해야 할 인물이라고 소개했다.

"선교사들이 중국에서 석공을 데려다가 3층 벽돌집을 짓고, 미국 등지에서 음식을 조달해 먹을 때, 셰핑은 초가집에서 보리밥에 된장국을 먹고 고무신을 끌며 마지막에 영양실조로 숨을 거두기까지 조선의 가난한 이들과 함께 살면서 성경을 가르쳤다. 셰핑은 그래도 다른 선교사들의 호화로운 생활에 대해 한마디도 하는 일이 없었다. 그리고 자기의 갈 길만 가는 겸손한 선교사였다. 이러한 선교사야말로 진정 아름다운 복음의 열매를 맺을 수 있는 선교사라 여겨졌다."

셰핑은 평신도 전문인 간호 선교사였다. 그녀는 간호사를 천직으로 여기고 하나님 나라 확장을 위한 도구로 삼아 조선에 들어온 후 광주 제중원, 세브란스에서 간호학교를 운영하며 제자를 양성했다.

광주 신안교회는 광주 선교부에서 선교사로 활동했던 셰핑 선교사의 주일학교 확장 운동으로 설립되었다. 광주제일교회 집사였던 김창호가 셰핑 선교사의 재정적인 지원을 받고 전도인으로 파송받아 신안교회가 설립되었다. 그의 후임으로 광주에서 성자로 널리 알려진 이현필 전도사가 시무하기도 했다. 이때 백춘성은 이현필의 영향으로 작가로서 활동했는데, 자신이 집필한 어떤 책에서 그를 가리켜 '맨발의 성자'라고 부르기도 했다.

백춘성 장로의 모친은 일찍 과부가 되어 매일 먹을 양식 때문에 눈물을 흘리며 보냈다. 바로 이 무렵 이현필 전도사의 전도를 받고 온 식구들과 신안교회에 출석하게 되었고 권사의 직분까지 받았는데, 당시 광주에서 백춘성 어머니의 신앙을 본받아야 한다는 말들이 장안에 퍼지기 시작하면서 계속 교인들이 신안교회로 모여들었다.

신안교회에 부인조력회가 조직될 무렵 초등학교 문턱도 안 가본 백춘성의 어머니는 셰핑 선교사가 운영하는 광주 이일학교 보통 과정에서 무료 수업을 받고 한글을 터득했다. 당시 한글을 몰랐던 많은 문맹자가 이 학교를 통하여 한글을 터득하면서 개교회에서 여전도회 회원으로 활동했다. 교회에서 성경 암송 대회가 개최되면 우승자들은 모두 이일학교 출신들이었다. 이들의 교육은 보통 과정으로만 끝나지 않고 이일성경학교에 진학하여 성경을 체계적으로 배웠다. 이후 과부들은 전도부인으로 나가 광주지방 교회 성장에 크게 공헌했다.

19 엘리자베스 셰핑(Elisabeth Johanna Shepping, 1880~1934)

또한 셰핑은 1929년과 1932년 조선간호부회를 대표해 캐나다와 도쿄로 다니며 조선간호부회를 단독으로 국제간호협의회에 정회원으로 가입시키기 위해 힘썼다. 이 외에도 오늘날 여전도회 전국연합회의 전신인 무안조력회 사업을 이끌었고, 전라도에서 성미 제도를 시작해 전국으로 확대했으며, 나환자를 섬겼던 최흥종 목사와 함께 나환자 수백 명을 이끌고 광주에서부터 조선총독부까지 걸어가 총독에게 나환자의 정관수술 금지와 소록도 갱생원 설치 약속을 받아내기도 했다.

셰핑이 나환자들이나 가난한 이들, 특히 이름 없이 '남편의 소유물'로 살아가던 여성들을 보듬고 말씀으로 교육하며 '한 인간'으로 살아가게 한 일은 그녀가 그들과 같은 조선인으로 살아갔기에 가능했다.

셰핑이 1922년 자신의 거처에서 이일성경학교를 만들어, 죽기 한 해 전에는 40명의 재학생이 27개 촌에 흩어져 44,482명의 어린 영혼을 돌보고 가르치고, 또 13개 촌에서 26명의 학생이 2,500명의 여성을 계몽시키고 마을 기도회를 이끈 것은 당시에는 기적 같은 일이었다.

그녀는 조선인들의 삶을 가까이에서 살피기 위해 조랑말을 타고 자주 전국을 순회했는데 화순에서 담양, 지리산 인근 순창까지 20일간의 여정에서 신생아부터 노인까지 한센병 환자를 포함해 온갖 질병에 걸린 500여 명을 돌보았다. 1년에 100일 넘게 순회를 다닐 때면 온몸에 들러붙은 이를 잡느라 밤을 지새웠으며, 조선인들과 같은 모습으로 살았다.

셰핑 선교사의 조선인의 삶에 대한 다짐은 그가 선교 사역 17년 만에 처음 맞이한 1년간의 안식년을 마치면서 쓴 편지에 잘 나타나 있다. 셰핑은 조선으로 돌아오는 배 안에서 자신이 선교사로서 부적합한 것을 고민했다.

셰핑의 선교 보고에 따르면, 당시 호남평야가 조선 백성의 호구를 책임지는 비옥한 곳으로 여겨졌음에도 전라남도 인구 223만 명 중 굶는 사람이 88만 명, 거지가 11만 명이었던 것을 볼 때, 심각한 가난이 조선 땅 전체를 뒤덮고 있었다. 셰핑은 찾아오는 가난한 이들을 그냥 돌려보낼 수 없어 자신의 이불까지 잘라 주었다. 예수가 세상에 오신 의미는 우리 삶 가운데 오셔서 우리와 피부를 맞대며 살기 위한 것이었다. 셰핑 역시 조선인들과 같이 어울려 살며 복음을 전파하고, 그들의 필요를 채워 주고, 사람으로서 마땅히 지녀야 할 자존감을 심어 주는 등 그가 이 땅에서 가르치고 행한 것은 세상이 감당할 수 없는 것이었다.

2012년 6월 26일 양림동 선교사 묘역에서 셰핑 선교사 77주기 추모예배가 열렸다. 당시 아름다운 선교사 셰핑을 추모하기 위해 모인 추모객들은 한결같이 지금 이 시대가 필요로 하는 제2의 셰핑에 대한 간절함으로 셰핑 선교사를 그리워했다. 앞서 2011년 9월 30일부터 10월 1일까지 1박 2일 동안 여수 애양원에서는 2012년 셰핑 선교사 내한 100주년을 준비하는 예비 모임인 셰핑 선교사 세미나가 열렸다. 미국, 서울, 광주, 목포, 여수 등 각지에서 30여 명이 참석했으며, 주요 인사로는 홍정길 목사(남서울은혜교회), 양창삼 목사(한대 교수), 송인동 교수(호남신대), 소향숙 권사(전대 간호대학), 양국주 선교사(미국), 손영진 사모(CCM 가수/미국), 광주 제일교회 故 ○○ 목사와 이현철 장로, 송경의 장로 등이 함께했다. 남서울○○교회 홍정길 목사는 모친이 셰핑 선교사가 설립한 이일양성○ 다녔고, 전도부인으로 활동한 것이 인연이 되어 참석하게 했으며, 애양원 병원 김인권 원장의 애양원 소개 등 장○ 나눔과 토론이 이어졌다.

현재 매년 광주에서는 나모 문화 네트워크 윤경미 전도사가 주축이 되어 셰핑을 추모하는 뮤지컬을 공연하고 있으며, 전주에서는 전주 한일장신대를 중심으로 셰핑 관련 학술대회와 뮤지컬이 공연되고 있다. 셰핑을 추억하고 그녀의 삶을 그리워하는 사람들은 아무도 서로에게 '당신은 누구인가? 왜 셰핑을 따르고 있는가?'라고 묻지 않는다. 그냥 묵묵히 셰핑이 걸었던 양림동의 그 구불구불한 길을 걸으며 그녀의 발자취를 따라가고 있을 뿐이다. 그녀가 쏟았을 눈물과 기도의 긴 여운을 피부로 느끼며 지금도 역시 따라가고 있을 뿐이다.

독일 출신 미국인인 셰핑 선교사는 1912년 32세의 나이에 처음 조선에 온 처녀 간호선교사였다. 당시 조선은 나라를 잃은 슬픔 속에 스스로를 돌볼 엄두도 못 내던 때였다. 그녀는 끊임없이 병고에 시달리는 몸으로 광주 제중원 등을 중심으로 전라도 일대와 제주도를 끊임없이 순회하며 아픈 사람들을 돌보고 가난한 여인들을 가르쳤다.

셰핑이 바라본 조선 땅은 고난으로 가득 차 있었다. 한 번 순회 진료와 전도 여행을 나서면 한 달 이상 말을 타고 270km 이상의 거리를 돌았다. 진흙탕에 말이 쓰러지면 진료 가방을 머리에 이고 백 리 길을 걸었다.

1○○년의 양림동을 생각하면 과연 지금 우리가 누리는 이 행복의 근원○ 무엇이 있는지 생각하지 않을 수 없다. 나라도, 민족도, 이름도, 조○ 잃어버렸던 36년간의 일제 치하의 시작점이었던 당시 우리에게 삶○ ○떤 의미가 있었던가? 아직도 분단이라는 기나긴 어둠의 터널을 ○ 있는 우리가 지금 통일을 위해, 복음을 위해 해야 할 일은 과연 ○까? 우리 모두가 각자 주어진 길을 잘 걸어가고 ○는 있는지 한 번 ○ 보아야 할 순간임은 너무나 분명하다.

셰핑 선교사는 가난하고 사람 대접을 받지 못하는 여성들을 위해 이일학교를 설립해 그들에게 한글을 가르침으로 성경을 읽게 했다. 그녀는 단순히 글을 가르치고 여성들의 지위를 향상하는 것이 목적이 아니라, 결국은 그들이 성경을 배워 그리스도를 본받아 삶으로 영혼 구원을 받게 하는 것이 목적이었다. 이것이 예수님의 삶이었고, 지금도 선교하고 있는 많은 선교사의 최후 목표이다. 그러면서 셰핑은 한국 여성들에게 인간의 권리와 존엄성을 깨닫게 하고 나라와 민족을 위해 공헌할 수 있다는 사명감까지 불어넣었다.

　셰핑 선교사가 여성이었기 때문에 여성들을 특별히 사랑했다고 여길 수 있으나, 실은 더 깊은 의미가 있다. 앞서 말했듯 셰핑은 어머니로부터 세 차례 버림받았다. 버림을 받아 본 사람이었기에 시집가서 시댁 가족들 특히 남편에게 박대받고 쫓겨난 여성들, 이름도 없이 천하게 사는 여성들을 위해 이름을 지어 주는 일을 했으며, 또한 그들을 데려다가 글을 가르치고 성경을 읽게 하고 함께 살 수 있었다. 그뿐인가? 과부들과 함께 살고 버려진 아이들을 모아 양자와 양녀로 삼았다. 이 모든 삶이 버림을 받아 본 경험에서 비롯되었으리라. 처절하고 배고프고 죽고 싶은 심정이 무엇인지 셰핑은 알았다. 그렇기에 그녀는 그러한 사람들을 위해 살았다. 셰핑은 이렇게 서러움을 믿음으로 승화하는 삶을 살도록 사람들을 지도하고 함께 살았다.

　셰핑 선교사의 큰 공로로 평가할 수 있는 사업은 이일학교의 설립이다. 처음에 이일학교의 설립 목적은 여성들을 위한 계몽적 차원이었다. 그곳에서 간호원을 양성하고, 또한 성경학교를 개설하여 여전도사들을 양성해 교회에 파송함으로 복음 전파에 큰 역할을 했다. 사실 초기 한국교회 역사에서 여전도사들의 역할이란 목회자의

19 엘리자베스 셰핑(Elisabeth Johanna Shepping, 1880~1934)

성공적 목회의 후견인이었다. 훌륭한 여전도사를 모신 교회는 부흥했다.

셰핑은 당시 한국 여성 대다수가 문맹이라는 것을 알고 여성들을 일깨워야겠다고 생각했다. 이 학교가 광주 이일학교로 현 전주 한일장신대학교의 전신이다. 학생 수가 265명에 이를 만큼 지역 여성들의 교육에서 큰 역할을 담당했다. 이일학교는 큰 인기를 끌면서 학생 수가 많아져 1922년 오웬 기념관으로 수업 장소를 옮겨야만 했다. 이일학교는 정부가 공식적으로 인정한 3년제 사립학교였는데 보통과와 성경과를 두어 비기독교인들의 입학도 허락했다. 셰핑은 뽕나무 4,000그루를 직접 심어 양잠을 통해 더 많은 학생을 키워 냈으며, 고아를 14명이나 입양해 성인이 될 때까지 교육은 물론 결혼까지 지원해 줌으로 호남지역에서 '어머니'로 통했다.

이후 이일학교는 일제의 신사참배 강요에 반대해 1941년 9월에 폐교되었으나 광복 후 1949년 5월에 다시 열었다. 그러나 1959년 6월 25일 한국전쟁이 시작되면서 다시 문을 닫았다.

셰핑은 환자들을 위한 노력을 아끼지 않았다. 한센병 환자들을 위해 행한 일은 그의 선교에서 가장 큰 결과라고 해도 과언이 아니다. 특히 일제의 수탈이 극심했던 호남지역 일대의 한센병 환자들을 헌신적으로 돌보며 본격적인 간호 활동을 시작했다. 전남 곳곳의 한센병 환자들을 지나치지 않고 돌보면서 복음을 전했고, 조랑말을 타고 한센인들의 거처를 찾아다니며 적극적으로 치료 활동을 했다.

여성 단신 선교사로 한국에 와서 남자 선교사들 틈에서 자기의 사명을 다한 셰핑 선교사는 개인적으로 훌륭한 열매를 많이 맺었으며 여성으로서 감당하기 어려운 업적을 많이 성취했다. 그녀는 32세에 한국에 와서 다른 선교사들보다 비교적 적은 22년 동안 선교사

생활을 했으나 어떤 선교사보다 훌륭한 열매를 맺었다.

셰핑 선교사는 우리가 예수를 믿는 이유는 성공하기 위한 것이 아니라 남을 섬기기 위한 것임을 죽을 때까지 강조했다. 주님 앞에 선 그녀에게 주님께서는 분명히 "착하고 충성된 종아 네가 적은 일에 충성하였으매 내가 많은 것을 네게 맡기리니 네 주인의 즐거움에 참여할지어다"(마 25:23)라고 말씀하셨을 것이다.

20
스테이시 로버츠
(Stacy L. Roberts, 1881~1946)

미국 북장로교 파송 한국 선교사 스테이시 로버츠[Stacy L. Roberts, 라부열(羅富悅), 1881~1946]는 1888년 2월 18일 펜실베이니아에서 출생하고, 라피에로 대학과 프린스턴 신학교에서 공부한 후 1907년 8월 29일 부인과 함께 한국에 도착하여 선천을 선교지로 배정받았다.

이 지역은 마펫 선교사가 맡은 구역이었으나 그의 뒤를 이어 선교 사업에 종사하게 되었으며, 이러한 관계로 그는 마펫에게 특별한 사랑과 지도를 받았다. 선천에 부임하여 평양 장로회신학교 교수로 가기 전까지 5년 동안 선천 부근의 산간벽지까지 다니면서 복음 전도에 심혈을 기울였다.

이때 로버츠 선교사는 평양신학교 1회 졸업생으로 한국 장로교 최초의 목사인 양전백 목사와 함께 선천에 교회를 세우며 많은 인재를 길렀다. 또 정주 오산학교 설립자 이승훈을 알게 되어 오산학교 설립에도 협조자가 되었다.

그 후 그는 마펫의 후임으로 1913년부터 평양신학교 교수로 부임해 성경 주해를 맡아 공관복음, 로마서, 옥중서신, 요한계시록 등 신약의 중요한 과목을 가르쳤다. 또 신학교에서 발행하는 저널 〈신학지남〉에 수많은 논문을 기고해 신학 발전에도 크게 공헌했다. 1913년부터 평양신학교에서 신구약 해의(解義)를 가르치던 로버츠는 1924년 교장에 취임하여 1938년 폐교될 때까지 봉직했다. 로버츠 교장은 1년 2학기제였던 학제를 3학기제로 바꾸는 등 신학교 수준 향상에 정성을 쏟았다.

순교자 주기철 목사와 성서학자 박윤선 목사를 비롯하여 한국 장로교의 기둥 역할을 한 많은 목사가 그의 제자였다. 일제가 신사참배를 강요할 때 로버츠 교장은 신사참배에 반대해 학교의 문을 닫았다. 1941년 일제가 선교사들을 강제로 추방할 때 미국으로 추방당했다.

평안북도 구성은 조선조 세조 때 정주에서 분리되었는데, 이곳에는 자연 지형을 잘 이용해 쌓은 성이 있었다. 그 성들로 둘러 막힌 산줄기들이 거북이 등을 닮았다고 그 성을 구성(龜城)이라 불렀다.

구성에는 일찍 교회들이 세워졌다. 구성 서북쪽에 의주가 있는데, 의주는 우리나라에서 기독교가 가장 빨리 들어온 곳이었다. 의주의 초기 기독교인 가운데 하나인 백홍준이 중국 동북 지역에서 전도 활동을 하다가 1883년에 고향으로 돌아왔다.

백홍준은 사위인 김관근(金灌根)과 사돈인 김이련(金利鍊)에게 전도해 예수를 믿고 세례를 받게 했다. 그때 마펫, 게일 등 선교사들이 의주에 자주 왔는데 김이련과 김관근은 선교사들과 만나면서 믿음이 더욱 깊어졌다.

마펫 선교사는 의주에 올 때 자전거를 이용했는데 주민들은 '쇠말을 타고 오셨다'고 하면서 신기해했다. 김이련과 김관근 부자는 구성 전도에 힘써 1895년에 구성에 신시교회를 설립했다. 신시라는 이름은 마을 한가운데 새 장거리가 생겨 생긴 이름이었다. 이 구성 신시교회는 평안북도에서 의주읍교회에 이어 두 번째로 세워진 교회였다.

길상교회는 1905년에 세워졌는데 구성의 중심부가 아닌 변두리 지역인 이현면 길상리에 세워졌다. 이현면은 선천군 그리고 정주군과 붙어 있는 변두리 지역인데 배나무고개를 끼고 있었기 때문에 이현면이라고 했다. 길상교회는 구성에서 다섯 번째로 세워진 교회였다. 제일 먼저 세워진 교회는 앞서 말한 신시교회이고, 그다음은 1904년에 세워진 남시교회, 세 번째는 같은 해에 세워진 이현교회, 넷째는 1905년에 세워진 구성읍교회, 그다음이 길상교회이다.

길상리에 광산이 있어서 사람들이 많이 모여들었는데 그 가운데는 교인들도 있었다. 교인이 늘어나 100여 명이 되자 예배당을 지었다. 이 교회 초기에 로버츠 선교사가 담임했다.

변두리에 있었던 교회였으므로 기록이 많지는 않다. 길상교회는 평안북도에 속해 있었는데, 교회 주소록에도 이상하게 구성군에 있었던 교회들과 함께 있지 않고 정주군에 있었던 교회들 틈에 끼어 있다. 로버츠 목사는 북장로회의 선교사로서 1907년 한국에 와서 구성에서 가까운 선천에서 일했다. 선천은 교회의 세력이 강해 '기독교 왕국'이라는 말이 있었는데, 이렇게 된 데는 로버츠 선교사의 수고가 컸다.

로버츠 선교사의 한국 이름은 '라부열'(羅富悅)인데 '라디오'라는 별명을 가지고 있었다. 그가 선천에서 배운 평안도 사투리를 사용해 말끝마다 '이랬디요, 저랬디요' 해서 성과 '디오'를 합해 그런 별명을 붙여 준 것이다.

신사참배 강요를 당하던 많은 기독교계 학교가 스스로 폐교한 가운데, 1938년 제29회 장로교 총회가 신사참배를 결의하면서 장로교의 유일한 목회자 양성 기관이었던 조선장로교신학교도 1938년 8월 여름방학 때 스스로 폐교했다. 그해 졸업생들은 졸업장을 우편으로 받아야 했다. 그래도 〈신학지남〉이 평양신학교의 신학지였으나 그 편집과 운영은 독자적으로 이루어지고 있었다.

1924년에 로버츠 선교사가 평양신학교의 2대 교장으로 취임하고, 1927년에 신약신학자 남궁혁 박사가 평양신학교 교수가 되면서 이듬해 〈신학지남〉의 편집인이 되었다. 1928년에는 구약신학자 이성휘 박사가 교수가 되었고, 1928년에 〈신학지남〉에 첫 번째 기고를 한 조직신학자 박형룡 박사가 1930년에 교수가 되어 가르쳤다. 로버츠 선교사는 〈신학지남〉에 논문을 '라부열'이라는 이름으로 53편, '로버츠'라는 이름으로 127편이나 기고했다.

당시 〈신학지남〉은 남궁혁 교수가 편집인, 클라크 선교사가 발행인으로 있었고, 활판으로 경성에서 인쇄했다. 그때는 격월간으로 발

20 스테이시 로버츠(Stacy L. Roberts, 1881~1946)

행됐는데 한 호의 구독료는 25전, 1년 정기구독료는 2원이었다. 제21권 제2호인 1939년 3월호는 그해 졸업생들에게 '주의 부활' '인생의 요구와 기독교' '고대 히브리인의 관삽'(로버츠) '성찬에 대한 바울의 교리' '장로교회 약사' '하나님은 무엇을 요구하는가' '비두니아를 구하여 드로아를 얻음' '설교의 개요' '만국 통일 공과' '골로새서' 등의 글과 로버츠 교장의 당부, 즉 매일 기도와 말씀 연구하는 시간을 가질 것, 목회자로서 교회의 양무리와 긴밀하게 접촉할 것, 생활과 말로 사람을 그리스도에게 인도할 것, 선하고 신실한 종이라는 칭찬을 받을 것을 당부하고 있다.

로버츠 교장은 두 달 후 6월 13일 송별회를 하고 20일에 미국으로 돌아갔고, 〈신학지남〉도 조선총독부의 강압으로 이듬해 10월 25일에 제22권 제5호를 발행하고 중단되고 말았다.

로버츠 선교사의 신앙의 근거는 신약성경에서 찾을 수 있다. 더욱이 공관복음 즉 예수의 생애와 십자가, 부활과 승천은 거의 외워서 가르쳤다. 그래서 학생들이 질문하면 그 답은 어느 복음 몇 장 몇 절에서 찾을 수 있다고 대답해 주었다. 이것은 그가 모든 신앙의 내용이 성경 안에 있다는 것을 확인하면서 가르치고, 또 자신의 생활에서도 그렇게 믿었다는 것을 의미한다.

로버츠 선교사는 이러한 신앙으로 장로회신학교에서 오랫동안 가르쳤으며, 14년 동안이나 교수 그리고 교장으로 지냈다. 평양 장로회신학교에서 공부한 이들은 그의 신앙과 성경에 대한 지식과 내용을 신앙적 내용으로 받아들여 목회했고, 또 신학자가 된 사람들은 그렇게 가르쳤다.

어찌 보면 당시 한국 장로교 목회자들은 거의 로버츠 선교사의 성경 지식과 신앙으로 목회한 것과 같았다. 로버츠는 미국 프린스턴 신학교에서 배웠다. 프린스턴 신학교 졸업생으로 한국에 와서 선교한 다른 신학자들은 로버츠와는 좀 다른 신학을 가르쳤다.

그러나 평양 장로회신학교에서 마펫 교장이 매코믹 신학교 출신이 아니라 프린스턴 신학교 출신인 로버츠 선교사를 평양신학교 교수로 청빙하고 교장으로 승격시켰던 것은 그의 신학이 매코믹 신학교의 보수적인 신학과 일맥상통했기 때문이다.

로버츠 선교사는 1924년에 마펫 선교사의 뒤를 이어 제2대 교장이 되었는데 여러모로 학교를 새롭게 하려고 힘썼다. 일제가 총독암살 미수 사건, 일명 '105인 사건'에서 마펫, 로버츠 선교사를 배후로 지목하고 신사참배를 강요하자 로버츠 교장은 학교의 문을 스스로 닫았다.

1915년의 일이었다. 민족의 지도자로 이미 명성이 높았던 이승훈이 평양신학교에 입학했다. 다들 웅성웅성했다. 그러나 로버츠 교장은 이승훈을 만나 나라의 큰일을 할 사람이 웬 신학이냐고 자퇴를 권고했다고 한다. 실제로 그때 이승훈은 함태영을 만나 장차 한국을 위해 일할 동지를 만나고자 떠났다.

주기철은 그가 교장으로 있을 때 학교에 다녔다. 그 당시는 한국장로교를 만든 남·북장로교, 호주 장로교, 캐나다 장로교, 이 네 선교부가 각각 기숙사를 세워 지방 학생들을 기숙하게 했다. 그리고 그들 선교 구역에서 온 학생들을 도별로 수용했다. 그러니 자연히 평안도 학생관, 전라도 학생관, 경상도 학생관, 함경도 학생관, 이런 식으로 기숙사가 운영되었다. 주기철은 이 문제를 로버츠 교장에게 가지고 갔다. 이런 식으로 하면 한국교회가 지방별로 분열하기 쉽다는 것이었다. 사실 그런 지방색은 이미 한국교회를 흔들고 있었다. 로버츠는 주기철의 의견을 즉시 받아들여 전국 교회 학생들이 모두

20 스테이시 로버츠(Stacy L. Roberts, 1881~1946)

어울려 기숙사 생활을 할 수 있도록 했다.

또 이광수는 오산학교에 다닐 때 로버츠 교장에게 세례를 받았다. 그러나 그가 이혼했을 때 로버츠는 그를 심하게 나무랐다. 그런데 수십 년 후 우연히 로버츠 교장의 수첩에 자신을 위해 기도한다는 글이 적힌 것을 보고는 일생 그 은혜를 잊지 못했다고 했다.

이처럼 로버츠 선교사는 1938년 일제의 신사참배 강요로 신학교가 폐쇄될 때까지 14년 동안 학교를 지켰다. 그는 대부분의 초기 한국교회 목사들을 가르친 사람이요, 그 인품이 오래 기억되는 보기 드문 훌륭한 선교사였다. 로버츠의 제자였던 박윤선은 그를 다음과 같이 기억했다. "그 시절에 나는 신학교 교장 로버츠 선교사에게 배웠다. 그가 종종 얘기했던 교역자가 재주는 좀 부족해도 진실하면 된다는 말은 아직도 귀에 쟁쟁하다."

로버츠 선교사는 1924년에 제2대 교장으로 취임했다. 초창기 평양신학교의 교육 과정은 5년이었는데, 1년에 3개월 집중하여 수업하고 나머지 9개월은 각기 교회에서 현장 목회 실습을 하는 방식이었다. 1905년에는 22명이었던 재학생이 1906년 50명, 1907년 75명, 1909년 138명으로 증가했다.

로버츠는 자기 학생들을 일일이 호명해 가며 기도했다. 한번은 한 학생이 중간에 시험에 들어 그만 신앙을 버리고 세상으로 나간 것을 알고는 〈기독신보〉를 주일마다 우송해 주며 늘 그를 위해 기도했다. 그런데 어떤 사람이 그를 찾아와 그에게 신문을 보내지 말라고 했다. 이유를 물으니, 신문이 우송되면 학생 욕을 하면서 쓰레기통에 버리더라는 것이었다. 이 말을 듣고 로버츠는 기뻐하면서 말했다.

"그 신경에 자극을 주자는 데 내 의도가 있으니 만족합니다. 무감각하면 안 되지요. 그런 반응을 통해 자기의 과거를 상기하게 되고 나를 마음에 생각하게 되겠지요. 내 목적이 바로 그것입니다. 나는 그를 위하여 기도하고 있어요. 언젠가는 돌아올 것을 내다보면서요."

1907년 9월에 조선예수교 장로회는 독노회로 모여 평양신학교의 첫 졸업생들인 방기창(58), 서경조(58), 한석진(41), 길선주(40), 송인서(40), 이기풍(40), 양전백(39) 등 7명이 목사 안수를 받았다. 1916년에는 230명의 목사 후보생이 재학했고, 6명의 전임교수 외에 7명의 협동교수가 가르쳤다. 이때까지 졸업생 누계는 171명이었다.

일제 시대 때 광주 항일 학생 운동이 전국적으로 확산했다. 평양신학교에서도 시위에 솔선하게 되었다. 당시 아주 고집 세기로 유명한 원어 교수인 왕길지 목사가 "목사 될 사람들이 무슨 시위인가?" 하며 학생들의 시위를 못마땅하게 여기는 발언을 했다.

그때 거의 성격이 비슷한 김석찬(후에 마산 문창교회 목사로 목회하다 그곳에서 원로 목사로 추대받고 작고했다)을 중심으로, 일정에 항거하는 거국적 민족 운동을 무시하는 왕길지 목사는 물러가라며 교내 시위가 격렬하게 일어났다.

왕길지 목사는 자신의 잘못을 깨닫고 즉시 시위하는 학생들에게 잘못을 시인하고 용서를 구했다. 당시 그는 교사 중에서 가장 연로한 교수였다. 흥분한 학생들이 그런 사과도 받아들일 수 없다며 거세게 물러가라고 하자 부득이 로버츠 교장이 나서서 학생들을 다 강당으로 모이게 했다. 그리고서 "우리 중 가장 연로하신 어른이시오. 교수께서 자신이 잘못했다고 용서를 이렇게 청하니, 용서하시는 것이 여러분의 도리이지요. 서로 주의 사랑으로 화해하시고 이런 시위는 그만두라고 여러분께 간절히 부탁합니다" 하며 학생들을 설득하고 달랬다. 그러나 학생 대표인 김석찬 학생이 이번 결의는 전 국민이 단결한 항일 운동인데 이 민족의 이름을 가증하게 여기는 이

20 스테이시 로버츠(Stacy L. Roberts, 1881~1946)

런 분은 자기들과 같이 있을 수 없으니 자기 나라로 물러가게 해야 한다고 발언했다.

강경한 대답을 들은 로버츠 교장은 "그러면 좀 흥분을 가라앉히고 더 기도하다가 다시 하나님 앞에서 이야기를 나눕시다"라며 산회시켰다. 그리고 이렇게 몇 차례를 모였다. 그때마다 로버츠 교장은 "노 교수가 잘못을 인정하시니 여러분은 흔쾌히 용서함이 우리 신앙인의 할 일입니다. 더욱이 이것은 신학교 안에서의 일이 아닙니까?" 하며 간곡히 설득했다.

그럼에도 학생들이 한 발짝의 물러섬도 없자 로버트 교장은 "나로서는 이제 할 수 없군요. 내 마지막 말을 합니다. 여러분은 이제 곧 신학교를 졸업하고 목사 안수를 받으시겠지요. 목회도 하겠지요. 그래도 주기도는 하지 못할 것입니다. 이 교장이 이 말은 꼭 해야겠습니다"라고 말했다. 학생들은 흥분이 가라앉는 듯 아무 대답도 못했다.

"주기도 하셔야지요. 주기도를 하면 됐군요." 계속 묵묵부답이자 로버츠 교장은 "됐습니다. 우리가 주님이 가르치신 기도를 못 하면 안 되지요. 노 교수의 사과를 받아 용서하시는 여러분은 이제 앞으로도 주님의 기도를 하실 수 있습니다" 하며 회의를 마무리지었다. 이런 교장의 지혜로운 말에 모든 학생이 격분을 가라앉히고 다 함께 주기도로 모임을 마쳤다.

"어찌하여 형제의 눈 속에 있는 티는 보고 네 눈 속에 있는 들보는 깨닫지 못하느냐 너는 네 눈 속에 있는 들보를 보지 못하면서 어찌하여 형제에게 말하기를 형제여 나로 네 눈 속에 있는 티를 빼게 하라 할 수 있느냐 외식하는 자여 먼저 네 눈 속에서 들보를 빼라 그 후에야 네가 밝히 보고 형제의 눈 속에 있는 티를 빼리라"(눅 6:41-42).

이처럼 로버츠 선교사는 아무에게나 자기의 감정을 드러내지 않고 상대방에게 감화를 주어 전후 사정을 수긍하게 함으로 문제를 수습하곤 했다. 1925년부터 한국인 최초의 신학박사 남궁혁 목사가 장로회신학교에 부임하여 교수로 일하게 되었다. 그는 어떻게 해서든지 학생들에게 한국의 사정을 알리려고 노력했고, 그러다 보니 당시 교육부 총무인 정인과 목사와 정면으로 대립하여 문제가 많이 일어났다. 이때 한국교회의 원로인 한석진 목사와 평양 장대현교회의 이덕화 장로가 교장 로버츠 선교사를 찾아 남궁혁 박사가 숭실학교 대강당에서 성경에 위반되는 설교를 했으니 조치해 달라고 진언했다. 그는 곧 남궁혁 박사를 불러 설교 원고를 받아 쭉 검토하고 나서 "성경에 위반되는 것이 없다" 하며 한마디로 잘라 말했다. 로버츠는 옳고 그른 것에 대한 판단력과 용감하고 과감한 결단력도 있었다.

1932년 9월에 소집된 평양노회는 당시 한국교계를 휩쓸고 있던 이용도 일파에 대하여 단죄하는 결의를 했다. 당시 이용도 목사가 인도하는 부흥회에서는 기도에 불이 붙었고, 덩달아 평양에서 뜨거운 기도 운동이 일어나고 있었다. 그런데 평양노회 사람들은 이 모습을 불편해했다. 지금까지의 장로교인의 기도 모습과는 많이 다른 통곡하고 몸부림치며 기도하는 모습을 부정적으로 보았기 때문이다.

노회는 신학생들은 신학교에서, 숭실학교 학생은 숭실학교에서, 교인은 각 교회에서 엄중히 처단하라는 결정을 내렸다. 이때 학생이었던 박윤선도 그 부흥회에 참석했던 터라 큰 걱정이 되었다. 박윤선은 우연히 교실 복도에서 로버츠 교장을 만나게 되었다. "박윤선!" 하고 부르자 그는 이제는 퇴학이라 생각하여 질겁했다. 그러나 그는 "예수 잘 믿으려고 하다 보면 실수도 하디요" 하고 한마디 던지고 사라졌다. 박윤선은 오늘날 유능한 신학자로 이름이 높다. 로버츠 교장은 이렇게 멀리 앞을 내다보는 사람이었다.

1930년대에는 보수주의 신학을 벗어난 진보주의 신학이 소개되면서 로버츠 선교사를 위원장, 박형룡을 서기로 하여 조사위원회가 구성되었다. 그들의 조사 결과가 1935년 장로교 제24회 총회에서 채택되어, 기존 성경 비평학적 입장과 여권에 대한 진보적 해석은 사과의 문제 및 입장의 차로 결론지어졌다. 이는 그가 당시 보수 신학을 대표하는 학자이자 교육자로 총회에서 인정받고 있었다는 것을 보여 준다.

로버츠 선교사는 신학교를 마치고 젊은 나이에 조선으로 건너와 마펫의 뒤를 이어 평양장로회신학교의 교수와 교장으로 재직하며 조선의 보수 신학의 기틀을 닦았다. 그는 평양신학교에서 재직하는 동안 〈신학지남〉에 많은 논문을 게재했고, 신학교를 한 단계 발전하도록 개혁했으며, 진보주의 신학에 맞서 보수주의 신학을 지켰다. 그는 신학교를 통해 이 땅의 목사들을 키워 내며 목사들의 사사로 쓰임 받은 하나님의 귀한 도구였다.

21
윌리엄 린턴
(William A. Linton, 1891~1960)

윌리엄 린턴[William A. Linton, 인돈(印敦), 1891~1960]은 미국 남장로교가 파송한 교육 선교사로, 110년 전 이 땅에 찾아와 호남 지역을 중심으로 복음의 초석을 놓았다. 특히 그는 대를 이어 한국 선교에 헌신한 신앙의 명문 가문 출신이다.

월리엄 린턴은 1891년 2월 8일 미국 조지아주 토머스빌에서 아버지 텔 린턴과 어머니 폰더 엘더맨의 셋째 아들로 태어났다. 그의 유년 시절은 그리 행복하지 않았는데, 그의 나이 2세 때 누나 모드가 죽고, 2년 후에는 형 와이츠 2세도 죽었으며, 8세 때는 여동생 칼리도 장티푸스로 사망했다. 그리고 10세 때는 부모가 이혼했다. 그는 교회학교 선생님 신시어를 통해 예수님을 만났다.

그가 애틀랜타의 조지아공대에 입학한 이듬해인 1908년, 어머니가 오랜 병고 끝에 사망했다. 어머니가 감리교 신자였기에 월리엄도 세례는 장로교가 아닌 감리교에서 받았다. 어머니의 죽음 이후 대학교 3학년 때부터 그는 기숙사에서 나와 남장로교 노스 애비뉴 교회의 장로이자 의사였던 홀(M. M. Hull) 박사의 집에 기거하면서 그에게서 신앙적인 영향을 받았고, 이는 향후 그가 조선에 선교사로 가게 되는 계기가 되었다.

그는 1912년 6월 미국 조지아공대 전기공학과를 수석 졸업하고 제너럴 일렉트릭 입사가 예정된 장래 유망한 청년이었으나, 1903년 조선 목포에 파송되어 선교 활동을 하던 중 일시 귀국한 프레스턴(John F. Preston, 변요한) 선교사의 강연에 감명받아 조선 선교사로 가기로 결심하고 결국 미국 남장로교 선교사로 조선에 왔다.

대학 졸업 전에 남장로교 선교사로 임명 받은 그는 한국에 갈 여비를 마련하기 위해 유산으로 받은 애틀랜타의 땅 약 25만 평을 100달러에 팔았다. 그렇게 그는 부유해지고 싶은 욕심을 버리고 샌프란시스코를 떠나는 만추리아 증기선을 탔다. 이것이 린턴가의 길고 긴 선교의 시작이었다.

그가 처음 선교지로 부임한 곳은 목포였다. 당시 사진을 보면 목포는 도시가 아니라 작은 촌락이었다. 린턴은 곧 군산으로 옮겨가 선교 사업을 시작했다. 그는 일제강점기와 한국전쟁 시기를 포함하여 48년 동안 호남과 충청 지역에서 선교와 교육 사업을 했다. 군산 영명학교에서는 한국어 성경으로 영어를 가르쳤고, 전주 신흥학교와 기전여학교에서는 교장을 역임했다. 1917년 전임 선교사가 한국을 떠난 후로는 영명학교 교장으로 임명됐다.

린턴은 1919년 전라북도 군산의 만세시위 운동을 배후에서 지도했다. 그 공로로 1983년 3월 그는 '이달의 독립운동가'로 선정되었다. 국가보훈처는 3·1절을 앞두고 광복회, 독립기념관과 공동으로 군산 3·1 만세운동의 주역으로 윌리엄 린턴 선교사를 발표했다.

"3월 1일 전국에서 남녀노소를 불문한 인파가 나왔다. 폭력이나 무질서는 없었다. 일본 정부가 참가자들을 체포했다." 1919년 5월 '푸른 눈의 항일운동가'로 불렸던 미국 선교사 윌리엄 린턴의 3·1 독립운동에 대한 증언이 미국 애틀랜타 지역신문 〈애틀랜타 저널〉에 처음으로 공개되었다. 이처럼 그는 일제강점기 한국의 현실과 3·1 독립운동의 실상을 국제사회에 알려 지지를 호소했다. 1919년 3·1 만세운동 때 군산에서도 많은 사람이 감옥에 끌려갔다. 린턴 선교사는 일본의 부당한 압제에 분개했고 한국의 억울함을 알고 있었다.

이후 린턴은 안식년이었던 1919년 컬럼비아 대학교 사범대학원의 교육학 과정에 입학해 1921년 교육학 석사를 취득하고 이어 철학박사 학위를 받았다. 그리고 조선으로 다시 돌아와 군산 영명학교 교장에 취임했다.

1922년 유진 벨 선교사를 만나기 위해 입국한 그는 유진 벨 선교사의 딸인 샬럿 벨(Charlotte Bell)과 만나 결혼하게 되었고, 그는 린턴가 사람들이 한국에 뿌리를 내리는 결정적인 계기가 되었다. 샬럿 벨은 목포에서 출생하였는데 당시 영아 사망률이 높고 교육 환경이

21 윌리엄 린턴(William A. Linton, 1891~1960)

열악한 조선의 사정으로 청년기를 미국에서 보내고 다시 조선으로 돌아왔다.

결혼식은 조선이 아닌 미국 남장로교 일본 선교부가 있던 고베에서 했다. 결혼 이듬해 장남 윌리엄 2세가 태어났고, 이후 차남 유진, 삼남 휴(Hugh MacIntyre Linton, 인휴), 사남 토머스 드와이트(Thomas Dwight Linton, 인도아)를 낳았다. 사남이 출생한 이듬해 다시 안식년을 맞아 귀국, 컬럼비아 대학 신학대학원에 진학해 1930년 신학석사 취득과 함께 목사 안수를 받고 돌아왔다. 조선에 와서 전주 신흥학교와 기전여학교 교장으로 재직하고 있을 때 일제의 강제 신사참배를 거부하고 학교를 자진 폐교한 뒤 1940년 일제로부터 추방되어 미국으로 귀국했다.

광복 후 다시 한국으로 돌아온 그는 한국전쟁 중에도 한국을 떠나지 않고 전라북도 전주에 남아 성경학교를 운영했다. 전쟁 막바지에는 경남 부산에서 선교 활동을 했다. 그러나 이때부터 건강이 나빠져 1948년 수술을 받기 위해 미국 버지니아에 다녀왔으며, 1956년에도 역시 수술을 위해 일본 도쿄에 다녀왔다. 건강이 여의치 않은데도 1956년 대전 기독학관을 설립했고, 1959년 대전대학으로 인가를 받아 초대 학장에 취임했다. 이듬해인 1960년 암으로 인한 건강 악화로 6월 학장직을 사임하고 차남 유진이 의사로 있던 미국 테네시주 녹스빌로 귀국했으나 8월에 사망했다. 대한민국 정부는 2010년 삼일절에 그에게 건국훈장 애족장을 수여했다. 그가 1919년 전북 군산의 만세시위 운동을 지도하고 3·1 독립운동의 참상을 국제사회에 알리며 지지를 호소한 공로를 인정한 것이다.

이때 미국 신문에 게재된 기사의 제목은 "한국인들이 어떻게 자유를 추구하는지에 대한 한 애틀랜타인의 증언"(Atlantan tells how

Koreans are seeking liberty)이다. 신문은 3·1 독립운동을 "세계사에서 가장 주목할 만한 봉기"라고 평가했다. 린턴은 이 신문에 "3·1 독립운동은 일본의 압제하에서 한국이 최초로 자국의 무기력함에 대해 세계에 알리기 위해 노력한 첫 번째 시도"라고 말하며 "그것은 폭력 없는 저항이었다"라고 덧붙였다. 그는 당시 상황을 다음과 같이 서술했다.

"3월 1일, 인구 30만 명의 수도 서울을 비롯해 전국 곳곳에서 사람들이 거리로 나서 행진했다. 폭력과 무질서는커녕 일본 정부가 군중을 해산하려고 할 때도 저항하지 않았다. 그들은 손에 태극기를 들고 있었을 뿐이다. 잡혀 온 한국인들로 감옥에 더 자리가 없자, 군부는 기병 대대를 보내 수백 명의 한국인을 말발굽으로 짓밟았다. 그러나 여전히 시위는 계속되었다. 일본은 더 강한 군사력을 투입했고, 수천 명의 항일운동가가 폭력으로 저항하지 않고 총검에 쓰러져 갔다."

아울러 그는 국제사회의 도움을 간절히 호소했다. "한국의 운명은 동맹국에 달려 있다", "파리평화회의는 3,000년 동안 이어져 내려온 한민족의 민족 정체성과 역사, 그리고 문화를 말살해 온 일본 정부에 대항하는 한국 국민의 봉기에 응답해야 할 것"이라고 말했다.

린턴의 영성은 두 가지에서 빛을 발했다. 첫째는 언어 구사력이었다. 그에게는 하나님으로부터 받은 여러 가지 은사들이 있는데 그중 특별한 것이 언어였다. 그것도 한국말이었다. 그의 언어 구사력은 매우 특출했다. 그는 정말 능숙하게 한국말을 구사했다. 전라도 토박이 사투리를 얼마나 정확하게 잘했던지 주위 사람들을 감탄하게 했다. 그런데 그는 한국말을 잘 구사했을 뿐 아니라 그 말의 내용도 진

21 윌리엄 린턴(William A. Linton, 1891~1960)

실하고 무게가 있고 믿음직스러웠다.

두 번째는 교육 선교였다. 린턴은 대학에서 교육학을 전공했다. 그래서 그의 선교 사역의 중심은 교육이었다. 린턴 선교사는 한국에 와서 제일 먼저 군산 선교부에서 선교 사역을 시작했다. 이곳에서 그는 영명학교를 세워 교육 선교를 시작했다. 그리고 당시 일본의 잘못된 탄압에 대하여 강하게 대항하며 한국의 억울한 입장과 사정을 대변했다.

린턴은 군산에서 전주로 옮겨와서도 계속해서 교육 선교에 앞장서서 일했다. 전주 신흥학교를 중심으로 사역했고, 그의 아내 샬럿도 명문 전주 기전여학교에서 교장으로 교육 선교에 열심을 다했다. 그들 부부는 성경 말씀에 기초하여 '하나님의 사랑'에 대한 지식을 가르치면서 또 다른 한편으로는 애국애족을 강조했다. 또 일본의 신사참배 요구를 강력하게 거부하며 싸워야 한다고 깨우쳤고, 아울러 대한민국을 사랑해야 한다고 철저하게 가르쳤다.

린턴의 조상들이 청교도였기 때문에 그는 청교도의 영향을 많이 받았다. 청교도들은 하나님을 철저하게 믿고 비진리와 절대로 타협하지 않는 반석 같은 믿음의 소유자들이었다. 청교도들의 삶의 모토는 '지킬 것은 지키고, 드릴 것은 드리자!'였다. 그래서 린턴은 비록 신흥학교가 문을 닫고 폐쇄되었으나 끝까지 청교도 신앙을 가지고 자리를 지켰다. 이로 인하여 그는 잠시나마 미국으로 귀환해야 하는 수모를 당하기도 했다.

윌리엄 린턴은 21세에 한국에 입국하여 48년 동안 사역하며 500여 개의 교회를 세웠다. 선교사와 교수로 사역한 서머빌(John N. Somerville, 서의필) 박사는 1994년 9월 한남대학교 설립자 린턴 박사의 숭고한 뜻과 그의 생애를 기리고 한남대학의 창학 이념을 구현하기 위한 기관으로 '인돈학술원'을 설립하고 본인이 사택으로 사용하던 건물을 학술원으로 내놓았다.

인돈학술원에서는 '한남 인돈 문화상'을 제정하여 기독교 정신에 따라 선교, 교육, 사회봉사에 공로를 세운 숨은 일꾼을 발굴하여 그 업적을 기리는 사업을 펼치고 있으며, 그들의 생애를 연구, 집필하는 활동을 전개하고 있다. 이곳은 어디서도 볼 수 없는 특화된 기독교 자료인 미국 남장로교 선교사 관련 선교 역사 자료를 보존하고 있다.

인돈 학술원은 한남대학교 캠퍼스 경상 대학 건물 뒤쪽에 있다. 건물의 전체 구조는 'ㄷ'자형의 지붕에 기와를 얹은 한옥과 양옥의 복합형으로 되어 있다. 선교사 사역 당시 사용했던 생활 도구와 각종 서적, 편지, 그림, 도자기 등을 원형대로 보존하며 린턴 선교사를 기리고 있다.

린턴 가문의 머리에 아로새겨진 대한민국은 그들에게 특별한 의미였다. 윌리엄 린턴은 유진 벨 선교사의 사위로, 지금도 후손들이 한국을 위한 봉사활동을 펼치고 있다.

조선에서 학교와 병원을 설립한 유진 벨(1대), 만세시위 운동을 지도한 윌리엄 린턴(2대), 미국 해군 대위로 인천 상륙 작전에 참전했던 휴 린턴(3대)의 한국 사랑은 북한 결핵 환자를 돕는 유진벨재단의 스티브 린턴(인세반) 회장, 한국형 앰뷸란스를 개발한 세브란스병원 국제진료소장 존 린턴(인요한) 등의 후손으로 이어졌다. 한 나라를 사랑하고 한 민족을 사랑한다는 것은 바로 이런 린턴가의 사랑을 말하는 것이리라.

세간에서는 5대에 걸친 한국 사랑이라 말하지만, 사실상 그것은 유진 벨로 시작하여 인요한과 인세반으로 이어지는 두 가문의 것으로 그 핵심은 선교, 의료, 교육, 복지에 있다. 특히 이 가문은 3·1 독립운동에 관여했고 광주민주화운동 때도 음양으로 민주 세력과 언론을 도와 이 운동이 해외에 알려지는 데 공헌했다.

린턴 부부는 아들 넷을 두었다. 1923년 4월 1일 군산에서 낳은 첫 아들은 이후 제1해병사단 정보 장교로 펠렐리우 전투에 참전했는데 1944년 10월 10일 끝까지 저항하던 일본군의 위협이 도사리는 깊은 동굴에 들어가게 되었다. 군산에서 태어나고 자라 한국어를 잘한 그는 동굴에 숨어있던 한국인 강제 징용 노동자들을 동굴 밖으로 나오라고, 일본식으로 자살하지 말고 나오면 자기와 함께 고향으로 갈 수 있다고 한국어로 설득하여 많은 생명을 구했다. 이때 많은 한국인 강제 징용 노동자와 함께 돌아온 공로로 미국의 은성훈장을 받았다.

사남 드와이트 린턴 목사는 한국에서 청소년 시절을 보내고 미국에서 대학을 마친 후 1952년 한국으로 돌아온 다음 25년간 한국에 머물며 의료 봉사활동에 전념했다. 그러면서 1973~1978년에 호남신학대학 학장을 지냈다. 그는 린턴 가문이 1995년 북한 주민을 돕기 위해 설립한 인도주의단체 '조선의 기독교 친구들'을 설립할 때 주도적인 역할을 했다. 그 후 북한에 대한 의약품과 식량, 농기계, 비상 구호품, 우물 개발 기술 전수 등 인도적 지원 활동을 펼치다, 미국 조지아주 애틀랜타에서 86세에 별세했다.

삼남 휴 린턴은 6·25 전쟁 때 미국 해군 장교로 인천 상륙 작전에 참여했다. 그리고 미국에서 대학과 신학교를 졸업하고 부인과 함께 한국에 와서 전남의 섬 지방을 돌며 선교 활동을 펼쳤다. 1960년 순천에 큰 수해가 났을 때 결핵이 유행하자 결핵 퇴치를 위한 진료소와 요양원을 세웠다. 전라도의 많은 섬과 벽지에서 활동하며 초교파적으로 600여 곳이 넘는 교회를 개척한 그는 개척 초기 교회의 자립을 위해 운영비의 20%를 지급하며 자립을 돕는 등 남도의 마을 입구마다 세워진 교회 십자가의 불빛이 세상을 향해 비추게 하는 밑거름이 되었다.

휴 린턴 부부는 미국에서 세 아들을 낳고 한국에서 3남매를 더 얻었다. 차남 스티븐 린턴은 유진벨재단 회장으로 연세대 철학과와 미국 컬럼비아대를 거쳐 컬럼비아대 한국학 교수를 지냈다. 유진 벨 선교 100주년을 맞아 1995년 재단을 세우고 북한 돕기에 앞장섰으며 1979년 이후 80여 차례나 방북해 북한 사정에 가장 밝은 미국인으로 알려졌다.

막내 아들 존 린턴은 순천에서 태어나 순천과 대전에서 자랐고 연세대 의대를 다녔다. 본과 1학년 때 5·18 광주민주화운동이 일어나자 현지로 달려가 외신 기자들을 상대로 통역을 해주다가 군사 정권으로부터 미움을 샀다. 1987년 서양인 최초로 의사 국가고시에 합격했고 미국에서 전문의 과정을 밟아 미국 의사 면허도 얻었다. 1984년 부친이 불의의 교통사고로 숨지자 보상금으로 응급처치 시설을 갖춘 전문 구급차를 국내 최초로 제작해 1993년 순천소방서에 기증했다. 2005년 국민훈장 모란장을 받아 조부와 손자가 함께 수훈 국가유공자가 됐다. 그동안 미국 시민권만 갖고 있다가 2012년 특별귀화 1호로 한국 국적도 얻어 공식적으로 '인요한'이 되었다. 그가 순천 인씨의 시조이다.

미국의 세계적 생명 공학 기업인 '프로메가'의 대표인 빌 린턴 3세는 윌리엄 린턴 목사의 장손으로 인세반, 인요한과는 사촌간이다. 그는 2004년 할아버지가 설립한 한남대를 방문해 500만 달러의 재정 지원을 약속했고, 이후 한남대에 프로메가 BT 교육연구원이 설립됐다.

21 윌리엄 린턴(William A. Linton, 1891~1960)

미국의 남·북장로교 선교부에서 한국에 파송한 선교사 중 4대에 걸쳐 한국 선교사로 헌신한 가정은 두 가정뿐이다. 북장로교의 언더우드가와 남장로교의 린턴가가 그들이다. 언더우드는 무지한 조선 백성을 깨우치기 위하여 교육 선교에 매진하여 연세대학교를 창립했고, 린턴가는 2대에 가서 해방된 한국에 인재 양성이 급선무라고 여겨 한남대학교를 설립했다. 두 가문은 모두 4대에 걸쳐 한국에서 선교 활동을 했고 아직도 계속되고 있다.

22
프랜시스 킨슬러
(Francis Kinsler, 1904~1992)

1927년 봄, 당시 프린스턴 신학교 졸업반에 재학 중이던 24세의 청년 신학도 프랜시스 킨슬러[Francis Kinsler, 권세열(權世烈), 1904~1992]는 하나님의 오묘하신 섭리로 숭실전문학교 제4대 학장으로 취임하기 위해 한국으로 귀임하는 매큔(George McCune) 박사를 만나게 되

었다. 그때 매큔 학장은 프린스턴 신학교에 와서 1주 동안 선교학 특강을 했다.

당시 킨슬러 목사의 가족 중에는 이미 조선에서 선교사로 사역하고 있던 이들이 네 명이나 있었다. 두 누나 권수라 선교사와 권신라 선교사가 각기 서울과 대구에서 선교 사역을 하고 있었고, 외사촌 캠벨(Archibald Campbell) 형제도 강계와 선천에서 선교하고 있었다. 그래서 졸업을 앞둔 청년 킨슬러는 특별한 관심을 가지고 이들의 선교지 한국에서 온 숭실전문학교 학장의 특강에 참석했다. 그는 졸업과 더불어 아직 아무도 착수하지 않은 내몽고 선교 사역을 위해 헌신하기로 작정하고 이를 위해 은밀히 기도로 준비하고 있었다.

강의가 끝난 후 개별적인 면담을 하던 매큔 학장은 한국 선교와 특히 숭실전문학교를 위하여 장래가 촉망되는 청년 킨슬러를 놓치려 하지 않았다. 당시 같은 프린스턴 신학교에 재학 중이었던 한경직은 훗날 청년 학도 킨슬러를 회상하며 "킨슬러 박사는 저보다 한 해 윗반으로 1928년에 프린스턴을 졸업했습니다. 그때는 프린스턴에 식당이 없었고, 여러 사람이 각각 클럽으로 나뉘어 식사했습니다. 그런데 킨슬러가 우리 클럽의 수장이었습니다"라고 했다.

매큔 학장이 프린스턴 재학 시 벌써 재덕을 겸비하여 학생 사회에서 '수도원장'으로 인정받던 킨슬러를 숭실전문학교와 한국 선교를 위하여 초청한 것은 너무도 당연했다. 킨슬러는 매큔 학장에게 자신을 한국 선교와 숭실전문학교로 초청해 주어 감사하다고 말한 다음, 아울러 선교 역사상 보기 드문 한국 선교의 놀라운 성과에 대하여 치하했다. 그리고 한국 선교를 위하여 이미 두 명의 누나와 두 명의 사촌이 훌륭하게 헌신하고 있고, 자신은 아직 선교의 문이 열리지 않은 내몽고 지방의 선교를 위하여 준비하며 기도 중이라고 하였다.

그 말을 들은 매큔 학장은 그렇다면 더욱 잘됐다면서, 숭실전문학교에는 기독교 신앙으로 헌신하려는 많은 영재가 모여 있으므로 자신과 함께 숭실에서 교수하면서 정예 선교 인재를 위한 웅대한 선교 전략을 펼쳐 보는 것이 어떻겠냐고 킨슬러에게 제안했다. 매큔 학장의 말에 킨슬러는 숭실전문학교 교육을 통해 극동 선교의 기회가 열릴 것으로 보았다.

그날 저녁 매큔 학장은 자신이 잘 아는 어떤 교우와 저녁 식사를 약속하고 그 자리에 킨슬러를 초대했다. 그리고 숭실전문학교 및 한국과 몽골 선교를 위하여 선교사를 필요로 하니 재정 지원을 해줄 것을 그 교우에게 요청했다. 매큔 학장의 요청을 받은 그 교우는 그럴 만한 인재가 있는지 물었다. 매큔 학장이 동행한 킨슬러를 소개하며 바로 이 청년이라고 하자, 그는 즉석에서 쾌히 3,000달러의 지원을 약속했다. 이렇게 되어 1928년 10월 킨슬러는 미국 북장로교 한국 선교사로 임명을 받고 내한하여 1929년부터 1936년까지 숭실전문학교 교수로 일하게 되었다.

프랜시스 킨슬러는 1904년 1월 13일 필라델피아에서 회사를 경영하던 아버지 아서 킨슬러(Arthur R. Kinsler) 장로와 한국과 인연이 깊은 캠벨 박사(감부열, 계명대학교 초대 학장)의 고모인 어머니 베타 킨슬러(Bertha Kinsler) 사이에서 2남 2녀의 막내로 출생하였다. 그가 성장한 가정은 디모데의 가정처럼 독실했다. 어머니는 해도니 휠드 장로교회의 주일학교에서 40년간 봉사하며, 아예 그 반 이름을 '킨슬러 부인의 주일학교 반'이라고 부르게 되었을 정도로 교회 봉사 활동에 열심이었다.

그와 그의 형과 누나들은 고등학생 하계 수양회를 통하여 하나님의 소명을 확신하며 4남매 모두 주님의 사역에 헌신했다. 그리하여 형 아서 킨슬러(Arthur Kinsler)는 목사가 되어 클리블랜드(오하이오)에서 목회하였고, 누나들은 한국에 선교사로 그보다 10여 년 일찍 나와 서울과 대구를 중심으로 선교 사역에 종사하다 신사참배를 거부하고 귀국하였다.

선교사가 되어 헌신할 것을 결심한 킨슬러는 선교사를 많이 배출한 장로교 대학인 메리빌 대학에 진학한 뒤 학업에서도 두각을 드러내고 육상 선수와 농구 선수로도 훌륭하게 활약하며 학창 시절을 보냈다. 그리고 1925년 학교를 졸업하고 선교사로 헌신하려고 프린스턴 신학교에 진학했다.

그는 프린스턴 신학교 졸업반일 때 멀지 않은 트랜턴(Trenton)에 있는 교회에서 젊은이들을 위한 사역자로 일했다. 거기서 윌슨 대학(Wilson College) 졸업반 학생이었던 도로시 우드로프(Dorothy Woodruff)를 만나 약혼했다. 그러나 내몽고 개척 선교지는 가족이 함께 가기 어려운 상황이라는 선교 본부의 의견에 따라 결혼을 뒤로 미루고, 1928년 가을 킨슬러 목사는 숭실전문학교 교수로 부임했다.

그는 숭실전문학교에서 영문학을 가르쳤다. 그리고 장차 숭실인들과 함께 내몽고와 극동 전역의 선교 사역을 펼쳐 나갈 것을 마음에 두고 학생들과 함께 운동장에서 뛰며 그들과 가깝게 지냈다.

그러면서 그가 힘쓴 것은 한국어를 비롯한 한국 문화를 몸에 익히는 것이었다. 그에게 한국어를 가르치고 '권세열'이라는 이름을 지어 준 이는, 한국 장로교 초대 7인 목사 중 하나이자 1919년 한국 독립운동의 선두에 나섰던 33인 중 한 명인 길선주 목사의 아들 길진경(吉鎭京) 목사였다. 킨슬러 목사는 숭실전문학교에서 영문학을 가르치면서 평양을 중심으로 평서노회에 속한 교회들을 돌보았다. 그러면서 두 차례에 걸쳐 선교를 위한 내몽고 지방 현지 답사를 했다.

그런데 그때는 이미 일본이 만주 침략을 본격화하던 때였으므로 만주를 거쳐 내몽고로 가는 킨슬러 목사에 대한 일본 관헌의 조사와 방해가 매우 심했다.

그 같은 사태를 경험한 킨슬러 목사는 당면한 상황에서 자신은 물론이요, 숭실인과 함께 내몽고 지방에서 선교 사역을 개척하려는 일이 난관에 봉착했음을 인정하게 되었다. 그리하여 내몽고 선교 개척은 하나님께서 허락하실 때까지 기다리기로 했다. 그는 한국 국내 선교에 전념하고 그가 조선에 올 때부터 그의 마음에 확고히 자리 잡은 것, 곧 한국 기독교인을 통한 극동의 복음화를 구현하기 위해 헌신한 정예 지도자를 양성하고자 숭실전문학교와 평양 장로회신학교를 모체로 하여 후학 양성에 힘썼다.

킨슬러 목사는 신학적으로 보수적이었으나 그의 신앙을 사역에 적용했기에 사역은 매우 진취적이고 개척 정신이 있었다. 그가 전인미답의 내몽고 지방 개척 선교 사역을 도모한 것이 그 한 예라면, 1929년 겨울에 평양에서 미취학 소년 소녀를 위한 소년개척구락부(성경구락부의 전 이름)를 창시한 것이 또 하나의 예였다. 그리고 이 점은 해방 후 장로회신학대학에서 신약학을 교수하면서도 사회를 향한 교회의 사명을 강조하는 새로운 강좌와 과목들을 개설하고 직접 강의한 데서도 나타났다. 그는 하나님과의 수직적인 관계는 이웃과의 수평적인 관계로 확인되어야 한다고 믿었고 이를 실천했다.

기독교 복음을 가지고 한국사회에 깊이 들어가고자 했던 킨슬러 목사는 1929년 겨울밤 추운 평양 거리에서 방황하던 여섯 명의 소년 소녀를 평양의 기독교 서점인 광명서관 2층으로 인도하고 화로에 둘러앉아 그들과 이야기를 나누었다. 그러면서 글을 가르쳐 준다면 함께 와서 공부할 아이들이 많이 있다는 것을 알게 되었다. 그렇게 하여 모이기 시작한 것이 처음에는 '소년개척구락부'(Pioneer Club)라고 이름하고 나중에는 '성경구락부'로 바꾸어 오늘날까지 적어도 100만 명 이상의 아동과 청소년에게 예수를 본받아 성장케 하는 기독교 교육의 산파 역할을 했다.

성경구락부는 아동과 젊은이들에게 기독교 복음 안에서 성장하고 생활할 수 있게 한 조직으로, 이후 우리나라뿐 아니라 한국교회로부터 제3세계에 파송된 선교사들의 사역을 통하여 방글라데시를 비롯한 여러 나라 선교지에 확산되었다. 이는 실로 한국 복음화와 세계 복음화를 위한 성령님의 놀라우신 역사요, 줄기차게 확장된 복음의 사회참여 운동이었다.

사회에서 고난받고 있는 미취학 아동과 소년 소녀들을 찾아가 그들에게 예수의 생활을 본받으며 성장하도록 인도하는 구락부 지도자들에게 먼저 종교, 지육(智育), 체육, 봉사의 네 가지 생활을 실천하게 하여 예수를 본받게 하는 강력한 제자화 운동도 중요했다. 이 운동은 '행함으로 학습한다'라는 교육 원리의 실천으로, 상아탑 사고에 안주하기 쉬운 한국의 엘리트들로 하여금 개척구락부의 지도자가 되어 한국 사회의 당면문제로 들어가 참여하고, 문제 해결을 위하여 백성들과 함께 복음을 가지고 씨름하게 한 교육이자 복음화 운동이었다.

나라를 일본에 빼앗기고 20년이 지난 당시 조선의 형편이 어떠했는가? 식민지적 억압과 착취에서 미래를 향한 희망과 기초 교육의 기회마저 상실한 이들이 많았다. 그때 개척구락부에서는 그곳에서 배우는 이를 '학생' 또는 '생도'라 부르지 않고 '부원'이라 불러 긍지와 일체감을 더하게 했고, 가르치는 이를 통상적인 '선생' 또는 '교사'라 하지 않고 '지도자'라 호칭하여 사명감을 확신하게 했다. 당시 우리나라 사회의 실정은 학령기 아동 중 소학교에 진학하는 수는 전체의 20% 정도였다. 이들을 개척구락부를 통하여 예수를 본받아 자라게 함으로 새 나라의 일꾼으로 만들려 했던 구락부 운동은 시대적으로 중요했다. 일본 통치자들은 그 의미를 감지하고 '개척구락부'라는 어휘가 불온하니 바꾸라고 하였다. 그리하여 더 좋은 이름인 '성경구락부'로 바꾸어 오늘에 이르렀다.

킨슬러 목사의 신앙생활과 교육 원리는 공리공론이 아니라 구체적인 참여와 실천을 통해 얻는 경험으로 발생하는 변화된 생활이었다. 그것은 성령의 감동과 감화 중에 예수를 닮아 인격을 함양하고 '말씀이 육신을 입은 예수의 제자가 되게 하는 것'이 목표였다. 이는 당시 미국 교육계에서 지배적인 영향을 끼치고 있던 존 듀이의 실용주의 교육의 원리와 방법이 반영된 것이었다. 그리하여 그는 참여, 경험, 변화, 성장, 가능성, 행동을 항상 강조했다. 그가 자주 인용한 말은 "나무는 그 열매로 안다", "생각을 심어 행동을 낳고, 행동이 자라 습관을 형성하며, 습관이 자라 인격을 이룬다" 등으로 주로 기독교 인격 형성에 관한 것이었다. 이 같은 그의 신학과 교육 원리가 구체화된 것이 성경구락부 지도 원리였다.

매주 한 번씩 종교, 지육, 체육, 봉사 생활을 다양하게 실천하게 함으로 삶이 변화되게 하려는 것이 킨슬러 목사가 창설하고 평생을 기울여 봉사해 온 성경구락부의 목적이었다. 성경구락부 운동의 표어는 "예수는 지혜와 키가 자라가며 하나님과 사람에게 더욱 사랑스러워 가시더라"(눅 2:52)였다. 이는 예수 그리스도의 모습을 본받는 첩경을 종교, 지육, 체육, 봉사로 나누어 이를 실천하게 함으로, 모든 분야에서 원만한 인격을 갖춘 예수의 제자를 육성하는 생활교육을 실천하자는 것이었다.

사실 그때나 지금이나 개인과 가정, 사회와 나라가 당면하고 있는 문제들의 핵심은 하나님을 떠난 가치관, 인격이 빠진 지식 교육, 절제를 모르는 건강 관리, 자기중심적 사회생활에 기인한다. 이들에 대한 근원적 해결책이 기독교 신앙에 입각한 원만한 전인교육을 함에 있다고 한다면 킨슬러 목사는 한국 교육의 위대한 선구자요 개척자였다.

이곳에서는 지도자로 봉사하며 공부한 이들이 많았는데, 이것은 일석이조의 장학제도에 의한 것이었으며, 기독교 신앙에서 지도자로서의 실습에 입각한 결과였다. 그중에서도 이성주 선생(후일 목사가 되어 사역하다 북한에서 순교)은 성경구락부의 교과서를 편찬하고 '성경구락부 노래'를 작사하는 등 탁월했던, 킨슬러 목사의 사랑하는 제자 중 하나였다. 이성주 선생 작사, 탁창신 선생 작곡으로 만들어진 '성경구락부 노래'는 그 시대에 그 운동이 얼마나 절실하게 필요했던 운동이었는지, 그 운동에 숭실인이 어떻게 동참했는지를 알게 한다.

1. 우리들의 모인 곳은 성경구락부
   예수님을 본받아서 자라나는 곳
   삼천리에 피어나는 꽃송이로다
2. 억센 몸 튼튼한 몸 함께 길러서
   하나님과 사람들의 큰일을 위해
   우리들의 몸과 정신 바쳐 섬기세
   (후렴) 만세 만세 우리 성경구락부
   활 활 활 어린 동무들
   종교, 지육, 체육, 봉사
   활 활 활 만세, 만세, 만세라

당시 성경구락부 지도자로 봉사하며 공부한 숭실전문학교 학생 중 하나였던 방지일 목사는 그때 일을 회상하면서, "당시 숭실전문학교 출신으로 목사가 된 사람들은 거의 전부가 구락부 지도자로 활동했다"고 했다.

킨슬러 선교사는 처음에는 숭실전문학교 학생들에게 노동장학금을 지급하면서 이들을 가르치게 했으며 곧 읽기반, 쓰기반, 성경공부반이 생겨났다. 그 후 평양장로회신학교, 여자고등성경학교, 숭실중·고등학교 학생들이 성경구락부 운동에 참여했다. 그때 성경구락부의 전체 실무를 담당했던 김희선 목사는, 숭실전문학교 학생으로서 성경구락부 지도자로 봉사한 이들을 회고하면서 다음과 같은 이름을 열거했다: 배민수, 신후식, 김치선, 강신명, 안광국, 문한근, 김광현, 김양선, 방지일, 이성주, 송영길, 탁창신, 박윤삼, 윤병식, 방창목, 황선희, 김세연, 윤정식, 권태일, 채기은, 문덕춘. 이들은 모두 한국교회에서 중요한 인물이 되었는데, 1959년 장로교 분열 과정에서 절대 다수가 에큐메니컬 진영을 택했다.

킨슬러는 숭실전문학교에서 영문학과 성경, 평양신학교에서 신학을 가르쳤고, 아울러 평서노회 구역 담당 선교사로 섬기면서 1933년 평서노회 기독면려청년회에서 요한복음 전체를 강론했다. 이 시기 평양에서 도로시 헬렌과 아서 우드로프가 태어났고, 안식년 중 프린스턴에서 프랜시스 로스가 태어났다. 프랜시스 로스 킨슬러는 한국 전쟁 중 한국을 떠나 휘튼 대학교, 프린스턴 신학교에서 공부한 뒤 에든버러 대학에서 신약학을 전공했다. 그리고 과테말라 선교사로 교육 사업에 힘썼다. 그는 한국에서 성경구락부가 대안 교육으로 성공한 것을 인식하고, 고비용이 드는 기존의 신학 교육 대신 집에서 공부하는 교재를 개발하고 교회의 자생적 리더를 찾아가 교육하는

22 프랜시스 킨슬러(Francis Kinsler, 1904~1992)

'확장 신학 교육'이라는 대안 신학 교육 모델을 개발해 라틴아메리카에 적용했다. 그 후 제네바세계교회협의회 교육국에서 근무했다. 로스 킨슬러의 《Inductive Study of the Book of Mark: The Gospel of Jesus Christ the Son of God》은 우리나라에도 《마가복음의 귀납적 연구》로 번역 출판되었다.

킨슬러 선교사는 평양신학교 교수 사역을 위해 프린스턴 신학교에서 석사 학위를 받았다. 1935년 12월 13일 북장로교 선교부 실행위원회는 매큔의 집에 모여 일본의 신사참배 요구를 거부하기로 결의했고, 이에 매큔은 교장직에서 파면되어 1936년 3월 21일 추방되었다. 그러나 그해 다시 평양으로 돌아와 이사야, 요한복음, 헬라어를 가르쳤다. 그리고 1936년 11월호 〈신학지남〉에 "이른 참이 영적 교제와 그 실제"라는 글을 기고해 영성 훈련의 중요성을 강조했다.

그러다 결국 1938년 3월 4일 숭실전문학교와 성경구락부는 자진 폐교했고, 평양신학교도 수업을 중지했다. 그 당시 전국적으로 성경구락부에 참석하던 청소년은 5,000명이 넘었다. 그는 비밀리에 학생들과의 성경공부 모임을 유지하려 했으나 그 역시 군경에 탐지되어 해체되었다.

킨슬러 선교사는 1941년 4월 미국으로 돌아갔다. 그리고 1942~1948년에 뉴욕 롱아일랜드 이스트 햄턴 장로교회에서 목회했다. 그러다 1948년 7월 한국 선교사로 재임명받았다. 1945~1946년에 입국한 선교사들은 미 군정의 필요와 요청에 협력하면서 사역했다.

1948년 1월 북장로교 한국 선교부가 조직되었고, 킨슬러 부부는 1948년 9월 서울에 도착했다. 그러자 그의 주위로 월남한 이북 기독교인들이 모여들었다. 1949년 킨슬러는 이북신도대표회(회장 한경직 목사) 협동 총무로 추대되었다. 그의 선교 활동의 대부분은 북장로교 선교부와 이북신도대표회를 연결해 돕는 것이었다.

킨슬러는 1949년부터 이북신도회와 선교지부를 통해 성경구락부 운동을 재건했다. 한국전쟁 시기와 그 이후에 성경구락부 운동은 전국적으로 대안 교육으로 확대되었다.

성경구락부의 활동이 가장 활발했던 지역은 서울과 경상도였다. 이것은 월남 피난민의 확대와 긴밀하게 연관되어 있었다. 1959년 호남 지역 성경구락부 비율이 늘어난 것은 월남 피난민이 정착한 제주 지역을 포함했기 때문이었다. 1960년대 이후 초등 의무교육이 정착되면서 초등부 성경구락부 학생 수는 급감했다. 총회 신학교 신학생들이 성경구락부의 교사로서 교육에 참여했고 이후 교회를 개척했다.

1954년 4월 전쟁이 끝나고 이북 출신 목사들은 북장로교 재한 선교부에 고문을 추천해 달라고 했고, 선교부는 킨슬러를 추천했다.

월남한 기독교인들은 과거 북한에서 선교했던 선교사를 적극적으로 의존했다. 킨슬러처럼 오랫동안 이북에 살았던 선교사들은 실향민의 고통을 공감했다. 이때 그는 신학교 갈등에 말려들었다. 해방 직후 장로교 남부 총회는 조선신학교를 총회 직영으로 결정했고, 경남노회의 한상동과 박윤선은 고려신학교를 설립했다. 1948년 5월 총회 신학 대책위원회는 장로회신학교 개교를 결정했고, 박형룡은 남산 조선 신궁 별관에서 신학교를 개교했다(1948. 6. 9).

북장로교 선교부와 한국 선교 실행위원회는 킨슬러에게 한동안 장로회신학교에서 가르치지 말라고 권고했다. 그러나 장로회신학교 지도부와 학생 대표들은 선교사 중 유일하게 그에게 신학 교육에 조속히 참여해 달라고 했다. 다른 한편, 그는 조선신학교 지도자들로부터 불편한 방식으로 그들의 입장을 전달받았다.

1949년 4월 제35회 총회(새문안교회)는 51대 36으로 장로회신학교를 총회 신학교로 인준했다. 여기서 캐나다 선교사 스콧(Scott)이 성경에는 '축자 영감설'이 없다고 하자, 킨슬러가 디모데후서 3장 16절에 그것이 있다고 답했다고 한다. 이는 그가 축자 영감설 그 자체를 옹호한 것이라기보다는 조선신학교의 신학 방해에 대해 반대한 것으로 보인다.

1948년 9월 킨슬러는 영락교회 교육관에서 요한1서 1장 4절을 본문으로 교수 취임 공개 신학 강연을 했다. 그는 '가현설'을 비판하고 말씀이 육신이 된 사실을 강조했다. 그의 신학 사상은 하나님의 주권과 인간의 책임을 동시에 강조하는 개혁주의 전통에 서 있었다. 따라서 말씀의 진리성, 예수 그리스도의 인간적 순종과 헌신, 그리스도를 본받는 그리스도인의 책임을 강조했다.

1950년 4월 제36회 총회(대구제일교회)는 조선신학교와 장로회신학교의 인가를 취소하고 총회신학교를 설립하기로 하고 교장에 캠벨, 교수에 박형룡, 계일승, 킨슬러, 김치선, 명신홍을 임명했다. 킨슬러는 조선신학교의 방향에 동의하지 않았으나 박형룡의 신학에 동의한 것도 아니었다. 그는 어느 정도 개방성이 있었고 신약학의 새로운 흐름을 알고 있었으나, 한국 장로교회의 보수성을 생각해 신중한 입장이었다. 그러나 박형룡은 킨슬러의 가르침을 경계했다.

킨슬러는 선교부 동아시아 총무 존 스미스에게 보낸 1950년 12월 9일 자 편지에서 다음과 같이 썼다.

"믿어 주십시오. 저는 본부의 입장과 마찬가지로 폭넓은 범위를 가지고 하나의 신학교를 통해 모든 그룹을 함께 묶어 교회의 일치를 이루기를 간절히 바랍니다. 저는 총회, 서울노회(역주-경기노회), 서울, 대구, 부산, 마산 땅끝 지역에 있는 많은 목사에게 이 뜻을 전했습니다. 저는 의심을 받았고 심지어

극단적 보수 그룹은 제 방식에 대해 거부했습니다. 풀턴 박사는 그의 선교부의 원로선교사 일부가 저에게 크게 실망했으므로 관심을 갖고 지켜보고 있습니다.

서로 다른 그룹들이 하나의 연합적인 교회 신학교 프로그램을 만드는 데 일치하려는 마음이 전혀 없다는 것이 가장 실망스럽습니다. 그런 경우 장로회신학교를 지지하는 다수 그룹이 기독교 진리를 증거하는 가장 좋은 희망으로 남아 있다고 저는 확신합니다. 그리고 이제 제가 아내와 네드(역주-안두화, Edward Andams) 외에 아무에게도 하지 않았던 말을 하고 싶습니다. 저의 '신학적 확신'은 제가 발견한 장로회신학교 지도자들의 확신과는 아주 다릅니다. 보수 그룹들은 교리, 합작, 남북의 차이에 대해 냉정하게 논쟁하면서, 그리스도 중심적인 살아 있는 증거와 신앙 개념에서 중요한 것을 잃었습니다."

이 편지를 볼 때, 북장로교 선교부와 선교사들은 초기에는 비교적 포용적으로 신학교를 운영해 다양한 입장을 조율하려 했다. 그러나 남장로교 선교사들과 박형룡 그룹은 캐나다 연합선교회와 조선신학교를 수용할 수 없었다. 또한 북장로교 선교사들은 미국 정통 장로교회와 깊은 관계를 맺고 있는 고려신학교를 극우적 입장으로 봤다. 조선신학교와 고려신학교를 포용할 수 없게 된 상황에서 북장로교 선교사들은 다수파의 지지를 받는 박형룡의 장로회신학교를 중심으로 신학 교육에 협조하는 것으로 정리했다.

1951년 5월 부산진교회에서 총회신학교가 개교하자 275명의 학생이 몰려왔다. 1951년 5월 24일 속개된 총회는 고려신학교 출신자에게 목사 안수를 주지 않기로 했다. 그해 9월 총회신학교는 다시 대구 서문교회당에서 개교했다. 500여 명의 학생 중 3/4이 실향민이었다.

22 프랜시스 킨슬러(Francis Kinsler, 1904~1992)

1952년 1월 18일 킨슬러는 안식년 중인 애덤스에게 보낸 편지에서 다수파가 고려파나 조선파와 함께 신앙생활하는 것이 어렵게 되었다고 설명하면서, 이런 상황에서는 과거 평양신학교 전통을 옹호하는 것이 중요하다고 말했다. 즉, 교회가 양극단으로 갈라지지 않도록 다수파에게 명분을 주어야 한다고 했다.

그는 한경직과 윤하영으로부터 새로운 총회신학교가 다수파의 지지를 받을 수 있다는 조언을 들었다. 북장로교 선교사들은 박형룡보다 한경직, 윤하영과 더 친밀한 관계를 유지했다. 1952년 봄 캠벨 교장이 안식년으로 떠나자 학감 겸 교수였던 킨슬러는 교장 대행직을 수행하며 교육과 행정에서 능력을 발휘했다. 그는 1951~1952년에 북장로교 재한 선교사회 대표로 행정책임을 맡고 있었다.

1952년 대구 총회에서 이북노회를 구성했다. 여기서 월남한 이북 목사들이 총대의 다수표를 확보했다. 그 결과 김재준의 목사직을 박탈하고 조선신학교 졸업생에게 목사 자격을 주지 않기로 했다. 1953년 총회는 그 결정을 재확인했다. 1953년 12월 안식년 중이던 킨슬러는 미국에서 조선신학교의 김정준이 자신을 비난하는 글을 읽게 되었고, 존 스미스에게 해명하는 편지를 썼다. 요지는 스콧 선교사가 자신에게 모욕을 당했고, 자신과 디캠프가 근본주의 계통의 신학교를 설립하도록 총회의 결정을 밀었다는 것이었다. 조선신학교 측은 총회의 그러한 결정 배후에 킨슬러가 있다고 확신했다. 그러나 킨슬러는 총회의 결정이 단순히 성서 무오설 때문만은 아니며 자신이 조선신학교를 배제하려 했다는 것은 사실과 반대라고 답했다.

6·25 전쟁이 일어났을 때 북장로교 선교사들은 대천 선교부 수양관에 제58회 연례회의 겸 가족 수양회로 모여 있었다. 이들은 26일에 대구와 부산을 거쳐 후쿠오카로 떠났다. 킨슬러, 애덤스, 캠

벨, 언더우드는 한국에 남았다. 애덤스는 대구 은행에서 수십만 원의 돈을 인출해 비상 구호, 난민 목사들의 전도비, 구호 인력 비용에 사용했다.

킨슬러는 1950년 7월 6일 대구에서 유엔군의 통역을 맡았고, 힐(Harry J. Hill) 선교사는 포로 심문과 미군의 예배 인도를 맡았다. 킨슬러와 린턴(William Linton)은 미군 예배 인도를 자원했다. 그 결과 선교사들은 미군으로부터 비공식적인 지원을 받을 수 있었다. 그들의 활동은 미군을 위한 통역과 예배 인도, 포로 심문 통역과 포로 전도, 전재민 구제 등으로 이뤄졌다. 전쟁 직후 3개월간 대규모 해외 원조가 이뤄지지 않을 때 선교사들의 구호는 매우 귀했다.

특별히 그들은 한국인 목사 가족을 피난시키고 부산에 구호 본부를 설치했고, 기독교세계봉사회(CWS, Church World Service)의 구호품을 받아 3개월 동안 약 6만여 명의 피난민을 구호했다.

7월 15일 대전이 함락되기 직전까지 애덤스가 대전으로 보내는 구호품의 책임을 맡았다. 대구로 가는 구호품은 킨슬러의 책임하에 전달되었다. 구호 차량과 구호품은 군인들에게 징발되기 쉬웠기 때문에 늘 선교사가 동행했다. 애덤스, 캠벨, 힐, 킨슬러 등은 대구 팔공산 동쪽 자락에 있던 300~400명의 목사 가족들을 꾸준히 구호했다. 낙동강 전선이 형성되고 1950년 8월 초 인민군의 대구 포격이 시작되자, 선교사들은 경주시 감포리의 학교 건물을 교섭해 목사 가족들을 매일 60~80명씩 이주시켰다.

애덤스는 헨리 아펜젤러가 한국 사무총장으로 부임한 1951년 2월까지 6개월 동안 CWS의 책임자로 일했고, 그 후에도 CWS 한국위원회 회장 자격으로 구호품을 확보했다.

1950년 10월 25일 민간 군목 윌리엄 쇼(감리교)와 보켈(옥호열), 4명의 민간인 선교사 킨슬러, 애덤스, 캠벨, 힐 그리고 5명의 한국인 목사 윤하영, 한경직, 이인식, 김양선, 유호준은 시찰단을 구성해 평양에 들어가 교회 복구 사업을 했으나 중국군의 개입으로 후퇴했다. 10월 29일 서문밖교회 예배에서 김양선은 강제 노동소에서 탈출한 형 김희선과 그의 아들 김광수를 만났다. 이후 김희선은 제주도 성경구락부 책임자가 되었다.

서울로 돌아온 킨슬러는 다시 서울이 함락될 때 이북 출신 목사와 가족의 생명이 가장 위험하다고 생각했고 선교사 동료들과 함께 그들을 대피시킬 계획을 세웠다. 당시 민간인은 걸어서 한강의 군사 다리를 건널 수 없었다.

킨슬러는 우선 명단을 작성했고 12월 8일부터 선교부 트럭 세 대를 이용해 그들을 대구로 피난시켰다. 그들에게 가족당 한 달 생활비 5만 원(미화 20달러)을 제공했다. 직접 데려갈 수 없는 사람들은 미군과 교섭해 미군 화물열차를 탈 수 있는 신분증을 발급했다.

전쟁이 났을 때 킨슬러는 기독교박물관(관장 김양선)의 소장품의 안전을 위해 제5공군을 통해 이를 미국 연합장로교 선교본부에 운반해 보전하게 했고, 미 해군 함정 운항을 요청해 2만 명의 기독교인과 1천 명의 교역자를 거제도와 제주도로 피난하도록 도왔다.

1951년 3월 선교사들은 폐허가 된 서울로 돌아왔다. 그들은 소수의 한국교회 지도자와 함께 킨슬러의 인도로 남산에서 부활절 새벽예배를 드렸다. 1953년 6월 킨슬러 부부는 안식년을 맞아 고국으로 떠났다. 캠벨이 총회신학교 교장직을 사임한 후 총회는 박형룡을 교장으로 임명했고, 10월에 교사를 남산으로 옮겼다. 킨슬러는 1954년에 모교 메리빌 대학에서 명예 신학박사 학위를 취득하고 돌아왔다.

킨슬러가 안식년을 보내는 중 교단 내 원로 중진급 목사들이 킨슬러 선교사가 돌아오지 못하도록 미국 장로교 본부에 투서한 일이 있었다. 당시 총회신학교 학우회 회장 김소영은 학우회 임원인 이승하 등 회원을 소집해 투서자를 폭로하려고 시도했다.

영락교회는 9월 30일에 킨슬러 박사 교수 취임식을 마련했고, 약 1,000여 명의 교역자와 선교사가 참석했다. 이미 총회신학교 교수였던 킨슬러를 위해 영락교회가 중심이 되어 학위 취득 축하 행사가 아닌 교수 취임식을 행했던 이유가 무엇일까?

1952년에 미국복음주의협의회(NAE)의 한국지부가 결성되었고 박형룡이 고문으로 추대되었다. 그리고 NAE는 교단 내부에서 강력한 정치 세력으로 부상했다. 1953~1955년 총회에서 에큐메니컬 측의 이원영, 한경직, 안광국, 강인구 등은 NAE가 주도하는 교권 구조에서 총회 임원으로 부상했다. 1954년 미국 에반스톤 제2차 WCC 총회(8. 15~31)를 전후로 예장 안에서 에큐메니컬 논쟁이 시작되었다. 1954년 4월 예장 총회 개회 설교에서 에큐메니컬을 반대했고, WCC 총회 참석자에게 에큐메니컬 운동을 반대할 것을 지시하기로 결의했다. NAE 총무 출신 조동진에 의하면, 그해 7월 북장로교 동아시아 선교부 총무 존 스미스가 내한해 비밀리에 실행위원회로 모여 에큐메니컬 선교 방향을 결정했다.

1954년 총회는 신학교 난립과 사조직화를 막기 위해 총회 야간신학교(현 서울장신대학과 칼빈신학교의 전신)를 설립하기로 하고, 사적 동인지였던 〈기독공보〉를 총회 기관지로 흡수했다. 종교교육부 유호준 총무는 애덤스에게서 100만 원을 지원받아 운영권을 인수했다. 이런 조치가 한경직, 안광국, 유호준 등 에큐메니컬 측의 지도력을 통해 이뤄졌다.

1954년 킨슬러의 총회신학교 복귀를 막으려는 세력과 그것을 환영하고 지지하는 세력은 바로 에큐메니컬 측과 NAE 측의 갈등 구조에서 이해될 수 있다. NAE 측은 1956년 총회에서 미국 여행 중이던 이대영을 불러들여 총회장에 당선시킬 정도로 조직력과 세력이 막강했다. 이때 NAE 측의 핵심인 대구의 박병훈과 광주의 정규오는 총회 임원으로 부상했다. 박병훈은 1962년 11월 대한예수교장로회 호헌을 설립했으며, 정규오는 1979년 대한예수교장로회 합동보수를 설립했고, 1985년 개혁으로 명칭을 변경했다. 박병훈과 김윤찬은 국제기독교협의회(ICCC)의 경제적 지원과 깊은 관계를 맺고 있었다. 1958년 박형룡은 재정 스캔들 이후 채플 시간에 WCC, 에큐메니컬은 용공 단체이고 모든 교수가 그것을 반대한다고 말했다. 그리고 신학교를 흔드는 세력과 싸우도록 힘써야 한다고 주장했다.

　김윤국, 한태동, 박창환 등 젊은 교수들은 박형룡의 태도에 분노했고 김윤국과 박창환은 수업을 거부했다. 이로 인해 김윤국은 교수 해임의 위기에 봉착했다. 킨슬러는 북장로교 재한 선교사회 대표 겸 총회신학교 실행 이사의 자격으로 김윤국의 입장을 경청했고, 실행이사회를 열어 박형룡 교장의 사표를 수리하고 애덤스와 노진현에게 임시 운영을 맡기도록 했다(1958년 3월 7일). 이로 인해 박형룡과 킨슬러의 친분은 완전히 깨졌다. 박형룡은 〈신학지남〉 제118권(1958. 6)에서 "에큐메니컬 운동의 교리와 목적"이라는 제목으로 에큐메니컬 운동은 "자유주의의 지도하"에서 "세계 단일 교회의 구성을 최종 목표로 한다"고 주장했다. 킨슬러는 같은 호에 "에큐메니컬 운동 약사"를 기고했다.

　1959년 9월 제43회 대전 총회가 개최될 당시 NAE 측이 총회 임원을 대부분 차지하고 있었다. 이들이 정치적으로 급부상한 힘은 신학교로부터 나왔다. 총회신학교 교장은 박형룡, 대한신학교 교장은 김치선, 부산, 대구, 광주의 신학교 교장은 각각 노진현, 박병훈, 김재석이었는데 이들은 모두 NAE 측이었다.

신학교는 보수신학 교육, 목사 양성, 재정 확보를 통해 교권을 장악하는 통로였다. 따라서 박형룡의 교장직 실각은 단순히 보수신학을 수호하는 문제가 아니었다. 이 갈등 과정에서 킨슬러는 에큐메니컬 노선에 있었다.

킨슬러는 해방 이전에 평양에서 많은 학생을 가르쳤다. 특히 성경구락부 운동에 참여했던 학생들은 한국교회의 중요한 지도자로 성장했다. 그러나 한국전쟁 중 많은 지도자가 실종되거나 죽었기 때문에 북장로교 선교부는 매년 5~6명의 한국인 지도자를 선발해 북한복구 자금에서 장학금을 마련하여 유학을 보냈다. 그중 킨슬러는 총회신학교 강사 박창환과 김윤국을 추천했고 이들은 1952년 9월에 유학을 떠났다.

킨슬러의 추천으로 프린스턴 신학교에서 공부한 사람으로는 박창목(1949~1951), 강신명(1953~1954, 서울장신대학교 제2대 교장), 김동수(1959~1960, 성광), 김용준(1965~1966, 수송), 박창환(1966~1967) 등이 있다. 또한 킨슬러는 김규당(1952~1953, 총회 야간신학교 초대 교장)의 컬럼비아대학 유학을 지원했다. 이들은 1969년에 예장 통합을 세계교회협의회의 회원으로 복귀시키는 역할을 했다.

박창환은 남산 장로회신학교 1회 졸업생(1948)으로 졸업과 동시에 어학 전임강사가 되었다. 그때부터 킨슬러와 박창환의 만남이 시작되었다. 1960년 킨슬러는 미국 연합장로교 선교부 및 선교사들과 협의해 광장동의 18,000평의 대지를 장로회신학대학교 부지로 사들였고 본관, 기숙사, 교수실, 사택 4동을 건설하는 데 중요한 역할을 했다. 이 당시 박창환은 분실된 총회신학교 학적부의 행방에 대한 소식을 듣고 17만 환의 사채를 얻어 그것을 사들였다. 박창환은 오랫동안 사채 이자를 지급했다. 이 사실을 알게 된 킨슬러는 미화 1,000달러로 일단 사채 원금을 상환했다. 그리고 2년 후 박창환은 동교동 자택을 매각해 1,000달러를 갚았다.

킨슬러 박사가 정든 한국 땅에 다시 와서 1970년 정년이 되어 교수에서 은퇴하고 귀국할 때까지 한국과 한국교회를 위하여 아낌없이 쏟은 사랑과 봉사를 어찌 다 열거할 수 있겠는가. 물론 그 가운데는 서울에서 재건된 숭실대학교를 위한 사랑과 봉사도 포함되어 있다. 그 기간에 학자로서 킨슬러 박사는 《요한복음 주석》,《로마서 주석》,《성경구락부 지도 요강》,《기독교와 민주주의》,《예수의 시험》을 한국어로 간행했다.

1991년 9월 25일 대구 피난 시기에 총회신학교를 졸업한 제1회 졸업생들의 40주년 상봉식이 서울 장로교 100주년 기념 대강당에서 있었을 때, 그는 "사과 한 알 속에 몇 알의 씨가 있는지는 알 수 있다. 그러나 사과 씨 한 알 속에 몇 알의 사과가 있는지는 알 수 없다"라는 내용으로 강연을 마치고 강단에서 내려왔다.

킨슬러 박사가 1928년 숭실전문학교에서부터 시작하여 평생토록 뿌린 복음의 씨앗들을 통해 무궁무진하게 대대로 계승되고 확산해 나간 결실들이 얼마인지 다 알 수 있는 이는 아무도 없다. 킨슬러 박사가 원했던 한국의 그리스도인을 통한 내몽고 지방 선교 사역도 동서 냉전의 종식과 함께 의료 선교를 비롯한 다양한 모습으로 현재 활발히 전개되고 있다.

킨슬러 박사는 42년 동안 한국에서 선교하면서 평양 숭실대학 교수, 평양신학교 교수로 활동했다. 또 청소년들에게 기독교를 가르치는 성경구락부 운영, 한국전쟁 때의 전재민 구호와 군 선교, 지도자 양성 등 활발히 활동하며 한국교회와 사회에 공헌했다.

1992년 1월 9일 킨슬러 박사는 미국에서 한국인들이 가장 많이 거주하는 로스앤젤레스 교외에 있는 웨스트민스터 가든에서 가족들과 친지들이 지켜보는 가운데 노환으로 88세의 나이에 승리의 삶을 마치고 주님의 품에 안겼다. 유족으로 부인 권도희 여사가 있고, 큰아들 권오덕(아서 킨슬러) 박사 내외는 부친의 대를 이어 한국에서 선교 사역에 전념하고 있으며, 둘째 아들 프랜시스 로스 킨슬러 박사는 과테말라에서 선교 사역에 진력하고 있다.

이 사람을 아십니까? 5

1판 1쇄 인쇄 _ 2024년 12월 19일
1판 1쇄 발행 _ 2024년 12월 24일

지은이 _ 이승하
펴낸이 _ 이형규
펴낸곳 _ 쿰란출판사

주소 _ 서울특별시 종로구 이화장길 6
편집부 _ 745-1007, 745-1301~2, 743-1300
영업부 _ 747-1004, FAX 745-8490
본사평생전화번호 _ 0502-756-1004
홈페이지 _ http://www.qumran.co.kr
E-mail _ qrbooks@daum.net / qrbooks@gmail.com
한글인터넷주소 _ 쿰란, 쿰란출판사
페이스북 _ www.facebook.com/qumranpeople
인스타그램 _ www.instagram.com/qrbooks
등록 _ 제1-670호(1988.2.27)
책임교열 _ 이주련 · 이화정

ⓒ 이승하 2024 ISBN 979-11-94464-14-3 93230

책값은 뒤표지에 있습니다.
이 출판물은 저작권법에 의해 보호를 받는 저작물이므로 무단 복제할 수 없습니다.
파본(破本)은 구입처에서 교환해 드립니다.